EXTRANJEROS EN LA SOCIEDAD DEL REINO DE CASTILLA. Siglos XIII al XV

Serie: HISTORIA Y SOCIEDAD
Colección *Cátedra Simón Ruiz*, nº 12

BELLO LEÓN, Juan Manuel

Extranjeros en la sociedad del Reino de Castilla, siglos XIII al XV : mercaderes, artesanos, peregrinos y otros foráneos en el reino en los siglos finales de la Edad Media / Juan Manuel Bello León – Valladolid : Ediciones Universidad de Valladolid, Cátedra Simón Ruiz ; Medina del Campo : Fundación Museo de las Ferias, 2025

282 p.; 24 cm (Historia y Sociedad. Cátedra Simón Ruiz; 12)
ISBN 978-84-1320-365-2

1. Extranjeros – España – Castilla (Reino) – Historia – Siglo XIV-XV 2. Minorías – España – Castilla (Reino) – Historia – Siglo XIV-XV 3. Castilla (España) – Historia I. Bello León , Juan Manuel, aut. II. Fundación Museo de las Ferias, ed. III. Universidad de Valladolid, ed. IV. Universidad de Valladolid. Cátedra Simón Ruiz, ed. V. Serie

341.95(463.01)"13/14"

JUAN MANUEL BELLO LEÓN

EXTRANJEROS EN LA SOCIEDAD DEL REINO DE CASTILLA. Siglos XIII al XV

Mercaderes, artesanos, peregrinos y otros foráneos en el reino en los siglos finales de la Edad Media

——————— VOLUMEN I ———————

FUNDACIÓN
MUSEO
DE LAS FERIAS
MEDINA DEL CAMPO

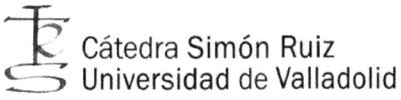

Cátedra Simón Ruiz
Universidad de Valladolid

EDICIONES
Universidad
Valladolid

En conformidad con la política editorial de Ediciones Universidad de Valladolid (http://www.publicaciones.uva.es), este libro ha superado una evaluación por pares de doble ciego realizada por revisores externos a la Universidad de Valladolid.

Motivo de cubierta: Diego de la Cruz, Adoración de Reyes Magos (detalle). Catedral de Burgos

Motivo de contracubierta: Escultura orante en alabastro de Simón Ruiz. Pedro de la Cuadra, 1597 (Fundación Museo de las Ferias. Medina del Campo)

Diseño de cubierta: Ediciones Universidad de Valladolid

ISBN: 978-84-1320-365-2
Dep. Legal: VA-548-2025

Preimpresión: Ediciones Universidad de Valladolid
Imprime: Podiprint - España

A Fátima, Irene y Elvira, por todo
el tiempo que no he podido estar con ellas

Índice general

ANEXO DE TABLAS

ÍNDICE DE TABLAS Y GRÁFICOS

V o l u m e n   I I   (edición digital en PDF)

https://www.publicaciones.uva.es/index.php/eduva/catalog/book/3089

Presentación

La creación de la Cátedra Simón Ruiz surgió en 2013 con el objetivo, amén de desarrollar la investigación en el archivo de dicho mercader y financiero de la segunda mitad del siglo XVI – desde 2023 inscrito por la UNESCO en el "Registro de la Memoria del Mundo", es decir, se le reconoce como Patrimonio Mundial "por sus valores excepcionales para la historia de la humanidad"-, con el fin de impulsar los estudios acerca de la historia del comercio y las finanzas, mediante congresos, seminarios y publicaciones. Y, de manera destacada, fomentar aquellos trabajos que supusieran nuevas aportaciones y metodologías en el conocimiento histórico. Uno de dicho temas de investigación, tal como ha propuesto para celebrar en 2027 la Fondazione di Storia Economica Francesco Datini de Prato (Italia), es el papel que los extranjeros han tenido y desempeñan en el crecimiento económico de Europa. Un aspecto de gran actualidad en los últimos años, donde el movimiento de personas a nivel internacional está cambiando el panorama económico, siendo uno de los retos a los que se enfrenta la sociedad y la política de nuestros días.

Por ello, cuando, mediante concurrencia pública y competitiva para editar el número 12 de la Colección de la Cátedra Simón Ruiz, se recibió entre las diferentes propuestas el manuscrito del profesor Juan Manuel Bello León, *Extranjeros en la sociedad del Reino de Castilla, Siglos XIII al XV*, el comité editorial estimó que era el mejor texto para ser publicado, dada su calidad científica y laboriosa investigación. El resultado es el libro que el lector tiene en sus manos, el cual consta de dos partes: una primera, el estudio propiamente dicho, y una segunda, el diccionario de extranjeros, al que se puede acceder vía internet en el repositorio de Ediciones de la Universidad de Valladolid.

Estamos ante una obra magna, fruto de años de investigación en archivos y bibliotecas donde el autor rastrea a aquellos extranjeros que se movieron por el Reino de Castilla en la Edad Media, desde artistas, hombres de letras, clérigos, artesanos, peregrinos, campesinos repobladores, marinos y, sobre todo, mercaderes. No hay más que consultar el Diccionario de Extranjeros de la Segunda Parte, donde se citan, incluyendo referencias documentales y pequeñas biografías, a 1.523 personajes. Datos que servirán en el futuro a otros investigadores. Tal número, aunque no son todos los extranjeros que están, indica por si solo la elevada movilidad que hubo en la Edad Media castellana, un territorio de frontera y lleno de oportunidades. Franceses, portugueses, ingleses, alemanes, flamencos y, sobre todo, italianos, especialmente genoveses, pasaron y se establecieron en los territorios de la Corona de Castilla y, de manera destacada, en Andalucía. Formaron comunidades, algunas dotadas de privilegios reales, que, aunque fueran una minoría dentro del conjunto de las ciudades castellanas, fueron muy influyentes, ya que trajeron consigo nuevos gustos y formas de pensar, contribuyendo al crecimiento económico. Otro tanto se puede decir de las mujeres que formaron parte de estas familias, algunas de las cuales contrajeron matrimonio con castellanos. Hecho que se repite en sentido contrario. Personajes como Cristóbal Colón o Amerigo Vespucci no fueron, pues, figuras aisladas. Por el contrario, como demuestra el autor de este libro, formaban parte de la enorme nómina de extranjeros que pasaron o se establecieron en España en la Edad Media. En suma, como he dicho en el inicio de este párrafo, estamos ante una obra magna, que no solo recopila los datos procedentes de una bibliografía dispersa, sino que supone un ingente trabajo de investigación en múltiples archivos, acompañado de una metodología científica y unas reflexiones dignas de elogio. Méritos a los que hay que sumar la segunda parte del libro, el Diccionario de Extranjeros, que, sin duda, supondrá una fuente inagotable de análisis para otros estudiosos.

HILARIO CASADO ALONSO
Exdirector de la Cátedra Simón Ruiz

Prólogo

El libro que presentamos es el resultado de un largo y continuo proceso de investigación. Basta remontarse a *Extranjeros en Castilla (1474-1501)* de 1994 para percibir el crecimiento del proyecto, en cantidad y profundidad. Entre ambos extremos, el autor ha dedicado libros y artículos al tema, consagrados tanto a fuentes como a experiencias colectivas, especialmente en los ámbitos andaluz y canario. Su dedicación a esta materia viene explicada por la naturaleza de sus campos de estudio, desde los iniciales de la repoblación a los posteriores del comercio y la fiscalidad.

Desde sus inicios, el objetivo de la investigación ha sido conocer a los extranjeros que se asentaron, temporal o definitivamente, en Castilla en la Baja Edad Media. Este período queda definido como el comprendido entre la definitiva unificación del reino y la muerte de Isabel I. Tal empeño se aparta de otras búsquedas, restringidas a grupos sociales distinguidos. Es cierto que esas comunidades son las que cuentan con mayor presencia y mejor acceso, pero su estudio privativo descarta a la "mayoría silenciosa", de menor importancia y arraigo. La amplitud del tema se ve agravada por tratarse de una época "preestadística", por lo que las recopilaciones deben crearse "ex novo". Además, los conceptos de aplicación son muy diferentes a los actuales.

El trabajo contribuye a replantear un tema recurrente en la historiografía castellana, cual es: ¿se trata de un país periférico o plenamente incardinado en Europa?. En la época del estudio, la respuesta parece inequívoca. Los influjos en economía, cultura, religiosidad, política y otros terrenos resultan evidentes. La introducción de capitales y técnicas comerciales, los enlaces entre casas reinantes, la irradiación de estilos artísticos, etc., no pueden explicarse sin la presencia de extranjeros, que actúan como intermediarios.

Los aspectos positivos de estas relaciones, no pueden ocultar los problemas de integración. Sus privilegios económicos, la competencia que suponían a los productores locales y el temor a los extraños, sometían a los recién llegados a la animadversión popular, a la que sólo podían escapar con la protección de los poderosos, tanto laicos como eclesiásticos.

Los resultados del trabajo así planteado se ordenan en dos tomos, de distinta naturaleza.

El primero, impreso, reúne la metodología empleada, con sus retos y las soluciones aportadas. Consta de cuatro partes, que corresponden a las etapas del análisis. Por esta razón, comienza por la búsqueda documental, que se organiza en tres niveles. El primero, el de los diccionarios, género de larga tradición, aunque su naturaleza no coincida plenamente con el propósito de la obra. En él se recogen datos biográficos y los correspondientes a empresas distinguidas, habitualmente en tono laudatorio. Le siguen los heterogéneos datos de los archivos, en especial los castellanos, tanto generales como locales. Los riquísimos depósitos de la Corona de Aragón constituyen un complemento imprescindible, gracias a sus exhaustivos instrumentos de descripción. Completan estos aportes los archivos y bibliotecas foráneos, especialmente los italianos, portugueses y británicos, origen de la mayoría de los inmigrantes. El resultado es una base de datos extraordinaria, con un volumen de documentación inédita muy importante.

La segunda parte se consagra a la interpretación de los datos, a fin de hacerlos útiles a la investigación. En ella, el primer reto es comprender cabalmente el término "extranjero". Por ello hay que recordar que la integración personal, medida en relaciones familiares, profesionales y sociales, no suponía homogeneidad. Un genovés de segunda o tercera generación, casado con castellana y con responsabilidad en su municipio de residencia, seguía siendo "genovés". Ello se explica por la articulación social de la época, que hacía a los individuos diferentes "por ley", pues cada uno tenía la suya. Además, la "naturaleza política" se entendía vinculada más al monarca que a la comunidad jurídico-pública. Por otra parte, es preciso huir de las referencias a los actuales estado-nación, dado que no existían en la época y las relaciones entre comunidades eran diferentes a las que imaginamos. En la actualidad, suponemos mayor proximidad entre las coronas de Aragón y Castilla que entre Portugal y esta última, lo que no era completamente cierto en la época.

La caracterización de los foráneos choca con otra dificultad, pues no todos cuentan con constancia documental o no la tienen de forma individualizada. En el primer supuesto debemos contar con las mujeres, que figuran, en el mejor de los casos, como consortes. En el segundo, a los colectivos (peregrinos, legaciones, combatientes…), que se diluyen en referencias genéricas. A todo ello se añaden las dudas acerca de la identificación de los individuos, nacidas de la compleja onomástica, caracterizada por la homonimia y la adaptación fonética; y de la escasez de datos biográficos.

La tercera parte estudia el funcionamiento de las distintas comunidades, así como las razones y características de su instalación. Aquí volvemos a tropezar con los límites de los grupos y los incentivos al asentamiento. Lógicamente, este capítulo se limita básicamente a las colonias mercantiles, cuya actividad económica explica el interés por ubicaciones particulares y por determinados circuitos, como las conexiones genovesas entre la Andalucía Bética y Canarias.

La cuarta parte se dedica a tablas y gráficos. Los primeros, titulados "anexos", señalan las posibilidades de desarrollo de temas concretos. En ellos encontramos ejemplos de distribución numérica según diversas variables: origen, profesión, localización, etc. Otros se refieren al estatus personal, ganado por medio de seguros o cartas de naturaleza. No faltan muestras de dedicación económica, a través de pagos o participación en repartos de bienes.

El segundo tomo es de naturaleza digital y contiene más de 1.500 biografías, de variable extensión. Se trata de un repertorio algo más corto que el recogido en el primer tomo, ya que se refiere a los individuos de quienes se poseen datos. Estos recogen circunstancias personales y profesionales, con el refrendo de las fuentes bibliográficas y archivísticas. El carácter, los matices y las limitaciones son los mismos de la primera parte.

En definitiva, se trata de una obra necesaria, que aúna aspectos económicos sociales, culturales y de mentalidad. Es, además, un instrumento muy útil por los datos que ofrece y por las vías de investigación que abre. Un auténtico "vademécum" para resolver dudas y para iniciar en la investigación. Prueba de su importancia es la incorporación a la colección que, desde hace unos años, ha impulsado la Cátedra Simón Ruiz por iniciativa de la Fundación Museo de las Ferias de Medina del Campo, en colaboración con el Servicio de Publicaciones de la Universidad de Valladolid.

Dr. EDUARDO AZNAR VALLEJO
Instituto de Estudios Medievales y Renacentistas
Universidad de La Laguna

Introducción

Un extranjero -seguí- que corre a un país que le es desconocido, para arriesgar en él sus caudales, pone en circulación un capital nuevo, contribuye a la sociedad, a quien hace un inmenso beneficio con su talento y su dinero, si pierde es un héroe; si gana es muy justo que logre el premio de su trabajo, pues nos proporciona ventajas que no podíamos acarrearnos solos. Ese extranjero que se establece en este país, no viene a sacar de él el dinero, como usted supone; necesariamente se establece y se arraiga en él, y a la vuelta de media docena de años, ni es extranjero ya ni puede serlo; sus más caros intereses y su familia le ligan al nuevo país que ha adoptado; toma cariño al suelo donde ha hecho su fortuna, al pueblo donde ha escogido una compañera; sus hijos son españoles, y sus nietos lo serán; en vez de extraer el dinero, ha venido a dejar un capital suyo que traía, invirtiéndole y haciéndole producir; ha dejado otro capital de talento, que vale por lo menos tanto como el del dinero; ha dado de comer a los pocos o muchos naturales de quien ha tenido necesariamente que valerse; ha hecho una mejora, y hasta ha contribuido al aumento de la población con su nueva familia. Convencidos de estas importantes verdades, todos los Gobiernos sabios y prudentes han llamado a sí a los extranjeros...

Mariano José de Larra, "Vuelva usted mañana" (14 de enero de 1833)[1]

El celebérrimo artículo de Mariano José de Larra, titulado *Vuelva usted mañana*, contiene esta larga filípica en la que *Fígaro* expresa a su interlocutor algunas de sus opiniones sobre la importancia que él le daba a la presencia e influencia de los extranjeros en una España, como la de mediados del siglo XIX, que nuestro insigne escritor consideraba atrasada y con costumbres impropias de pueblos civilizados. Larra, que, por razones familiares y políticas, vivió y estudió en varios países europeos, expresó en varias ocasiones su disconformidad con los niveles educativos de las clases populares hispanas y utilizó los comportamientos de los extranjeros para contrastar y criticar la sociedad española de su época. En cualquier caso, la actitud del escritor no era una novedad en el panorama de los creadores españoles de los siglos XVIII y XIX. Jovellanos, Cadalso, Iriarte, Feijo, etc. también censuraron todo lo que consideraban zafio o grosero en la cultura española, aunque quizás Larra fue más contundente en la defensa del ahínco, afán y aplicación que se encontraba en las sociedades extranjeras para prosperar y mejorar.

Sin embargo, la actitud hacia los extranjeros en la sociedad española no siempre fue tan favorable como la que formulaban estos escritores de la Ilustración o el Romanticismo. En muchas ocasiones, el extranjero fue percibido como el usurero que sometía las débiles finanzas públicas, el que controlaba las rutas y mercados que unían la península con el exterior, el que traía modas en el comer y vestir que no eran las utilizadas por los españoles, el que implantaba prácticas religiosas consideradas

---

[1]   LARRA, Mariano José de, *Artículos* (ed. de Enrique Rubio), Madrid, 1983, pp. 198-199.

heréticas, el usurpador de cargos públicos o el acaparador de rentas y mercedes entregadas por reyes o reinas muy dependientes de los extranjeros. Y por todo ello se les persiguió, se les expulsó o se los condenó a infinidad de penas y castigos que ponían en riesgo la llegada de población foránea a los reinos hispanos.

Unos y otros se han tenido que posicionar de alguna forma ante lo que ha sido evidente en la historia de nuestro país a lo largo de muchos siglos. Me refiero al hecho de que, por motivos muy variados, la península ibérica ha sido lugar de paso para muchos colectivos a lo largo de la historia, también durante la Edad Media. Ya fuera por razones militares, por su situación geográfica, a medio camino entre la Europa atlántica y la mediterránea, por peregrinaje a alguno de los grandes centros de culto cristiano o por intentar descubrir de primera mano las maravillas y tesoros que la tradición popular atribuía a las ciudades andalusíes, el caso es que durante siglos los reinos que se fueron gestando en lo que hoy llamamos España y Portugal conocieron un intenso trasiego de personas y bienes.

El trabajo que ahora presentamos pretende abordar, siguiendo métodos empleados en los estudios prosopográficos, la reconstrucción de itinerarios biográficos de individuos particulares (parentescos, vecindad, actividades, etc.), integrados en comunidades extranjeras, que permitan observar mejor algo que se intuye desde hace tiempo; los extranjeros, pese a que siempre se mantuvo hacia ellos una actitud negativa o despectiva o fueron ignorados o malentendidos, también fueron, en muchas ocasiones, imprescindibles para el desarrollo económico de muchas ciudades y villas de los reinos hispanos, e indispensables para el contacto entre lenguas y culturas distintas.

La idea de afrontar esta prosopografía no surgió de forma espontánea ni ha sido el fruto de una moda en la historiografía. Más bien es la cosecha de un proyecto de vida académica que desde hace muchos años ha pretendido localizar, recoger y estudiar al mayor número posible de extranjeros presentes en Castilla en los siglos finales de la Edad Media. Mi interés por el tema comenzó en los años noventa del pasado siglo, cuando afronté mi tesis doctoral y pude comprobar la importancia de las comunidades foráneas en el desarrollo del comercio castellano. En años posteriores, mi trayectoria profesional y mi vinculación a diferentes proyectos de investigación del Ministerio de Educación o del Ministerio de Economía y Competitividad, me permitieron acumular información y conocimientos sobre la presencia extranjera en los reinos hispanos. El resultado ha sido la publicación, a lo largo de los años, de varios artículos y libros sobre el tema, cuya relación completa puede verse en la bibliografía que acompaña a este estudio. Y a ello le podemos añadir la abrumadora llegada a nuestras bibliotecas de fuentes editadas que han permitido multiplicar lo que sabíamos sobre estas comunidades hace veinticinco o treinta años.

El marco geográfico que centra este estudio requiere una breve advertencia preliminar. No creo que sea necesario recordar o aclarar que el protagonista de este trabajo, el reino de Castilla (desde su definitiva unificación en tiempos de Fernando III) no conformó un marco político homogéneo durante toda la Edad Media[2]. Sin entrar aquí y ahora en disquisiciones sobre los orígenes del reino, lo cierto es que a lo largo del medievo sufrió importantes oscilaciones en el marco territorial sobre los que los monarcas castellanos ejercieron su soberanía. En todo caso, tengo que reconocer que, por las fuentes y la bibliografía utilizadas, desde un punto de vista geográfico, el objeto de mi atención se va a centrar en el reino de Castilla ya unificado, teniendo en cuenta que en él se fueron integrando extensas superficies en el contexto de unas fronteras en continuo movimiento. Sobre este campo de observación comprobaremos algunos aspectos de cómo evolucionó la presencia foránea, o como fueron los intercambios de personas, productos e ideas, que protagonizaron los extranjeros en la Castilla de los siglos XIII al XV.

La delimitación cronológica de este estudio plantea problemas que también requieren de una pequeña justificación por mi parte. He decidido no elegir ninguna fecha concreta de inicio, ya que para acotarla tampoco disponemos de un hecho político o militar que marcase un antes y después en la llegada de población foránea a Castilla. Sin duda puede servirnos la ya mencionada unificación definitiva de los reinos de Castilla y León en tiempos de Fernando III, basado en el hecho de que nunca más se separaron ambos territorios, y que todos los que llegaron a ellos se acogieron a la autoridad de un mismo monarca. Sin embargo, en algunos momentos recurriré a personajes y circunstancias anteriores, ya que sin ellos creo que se mermaría la coherencia del análisis de la presencia extranjera en el reino. Así, en el estudio se incorporan determinados personajes anteriores a 1230, ya que, desde décadas previas la península ibérica había atraído a numerosos foráneos debido al crecimiento demográfico, las peregrinaciones o los avances en la reconquista. Y he de advertir que se han quedado fuera muchos extranjeros del siglo XII, sabiendo que aquella fue una centuria que atrajo a numerosos foráneos a la península debido al crecimiento demográfico, a las peregrinaciones a Santiago de Compostela, o los avances en la reconquista.

Algo semejante ocurre con la fecha final. Lo más cómodo ha sido finalizar la recopilación de los datos biográficos en el año 1504, coincidiendo con la muerte de la reina Isabel y con los profundos cambios que se produjeron tras el descubrimiento de América. El aumento exponencial en el número de extranjeros en Castilla después de esta fecha, y la consecuente proliferación de fuentes disponibles, hacen aconsejable esta delimitación cronológica. Por tanto, la mayoría de los registros biográficos recogidos tienen como fecha límite el inicio del reinado de Juana de Castilla. No obstante, tengo que advertir que algunos de los que se incluyen superan ese marco cronológico porque tenemos constancia de que se encontraban presentes en Castilla antes de 1504, aunque lo que tengamos documentado de sus actividades y relaciones

---

[2]   Como es bien sabido, en el caso de la península ibérica, esta aparece desde comienzos del siglo VIII dividida política, social y culturalmente en dos grandes bloques, el cristiano y el musulmán, que a su vez sufren distintos procesos de división interna a medida que avanza la reconquista.

familiares sea posterior a esa fecha. Esa circunstancia es especialmente visible en todos aquellos que obtuvieron una carta de naturaleza después de 1504. En condiciones normales la adquisición de esa merced real sólo era posible cuando el beneficiario llevaba un cierto tiempo residiendo en el reino (al menos dos o tres años), siendo habitual los ejemplos de extranjeros que vivían en Castilla una o dos décadas y luego obtenían la carta de naturaleza.

El trabajo que presento se concreta en un estudio que muestra un panorama general de la importancia que tuvieron los extranjeros, sobre todo los mercaderes, en la sociedad, la economía y la cultura del reino de Castilla a lo largo del periodo estudiado. Seleccionado el tema que iba a ser objeto de análisis y planteadas las primeras hipótesis, el camino se inició con la búsqueda de las fuentes y la bibliografía que consideraba imprescindible para afrontar esta monografía. Seleccionada la documentación y transcrita la misma (porque un volumen importante era inédito), se procedió a incorporarla a una base de datos que permitió la elaboración de un conjunto de fichas para cada uno de los mercaderes y otras profesiones que iban apareciendo en el proceso de trabajo. Esa primera fase ya exigió una depuración de los datos que se iban obteniendo porque, como se explica en el capítulo correspondiente, las variantes en la onomástica de los extranjeros y la homonimia de muchos de los que iba registrando duplicaban los registros. A continuación, se seleccionó el marco cronológico que ya he comentado, y se desecharon los datos disponibles para los siglos XI y XII porque son fragmentarios y muy dispersos, haciendo difícil la elaboración de cualquier ficha biográfica.

Una parte importante del trabajo que se ha hecho corresponde a la recopilación bibliográfica relacionada con los temas que se abordan en esta monografía (se incorpora en el segundo volumen, en PDF). Se ofrecen varios centenares de referencias que pretenden servir de guía a los posibles lectores que necesiten encontrar un instrumento útil para otros proyectos o asuntos de su interés. Y por supuesto, con esta bibliografía, se deja constancia de todas las referencias que se han utilizado para elaborar el diccionario biográfico que forma parte de este proyecto. Salvo algunas excepciones, no se incluyen algunas de las publicaciones generales dedicadas a los extranjeros en el medievo europeo ni a las muchas que hay dedicadas a las peregrinaciones y viajes que se dieron por todo el continente en la época que aquí se analiza. Es evidente que cualquier relación de este tipo, por breve que fuera, sería muy extensa y fuera de los objetivos de este trabajo. En cambio, sí que he optado por incluir bastantes referencias a trabajos en los que se describen los intercambios comerciales que se produjeron entre el reino de Castilla y otros reinos peninsulares o del resto de Europa, así como otros dedicados al estudio de las relaciones diplomáticas entre distintos reinos ya que, en casi todos ellos, no es extraño encontrar referencias a la presencia de extranjeros en tierras castellano−leonesas.

Como intentaré explicar más adelante y se puede comprobar en la lectura de esta obra, son muchas y muy variadas las fuentes archivísticas y bibliográficas que permiten el análisis de la presencia extranjera en los reinos de Castilla y León. Por la naturaleza de este trabajo, las fuentes escritas –carecemos de fuentes iconográficas más allá de algunos escudos nobiliarios o árboles genealógicos– son la mayor aportación, gracias a la riqueza de los archivos nacionales, notariales y locales y gracias, también, a los avances en la publicación de catálogos, inventarios y repertorios de todo tipo, imprescindibles para elaborar cualquier estudio relacionado con el medievo hispano.

Este trabajo se complementa con varios apéndices compuesto por distintas tablas y gráficos. De momento he renunciado a incluir la traza de algunas genealogías que había elaborado, ya que la reconstrucción de algunas familias se basará siempre en fuentes tomadas de repertorios nobiliarios del siglo XVIII o XIX que, como es sabido, no siempre tienen la fiabilidad deseable. Tampoco se van a incluir transcripciones paleográficas de ningún documento, pese a que muchos de ellos pueden tener un gran interés para posteriores estudios de la vida de determinados personajes o para el análisis filológico.

Quiero terminar esta breve introducción reconociendo algo que creo que siempre es obligatorio admitir en cualquier resultado de investigación. Este trabajo sólo pretende abrir puertas al estudio de la presencia de distintas comunidades extranjeras en la península ibérica en los siglos medievales y comienzos de la época Moderna. Ir más allá va a exigir la colaboración interdisciplinar de equipos formado por profesionales (historiadores, filólogos, paleógrafos, etc.) que puedan aportar los conocimientos necesarios para abarcar un medio geográfico y político tan amplio como el de los reinos hispanos en aquellas centurias. Y es que unas de las características de estas comunidades siempre fue la de su extraordinaria movilidad, por lo que es imprescindible reconocer que un mismo individuo lo podemos encontrar a lo largo del tiempo residiendo en Barcelona, Valencia, Murcia, Sevilla, Cádiz o Canarias. Seguirlos por todo el territorio peninsular e insular sólo es posible si colaboramos entre todos los interesados por este aspecto del pasado hispano.

Todo esto puede ser posible por un hecho evidente en nuestro actual panorama académico e investigador. Hemos experimentado en las últimas décadas un crecimiento en la calidad y cantidad de producción historiográfica sobre el medievo hispano (en general) de tal forma que nunca, como hasta ahora, habíamos tenido más y mejor información sobre los reinos de León, Castilla, Aragón, Navarra, etc. en aquel periodo. Cuando estamos a mediados de la tercera década del siglo XXI la posibilidad de acceder a la información que nos proporcionan manuscritos, crónicas, fuentes arqueológicas, bibliografía o cualquier otro testimonio del medievo es muy superior a la que pudo tener cualquier historiador sesenta o setenta años atrás. La Historia Medieval, como la de todos los periodos en los que solemos dividir la Historia Universal, se reescribe continuamente. Siempre ha sido así, y confiemos en que siga siéndolo. Este trabajo pretende ser una contribución más a nuestro conocimiento del medievo hispano, y, como todo intento, estará sujeto a errores y lagunas. Sólo espero que mi aportación ayude a entender mejor las complejas relaciones que se dieron entre los extranjeros y otros grupos sociales de la Castilla de finales de la Edad Media.

Todos y todas los que han tenido la oportunidad de concluir un trabajo académico han sentido la necesidad de manifestar su gratitud hacia aquellas personas o instituciones que le han apoyado a lo largo del camino recorrido. En otras ocasiones he tenido la posibilidad de expresar ese reconocimiento hacia mis compañeros, amigos y familia, pero en este caso no quiero dejar pasar la posibilidad que me brinda la publicación de este extenso trabajo sin volver a reiterar mi gratitud hacia todos aquellos me han acompañado durante muchos años. Por supuesto, a Eduardo Aznar Vallejo, maestro y amigo, que siempre ha estado ahí, y que me ha ayudado a entender la universidad y el oficio de historiador. A mis compañeros de la Univeridad de La Laguna, en este caso especialmente a los profesores Juan Ramón Núñez Pestano, siempre dispuesto a tenderme la mano para comprender mejor los hechos y circunstancias que estaba analizando, y a Javier Dóniz Páez, que aún siendo de otra área de conocimiento, ha estado predispuesto a escuchar mis monsergas. A los amigos de la Universidad de Las Palmas de Gran Canaria, y particularmente a María del Cristo González Marrero, "hermana epiritual" que en muchas ocasiones me ha desmotrado que la familia no es sólo la que mantiene vínculos de sangre. A los miembros del Instituto de Estudios Medievales y Renecentistas (IEMYR), que forman una auténtica universidad de amigos. En él se encuentra Beatriz Hernández Pérez, amiga, con mayúsculas, que me ha acompañado y escuchado desde que entré en la universidad. Y por supuesto, a Hilario Casado Alonso, maestro de historiadores y director de la "Cátedra Simón Ruiz" de la Universidad de Valladolid, porque, tanto él como Belén, han demostrado hacia todos los de mi familia un cariño y afecto que supera cualquier deferencia que yo haya podido tener con ellos. Y por encima de todo, mi gratitud hacia Fátima, Irene y Elvira. Nunca he encontrado las palabras que puedan expresar lo que les debo, ni he sabido cómo compensarles por los difíciles momentos que han sufrido por mis problemas de salud. Sólo espero que mi trabajo y la adoración que siento por ellas ayude un poco a reparar mis ausencias.

LOS EXTRANJEROS EN CASTILLA.
¿DÓNDE ENCONTRARLOS?

1

No están todos los que fueron, pero si son todos los que están

1.1. La prosopografía, los diccionarios biográficos y los libros de viajes

Adaptando el conocido aforismo que encabeza este epígrafe, cuyos orígenes y empleo se ha debatido entre muchos autores, este repertorio o diccionario de extranjeros en el reino de Castilla pretende recoger a todos los que fueron de esa condición entre los siglos XIII y XV, aunque el autor de este trabajo es consciente de que es imposible registrar a todos los que en algún momento de aquellas centurias estuvieron o residieron en el reino. No obstante, pese a las carencias y errores que pueda contener, de lo que sí estoy seguro es de que todos los que están en esta prosopografía fueron extranjeros. Y aunque hay algunos sobre los que tengo dudas y otros que por poco no están, no creo que peque de exagerado si afirmo que este repertorio representa el corpus más amplio y completo que se ha hecho hasta ahora de la presencia foránea en el citado reino.

Lo que sí me apresuro a decir es que no es el primero de estas características que se ha hecho ya que, hasta el momento, se han elaborado, al menos, otros tres corpus que también son imprescindibles para los que quieran conocer la presencia extranjera en los reinos hispanos. Aunque volveré sobre ellos a lo largo de este trabajo, diré que dos se encuentran en sendas tesis doctorales; una defendida en el Universidad de Valencia, obra del doctor David Igual Luis[3], y otra en la Universidad Pablo de Olavide, presentada por el doctor José Antonio Mingorance Ruiz[4]. En estos dos casos se dan una serie de circunstancias que la distinguen del trabajo que se presenta aquí. David Igual ofreció, en el volumen IV de su tesis, una relación de más de 500 mercaderes extranjeros localizados en la ciudad de Valencia, especialmente en la segunda mitad del siglo XV. Por su parte, Mingorance Ruiz recopiló una extraordinaria nómina de extranjeros —más de dos mil personas— aunque con la peculiaridad de que sólo se refieren a la ciudad de Jerez y su entorno y, en su inmensa mayoría (más del 90%) están fuera de la cronología que tenemos en cuenta en este trabajo, ya que se documentan, sobre todo, a partir de la segunda década del siglo XVI y hasta el año 1550. El tercer caso del que quiero dejar constancia antes de continuar es uno de los trabajos

---

[3] Parte de su tesis se publicó en IGUAL LUIS, David, *Valencia e Italia en el siglo XV. Rutas, mercados y hombres de negocios en el espacio económico del Mediterráneo Occidental*, Castellón, 1998.

[4] Al igual que el anterior, parte de su tesis se editó en MINGORANCE RUIZ, José Antonio, *La colonia extranjera en Jerez a finales de la Edad Media*, Jerez, 2014.

de Carlos García Romeral[5], uno de los mayores expertos en la literatura de viajes de los extranjeros, y sobre el que también volveré más adelante. García Romeral es autor de un amplísimo diccionario de viajeros por España y Portugal en el que se registran más de 2.000 autores distribuidos entre los siglos XIV y XX, aunque el 95% de los allí recogidos corresponden a los siglos XVI al XX, limitando su aportación medieval a aquellos viajeros que participaron en la Guerra de Granada o que fueron embajadores ante distintos monarcas hispanos. Como se verá en las páginas que siguen, pretendo ofrecer un panorama más amplio desde el punto de vista cronológico (siglos XIII al XV) y espacial (todo el reino de Castilla en ese periodo).

Este estudio se ha elaborado siguiendo un método de trabajo que se ha consolidado en distintos ámbitos de la investigación sociológica e histórica. Me refiero a lo que conocemos como *método prosopográfico* o descripción de las características comunes de un grupo, en este caso el de los extranjeros, presentes en las cronologías y el ámbito de estudio elegidos[6]. No obstante, también he de advertir que entre lo que el lector podrá encontrar aquí y los trabajos prosopográficos considerados como "clásicos" existe una cierta diferencia. En esta obra, por su amplitud cronológica y las fuentes disponibles, no se pueden abordar los esquemas básicos que habitualmente se utilizan para la redacción de prosopografías. Es decir, en esos trabajos "clásicos", junto con el nombre de la persona estudiada, aparecen los datos de su vida (fecha de nacimiento, lugar, estado civil, etc.), sus cargos, su pertenencia a una determinada familia (padres, hermanos, matrimonio, hijos, etc.), sus relaciones de parentesco, sus vínculos económicos (ingresos, herencia, donaciones, rentas, etc.) patronazgo sobre instituciones, sus propiedades (compraventas, arrendamientos, etc.), su formación (títulos académicos, posesión de libros, trabajos intelectuales, etc.) o sus convicciones religiosas. Como se puede observar en el diccionario que forma parte de esta obra, son pocas las fichas biográficas que pueden incluir todas estas informaciones ya que las fuentes disponibles no lo permiten. Lo que si comparte con esos trabajos "clásicos" es la utilización de un volumen de fuentes lo suficientemente amplias y variadas que me han permitido redactar un conjunto de biografías que faculten a otros investigadores para buscar en ellas respuestas a posibles preguntas de tipo social, económico o político del colectivo que se estudia.

Es bien conocido por los investigadores que la prosopografía viene utilizándose en el análisis histórico, con más o menos amplitud, desde el siglo XVIII, pero que sería en el XIX y en el XX cuando este tipo de trabajos alcanzarían su máximo esplendor. Y

---

5   GARCÍA-ROMERAL PÉREZ, Carlos, *Diccionario Biobibliográfico de viajeros por España y Portugal*, Madrid, 2010.

6   Existe una amplísima bibliografía dedicada a la descripción de los métodos de la prosopografía y a ofrecer un detallado análisis del desarrollo de esta disciplina entre los siglos XVIII y XXI. Por ello me remito a dos trabajos clásicos en los que el lector podrá encontrar muchas referencias al respecto. Véanse: STONE, Lawrence, *Prosopography*, en GILBERT, Felix y GRAUBARD, Stephen R. (eds.), Historical Studies Today, New York 1972, pp. 107-140; VONES-LIEBENSTEIN, Ursula, "El método prosopográfico como punto de partida de la historiografía eclesiástica", *Anuario de Historia de la Iglesia*, 14 (2005), pp. 351-364.

también es sabido que la iniciativa de impulsar esta clase de estudios surgió de la historiografía eclesiástica, vinculada a la elaboración de los primeros episcopologios, y del mundo académico, ligado a la Historia Antigua de Grecia y Roma. Pronto se sumarían a este empuje el medievalismo europeo[7], y más adelante, cuando la informática lo permitió, los sociólogos e historiadores que comenzaron a elaborar las grandes bases de datos que permiten disponer, hoy en día, de herramientas de trabajo interdisciplinar[8]. En los últimos años este tipo de trabajos se está orientando hacia el análisis de los que se ha denominado como "élites", entendiendo como tal a los grupos oligárquicos dominantes o a las familias que monopolizaban el poder gracias a su capacidad económica y al ejercicio de cargos políticos, especialmente en el mundo urbano[9].

Además de prosopografías, más o menos extensas, insertas en estudios que se irán mencionando, para este trabajo me han sido imprescindibles varias monografías que, superando los viejos tratados genealógicos y algunas historias locales, han puesto de relieve la importancia de los estudios prosopográficos dedicados a diversos grupos sociales de ciudades andaluzas.

---

[7]   La ya citada Ursela Vones- Liebenstein, además de múltiples ejemplos de trabajos prosopográficos elaborados por medievalistas, insiste en que los historiadores de la Edad Media europea han impulsado revistas especializadas, como la *Medieval Prosopography, History and Collective Biography*, editada desde 1982 por la Western Michigan University; el proyecto *Prosopon*, que desde la Universidad de Oxford viene proporcionando un foro de discusión y debate sobre estos temas; o las reuniones científicas celebradas en París, Oxford o Londres a lo largo de los años ochenta y noventa del pasado siglo en las que se discutió sobre cuestiones relacionadas con prosopografía aplicada a la historia antigua y medieval.

[8]   En el caso del medievalismo hispano, el primer ejemplo científico en el uso de esta metodología lo podemos encontrar en el trabajo de GARCÍA MORENO, Luis Agustín, *Prosopografía del reino visigodo de Toledo*, Salamanca, 1974. Le siguieron estudios como los de SUÁREZ BILBAO, Fernando, *Judíos castellanos entre 1432 y 1492: ensayos de una prosopografía* (Tesis Doctoral), Universidad Autónoma de Madrid, 1990; PÉREZ FALCÓN, María Isabel, *Prosopografía de los infanzones de Aragón (1200-1400)*, Zaragoza, 2003; LOZANO GARCÍA, Susana, *Las élites en la ciudad de Zaragoza a mediados del siglo XV: la aplicación del método prosopográfico en el estudio de la sociedad*, Zaragoza, 2008 o los numerosos trabajos que se encuentran en AAVV, *La prospgrafía como método de investigación sobre la Edad Media: sesiones de trabajo*, Seminario de Historia Medieval, Universidad de Zaragoza, 2006.

[9]   Una vez más, la bibliografía sobre los debates que han existido en las últimas décadas para definir que se entiende por "elites" (aristocracia, oligarquía, patriciado, etc.) es muy amplia. Para el caso hispano pueden verse, a modo de orientación, los siguientes trabajos: GUERRERO NAVARRETE, Yolanda, "Elites urbanas en el siglo XV: Burgos y Cuenca", *Revista d'Historia Medieval*, 9 (1998), 81-104 ; COLLANTES DE TERÁN SÁNCHEZ, Antonio, "La élite financiera en la Sevilla bajomedieval: los mayordomos del concejo", *Revista d'historia medieval*, 11 (2000), pp. 13-40; JARA FUENTE, José Antonio, "Élites urbanas y sistemas concejiles: Una propuesta teórico-metodológica para el análisis de los subsistemas de poder en los concejos castellanos de la Baja Edad Media", *Hispania*, 207 (2001), pp. 221-266; IGUAL LUIS, David, "La formación de las élites económicas: banqueros, comerciantes y empresarios", en SESMA MUÑOZ, José Ángel (coord.), *Congreso sobre La Corona de Aragón en el centro de su Historia. 1208-1458: Aspectos económicos y sociales*, Zaragoza, 2010, pp. 137-160; ASENJO GONZÁLEZ, María, *Urban Elites and Aristocratic Behaviour in the Spanish Kingdoms at the End of the Midlle Ages*, Turnhout (Bélgica), 2013; MONSALVO ANTÓN, José María (Ed.), *Sociedad urbanas y culturas políticas en la Baja Edad Media castellana*, Salamanca, 2013; RUIZ PILARES, Enrique José, *La sociedad política en jerez de la Frontera a finales de la Edad Media*, Cádiz, 2020.

En primer lugar, quisiera destacar las extensas y minuciosas obras que Sánchez Saus dedicó a la aristocracia sevillana y gaditano–xericiense[10], demostrando, entre otras muchas cosas, que el estudio de la nobleza andaluza con métodos y fuentes que superaban los tradicionales estudios genealógicos permitían comprender mejor el triunfo de un grupo social, el aristocrático, que fue cimentando su prosperidad en su adaptación a las circunstancias económicas y en el control del poder político, sobre todo en los concejos urbanos. Entre los muchos linajes hispalenses o jerezanos de origen foráneo que estudió Sánchez Saus se encuentra el de Las Casas, cuyo origen se remonta al caballero francés Guillén Bec, beneficiado en el repartimiento de Sevilla con un donadío de cien aranzadas de olivar; el linaje de los *Tous*, que se remonta al caballero catalán Per de Tous, quien formó parte del séquito de la infanta doña Leonor de Aragón cuando esta vino a Castilla para contraer matrimonio con el príncipe Juan (luego Juan I); el linaje de los Estopiñán, naturales del alto Aragón y establecido en Cádiz a lo largo del siglo XIV; el de los Pinelo, que contó entre sus miembros con algunos de los más importantes mercaderes genoveses de finales de la Edad Media; o el de los *Spínola*, cuyos orígenes en Castilla se remontan a Gaspar de Spínola, embajador genovés en el reino a finales del siglo XIV y su hijo Domingo Antonio de Espínola, afincado en Jerez y alcalde de Arcos.

Le sigue en importancia la monumental obra que el filólogo, historiador y catedrático de la Universidad hispalense Juan Gil Fernández dedicó a los conversos en Sevilla[11], aunque basta con acercarse a los ocho volúmenes que componen la obra para darse cuenta de que el trabajo va más allá de la ciudad y su entorno, ya que en las miles de notas y referencias documentales que nos proporciona el autor se puede comprobar que su estudio alcanza un grado de erudición y sutileza analítica a la que pueden llegar pocos investigadores. Un trabajo de décadas en los archivos de protocolos andaluces y en los archivos nacionales, así como un exhaustivo conocimiento de la bibliografía, permitieron al profesor Gil Fernández ofrecer la genealogía de centenares de familias conversas, entre las que se pueden localizar los vínculos que mantuvieron con extranjeros afincados en la Baja Andalucía o hacer un seguimiento de algunos cristianos nuevos que tuvieron un origen foráneo (como, por ejemplo, los lusitanos Cristóbal de Ocaña, Diego de Torres, Gómez de Toledo, Diego López y Juan Pardo).

---

[10]   SÁNCHEZ SAUS, Rafael, *Caballería y linaje en la Sevilla Medieval*, Cádiz, 1989; *Linajes sevillanos medievales*, Sevilla, 1991 (2 vols.) y *Linajes medievales de Jerez de la Frontera*, Sevilla, 1996 (2 vols.).

[11]   GIL FERNÁNDEZ, Juan, *Los conversos y la Inquisición sevillana*, Sevilla, 2000- 2003 (8 vols.). Entre la inmensa obra publicada (más de 400 trabajos) del profesor Gil Fernández también se encuentran otros trabajos prosopográficos, aunque casi siempre relacionados con la Historia de América. Véanse: "El rol del tercer viaje colombino", *Historiografía y Bibliografía Americanistas*, 29 (1985) pp. 83-110; "Notas prosopográficas", *Historia y Bibliografía americanistas*, 47 (1990) pp. 23-58; "Notas de Prosopografía novohispana (siglo XVI)", *Anuario de Estudios Americanos*, 59 (2002) pp. 643-56; "Emigrantes a la isla Española en 1506", *Anuario de Estudios Americanos*, 63. 2 (2006) pp. 265-304, etc.

Un discípulo del ya citado profesor Sánchez Saus, Francisco Fornell, es autor de otro de los estudios genealógicos y prosopográficos más útiles para este trabajo[12]. Fornell se ocupó de catorce linajes extranjeros asentados en la bahía gaditana (Cádiz, Sanlúcar y Puerto de Santa María). No eran los más importantes de la sociedad de la época, pero su análisis ha permitido disponer de un mayor número de indicios sobre el fortalecimiento de las élites gaditanas entre los siglos XIII y XV. Entre las familias extranjeras estudiadas se encuentran la de los Font, mercaderes de origen catalán que se establecieron en Cádiz (especialmente los hermanos Rafael y Miguel) a finales del siglo XV y que fueron capaces de tejer una extensa red de relaciones mercantiles y políticas entre la Bahía, Canarias y el Mediterráneo; la de los Gentil, rama de una extensa familia construida por comerciantes, clérigos, legados pontificios, etc. de origen genovés, que se encuentran en varias ciudades del reino de Castilla en las décadas finales del siglo XV y comienzos del XVI; o la de los Negrón, también de origen genovés, y con Polo Baptista Negrón, hijo de Antonio Negrón y Blanca Doria, como uno de los representantes más destacados de la comunidad ligur afincada en Cádiz a finales del cuatrocientos.

Además de los estudios prosopográficos que se han ido mencionando, es evidente que para el análisis de la Historia de nuestro país existen varios diccionarios, unos dedicados a la Historia de España (en general), y otros a términos y conceptos históricos y a biografías de personajes destacados de nuestro pasado. También han sido tradicionales los llamados diccionarios histórico–geográficos, de los que podemos buscar precedentes en la *Relaciones Topográficas* que ordenó realizar Felipe II. Aunque sería la Real Academia de la Historia la que impulsaría la elaboración de los primeros *Diccionarios Geográficos–Históricos de España*. El Catastro del marqués de la Ensenada o el Censo de Floridablanca fueron proporcionando la información necesaria, aunque los resultados concretos tardaron muchos años en ver la luz. Hubo que esperar a las primeras décadas del siglo XIX para que se llevaran a la imprenta los primeros resultados, aunque no sería hasta mediados de aquella centuria cuando Pascual Madoz consiguiera publicar 16 tomos que recogían, por orden alfabético, multitud de datos históricos, urbanísticos, de instrucción pública, etc. de las 49 provincias que entonces formaban España[13].

Centrándonos en la producción de diccionarios biográficos, hay que reconocer que, pese a las dificultades y a un cierto retraso en la investigación, también contamos con aportaciones destacadas. Los precedentes más inmediatos, quitando la elaboración

---

[12]   FORNELL FERNÁNDEZ, Francisco Javier, *Linajes gaditanos en la Baja Edad Media. Breve estudio de la oligarquía local (siglos XIII-XV)*, Cádiz, 2010.

[13]   Un panorama general sobre estos aspectos en CAPEL, Horacio, "Los diccionarios geográficos de la Ilustración Española", *Cuadernos Críticos de Geografía Humana*, 31 (1981). La Biblioteca Nacional de España y su Servicio de Información Bibliográfica, ofrece a todos los usuarios una amplia información sobre repertorios, diccionarios y obras generales de consulta, por lo que me remito a su página web para cualquiera que esté interesado en estos temas.

de trabajos dedicados a los que llamaban *Varones Ilustres*[14] y los notables repertorios biográficos elaborados en Al‒Andalus[15], son el conjunto de autores dieciochescos y decimonónicos que, al amparo del impulso cultural de la Ilustración, dieron a la imprenta extensos muestrarios de españoles célebres. Autores como Gregorio Mayans[16], Nicolás Antonio[17], Juan Antonio Pellicer[18], Manuel José Quintana[19], y otros, recopilaron extensas colecciones documentales con las que nos dejaron memoria de ilustres escritores, pintores o gobernantes de la historia de España.

Un salto cualitativo vino de la mano de Juan Agustín Ceán Bermúdez, autor del conocido *Diccionario histórico de los más ilustres profesores de las Bellas Artes en España*, publicado por la Real Academia de San Fernando en varios volúmenes a comienzos del siglo XIX. Unos años más tarde Cipriano Muñoz y Manzano publicó sus *Adiciones al diccionario de Ceán Bermúdez*[20]. Discípulo de Jovellanos, y amigo

---

[14]　　Buenos ejemplos podrían ser las obras de Isidoro de Sevilla, Fernán Pérez de Guzmán o Fernando del Pulgar. Este último, secretario real y cronista de los Reyes Católicos, es autor de una obra que conocemos con el título de *Los claros varones de Castilla*, dedicada a la reina Isabel y que contiene una serie de cortas biografías que se ajustan a esquemas que ya habían utilizado autores clásicos (vgr. Plutarco) y en los que cada personaje contiene sus antecedentes genealógicos, su descripción física y moral o algunos de los acontecimientos más notables en los que intervino el biografiado. Hay varias ediciones de este libro, pero la más reciente y completa es la publicada por la Real Academia de la Lengua. Véase: PULGAR, Fernando de, *Claros varones de Castilla*. Edición, estudio y notas de María Isabel de Páiz Hernández y Pedro Martín Baños, Madrid, 2022.

[15]　　Las posibilidades que ofrecen los repertorios biográficos andalusíes están magníficamente representadas en la Prosopografía de los ulemas de al-*Andalus* (disponible en https://www.eea.csic/pua/) que recoge a más de 11.000 especialistas en el saber religioso islámico (ulemas) que vivieron en al-Andalus durante los siglos VIII-XIV de la era cristiana.

[16]　　Natural de Valencia, fue un conocido historiador , jurista y bibliotecario del Palacio Real, siendo autor de una extensa obra literaria, entre las que pueden destacarse sus biografías de Miguel de cervantes o la del arzobispo de Toledo san Ildefonso.

[17]　　Natural de Sevilla, es considerado como el primer bibliófilo de nuestro país y autor de una extensa obra en la que destaca *su Biblioteca Hispana Antigua o de los escritores españoles que brillaron desde Augusto hasta el año de Cristo de MD y Biblioteca Hispana Nueva, o de los escritores españoles que brillaron desde el año MD hasta el de MDCLXXXIV*, editadas en Madrid en 1788 (de ambas hay ediciones modernas).

[18]　　Juan Antonio Pellicer Saforcada nació en Zaragoza en el año 1738 y al igual que los anteriores, es considerado como un experto bibliófilo e historiador. Autor, entre otras obras, de un Ensayo de una biblioteca de traductores españoles, en la que incorporó abundantes noticias sobre traductores y traducciones anteriores al año 1778, que corresponde con la fecha de edición de su libro.

[19]　　Natural de Madrid, en su tiempo fue un conocido poeta y filólogo, buen conocedor de los ilustrados franceses (Montesquieu, Rousseau, Voltaire, Diderot, etc.) y autor de una extensa obra, entre la que podemos destacar, para lo que aquí nos interesa, su *Vidas de españoles célebres*, que publicó en tres volúmenes entre los años 1807 y 1833.

[20]　　Fue publicado en cuatro volúmenes a partir de 1894 con el título de *Adiciones al diccionario histórico de los más ilustres profesores de Bellas Artes en España de D. Juan Agustín Ceán Bermúdez*, siguiendo en este caso no sólo el orden alfabético sino también el cronológico, de tal forma que el primero está dedicado íntegramente al medievo.

de Moratín o Francisco de Goya, Ceán Bermúdez dedicó parte de su vida –desde su puesto como director del Archivo de Indias o desde su trabajo en la secretaría del ministerio de Gracia y Justicia– a recopilar las biografías de artistas y creadores españoles o extranjeros que desarrollaron su labor como arquitectos, alarifes, pintores o escultores en nuestro país desde tiempos remotos hasta la época en la que publicó su libro. Entre los que aquí nos interesan, podemos destacar las biografías de escultores e imagineros como Felipe Bigarni, Juan Alemán, Copín de Holanda, de miembros de la familia Egas (trabajaron en la catedral de Toledo), o de Lorenzo Mercadante de Bretaña (en la catedral de Sevilla). También de pintores como Juan de Flandes (al servicio de Isabel la Católica y activo en Castilla desde 1496 hasta su muerte en 1519) y Gerardo Starnina (natural de Florencia y con probable estancia en castilla en la segunda mitad del siglo XV).

En 1840 se publicaba en Pamplona el *Diccionario de Antigüedades del Reino de Navarra*, obra del político liberal, historiador y jurista José Yanguas y Miranda[21]. Compuesta por tres tomos (más un cuarto posterior, del año 1843), el trabajo supuso un cambio en la forma de tratar este tipo de obras. Siguiendo tradiciones historiográficas que ya se difundían en el resto de Europa, y que insistían en la necesidad de recurrir al acopio documental para explicar determinados hechos y circunstancias, el autor ya declaraba desde la introducción a su obra que:

> *"si se quería tener una historia verdadera, debía comenzarse por un registro general de archivos y bibliotecas [...] por tanto la base esencial de mi trabajo es la de que todos los artículos se prueban con escrituras del precioso archivo de la antigua Cámara de Comptos de Navarra, para el cual debe servir al mismo tiempo de índice general, porque nada he omitido de cuanto contiene de interesante, y de lo que pueda ser de alguna utilidad para la historia [...]. He añadido lo que me ha sido posible reunir del archivo general del Reino, o de las antiguas cortes de Navarra, y de otros, y las noticias históricas para la aclaración de algunas materias..."[22].*

En la cascada de información que ofreció José Yanguas se pueden localizar numerosas referencias a determinados personajes que se establecieron en Castilla o que tuvieron relaciones políticas y económicas con dicho reino, siendo de especial relevancia las noticias que ofrece de algunos linajes (como los de Ruy López Dávalos, Diego López de Stúñiga, Juan Ramírez Arellano, etc.); los detalles sobre el posible matrimonio entre la infanta Isabel, hija de Carlos III, y el infante don Juan, hijo de Fernando de Antequera; o las pesquisas documentales sobre las negociaciones que dieron lugar al Tratado firmado entre Castilla y Navarra en 1414.

---

[21]   YANGUAS MIRANDA, José, *Diccionario de Antigüedades del Reino de Navarra*, 3 vols. Pamplona, 1840. Por su importancia para la historiografía navarra, durante el siglo XX se han publicado varias reediciones de esta obra. Además, José Yanguas fue editor, en 1843, de la llamada *Crónica de los Reyes de Navarra*, (índices realizados por Antonio Ubieto Arteta, Valencia, 1971).

[22]   YANGUAS MIRANDA, José, *Diccionario de Antigüedades...* Ob. Cit. Tomo I, pp. 4-5.

Basilio Sebastián Castellano de Losada fue autor de una extensa obra (más de 30 volúmenes) que llevaba el larguísimo título de *Biografía Eclesiástica Completa, o sea de los Personajes del Antiguo y Nuevo Testamento y de todos los Santos que venera la Iglesia, Papas y eclesiásticos célebres por sus virtudes y talentos, en orden alfabético, redactado por una comisión de eclesiásticos y literatos y revisada por una Comisión nombrada por la Autoridad Suprema Eclesiástica*, publicada a lo largo de los años 1847 a 1868. La obra, muy poco conocida y utilizada en la actualidad[23], recoge un vastísimo panegírico de santos, profetas y personajes de toda índole que se encuentran en el Antiguo y Nuevo Testamento, Evangelios y obras de los Padres de la Iglesia. Y en medio de toda esa pléyade de personalidades cristianas también se hallan muchas páginas dedicadas a frailes, monjes, obispos, etc. de origen hispano-americano, lo que le otorga una cierta utilidad para la reconstrucción biográfica de determinados dignatarios de la Iglesia Católica. Muy poco después de la obra de Basilio Sebastián se comenzó a generar el trabajo de José Gestoso y Pérez (1852–1917), autor de un *Ensayo de un diccionario de los artífices que florecieron en Sevilla desde el siglo XIII al XVIII inclusive*, que comenzó a publicarse a finales del siglo XIX como complemento de su *Sevilla Monumental y Artística*, y que terminó de editarse en 1909 con un extenso volumen en el que recogía un apéndice documental relacionado con su obra. Compuesto por tres tomos, el autor ordenó las entradas de su diccionario por oficios y, dentro de ellos, por orden alfabético. Para nuestro propósito, las noticias más interesantes se encuentran en los datos biográficos que aporta sobre algunos artilleros y lombarderos de origen flamenco (Jácome de Francaforte, Jácomo de Randeler o Nicolás Alemán) que trabajaron al servicio de los Reyes Católicos.

En este sucinto recorrido es imprescindible traer aquí la labor del polígrafo, escritor, historiador, etc. que ha pasado al imaginario colectivo de nuestro país en medio de una aureola de leyenda por la influencia, cantidad y calidad de sus trabajos. Me refiero a Marcelino Menéndez Pelayo, cuya vasta obra incluye trabajos como *Biblioteca de Traductores Españoles*, *Historia de los heterodoxos españoles*, *La Ciencia española* o *Antología de poetas líricos castellanos, desde la formación del idioma hasta nuestros días* (esta última con más de 12 volúmenes), trabajos en los que Menéndez Pelayo, con algunas exageraciones y no exento de polémicas, ofrece un panorama hasta entonces completamente desconocido de muchos autores y obras de la historia hispana. A comienzos del siglo XX ya se cuenta con la obra de Enrique Esperabé de Arteaga: *el Diccionario enciclopédico ilustrado y crítico de los hombres de España*, el más difundido hasta hace unos años, pese a las carencias que han detectado algunos de los investigadores que lo han utilizado.

---

[23] Aunque siguió la carrera eclesiástica, Basilio Sebastián dedicó la mayor parte de su vida (Madrid 1807-1891) a trabajos arqueológicos y numismáticos. Un breve análisis de sus trabajos biográficos puede verse en RODRÍGUEZ DE LA TORRE, Fernando, "Tres biografías panegíricas de religiosos albacetenses, desconocidos o mal conocidos, en una voluminosa enciclopedia biográfica de mediados del siglo XIX", *Al-Basit. Instituto de Estudios Albacetenses "DON JUAN MANUEL"*, 58 (2013), pp. 357-372.

Al margen de los diccionarios antecedentes, en el año 1905 comenzó a llegar a nuestras bibliotecas y librerías la celebérrima *Enciclopedia universal ilustrada europeo−americana,* conocida como *Enciclopedia Espasa,* en alusión al nombre de su editor. La *Espasa* se publicó a lo largo de las primeras décadas del pasado siglo, llegando a formar una obra de casi un centenar de volúmenes, entre los que se incluyen varios apéndices y suplementos bianuales. La obra, que pretendía seguir modelos como la *Enciclopedia Británica* o la *Larousse* francesa, y que contienen el mayor repertorio biográfico que se había elaborado hasta entonces, ha sido utilizada y reeditada en muchas ocasiones, aunque su contenido no se ha actualizado: muchos artículos son copias textuales de los elaborados para las primeras ediciones, no se indica la autoría de muchos de ellos, y no se ha actualizado la bibliografía que acompaña a algunas entradas.

En 1920 los hermanos García Carraffa (Arturo y Alberto) comenzaron la elaboración de una monumental obra dedicada a la descripción de infinidad de linajes de la aristocracia hispana, acogiéndose a un modelo de estudios genealógicos donde aún imperaban la búsqueda de los orígenes semilegendarios −y en más de una ocasión fantásticos− de muchas de las familias recogidas. En cualquier caso, sus 88 volúmenes, luego ampliados por Endika Mogrobejo Ladrero, miembro de la Escuela Luis Salazar y Castro del CSIC, ofrecen una amplísima nómina de apellidos, con sus correspondientes apoyos bibliográficos, en los que se puede rastrear la presencia de muchos linajes foráneos que acudieron a Castilla con ocasión de alguna campaña militar, para contraer matrimonio con alguna familia natural del reino, o como repobladores de las múltiples ciudades y villas que se iban incorporando a Castilla a medida que avanzaba la Reconquista. Al fin y al cabo, los hermanos Carraffa no hacían sino continuar la labor que unas décadas antes había emprendido el canario Francisco Fernández de Bethencourt, historiador y académico de la Real Academia Española y de la Real Academia de la Historia, y considerado como uno de los mayores expertos en genealogía y heráldica del XIX español. Su fecunda labor se reflejó en cuatro amplias obras: *Nobiliario y blasón de Canarias. Diccionario histórico biográfico, genealógico y heráldico de la provincia* (1878−1886), reeditado y actualizado en los años cincuenta bajo la dirección del profesor Juan Régulo[24]; *Historia genealógica y heráldica de la monarquía española, Casa Real y Grandes de España* (1897−1920); *La Corona y la nobleza de España* (1903); y *Anuario de la nobleza de España* (1908−1917).

A mediados del siglo XX el panorama vuelve a dar un giro, en la buena dirección, con la edición del *Diccionario de Historia de España* dirigido por German Bleiberg, que se publicó por primera vez en 1952, aunque dada su importancia, se ha

---

[24]   Entre los años 1952 y 1957 el profesor Juan Régulo Pérez dirigió a un conjunto de historiadores, juristas y genealogistas que pusieron al día la obra que había publicado cincuenta años antes Fernández Bethencourt, aprovechando los numerosos trabajos sobre distintos linajes que se habían ido publicando en la Revista de Historia (luego Revista de Historia Canaria) desde el año 1924.

reeditado en varias ocasiones. Compuesto por tres volúmenes, la obra tiene dos grandes limitaciones: una su cronología, ya que no incluye hechos ni personajes posteriores a la Segunda República; otra, que, pese a las reediciones, los autores no han actualizado las entradas de cada epígrafe ni han incorporado bibliografía específica que mejore las referencias.

Unos años más tarde comenzaron a publicarse los primeros tomos de una celebrada *Historia de España* bajo la dirección de uno de los mejores historiadores del siglo XX, Miguel Artola Gallego, y bajo los auspicios de una importante editorial, Alfaguara–Alianza[25]. El proyecto coincidirá con propuestas semejantes que pretendían ofrecer una Historia total de España, siguiendo modelos que habían impulsado autores vinculados a la Escuela de Annales y a las distintas corrientes historiográficas que habían surgido en Europa y América tras la Segunda Guerra Mundial. En ese contexto se enmarcan las iniciativas de Manuel Tuñón de Lara, desde la Universidad de Pau; Salvador de Madariaga, desde Oxford; y el ya citado Miguel Artola, con la colaboración de extraordinarios investigadores (Marcelo Vigil, García de Cortázar, Domínguez Ortiz, Gonzalo Anes, etc.). El resultado fueron siete volúmenes en los que se dio un mayor peso a la Historia Contemporánea de nuestro país, y en los que aún no se publicaba el diccionario biográfico que se incorporaría quince años más tarde, cuando Artola vuelve a coordinar a otro equipo más amplio para producir la *Enciclopedia de Historia de España*[26].

A finales de los años ochenta del siglo XX comenzó a publicarse lo que, desde la Biblioteca Nacional, se ha definido como una obra *sui generis* por sus características y por el volumen de biografías que se incluyen en ella. Se trata del *Archivo Biográfico de España, Portugal e Iberoamérica* (ABEPI), que consiste en la reproducción (en formato microficha) de repertorios biográficos editados anteriormente en papel (menos el *Espasa*), refundiendo en una única relación todas las biografías de personajes célebres naturales de España, Portugal e Iberoamérica[27].

---

[25]   ARTOLA, Miguel (dir.), *Historia de España*, 7 vols. Madrid, 1970-1973. La obra se ha reeditado en muchas ocasiones y cada edición constaba de varios miles de ejemplares, lo que la convierte en una de las Historias de España más leída y consultada. Una biografía y una síntesis de la obra de Miguel Artola puede verse en MARTÍNEZ CUADRADO, Miguel, "Investigar la historia y saber contarla. Miguel Artola (1923-2020)", *Revista de las Cortes Generales*, 109 (2020), pp. 377-385, así como en la correspondiente entrada en el Diccionario Biográfico de la RAH.

[26]   ARTOLA, Miguel (dir.), *Enciclopedia de historia de España*, Madrid, Alianza Editorial, 1988-1995. El Diccionario biográfico se publicó en el año 1995.

[27]   Dada la popularidad y utilidad de esta obra, bajo la dirección de Víctor Herrera Mediavilla, se han hecho varias series y ediciones. Véase: *Archivo biográfico de España, Portugal e Iberoamérica* [Microforma], München, [1986 -1989]; *Archivo biográfico de España, Portugal e Iberoamérica (Nueva serie)* [Microforma] : ABEPI II, München, 1991-1993; *Archivo Biográfico de España, Portugal e Iberoamérica 1960-1995* [Microforma], München, 1996 y *Archivo biográfico de España, Portugal e Iberoamérica hasta 2001* [Microforma], München, 2002-2005. Para la utilización la ABEPI existen (editados en papel) índices completos disponibles para su consulta en la Biblioteca Nacional.

La situación descrita hasta ahora cambió radicalmente cuando en 1991 la Real Academia de la Historia decidió impulsar el *Diccionario Biográfico Español,* bajo la dirección científica del profesor Gonzalo Anes. La obra, elaborada por más de 4.000 autores españoles y extranjeros, editada en cincuenta volúmenes (hoy disponibles en Internet), contiene más de 50.000 biografías que abarcan 2.500 años de la Historia de la península ibérica. Además, en su formato electrónico, el *Diccionario* presenta a todos los personajes con los posibles vínculos que podían tener con otros biografiados, ofreciendo un exhaustivo sistema de referencias directas e indirectas y estableciendo entre ellos una red de relaciones muy útil para cualquier investigador. Y pese a la presencia de algunos errores o ausencias[28] –especialmente vinculados con la Historia Contemporánea o con el uso de términos incorrectos– este diccionario constituye la mayor aportación que se ha hecho desde las instituciones para conseguir que nuestro país cuente con una obra semejante a la que ya tienen otros estados europeos[29]. Como complemento del *Diccionario Biográfico,* la propia Real Academia de la Historia, en colaboración con las Academias de la Historia de los países iberoamericanos, ha puesto a disposición del público (desde febrero del año 2023) una nueva herramienta de trabajo que ha permitido incorporar biografías e información sobre América. Se trata del *Portal de Historia Hispánica,* accesible desde la propia web de la RAH, y en el que, a partir de un mapamundi, se accede a distintos criterios de búsqueda que nos permiten llegar a personajes del mundo hispano desde la prehistoria hasta la actualidad.

Como variantes de algunos de los diccionarios biográficos que se han ido mencionando, para la elaboración de este trabajo también he contado con otros repertorios –algunos de ellos muy extensos– que, por su especialización o características no podemos incluir en la breve descripción que se ha hecho hasta ahora. Me estoy refiriendo a extraordinarios diccionarios o investigaciones semejantes en los que se recogen desde las biografías de obispos de distintas diócesis hispanas (entre los que hubo muchos extranjeros) hasta las de los trovadores y poetas que amenizaron las cortes medievales de León y Castilla; las de los impresores y libreros que desde la Europa Central o Italia

---

[28]   Desde la edición de los primeros 25 volúmenes del diccionario se difundieron por periódicos y redes sociales numerosos artículos, tertulias e iniciativas parlamentarias en los que se han vertido críticas hacia la selección de los historiadores y documentalistas, o la escasa relevancia para la Historia de España de algunas entradas. Puede verse un panorama general de esta polémica en LUIS LEDESMA, José, "El Diccionario Biográfico Español, el pasado y los historiadores", *Ayer,* 80 (2012), pp. 247-265.

[29]   La iniciativa de la RAH es tardía si la comparamos con otros diccionarios biográficos elaborados en el resto de Europa. Ya desde finales del siglo XIX Bélgica, Francia, Alemania o Reino Unido contaban con obras semejantes; a ellos se incorporaron los elaborados en Estados Unidos o en Italia después de la Segunda Guerra Mundial, lo que evidencia que la iniciativa de la RAH llega lastrada por los avances ya conseguidos en otras latitudes o por la propia renovación tecnológica que permite actualizar la información a un ritmo vertiginoso. Más adelante, cuando describa las fuentes dispobibles para la elaboración de este trabajo, haré una breve reseña del llamado *Dizionario Biografico degli Italiani* (DBI), el más útil de los diccionarios internacionales para nuestra propuesta.

llegaron a Castilla durante el reinado de los Reyes Católicos; pasando por las de traductores que estuvieron al servicio de Alfonso X o Sancho IV. Para finalizar con las de los numerosos viajeros que, por motivos muy variados, recorrieron los caminos de la península desde el siglo XI en adelante. Veamos algunos ejemplos de estas obras que han sido imprescindibles para la elaboración de este trabajo.

A) Episcopologios: dentro de la ingente cantidad de trabajos dedicados a la Historia de la Iglesia medieval en nuestro país, ha existido desde hace mucho tiempo una línea de investigación que siempre se ha mostrado fructífera: me refiero al estudio del episcopado como grupo al mismo tiempo de carácter religioso y sociopolítico. Desde que Enrique Florez y otros colaboradores comenzaron a idear en el siglo XVIII la conocida como *España Sagrada*[30] hasta la más reciente *Historia de las diócesis españolas* (creada en 1995), prácticamente todas las diócesis que hoy conforman la administración eclesiástica de nuestro país tienen listados biográficos que son muy útiles para elaborar estudios prosopográficos.

Los fondos documentales de los archivos catedralicios hispanos –generalmente muy ricos– y toda la documentación generada en las relaciones entre obispos y abades con otras instituciones como el papado, la monarquía o el poder municipal, han permitido reconstruir numerosos itinerarios vitales de muchos de los que desempeñaron los máximos cargos en el seno de la jerarquía diocesana[31]. Además, en los últimos años la investigación ha mostrado un interés especial por los vínculos entre el alto clero y las oligarquías urbanas como base de su poder político, económico y social, lo que ha permitido que contemos con muchos trabajos en los que se analiza la composición del poder eclesiástico en la España Medieval. Hacía tiempo que contábamos con magníficos estudios biográficos de algunos prelados (como el cardenal Gil de Albornoz, el cardenal Cisneros, el obispo de Santiago Berenguel de Landoria, el de Zamora Acuña, etc.), pero la gran novedad de los últimos años es que se ha avanzado mucho en nuestro conocimiento del episcopologio medieval castellano–leonés, de tal forma que quedan pocas diócesis que no cuenten con su respectivo listado de biografías de todos aquellos que ocuparon la silla episcopal[32].

---

[30]   FLÓREZ, Enrique, y otros, *España sagrada. Teatro geográfico-histórico de la Iglesia de España*, 56 vols., Madrid 1747-1957. También es imprescindible el *Diccionario de Historia Eclesiástica de España* (dir. Por G. Aldea; T. Marín y J. Vives), 4 vols. Madrid, 1972-1975.

[31]   Un modelo del trabajo de este tipo puede verse en DORRONZORO RAMÍREZ, Pablo, "Los obispos durante el reinado de Alfonso VI: aproximación metodológica", *Estudios Medievales Hispánicos*, 1 (2012), pp. 23-58.

[32]Para las grandes diócesis contamos ya con buenos ejemplos de biografías episcopales. Así pueden verse: PALOMEQUE TORRES, Antonio, *Episcopologio de las sedes del reino de León*, Centro de Estudios e Investigación «San Isidoro», León 1966; LINEHAN, Peter,"León, ciudad regia, y sus obispos en los siglos X-XIII", en *El reino de León en la Alta Edad Media*, vol.6, Centro de Estudios e Investigación San Isidoro, 1988, pp. 409-457; 69; UBIETO ARTETA, Antonio, *Listas episcopales medievales*, Zaragoza, 1989; BARTOLOMÉ HERRERO, Bonifacio, "Obispos extranjeros al frente de

B) Libros de viajes: el interés por el estudio de la presencia de viajeros en las regiones de Castilla y León, y el análisis de los relatos que algunos de ellos nos dejaron, es otra de las líneas de trabajo que también nos ha proporcionado amplios repertorios biográficos de todos aquellos que dejaron constancia de su presencia en ambos reinos[33]. Ya desde finales del XIX y comienzos del XX hispanistas como Fouché–Delbosc, Javier Liske y Arturo Farinelli, o investigadores hispanos como Facundo Riaño o Antonio María Fabié, dejaron constancia de la gran cantidad de obras y bibliotecas que custodiaban manuscritos con las descripciones de los itinerarios que siguieron estos viajeros extranjeros por la península ibérica[34]. Unos años más tarde se publicaba otra obra que aportaba un nuevo salto en nuestros conocimientos sobre este tipo de relatos. Me refiero al trabajo de José García Mercadal, en el que se editaba una antología de libros de viajes (algunos de ellos por primera vez en español), ofreciendo a todos los interesados fragmentos y biografías de los relatos de muchos de ellos desde la Edad Media hasta el siglo XX[35].

TABLA nº 1				
Algunos de los viajeros en Castilla durante el siglo XV				
Año	**Nombre**		**Año**	**Nombre**
1400	Jacobo Brente		1468	Bernardino Bembo
1405–1408	Guillebert de Lannoy		1468	Paolo Marsi
1410	Manuel Crisolara		1468	Antonio Geraldini
1410–1415	Oswald von Wolkaenstein		1471	Leonoro de Leonori
1415	Pedro Juan		1472	Lord Rivers (Sir Woodwille)
1415	Juan Indianus		1473	Rodrigo de Borja
1415	Thomas de Etiopía		1476	Nicole Franco
1416	Kaspar Schilck		1479–1480	Eustache de la Fosse
1417–1423	Seigneur de Caumont		1480	Miquel Sithium
1417	Nicola Florentino		1480	Cataldo Parisio Siculo

la diócesis de Segovia (1120-1742)", *Estudios Segovianos*, tomo XLVIII (2005), pp. 19-54; RIVERA RECIO, Juan Francisco, "Notas para el episcopologio palentino de los siglos XIII y XIV", *Anuario de Estudios Medievales*, (1974-1979), pp. 407-424; DÍAZ IBÁÑEZ, Jorge, Iglesia, *Sociedad y Poder en Castilla. El obispado de Cuenca en la Edad Media (Siglos XII-XV)*, Cuenca, 2003; LOP OTÍN, María José, *El Cabildo Catedralicio de Toledo en el siglo XV. Aspectos institucionales y sociológicos*, Madrid, 2003; MARTÍNEZ CATALÁN, Ángel, *El Cabildo de la Catedral de Cuenca en el siglo XV: análisis institucional y prosopografía de sus integrantes (1399-1469)*, UNED, 2022.

[33]   He tratado de ofrecer un amplio estudio sobre los viajes y viajeros que acudieron a los reinos de Castilla y León en mi trabajo BELLO LEÓN, Juan Manuel, "Un estado de la cuestión sobre viajes de extranjeros, y sus relatos, a los reinos de Castilla y León entre los siglos XII y XV", *Espacio. Tiempo y Forma. Serie Medieval* (en prensa).

[34]   FOUCHÉ DELBOSC, E., *Bibliographie des voyages en Espagne et Portugal*. París, 1896.

[35]   GARCÍA MERCADAL, J., *Viajes de extranjeros por España y Portugal desde los tiempos más remotos hasta comienzos del siglo XX*, 3 vols., Madrid, 1959. Existe una nueva reedición de la obra de Mercadal que hizo la Junta de Castilla y León (Valladolid, 1999), en la que se incorporan dos importantes diferencias: se publicó en seis volúmenes e incorporó algunos textos inéditos de los siglos XIX y XX.

TABLA nº 1			
Algunos de los viajeros en Castilla durante el siglo XV			
Año	Nombre	Año	Nombre
1420	Maestre Guillén	1483	Martín Behaim
1420	Jakob Lubbe	1484	Giovanni Venturelli
1425	Juan de Colonia	1484	Lucio Marineo Sículo
1428	Guillaume Rigaud	1484–1485	Nicolás de Popielovo
1428–1430	Jean van Eyck	1485	Thomas Savage
1428	Sabald Rieter	1485	Richard Nanfan
1428	Oieter Rieter	1485	Roger Machado
1429	Wilhem von Reval	1486	Lucio Flaminio Siculo
1430–1435	Jobst Keller	1486	Pablo Olivieri de Perugia
1430	conde Ulrich II von Cilli	1488	Pedro Mártir de Anglería
1432	Guiniforte Berzizza	1490	Christophe d'Utrecht
1435	Guillebert de Lannoy	1492	Francisco de Sprat
1437	Georg Pfintzing	1492	Félix Fabri
1437	Guivanni Aurispa	1492	Mártir (obispo armenio)
1439	Johann von Cleve	1493	Simone dal Verde
1439	Tommaso da Riati	1494–1495	Jerónimo Munzer
1439	Tommaso Moroni	1495	Jean de Bourgogne
1440	Philippe	1495	Antonio de Holanda
1445	Nicola Florentino	1495	Hermann Künig von Vach
1446–1448	Sebastián Ilsung de Augsburgo	1496	Oliver de Gand
1448	Arnout de Crequi	1498	Giovanni Badoer
1453	Virgilio Bornat	1499	Juan Flamengo
1455	Hans Heydenrik	1499	Arnold von Harff
1455	Matthias Heydenrik	1501–1505	Crisóstomo Colona
1456	William Wey	1501–1506	Antoine de Lalaing
1457	Gaspar von Rappolstain	1505–1506	Vincenzo Quirini
1457	Georg de Ehingen	1505	Giovanni Bembo
1460–1470	Leonoro de Leonori	1506	Peter Rindfleisch
1462	Sabald Rieter	1506	Herzog Heinrich von Sachsen
1464	Angelo Decembrio	1507	Antonio Cardin (nuncio)
1465	Gil Eanes	1511–1518	Andrés Imhof
1466–1467	León de Rosmithal de Blatna	1512–1513	Francesco Guicciardini
Fuente: Las obras citadas en la bibliografía de Arturo Farinelli, García de Mercadal, Javier Liske y Carlos Gacía Romeral.			

Con todos estos precedentes, ahora mismo tenemos la fortuna de contar con infinidad de trabajos que se han dedicado a buscar, recopilar y traducir las relaciones de viajes de extranjeros, dando noticias de geógrafos, embajadores o peregrinos que viajaron por tierras hispanas desde la antigüedad hasta el siglo XX. Estos primeros trabajos animaron a filólogos e historiadores a realizar una labor de análisis de los textos para dar a la imprenta ediciones depuradas y anotadas que han puesto de relieve el valor de estas descripciones para el conocimiento de nuestro pasado. Por ejemplo, el impresionante trabajo desplegado por el ya citado García Romeral, que ha dado a conocer en varios libros: primero en los tres volúmenes que publicó entre 1995 y 2001, en los que recoge un extenso repertorio de viajeros españoles y extranjeros por tierras hispanas[36]; y en segundo lugar su *Diccionario biográfico*, en el que se ordenan las vidas y obras de más de 2000 escritores−viajeros procedentes del mundo francófono, anglosajón o germánico desde la Edad Media hasta el siglo XX[37]. Podríamos terminar esta breve introducción dando un salto en el tiempo para señalar que, también recientemente, se ha vuelto sobre una idea que ya es comúnmente aceptada por los investigadores; la movilidad de los hombres y mujeres medievales era más frecuente de lo que las sociedades actuales suelen creer, de tal forma que este nuevo libro nos vuelve a descubrir novedosas interpretaciones sobre los viajes y viajeros medievales[38]. Y en medio de la primera de las obras citadas en estas líneas – las de Fouché−Delbosc, Arturo Farinelli, etc.− y esta última coordinada por María del Pilar Carceller se encuentra un aluvión de trabajos que evidencian la amplia movilidad de los hombres y mujeres medievales, así como las múltiples razones que los llevaron a emprender un camino que siempre era difícil y, en muchas ocasiones, peligroso[39].

Pero cuando recurro a los libros de viajes como fuente de información, no me han sido útiles solo los que redactaron los extranjeros que visitaron el reino de Castilla. También contamos con un reducido número de viajeros hispanos que, por distintos motivos, se dirigieron hacia Oriente, atendiendo al interés que despertaba en los europeos del siglo XV el conocimiento de Asia. Y dos de ellos −el relato de González de Clavijo (en 1403) y el de Pedro Tafur (en 1436)− son básicos para localizar referencias a algunos extranjeros que se encontraban presentes en ciudades hispanas cuando ellos y sus acompañantes realizaron su itinerario por el Mediterráneo[40]. Así, merecen destacarse los testimonios que nos dejó Tafur sobre Carlo Morosin, veneciano que había residido en Sevilla y al que se encontró durante su primera estancia

---

[36]   GARCÍA-ROMERAL, C., *Bio-bibliografía de Viajeros por España y Portugal (siglo XIX)*, Madrid, 1995, *Bio-bibliografía de Viajeros por España y Portugal (siglo XVIII)*, Madrid, 1997 y *Bio-bibliografía de viajeros por España y Portugal (siglos XV-XVI-XVII)*, Madrid, 2001, En los tres volúmenes dedica poco espacio a la época que aquí se estudia pero eso no quita valor a un trabajo que supera a las obras que ya teníamos desde hacía más de un siglo.

[37]   GARCÍA-ROMERAL, C.. *Diccionario Biobibliográfico de viajeros por España y Portugal*. Madrid, 2010; AA.VV., *Viajes y viajeros en la España Medieval*. Actas del V Curso de Cultura Medieval (Aguilar de Campoo, 1993), Madrid, 1997.

[38]   CARCELLER CERVIÑO, María del Pilar (coord.), *Viajes y viajeros en la Edad Media*, Madrid, 2021.

[39]   Puede verse un panorama general en LADERO QUESADA, Miguel Ángel, *Espacios y viajes. El mundo exterior de los viajeros medievales*, Madrid,2020) o en el portal "Exploradores y viajeros por España y el nuevo mundo" (https://www.cervantesvirtual.com/portales/exploradores_y_viajeros_espana_y_nuevo_mundo/.

[40]   TAFUR, Pero, *Andanzas y viajes* (Ed. de Miguel Ángel Pérez Priego), Madrid, 2018.

en Venecia (año 1437); o sobre Paolo Imperiale, genovés que había vivido en Sevilla y al que conoció en la ciudad de Cafa, donde fue acogido por este comerciante debido a que conocía a los andaluces por su estancia en la urbe hispalense[41].

C) Trovadores: en el año 1975 Martín de Riquer, sin duda uno de los hombres de letras más destacado del siglo XX[42], publicaba una extensa obra (en tres volúmenes) que se editó con el título de *Los Trovadores*[43] y que ha ejercido, desde entonces, una notable influencia en filólogos, historiadores y poetas. Reeditada en el 2012 en un solo volumen[44], con prólogo de Pere Gimferrer, este libro no es sólo un extraordinario ejercicio de erudición, sino también el reflejo de la descomunal capacidad del autor para ofrecernos centenares de biografías de trovadores junto a cientos de composiciones (algunas traducidas por primera vez al español), lo que convierte a esta obra en uno de los mejores trabajos que se ha hecho en Europa sobre la Historia y la Cultura medieval de nuestro continente. Entre esas biografías se encuentran más de una veintena de trovadores que a lo largo de los siglos XII y XIII acudieron a las cortes de León o Castilla, como fueron los casos de Aimeric de Beloni, Rigaut Berbezilh, Guillem Berguedá, Elías Cairel, Marcabrú, etc.[45].

D) Diccionarios de traductores: como en los otros apartados, los trabajos dedicados a recopilar las biografías de traductores y la traducción en España llenan las páginas de congresos, revistas, tesis doctorales y repertorios bibliográficos[46], por lo que solo voy a hacer mención a dos obras que me han servido de referencia para mi trabajo. Una es el *Diccionario histórico de la traducción en España*[47] y el otro una de las obras más destacadas de Julio César Santoyo[48]. El primero es un grueso volumen que reúne –por orden alfabético– tanto a los traductores extranjeros y nacionales que han destacado en el panorama de la traducción hispana, desde cualquier lengua hacia el

---

[41]   Los datos biográficos de ambos pueden verse en el diccionario que acompaña a este trabajo.

[42]   Se considera a Martín de Riquer Morera (1914-2013) como uno de los intelectuales más destacados del siglo XX, como consecuencia de *"una curiosidad insaciable y de una capacidad poco frecuente: con el mismo entusiasmo se aplicó a la literatura catalana medieval, a la castellana o al Quijote; a los cantares de gesta franceses, a Chrétien de Troyes y a los trovadores occitanos; a la heráldica o al armamento de los caballeros, etc.* La cita así como algunos rasgos de su biografía y de su gigantesca producción pueden verse en ALVAR, Carlos, "Necrología. Martín de Riquer (1914-2013)", *Revista de Filología Española*, XCVI, 2 (2016), pp. 341-350.

[43]   RIQUER, Martín de, *Los trovadores, historia literaria y textos*, 3 vols., Barcelona, 1975.

[44]   Publicado por la editorial Ariel, es la edición que utilizo para este trabajo.

[45]   Pueden verse las biografías de todos ellos en nuestro diccionario.

[46]   Se estima que tan solo entre los años 1980 y 2000 se publicaron más de tres mil títulos relacionado con la traducción y traductores en nuestro país.

[47]   LAFARGO, Francisco y PEGENAUTE, Luis, *Diccionario histórico de la traducción en España*, Madrid 2009.

[48]   SANTOYO, Julio César, *La traducción medieval en la península ibérica (siglos III-XV)*, León, 2009.

castellano y desde este hacia el catalán, el euskera y el gallego, así como una serie de entradas sobre cuestiones literarias y científicas que han tenido repercusión en la cultura hispánica. El resultado es una obra con más de 850 entradas, en las que trabajaron unos 400 investigadores coordinados por un consejo editorial que supervisó cada una de ellas, consiguiendo lo que los autores consideran como el primer diccionario enciclopédico en lengua española de traductores, equiparable a los que ya existían en el ámbito francés o británico.

El estudio del profesor y filólogo César Santoyo tiene otras características ya que no se trata de un repertorio biográfico sino del análisis de la actividad traductora en los reinos medievales hispanos entre los siglos III y XV. Para ello, el que fuera rector de la Universidad de León dividió su libro en varios capítulos en los que, tomando como eje vertebrador la labor de distintos traductores, inserta sus reflexiones en un contexto histórico y cultural, de tal forma que puede ofrecer precisiones sobre la forma de trabajar de cada traductor y de sus ocasionales colaboraciones, la autoría de las obras y la procedencia de los textos originales del árabe, latín u otros idiomas. De todos los capítulos, son el segundo y el tercero los que nos han ofrecido más información para nuestro objetivo. En el segundo se presta especial atención a la denominada Escuela de traductores de Toledo, para desmitificar y derribar la tradicional idea de la existencia de una "Escuela" como tal, dando numerosas noticias sobre los traductores que se encontraban en la península ibérica en esa época y las traducciones que llevaron a cabo. En el tercero, Santoyo detalla el trabajo de una nueva generación de traductores, la edición de las primeras traducciones al castellano, y la labor de los traductores de la corte de Alfonso X y sucesores, muy dispares en cuanto a su procedencia y religión (entre ellos cinco italianos). Con toda esa información en nuestro diccionario se ofrecen breves datos biográficos de traductores italianos como Rufino Alejandrino, Pietro Reggio, Armando y Gerardo de Cremona o Salione Buzzacarin, alemanes como Hermann Alemán, ingleses como Adelardo de Bath, Daniel Morley o Roberto de Chester o franceses como Pedro Montboissier.

E) Impresores y libreros: desde hace más de un siglo se puede encontrar en nuestras bibliotecas diversas obras que trata de recoger el catálogo de impresores, españoles y extranjeros, que desarrollaron en distintos lugares de la península ibérica las innovaciones que Johannes Gutemberg incorporó a la impresión con el uso de tipos móviles[49]. Además, la manufactura del libro y sus productores también cuenta con notables aportaciones, de tal forma que actualmente se conoce bastante bien a casi todos los impresores que, por distintos motivos, trabajaron en los reinos hispanos a finales del siglo XV y durante la primera mitad del XVI. El mayor problema estriba en la

---

[49]   GUITIÉRREZ DEL CAÑO, Marcelino, "Ensayo de un catálogo de impresores españoles desde la introducción de la imprenta hasta finales del siglo XVIII", *Revista de Archivos, Bibliotecas y Museos*. 3ª época, vol. 3º, (1899-1900) pp. 662-671; vol. 4º, pp. 77-85, 267- 272, 667-678 y 736-739; HAEBLER, Konrad, *Bibliografía ibérica del siglo XV: enumeración de todos los libros impresos en España y Portugal hasta el año 1500*, La Haya, 1903-1917.

dispersión de la información ya que son frecuentes los repertorios de producciones tipográficas asociadas a una región o ciudad, en el que se incluyen notas y biografías de aquellos que trabajaron y editaron sus obras en cada una de ellas.

La situación cambió bastante cuando Juan Delgado abordó el que se considera como el primer diccionario de impresores que trabajaron en España entre los siglos XV y XVII. La obra, que cuenta con la biografía de casi un millar de impresores, recoge a todos aquellos que firmaron las obras que publicaron, independientemente de que fueran dueños del taller, administradores o arrendadores. Las entradas del diccionario se estructuran siguiendo un mismo modelo: apellidos y nombre del impresor, recogiendo algunas de sus variantes; lugar y fecha de su actividad (con la primera y última fecha de impresión); datos biográficos, ciudades en las que trabajaron y bibliografía de referencia[50]. En este extenso trabajo se puede encontrar la relación más completa (véase tabla nº 2) de impresores extranjeros que realizaron su labor en el reino de Castilla en el tránsito de la Edad Media a la Moderna. Y entre ellos impresores como Pedro Brun, natural de Ginebra y activo en Sevilla desde 1492 a 1506; el alemán Jácome de Nurenbergue o Jacobo Alemán (que así se le conocía en el reino), uno de los impresores mejor conocidos por su larga estancia en Sevilla y por la variedad de obras que editó; Pedro Giraldi, instalado en Valladolid desde finales del siglo XV; el también alemán Hanss Gysser, que se estableció como impresor en la ciudad de Salamanca durante el reinado de los Reyes Católicos (probablemente a comienzos del siglo XVI), cuando la ciudad y su Universidad eran el foco cultural más destacado del reino de Castilla; o el francés Arnao Guillen de Brocar, que después de pasar por Pamplona se estableció en Alcalá de Henares desde el año 1502[51].

TABLA nº 2			
Impresores y libreros extranjeros. Siglo XV y principios del XVI			
Nombre	Origen	Residencia en Castilla	Años
Gabriel Luis de Arinyo	Valencia	Murcia	1487
Isabel de Basilea	Alemania	Burgos	1526
Fadrique Biel de Basilea	Alemania	Burgos	1475–1517
Arnao Guillen Brocar	Francia	Logroño	1502–1514
		Alcalá de Henares	1511–1523
		Valladolid	1514–1519
		Toledo	1518–1521
Pedro Brun	Ginebra	Sevilla	1492–1506
Juan Pegnitzer	Nuremberg	Sevilla	1493–1499
Magno Herbst de Fils		Sevilla	1499–1502
Tomás Glokner		Sevilla	1493–1499
Pablo de Colonia	Colonia	Sevilla	1490–1502

---

[50] DELGADO CASADO, Juan, *Diccionario de impresores españoles (siglos XV-XVII),* 2 vols. MADRID, 1996.

[51] Véanse las biografías de todos ellos en el diccionario que acompaña a este trabajo.

TABLA n° 2			
Impresores y libreros extranjeros. Siglo XV y principios del XVI			
Nombre	**Origen**	**Residencia en Castilla**	**Años**
Jacobo Cromberger	Alemania	Sevilla	1503–1528
Cristóbal Frances	Francia (?)	Toledo	1526–1528
Juan de Francourt	Francia	Valladolid	1492–1493
Juan Gentil	Italia	Sevilla	1492
Juan Gherlinc	Alemania	Salamanca	1501–1503
Juan de la Junta	Florencia	Burgos	1527–1558
Bartolomé de Lila	Flandes	Salamanca	1532–1552
		Toledo	1480–1483
		Coria	1489
Lorenzo Lionde	Pesaro (Italia)	Salamanca	1512–1529
Guillermo de Millis	Italia	Medina del Campo	1551–1555
Juan Parix	Heidelberg	Segovia	1472–1474
Juan Picardo	Francia	Zamora	1541–1543
		Salamanca	1546
Pedro Giraldi	Italia	Valladolid	1493–1499
Juan Gysser	Silgenstat (Alem.)	Salamanca	1500–1509
Pedro Hagenbach	Alemania	Toledo	1498–1502
Pedro Hagenbach	Alemania	Toledo	1503–1511
Leonardo Hutz	Alemania	Salamanca	1494–1497
Johannes Parix	Alemania	Segovia	1472–1476
Miguel de Planas	Cataluña	Valladolid	1493–1499
Estanislao Polono	Polonia	Sevilla	1491–1503
		Alcalá de Henares	1502–1504
Guillermo Reymon	Francia	Cuenca	1538–1539
Domenico Robertis	Italia	Sevilla	1533–1549
Lope Wof von Stein	Alemania	Murcia	1487
Lázaro Salvago	Génova	Valladolid	1527–1534
		Toledo	1528–1536
Lope Sanz	Navarra	Salamanca	1496–1497
Nicolás Tierry	Francia	Valladolid	1524–1540
Pierre Tovans	Francia	Santiago	1534
		Medina del Campo	1533–1537
		Zamora	1538–1539
		Salamanca	1540
Meinardo Ungunt	Alemania	Sevilla	1491–1499
		Granada	1496
Fuente: DELGADO CASADO, Juan, Diccionario de impresores españoles (siglos XV–XVI), Madrid, 1996, 2 vols. Elaboración propia.			

F) Otros diccionarios biográficos: al margen de todos los diccionarios que se han citado, me han sido muy útiles otros repertorios biográficos que también recogen información valiosa para elaborar un registro como el que presentamos. Uno de ellos es el titulado como *Diccionario biográfico y bibliográfico del humanismo español (siglos XV–XVII),* obra dirigida por el filólogo y profesor de la Universidad de León Juan Francisco Domínguez Domínguez[52]. Con la colaboración de más de una treintena de investigadores, en la obra se ofrecen las semblanzas de 184 humanistas de los siglos XV al XVII y, entre ellos, las de Pedro Mártir de Anglería, Antonio y Alessandro Geraldini, Lucio Marineo, Francesc Alegre, Demetrio Ducas, Amato Lusitano, Nicolás Monardes (hijo de Niculoso Monardois), etc. En cada un de las entradas se pueden diferenciar tres partes; en la primera, se realiza una extensa biografía del autor; en la segunda, se centran en su producción escrita, ofreciendo tanto las obras que se conservan como las posibles autorías, reservando la tercera para una bibliografía detallada sobre el humanista reseñado.

El otro, es un extenso diccionario de conquistadores de las Islas Canarias, obra escrita por el erudito y genealogista Cebrián Latasa[53]. El autor fue un incansable investigador que, durante varias décadas dedicó su esfuerzo a algo que le obsesionaba: acabar con lo que él consideraba "errores y falsificaciones" de la historiografía canaria, que, desde el siglo XIX había mantenido ideas equivocadas sobre la conquista del archipiélago y sobre los protagonistas de aquellos sucesos. Ese desvelo le llevó a revisar numerosos archivos y fondos documentales de las islas y a elaborar la genealogía de muchas familias que él consideraba conquistadores de las islas y, sobre todo, a especificar el papel de los aborígenes en todo el proceso, tratando de eliminar lo que él consideraba un nacionalismo "segragacionista y xenófobo" que presentaba a los indígenas solo como grupo exterminado por parte de las tropas castellanas. El caso es que Latasa nos ofreció un diccionario biográfico en el que se incorporan varios centenares de conquistadores, entre los que podemos espigar a los genoveses, normandos, flamencos o catalanes que participaron directamente en la contienda o que la financiaron.

1.2. Las fuentes archivísticas para este trabajo

Para elaborar este diccionario ha sido necesario acudir a un corpus documental y bibliográfico disperso y de considerables dimensiones, que nos permitió diseñar una base de datos cuyos resultados se reflejan –en parte– en cada una de las biografías que forman las piezas de este registro. Partiendo de la base del extraordinario esfuerzo de edición y puesta en conocimiento de estas fuentes, no quisiera seguir adelante sin

---

[52]   DOMÍNGUEZ DOMÍNGUEZ, Juan Francisco, *Diccionario biográfico y bibliográfico del humanismo español (siglos XV-XVII),* Madrid, 2012.

[53]   CEBRIÁN LATASA, José Antonio, *Ensayo para un diccionario de conquistadores de Canarias,* La Laguna, 2003. El mayor problema de esta obra es que, por razones desconocidas, el autor no ofreció las referencias documentales y bibliográficas concretas que sustentan cada una de las biografías, pidiéndole al lector que se fíe de su palabra y de su trabajo de investigación. Y, aunque no dudo de su enorme esfuerzo, el trabajo no cumple con un requisito académico indispensable, como es el de citar, de la forma más completa posible, las fuentes utilizadas.

llamar la atención sobre algunas de las aportaciones de los últimos años ya que, sin ellas, insisto en que no sería posible un estudio como el que aquí se presenta.

1.2.1. Las listas nominativas

Quiero comenzar haciendo una observación que afecta a las fuentes disponibles. En el reino de Castilla, más allá de los datos que puedan proporcionar algunas listas nominativas o los libros de repartimiento que se conservan para distintas localidades y en los que se puede encontrar donaciones a extranjeros que participaron en las campañas de conquista o que decidieron establecerse en la localidad en la que recibieron los bienes, apenas se dispone de listas de vecinos (semejantes a las matrículas de extranjeros de los siglos XVII y XVIII) que permitan conocer a los inscritos cada año en cada concejo. No se conoce –salvo para el caso de Murcia y en algunas ocasiones para Sevilla y otros lugares– ninguna fuente semejante a las listas de vecinos nuevos en las que se registraban a los recién llegados a un concejo y donde, en ocasiones, se indican su lugar de origen, su profesión, los motivos de su venida, los miembros de su familia o los bienes que poseía[54].

Aquí no me estoy refiriendo a los numerosos padrones de vecinos conservados para Sevilla y su alfoz desde finales del siglo XIV (más de 200 para el periodo 1384 a 1533). Todos ellos recogen referencias a la distribución urbana de la población y noticias sobre el número de habitantes, oficios, bienes y otras cuestiones que han permitido analizar la evolución demográfica de la ciudad y de otras zonas de su tierra. Sin embargo, no es fácil localizar en ellos referencias concretas a la presencia extranjera en la zona; ni siquiera en el denominado Barrio de Génova, que en la ciudad hispalense recogía a un importante número de italianos presentes en la citada urbe. Sobre las características de este tipo de documentación y sobre las posibilidades de estudio que ofrecen es imprescindible acudir a los trabajos del profesor Antonio Collantes y a algunas de las aportaciones que se han hecho en los últimos años de la mano de Carlos Flores, Manuel Álvarez, Manuel Ariza o Josefa Mendoza[55].

---

[54]   En Sevilla, Jerez, Sanlúcar, Cuenca, Toledo o Valladolid existe un pequeño número de avecindamientos incluidos en sus correspondientes actas municipales o en la documentación fiscal, aunque la serie de nuevas vecindades es poco representativa de lo que fueron los desplazamientos a distintas localidades. He descrito un panorama general sobre estas circunstancias en BELLO LEÓN, Juan Manuel, "Los "no vecinos" en las ciudades de la Andalucía atlántica a finales de la Edad Media", en ARIZAGA BOLUMBURO, Beatriz (coord.), *Las sociedades portuarias de la Europa Atlántica en la Edad Media*, Universidad de Cantabria, 2016, pp. 285-317.

[55]   COLLANTES DE TERÁN SÁNCHEZ, Antonio, *Sevilla en la Baja Edad Media. La ciudad y sus hombres,* Sevilla, 1977; FLORES VARELA, Carlos, *Sevilla, 1406. Un estudio socio-geográfico de la población*, Madrid, 1992 y *La población de las ciudades andaluzas en la Baja Edad Media. Estado de la cuestión y propuesta metodológica*, Madrid, 2003; ÁLVAREZ, M., ARIZA, M. y MENDOZA, J. (eds.), *Un padrón de Sevilla del siglo XIV. Estudio filológico y edición*, Sevilla, 2001.

En todo caso, este tipo de listas de vecinos, cuando existe, plantea varios problemas[56]. Primero es difícil saber cuántos vecinos de origen foráneo son registrados en estas matrículas. Parece razonable suponer que adquirir la condición de vecino exigiría dejar asentado un testimonio escrito de la condición adquirida, pero la realidad es que la identificación como nuevo poblador sólo era reservada para aquellos que habían demostrado una larga residencia, un arraigo familiar y una capacidad contributiva.

En segundo lugar, no todos los que se inscribían en estas listas de vecinos son recién llegados a la localidad. Muchos eran personas que habían adquirido, mediante compra o donaciones, bienes urbanos y rústicos, de tal forma que en el momento de anotar su nombre ya habían fijado su residencia en el lugar. Por otra parte, los concejos castellanoleoneses eran de extraordinarias dimensiones; amplios espacios que en muchas ocasiones estaban vacíos (el núcleo urbano de Sevilla es un buen ejemplo) debido al fracaso de los procesos repobladores, a la inseguridad propia de las zonas de frontera o a las incesantes calamidades que provocaban hambrunas y despoblamiento. Ante esa situación es probable que las autoridades locales no tuvieran especial cuidado en registrar a los que desearan asentarse en un determinado lugar ni pusieran grandes inconvenientes en conceder la vecindad sin necesidad de dejar constancia de la inscripción.

En tercer lugar, es muy difícil medir los flujos migratorios a partir de unas listas de vecinos que fueron elaborándose según les interesaba a las autoridades locales o al propio inmigrante. Los repartimientos, las decisiones políticas o la concesión de privilegios fiscales podían fomentar las inscripciones, pero la realidad es que podemos encontrarnos con años en los que no se registraba ninguna solicitud frente a otros en los que se produce una avalancha de peticiones. Y la explicación de ambas situaciones ni es sencilla ni obedece a una única circunstancia.

Por último, los inmigrantes no tienen interés en obtener su registro en el libro de vecindades si el acto administrativo no le iba a proporcionar ninguna ventaja económica y social. Si la exención fiscal que les podía afectar la mantenían permaneciendo en su condición de foráneos (como en ocasiones ocurría con la comunidad genovesa) es posible que los inmigrantes no sintieran la necesidad de dejar constancia de su residencia en la ciudad. Por tanto, se puede concluir que ni los concejos ni los particulares eran especialmente cuidadosos con la recomendación de censarse en el lugar en el que residían.

Dicho todo esto, sí que tengo que llamar la atención sobre la existencia de algunas fuentes que permiten hacerse una idea sobre la entidad numérica de las comunidades de extranjeros en un momento determinado. No son muchas y su información sólo se puede tomar como indicio ya que, en casi todas las ocasiones, se refieren a las

---

[56]   Algunos de esos problemas han sido descritos en MENJOT, Denis, *Murcia. Ciudad fronteriza en la Castilla bajomedieval,* Murcia, 2008 (especialmente pp. 38-51). Para el caso de Sevilla existen algunas listas de vecinos catalanes y genoveses de las que hablaré más adelante.

comunidades italianas y no al conjunto de los que proceden de Portugal, Aragón, Francia, Inglaterra, etc. La mayoría de ellas ya fueron descritas por el profesor Antonio Collantes[57] así que me limitaré a poner de relieve algunos de sus datos y a ofrecer algunas de estas litas nominales.

Sin tener en cuenta la edición del primer padrón de vecinos de Sevilla[58] que se conoce, correspondiente al año 1384, en el que se puede espigar el nombre de algún italiano, catalán o portugués, la primera lista útil para nuestro propósito es una nómina de catalanes residentes en la ciudad de Sevilla a comienzos del siglo XV. Por entonces los procedentes de Barcelona u otras localidades próximas tenían reconocidos privilegios equiparables, en algunos asuntos, a los que ya disfrutaban los genoveses. Lo más interesante de esta lista es que en ella se recogen a diez catalanes con oficios tan variados como los de orfebre, vainero o mercader, residiendo en los barrios de la Mar, el Salvador y Francos.

Desde el punto de vista cronológico, el siguiente testimonio está relacionado con uno de los frecuentes periodos de crisis, hambres y epidemias que afectaron a la ciudad de Sevilla y su tierra a lo largo de los siglos finales de la Edad Media. En este caso la que sufrió entre los años 1413 y 1414. En aquellos momentos el concejo hispalense puso en marcha uno de los mecanismos que habitualmente se empleaban para tratar de paliar los efectos de la carestía: comisionar a varios regidores para que fueran a las villas y lugares de Sevilla y su alfoz e hicieran el recuento del cereal disponible y luego proceder a negociar con los mercaderes residentes en la ciudad la importación de trigo y cebada desde cualquier lugar de Europa o Berbería. Así, en enero de 1413 el regimiento otorgó poderes a los veinticuatros Francisco Fernández Marmolejo, Alfonso Fernández de Melgarejo, Ruy González de Medina, Juan Martínez y a Pedro Ortiz, para que en nombre del concejo negociasen con los mercaderes genoveses, placentines, venecianos y catalanes la traída de pan a la ciudad[59]. El cereal comenzó a llegar a la ciudad varios meses después, concretamente el 16 de abril de 1413. Ese día los hermanos Catano, Juste Salvago, Antonio Baderda, micer Uso di Mar, Antonio Italian y otros mercaderes genoveses trajeron 717 cahíces de trigo. En día sucesivos, 18 y 19 de abril, Nicoloso, Antonio Italian y Pelo Salvago trajeron 100, 200 y 200 cahíces respectivamente. En total 1217 cahíces, a razón de 6 ducados de oro el cahíz.

Las siguientes nóminas también las conocemos por los periodos de carestía que afectaron a Sevilla en la segunda mitad del siglo XV. Una pertenece a los años 1467 y 1469, que se corresponde con uno de los periodos mejor estudiados gracias a la

57   COLLANTES DE TERÁN SÁNCHEZ, Antonio, *Sevilla en la Baja Edad Media*…pp. 214-218.

58   Fue editado por primera vez por el profesor Julio González, aunque la edición más completa es la ya citada de Manuel Álvarez, Manuel Ariza o Josefa Mendoza.

59   AMS. Papeles Mayordomazgo. Año 1412. Documento nº. 138 (9-12-1412) A lo largo de más de una veintena de folios se da una relación del cereal que se envía a la ciudad desde abril de 1413; Véase también doc. n. 189 (16-12-1412).

abundante documentación que se conserva para su análisis[60]. En ella se constata la presencia de 19 genoveses que se comprometieron a traer cereales a la ciudad (véase el anexo, tabla n° 1). La siguiente nómina la encontramos de forma inmediata en otro de los peores momentos que pasaron las ciudades andaluzas en la centuria, el correspondiente a los años 1471–1474. Esos años coinciden con otra otro periodo de lucha entre las dos facciones nobiliarias más importantes de la región, las del duque de Medina y las del marqués de Cádiz, cada una de ellas con la deliberada voluntad de entorpecer el abastecimiento de granos a sus respectivas ciudades, Sevilla y Jerez. A un horizonte político con muchas dificultades se le sumó la perspectiva de dos pésimas cosechas, la de 1472 y 1473, por lo que una vez más se tuvo que acudir a la importación por vía marítima[61]. Además de una serie de regidores hispalenses y varios mercaderes burgaleses y vizcaínos que se comprometieron a la importación de cereales, la documentación registra en el mes de abril de 1473 un total de 36 genoveses que se comprometieron a proporcionar trigo a los vecinos de Sevilla (hasta un total de 1.100 cahíces). A lo largo de ese mismo mes también lo habían hecho varios florentinos, por 250 cahíces; venecianos (100 cahíces) e ingleses, que se obligaron a entregar a finales de septiembre de ese año 300 cahíces (véase el anexo, tabla n° 1).

Casi simultáneo en el tiempo a las listas sevillanas de 1467–69 es el padrón de vecinos que se elaboró en Cádiz en 1467 y una relación de vecinos de la misma ciudad de 1468 que se confeccionó con motivo de las negociaciones entre el concejo y varios mercaderes para el abastecimiento de cereales a la población gaditana[62]. El análisis de ambas fuentes permitió demostrar a Emilio Martín que en la zona del litoral de Cádiz se documentan a 21 comerciantes genoveses con la categoría de vecino o morador, advirtiéndonos de que tenían que ser algunos más ya que los propios documentos señalan que en el recuento no se incluían a *"muchos mercaderes de muchas naciones"* que no estaban presentes en el momento de elaborar el documento. El estudio del citado profesor incluye las biografías de Polo Bonifacio, Jácome Cataño, Juan Doria, Juan Escanio, Bernardo de Espínola, Maestre Esturla, Juan Uselo, Luis Machorro, Domenico de la Maneroba, Franco de Mar, Miguel Machorro, Diego Martínez Polo, Martín Mar Uselo, Jerónimo Marrufo, Oberta, Pedro Picardi, Damián Servo y Gonzalo y Juan Sestón, además de algo excepcional como era la presencia de dos mujeres vinculadas a familias de mercaderes genoveses (Leonor González y una a la que llaman la "mujer de Maciore").

La nómina más completa y quizás la que nos pueden dar la imagen más adecuada de la presencia de las comunidades extranjeras en un momento dado en una región castellana es la que se elaboró en 1489, cuando los reyes exigieron los genoveses y

---

[60]   La relación completa fue publicada por MARCHENA HIDALGO, Rosario, "Economía sevillana en la Baja Edad Media: una crisis de subsistencia" en *Archivo Hispalense*, 166 (1971), pp. 189-204.

[61]   A. M. S. Papeles Mayordomazgo. Año 1473 (13-X-1473).

[62]   MARTÍN GUTIÉRREZ. Emilio, "Nuevos datos sobre la población y los genoveses en la ciudad de Cádiz. Una relectura del padrón de vecinos de 1467", *En la España Medieval*, 29 (2006) pp. 187-223.

florentinos afincados en Sevilla y Cádiz su participación en los enormes gastos que estaban generando la Guerra de Granada[63]. El 21 de agosto de 1489 los reyes enviaban al contino Alfonso Téllez a negociar con los cónsules ligures un empréstito de 1.000.000 de maravedís para destinarlos al cerco de Baza, cantidad de que los mercaderes tendrían que distribuir en función de las posibilidades de cada uno de ellos. A los comerciantes se les recordó que si se ausentaban de la región tras la lectura del pregón se les impondría una sanción de 50.000 mrs. El resultado es una nómina de 30 genoveses residentes en Sevilla, 22 en Cádiz y 2 en el Puerto de Santa María. Si se observan las listas (véase el anexo, tabla nº 3) se podrá comprobar que en Sevilla y Cádiz ya residían la mayoría de los representantes de las grandes casas comerciales italianas presentes en ambas ciudades (los Spínola, Pinelo, Sopranis, Riberol, etc.), confirmándose, además, que los hermanos Francisco y Cosme Riberol, fueron los mayores contribuyentes, confirmando que ya eran unos de los mercaderes más activos de la región.

Las siguientes nóminas proceden de la documentación fiscal que se elaboró en Andalucía para controlar el tráfico comercial que se desarrolló en la región. Concretamente de los registros vinculados al almojarifazgo mayor de Sevilla, cuya legislación y aranceles sirvieron de modelos para otros regímenes fiscales, como los almojarifazgos de Canarias, Indias o señoriales[64]. Como otras rentas de la Corona, ésta estaba compuesta por ingresos de procedencia muy diversa, aunque en esencia lo principal de su recaudación lo constituía la percepción de un porcentaje sobre las mercancías cargadas y descargadas en los puertos andaluces. Afortunadamente contamos con las nóminas de todos los mercaderes que abonaron los correspondientes aranceles en función de traían hasta los puertos de Sevilla, Cádiz o el Condado para los años 1481, 1495, 1496, 1497, 1501 y 1510 (véase anexo, tabla nº 2). Todas ellas nos muestran con claridad el probable número de comerciantes extranjeros que actuaban en la región (o por lo menos los que no llegan a defraudar a los agentes fiscales) en cada uno de esos años, demostrando que su número quizás no era tan elevado como parecen indicar otras fuentes.

Las dos últimas nóminas a las que quiero referirme son ya un poco tardías para nuestros objetivos. La primera corresponde a la ejecutoria de hidalguía de los hermanos Bernardo, Luco y Agustín Pinelo, conocida familia de mercaderes genoveses

---

[63]   AHPS. Protocolos Notariales. Leg. 1496 (bis) Pliego 1, fol. 165 (21-VIII-1489); fol. 227 (2-XI-1489); fol. 251 (12-XI-1489); fol. 262 (18-XI-1489); fol. 283 (28-XI-1489). El único mercader florentino al que se le exige contribuir (con 60.000 mrs.) en los gastos con destino al cerco de Baza fue Juanotto Berardi (véase fols. 285 y 291).El cobro de las cantidades que le correspondía a cada uno generó numerosos conflictos entre las autoridades y los mercaderes. Las nóminas fueron publicadas íntegramente por OTTE, Enrique, *Sevilla y sus mercaderes*….pp. 187-190.

[64]   El Almojarifazgo Mayor es una de las rentas mejor conocidas de la Hacienda castellana como lo demuestran los numerosos trabajos elaborados por González Arce, Ladero Quesada, Collantes de Terán, Aznar Vallejo o Bello León. Un panorama general puede verse BELLO LEÓN, Juan Manuel y ORTEGO RICO, Pablo, *Los agentes fiscales en la Andalucía atlántica a finales de la Edad Media. Materiales de trabajo y propuesta de estudio*, Murcia, 2019.

asentada en Sevilla. El extenso documento (la edición impresa ocupa más de 35 páginas), correspondiente al año 1503, copia un expediente emanado desde la Chancillería de Ciudad Real en el que los reyes reconocen la condición de hidalgo a los citados hermanos en función de sus méritos, servicios y por el hecho de no haber pagado pechos reales o concejiles. Para confirmar esas circunstancias los beneficiarios presentan a una serie de testigos, y es en ese momento donde nos volvemos a encontrar una extensa nómina de genoveses establecidos en Sevilla. El documento, además de los tres hemanos citados, recoge la declaración de veinte genoveses, que serían, probablemente, el número aproximado de vecinos ligures que se encontraban en aquellos momentos en la ciudad[65].

El segundo testimonio corresponde a las reuniones del consulado genovés en Sevilla para proceder a la elección de sus representantes y tratar asuntos relacionados con su actividad en la ciudad[66]. Se han publicado las referencias a los años 1511 a 1515 y a todas ellas asisten un número exiguo de ligures, ya que en ningún caso superan los 25 mercaderes, además de los dos cónsules que presidían la sesión. Como señala Enrique Otte, no parece que los comerciantes de aquella comunidad tuvieran un excesivo interés en las reuniones ya que por otro tipo de fuentes se sabe que, en esos momentos, el número de los que residían o transitaban por Sevilla y su entorno era muy superior.

1.2.2. Los archivos nacionales

Ante la ausencia de estos libros de vecindades y los límites de las listas nominativas, he tenido que buscar a los protagonistas de este estudio en otros fondos archivísticos y bibliográficos. De entre los primeros, los procedentes del Archivo General de Simancas, son los que han aportado un mayor número de referencias ligadas a los objetivos de este trabajo. De allí proviene toda la documentación que generó la administración hacendística responsable del amplio y enmarañado mundo de los ingresos y gastos extraordinarios de la Hacienda Real. Muchas de esas cuentas ya eran conocidas desde hace años por algunos trabajos del profesor Ladero Quesada, pero la edición íntegra de las cuentas de alguno de los tesoreros reales, como las que ha realizado Rosana de Andrés[67], o los estudios que ha elaborado Cañas Gálvez[68] sobre las secciones Casa y Sitios Reales o la de Mercedes y Privilegios, nos permite

---

[65]   FERNÁNDEZ GÓMEZ, Marcos y OSTOS SALCEDO, Pilar, *El Tumbo de los Reyes Católicos del concejo de Sevilla*, vol. XI (1502-1503), Madrid, 2003. Documento nº VI-58, pp. 29-55.

[66]   OTTE, Enrique, Sevilla y sus mercaderes.....p. 188.

[67]   DE ANDRÉS DÍAZ, Rosana, *El último decenio del reinado de Isabel I a través de la tesorería de Alonso Morales (1495-1504)*, Valladolid, 2004.

[68]   CAÑAS GÁLVEZ, Francisco de Paula, *La cámara real de Juan II de Castilla. Cargos, descargos, cuentas e inventarios (1428-1454)*, Madrid, 2016; y *Regir la casa, administrar el reino. Oficiales y servidores de Isabel y Juana de Portugal, reinas de Castilla (1447-1496)*, Madrid, 2023.

disponer de miles de asientos contables o de centenares nombres de oficiales áulicos en los que se detallan, con bastante precisión, las cantidades pagadas a comerciantes y abastecedores de las Casas Reales o informaciones que permiten completar los servicios de algunos de estos oficiales de origen extranjero.

De las secciones hacendísticas del archivo de Simancas (Escribanía Mayor de Rentas, Contaduría Mayor de Cuentas, etc.) se han dado a conocer en los últimos años una serie de expedientes que se han revelado como fundamentales para completar la imagen de los mercaderes extranjeros que se pueden localizar en Sevilla, Cádiz, Jerez o Murcia en las últimas décadas del siglo XV y primeros años del XVI. Como ya he dicho, son imprescindibles la edición de las amplias nóminas de aquellos que, de forma más o menos continuada, entre los años 1481 y 1510 (véase anexo, tabla nº 2) contribuían a la denominada como cuenta de mercaderes del almojarifazgo mayor de Sevilla. Además de identificarlos, esta documentación permite aislar a decenas de individuos que por su reiterada contribución a la citada renta y por la cuantía de sus pagos evidencian que nos encontramos ante la élite mercantil que vivió en aquellas ciudades durante aquel periodo[69].

Otra de las secciones mejor conocidas del Archivo de Simancas es la del Registro General del Sello. Su extraordinaria importancia para este trabajo se ha visto refrendada por dos circunstancias: una que ya está disponible tanto en PARES (del que luego hablaré) como en las bases de datos del propio archivo, miles de registros de esta sección, lo que facilita la búsqueda de personas o situaciones que rodean a la presencia de los extranjeros. Y, en segundo lugar, el hecho de que son innumerables los trabajos realizados desde los años setenta que tienen a la documentación de este fondo como base de sus investigaciones[70]. Y un buen ejemplo de estos escenarios se da en Andalucía y Canarias, donde desde hace tiempo se ha afrontado la edición íntegra de la documentación del Registro del Sello relacionada con su pasado medieval o de comienzos de la Edad Moderna.

---

[69]   Aunque he tenido la oportunidad a lo largo de los años de consultar personalmente esa documentación, he de advertir que esas cuentas han sido publicadas en los siguientes trabajos: GONZÁLEZ ARCE, Damián, *El negocio fiscal en la Sevilla del siglo XV. El almojarifazgo mayor y las compañías de arrendatarios*, Sevilla, 2017 (especialmente pp. 314 a 316); AZNAR VALLEJO, Eduardo y PALENZUELA DOMÍNGUEZ, Natalia, . (2009). "El comercio andaluz en 1502. Las fuentes fiscales", en DEL VAL VALDIVIESO, Mª. I. y MARTÍNEZ SOPENA, P. (dirs.). *Castilla y el Mundo Feudal. Homenaje al profesor Julio Valdeón*, vol. I, Valladolid, 2009, pp. 673-689; BELLO LEÓN, J. M. (2012). ¿Quiénes eran los mercaderes de Sevilla a finales de la Edad Media?, en SOLÓRZANO, J. A. y ARÍZAGA, B. (dirs.). *Gentes de mar en la ciudad atlántica medieval. VIII Encuentros Internacionales del Medievo*, Logroño: Instituto de Estudios Riojanos, pp. 249-274.

[70]   Basta con citar dos ejemplos: uno el libro de CAUNEDO DEL POTRO, Betsabé, *La actividad de los mercaderes ingleses en Castilla (1475-1492)*, Madrid, 1982, que tuvo en el Registro del Sello la base de su información. Y dos, las decenas de documentos de esta sección que se incluyen en los seis volúmenes de *Política internacional de Isabel la Católica,* del profesor Luis Suárez Fernández.

Así, a la pionera edición de un breve catálogo de la documentación sevillana correspondiente al año 1500[71], se le unió la ambiciosa publicación de los documentos canarios que acometió Eduardo Aznar[72]; la transcripción que hizo Paulina Rufo de los registros andaluces correspondientes al período 1463−1482 [73]y, casi simultáneamente, el dedicado a las villas de Moguer y Palos[74]. Más reciente es la obra colectiva −de la que también hablaré más adelante− que se está impulsado desde la Universidad de Granada y que, hasta el momento ha publicado, en edición paleográfica muy cuidada, la documentación correspondiente a los años 1501−1504.

No menos importante, aunque para este trabajo ha ofrecido escasas posibilidades, es la labor que se inició en Cantabria y en Ávila hace varias décadas con la edición de fuentes medievales que tienen relación directa con aquella comunidad y que también proceden de la sección simanquina que estamos reseñando. El patrocinio de la Fundación Marcelino Botín y el trabajo de Beatriz Arízaga Bolumburu, Jesús Ángel Solórzano Telechea, Javier Añibarro, Fernando Martín, etc. han permitido que hoy dispongamos de distintos catálogos sobre la documentación del Registro del Sello o Cámara de Castilla relacionadas con Santander o San Vicente de la Barquera u otras localidades cantábricas[75].

No puedo terminar esta sumaria descripción de las posibilidades que ofrece el Archivo de Simancas[76] para el análisis de la presencia extranjera en Castilla sin mencionar a un códice excepcional, tanto por su belleza intrínseca como por incluir las

---

[71]   URQUIJO, María Jesús, "Menciones de Sevilla, en el primer semestre del año 1500, en la sección del Sello del Archivo General de Simancas", Archivo Hispalense,171-173 (1973), pp. 257-284.

[72]   AZNAR VALLEJO, Eduardo, *Documentos Canarios en el Registro General del Sello (1476-1518),* La Laguna, 1981 y AZNAR VALLEJO, Eduardo, y otros, *Documentos canarios en el Registro General del Sello (1518-1525),* La Laguna, 1991.

[73]   RUFO ISERN, Paulina, *Documentación andaluza en el Registro General del Sello (1463-1482),* Sevilla, 1993.

[74]   RODRÍGUEZ LIÁÑEZ, L. (1993). "Moguer y Palos en la época del Descubrimiento: documentos para su historia en el Registro del Sello de Corte del Archivo General de Simancas", en TORRES RAMÍREZ, B. (coord.). Huelva y América. Actas de las XI Jornadas de Andalucía y América, vol. I, Huelva, 1993, pp. 151-194.

[75]   SOLÓRZANO TELECHEA, J. A., *Catálogo del Patrimonio Documental de Cantabria. Archivo General de Simancas. Registro General del Sello. Documentación Medieval. Santander, 1999*; SOLÓRZANO TELECHEA, J. A., *Colección Documental de la Villa Medieval de Santander en el Archivo General de Simancas (1326-1498),* Santander 1999; BLANCO CAMPOS, E.; ÁLVAREZ LLOPIS, E.; GARCÍA DE CORTÁZAR, J.Á. *Documentación referente a Cantabria en el Archivo General de Simancas. Sección Cámara de Castilla: (años 1483-1530),* Santander, 2005 Además de estos trabajos, también se han publicado varios libros que recogen la documentación medieval cántabra depositada en distintos archivos y bibliotecas nacionales y locales.

[76]   He de reconocer que, pese al contenido de la documentación que custodia, no me han sido muy útiles los registros que forman parte de la Secretaría de Estado, donde se pueden encontrar centenares de legajos con correspondencia diplomática, consultas, negociaciones con otros reinos, minutas sobre toda clase de negocios en el extranjero, etc. La cronología de esta documentación, casi siempre posterior a los

copias de los privilegios y franquicias otorgados a los genoveses establecidos en Sevilla desde la conquista de la ciudad y hasta el año 1537. Es el conocido como *Libro de los privilegios de los genoveses*, conservado en la Sección de Patronato Real del mencionado archivo[77] y que consta, bajo la forma de dos traslados (el primero del año 1491 y el segundo de 1537) de las copias de los distintos privilegios concedidos por los monarcas castellanos a los ligures establecidos en Sevilla durante los siglos finales de la Edad Media. El resultado fue un extraordinario códice, compuesto de 119 hojas de pergamino, de tamaño folio, encuadernado en cuero, con distintos tipos de escritura y con frecuentes anotaciones marginales. Como iremos viendo más adelante, este documento es imprescindible para conocer las relaciones entre los genoveses y los almojarifes de la ciudad, la actividad de los distintos cónsules que fueron designados por los propios ligures, la jurisdicción especial que tenían en los pleitos que se encomendaban a los alcaldes de Sevilla, los seguros a personas y mercancías, la inmunidad domiciliaria frente a decomisos arbitrarios, la regulación de contratos, etc.

El siguiente archivo nacional que aportó documentación más interesante para este trabajo ha sido el de la Real Chancillería de Valladolid. Hasta hace unos años, la voluminosa documentación judicial que contenía este archivo –y su homólogo de Granada– eran de difícil acceso porque carecíamos de suficientes catálogos o inventarios que guiasen con ciertas garantías a los investigadores[78]. La situación empezó a cambiar hace unos años cuando el propio archivo y diversos historiadores comenzaron a poner a disposición del público los primeros resultados de las bases de datos que se estaban elaborando con los procesos judiciales existentes. El primer fruto ha sido que desde el comienzo de esta centuria disponíamos de algunos catálogos[79] y de

---

Reyes Católicos (excepto en las negociaciones con Roma o con Inglaterra), y la abundancia de la misma me inclinaron a dejar de lado estos fondos.

[77]   El documento era conocido desde hacía mucho tiempo, pero fue Ignacio González quien preparó la primera edición y estudio. Véase GONZÁLEZ GALLEGO, Ignacio, "El Libro de los Privilegios de la Nación Genovesa", *Historia. Instituciones. Documentos*, 1 (1974), pp. 275-358. Años más tarde, en la Exposición Internacional celebrada en Génova en 1992, se expuso el Códice y se editaron una serie de estudios bajo el patrocinio del Ministerio de Cultura, AENA y otras instituciones del Estado. El resultado fue la publicación del facsímil del mencionado códice con el título de *El Libro de los Privilegios concedidos a los mercaderes genoveses establecidos en Sevilla (siglos XIII-XVI)*, Madrid, 1992.

[78]   En honor a la verdad, hay que reconocer que la propia estructura de los pleitos, compuestos de voluminosos legajos en los que se recogen las distintas diligencias hechas por acusados y defensores, hacen que, para el historiador, sean piezas particularmente engorrosas y de difícil acceso y estudio. Por ello no es extraño que durante mucho tiempo hayan estado casi al margen de las posibilidades de investigación de muchos trabajos realizados a lo largo del siglo XX.

[79]   Véanse, por ejemplo, los de VARONA GARCÍA, María Antonia, *Cartas ejecutorias del Archivo de la Real Chancillería de Valladolid (1395-1480)*, Valladolid, 2002; PEDRUELO MARTÍN, Eduardo: "El Archivo de la Real Chancillería de Valladolid: instrumentos de descripción y sistemas de acceso a su documentación", *Investigaciones históricas: Época moderna y contemporánea*, 23 (2003), pp. 273-282; LADRÓN DE GUEVARA E ISASA, Manuel (dir.), *Pleitos de Hidalguía: Ejecutorias y Pergaminos que se conservan en el Archivo de la Real Chancillería de Valladolid (extracto de sus expedientes): Siglo XV*. Madrid, 2009.

la iniciativa promovida desde las instituciones del País Vasco y que dieron origen a BADATOR o base de datos que incorporaba miles de referencias de archivos de la propia Comunidad o muy relacionados con ella, como es el caso de la Chancillería de Valladolid[80].

Para la documentación procedente de este archivo y para nuestro objetivo, la situación se transformó radicalmente cuando el equipo formado Francisco Molina, Irene Ruiz, David Carvajal y Mauricio Herrera, bajo la dirección del profesor Hilario Casado, decidió ampliar el estudio −del que luego hablaré− que habían iniciado unos años antes y que les llevó a dar a conocer un catálogo de más de 7.000 documentos notariales relacionados con los mercaderes que vivieron y actuaron en la actual provincia de Valladolid a finales de la Edad Media[81]. Después de revisar centenares de ejecutorias y pleitos procedentes de la Salo de lo Civil, de la de Hijosdalgo, de la Sala de Vizcaya o de la Colección de Pergaminos −algunos de ellos de extraordinaria complejidad− en el año 2021 dieron a conocer un total de 237 procesos judiciales (con una cronología que va desde 1486 hasta 1525) en los que los mercaderes extranjeros son el centro de su esfuerzo. Con ello han proporcionado a los investigadores −nacionales y foráneos− un caudal inigualable de nombres (es impresionante el índice onomástico) y circunstancias que hasta ese momento desconocíamos sobre los italianos, franceses, flamencos, etc. que residieron en Castilla en aquellos momentos. El estudio que realizaron los autores demuestra el dominio absoluto de los italianos, con los genoveses a la cabeza (con un 47,6 % de ellos presentes en los pleitos), seguidos florentinos (9,2 %) y Milaneses (4,9%) además de algunos venecianos, pisanos o sieneses. A los de la península italiana le siguen en importancia los ingleses, procedentes de Bristol, Portsmouth o Londres; y si le añadimos a los irlandeses alcanzan un porcentaje del 23,8% de representación. Esta última circunstancia no debe extrañarnos ya que las comunidades británicas tuvieron una relación muy fluida con los puertos de Bilbao, Santander o Laredo, por lo que los litigios en los que se vieron envueltos eran sustanciados ante el tribunal más cercano e importante, que no era otro que el de la Chancillería de Valladolid. A mucha distancia se sitúan franceses (5,9%), flamencos (3,2%) y portugueses (1,1%), aunque sobre los lusitanos los autores nos recuerdan la dificultad de distinguir a quién era del vecino reino o de territorio castellanoleonés[82].

---

[80]   La iniciativa se puso en marcha a finales del siglo XX y ha continuado hasta la actualidad. Según la propia página web de la institución, en estos momentos contiene casi 900.000 referencias documentales fechadas entre el siglo XI y 2020, que incluyen varios millones de imágenes digitalizadas.

[81]   MOLINA DE LA TORRE, Francisco J. y otros, *Mercaderes extranjeros ante la Real Chancillería de Valladolid (1482-1525)*, Valladolid, 2021.

[82]   Fuera de nuestro periodo de estudio, aunque muy vinculado con la presencia extranjera en Castilla, se encuentra una documentación peculiar custodiada en el Archivo de la Real Chancillería. Me refiero a dos rollos de pergamino (con más de 11 metros de extensión) en los que se recogieron las preguntas y respuestas de distintos mercaderes ingleses en el contexto de un pleito que enfrentó a las villas de Rentería y San Sebastián en el año 1533 (aunque algunos de los doce mercaderes ingleses que declararon

Finalmente, el Archivo de la Chancillería de Valladolid también está ofreciendo una información extraordinaria con algunos expedientes insertos en algunos pleitos como parte de las probanzas y testificaciones de los litigantes. Hasta ahora, además de los que en su momento permitió a Betsabé Caunedo hacer su estudio de las compañías mercantiles burgalesas[83], la mejor muestra es la documentación que recoge las averías navales de la denominada como *Universidad de Mercaderes* del puerto de Bilbao para los años 1481−1501, conservadas en copias insertas en un extenso pleito judicial de mediados del siglo XVI[84]. Las averías, como señala el profesor González Arce, fueron una contribución mutualista que cobraban los patrones de los navíos (al margen de lo cobrado en concepto de flete) con la que se intentaba garantizar las mercancías transportadas frente a posibles pérdidas por distintos motivos. En esa documentación se hace constar el propietario del buque, el consignatario, el factor en Bilbao, las mercancías embarcadas, el destino, etc. Y aunque las fuentes hacen referencia sólo a los barcos nacionales (los extranjeros se recogían en otros registros) hay que reconocer que existen pocos testimonios como este para analizar los intercambios y sus protagonistas entre la villa de Bilbao y un conjunto de puertos de la costa atlántica francesa, inglesa y flamenca.

El homónimo Archivo de la Real Chancillería de Granada, con ser igual de relevante que el de Valladolid, no ha sido tan importante para este trabajo. Y ello pese a que, por su ubicación geográfica, está muy vinculado a los procesos judiciales en los que litigaron muchos de los extranjeros presentes en Andalucía, Murcia o Canarias (las regiones con mayor presencia foránea conocida). La cronología de sus fondos más antiguos no suele ser anterior a los años noventa del siglo XV, de tal forma que la mayoría de pleitos conservados afectan a sucesos y a protagonistas del siglo XVI en adelante. No obstante, espigando entre sus secciones del registro del Sello o en el Catálogo de Pleitos es posible encontrar referencias a procesos seguidos por los Espínola, Grimaldi, Centurión, Gentil, etc. todos ellos mercaderes omnipresentes en distintas localidades andaluzas.

---

afirmaron que frecuentaban las villas y puertos vascos desde, al menos, 1514). Véase MOLINA DE LA TORRE, Francisco, "Los «rollos testificales» de mercaderes ingleses en el Archivo de la Real Chancillería de Valladolid", en CASADO ALONSO, Hilario (coord.), *Comercio, finanzas y fiscalidad en Castilla: (siglos XV y XVI)*, Valladolid, 2019, pp. 267-284.

[83]   CAUNEDO DEL POTRO, Betsabé, "Acerca de la riqueza de los mercaderes burgaleses. Aproximación a su nivel de vida", *En la España Medieval*, 16 (1993), pp. 97-118.

[84]   Aunque esta documentación era conocida desde hace un cierto tiempo, los mejores y más profundos estudios que se han realizado de la misma las ha efectuado González Arce en los siguientes trabajos. Véase: GONZÁLEZ ARCE, José Damián, "Los flujos comerciales del puerto de Bilbao con la Europa atlántica (1481-1501)", *Cuadernos Medievales*, 19 (2015), pp. 82-110; "Los inicios de la Universidad de Mercaderes de Bilbao (1481-1511). Corporación de representación gremial e institución de gobierno portuario", *Studia historica. Historia Medieval*, 37 (2019), pp. 187-206 y, sobre todo en el denso volumen titulado Bilbao y el mar. Actividad portuaria y navegación en la ría del Nervión durante el reinado de los Reyes Católicos, Universidad Nacional de Mar del Plata, 2021.

El Archivo Histórico Nacional y su anexo, el Archivo de la Nobleza de Toledo[85], también han proporcionado documentos que apuntalan la importancia de algunos extranjeros establecidos en el reino de Castilla; sobre todo de aquellos que generaron expedientes con los que trataban de justificar su condición aristocrática, lo que nos permite comprobar los servicios políticos, militares o cortesanos de los antepasados de aquellos que intentaron impulsar ese proceso de ennoblecimiento[86]. En este Archivo, además, se conserva un legajo excepcional para nuestro objetivo. Me refiero a las cuentas que el recaudador del marqués de Cádiz, don Rodrigo Ponce de León, dio de sus gestiones en la citada ciudad durante los años 1485 y 1486. Gracias a ellas disponemos de unas de las pocas contabilidades señoriales del siglo XV y, para lo que nos interesa, las cuentas proporcionan una información amplia y detalladas sobre las actividades de muchos de los genoveses que se residían en Cádiz o el Puerto de Santa María en aquellos años. Entre sus folios aparecen los arrendadores de las rentas señoriales (los genoveses Mateo Viña, Jácome Sopranis o Tomás Sauli), los compradores extranjeros de atún en las almadrabas de Sancti Petri y Hércules (ambas en Cádiz), los servicios prestados por Francisco Adorno, uno de los genoveses mejor conocidos del entorno de la Bahía a finales del siglo XV, o la nómina de decenas de italianos que vivían en la ciudad o frecuentaban su puerto[87].

Como es lógico, por la cercanía geográfica, por lazos políticos y por los vínculos económicos, una de las comunidades extranjeras que frecuentaron los reinos de León y Castilla fue la catalano–aragonesa, en la que incluimos a valencianos, mallorquines, catalanes y aragoneses. A muchos de ellos se les ha podido localizar en un archivo excepcional en el panorama europeo. Se trata del Archivo de la Corona de Aragón, institución que custodia, en distintas secciones, uno de los fondos medievales más amplios del Continente. Desgraciadamente no he podido consultar directamente la documentación del citado archivo[88], aunque, por fortuna, contamos con muchos

---

[85]   Para la consulta de la documentación nobiliario me ha sido muy útil la web del Archivo General de Andalucía, donde se encuentra el Sistema de información de documentos andaluces en el Archivo de la Casa Ducal de Medinaceli, uno de los fondos privados más grandes -junto con el de la Casa de Medina Sidonia- de nuestro país.

[86]   Aunque no procede del Archivo Histórico Nacional sino de la Biblioteca de la Real Academia de la Historia, un buen ejemplo de este tipo de documentación puede ser colección Salazar y Castro, en la que, entre otros casos, podemos localizar decenas de cartas enviadas por Jerónimo y Antonio Adorno (descendientes de genoveses) a Carlos V durante las campañas de Italia y otras muchas enviadas al emperador por las autoridades genovesas.

[87]   Estas cuentas han sido utilizadas en varios trabajos de investigación, aunque el primero que hizo referencias a ellas fue el profesor Ladero Quesada. Véase LADERO QUESADA, Miguel Ángel, "Unas cuentas de Cádiz (1485-1486)", *Cuadernos de Estudios Medievales*, Universidad de Granada, 2-3 (1974-75), pp. 85-120.

[88]   Siguen siendo útiles la labor de investigadores del siglo XVIII y XIX como Antonio de Capmany, Sanz de Barutell, Vargas Ponce o Cesáreo Fernández, que se encargaron de recopilar, transcribir y copiar documentos del Archivo de la Corona de Aragón, especialmente aquellos relacionados con cuestiones marítimas. He podido consultar estos fondos en el Archivo del Museo Naval de Madrid (AMN) y en el

trabajos de catalogación e investigación en los que se pueden localizar documentos relacionados con los intercambios comerciales, con acciones piráticas en las que estuvieron implicadas vasallos del rey aragonés, concesiones de seguros y salvaguardias para protegerse frente al ataque perpetrado o para autorizarles a viajar libremente hacia Santiago de Compostela[89]. Algo distinto son los registros que se conservan en este archivo (también en el Archivo del reino de Valencia) en los que se consignaron las entradas y salidas de barcos a lo largo de muchos años del siglo XV. Fueron estudiados exhaustivamente por Elisa Ferreira[90] y hemos de suponer que todos esos buques iban y venían desde los puertos castellanos hasta los valencianos o catalanes y viceversa, con lo que se tuvo que producir un trasiego de personas y mercancías que no son fáciles de cuantificar. Sin duda la exploración directa de este archivo me hubiera proporcionado mucho más de lo que hasta ahora he conseguido, pero el volumen de sus fondos me persuadieron también a dejarlo de lado.

El último archivo nacional que ha proporcionado documentación útil para este trabajo ha sido el General de Indias, pese a que tradicionalmente se ha considerado que el paso de los extranjeros a América estuvo limitado por una legislación restrictiva que impedía el libre tránsito entre Europa y el Nuevo Continente, y pese a que, de nuevo, la mayor parte de su documentación queda fuera de los límites cronológicos de este trabajo. Como puede observarse en el propio diccionario y en mucha de la bibliografía que se ha hecho al respecto, esas restricciones fueron difíciles de aplicar, de tal forma que en más de una ocasión fue la propia Corona

---

Archivo General de Indias. Y por supuesto, son imprescindibles los seis volúmenes que Antonio de la Torre comenzó a publicar con la documentación de época de los Reyes Católicos. Véase TORRE Y DEL CERRO, Antonio de la, *Documentos sobre las relaciones internacionales de los Reyes Católicos*, Barcelona, 1949-1966 (6 vols.).

[89]   Muchas de esas referencias las he encontrado en trabajos como los de FERRER I MALLOL, María Teresa: "El comercio catalán en Andalucía a fines del siglo XV", en *La península ibérica en la Era de los Descubrimientos*, 1391-1492. Actas de las III Jornadas Hispano-Portuguesas de Historia Medieval (1991), Sevilla, 1997, Tomo I, pp. 421-452 y "El comercio entre las Corona Catalano-aragonesa y Castilla en tiempos de Guerra (1286-1304)", en *Estudios en Homenaje al profesor Emilio Cabrera*, Córdoba, 2015, pp. 169-179; DIAGO HERNANDO, Máximo, "Las relaciones comerciales de la Corona de Aragón con la Andalucía Atlántica durante el siglo XIV y primera mitad del XV", *Historia. Instituciones. Documentos*, 27 (2000), pp. 19-54 y "Introducción al estudio del comercio entre las Coronas de Aragón y Castilla durante el siglo XIV: las mercancías objeto de intercambio", *En la España Medieval*, 24 (2001), pp. 47-101; BENITO, Pere, "Els primers pelegrins catalans a Sant Jaume de Composte-la (segles XI-XII): Identitat, perfil social i procedència geogràfica", *Actas el Camí de Sant Jaume i Catalunya*, pp. 111-123; SALICRÚ i LLUCH, Roser, "Notícies de genovesos al regne de Múrcia al tombant del segle XIII", *Anales de la Universidad de Alicante. Historia Medieval*, 11 (1996-1997), pp. 479-492.; CRESPO AMAT, Carlos, *Entre Castilla, la Corona de Aragón y el Mediterráneo, La formación de un mercado transnacional en el Reino de Valencia durante la Baja Edad Media (1370-1430)*, Tesis Doctoral, Universidad de Alicante, 2021.

[90]   FERREIRA PRIEGUE, Elisa, *Fuentes para la exportación gallega de la segunda mitad del siglo XV: el Peatge de Mar de Valencia*, Santiago de Compostela, 1984 y *Galicia en el comercio marítimo medieval*, Santiago de Compostela, 1988.

quien contravino las órdenes que ellos mismos habían dado sobre este asunto. Para nuestro propósito son muy útiles las listas de los pasajeros de los cuatro viajes colombinos, de los que conocemos con gran precisión sus datos (origen, profesión, salarios, etc.) desde los trabajos de Fernández Navarrete, Fernández Duro y Alice B. Gould y los más recientes de Juan Gil o Monserrat León[91]. Todos ellos han permitido reconstruir la nómina de los integrantes de cada una de las expediciones y ofrecer no sólo el nombre sino, también, la fecha en la que se enrolaron, la nave en la que se embarcaban, el oficio que desempeñaron y el sueldo que recibían[92].

Pero no queda ahí el alcance de la documentación de este excepcional archivo. Sólo como ejemplo, dentro de la documentación perteneciente a la Casa de la Contratación se encuentra los llamados Libros de Armadas, es decir los registros que recopilan el "cargo y data" de muchas de las armadas que se organizaron en Andalucía con destino al Nuevo Continente. En ellos los oficiales de la Casa recogían, con escrupuloso detalle, las cuentas de las cantidades cobradas y libradas en la organización de las flotas, los que ha permitido que hoy contemos con una fuente valiosísima para conocer las cantidades invertidas en barcos, pertrechos, mercancías y tripulaciones. Muestra de su valor lo han dado en los últimos años los trabajos de Carmen Mena y Ladero Quesada. La primera analizando con gran minuciosidad las cuentas de la armada que fue a Castilla del Oro bajo el mando del gobernador Pedrarias Dávila o la organización del viaje de Magallanes[93]; el segundo editando de forma sistemática y detallada las cuentas del primer tesorero de la Casa de la Contratación, el canónigo de la iglesia catedral de Sevilla, el doctor Sancho de Matienzo[94]. Por último, y en lo que a este archivo respecta, la documentación de Indias también ha sido fundamental para el análisis de la financiación de los viajes hacia América entre los siglos XVI y XIX, tarea en la que destacaron, sobre todo en la primera mitad de la decimosexta centuria, los mercaderes extranjeros establecidos en Sevilla y su tierra en la época en la que se organizaron los primeros viajes hacia aquel continente[95].

[91]   GIL, Juan y VARELA, Consuelo. "El rol del tercer viaje colombino", *Historiografía y Bibliografía Americanista*, 30 (1985), pp. 83-110; LEÓN GUERRERO, M. M. "Pasajeros del segundo viaje de Cristóbal Colón", *Revista de estudios colombinos*, 3 (2007), pp. 29-60.

[92]   Pueden servir de ejemplo los trabajos de SARABIA VIEJO, María Justina, "Presencia italiana en la Nueva España y su conexión sevillana (1520-1575), en *Presencia iataliana en Andalucía. Siglos XIV-XVII*, Sevilla, 1989, pp. 427-492 y D'ESPOSITO, Francesco, "Presenza italiana tra i "conquistadores" ed i primi colonizzatori del Nuevo Mondo (1492-1560)", en Ibídem, pp. 493-517.

[93]   MENA GARCÍA, Carmen, *Sevilla y las flotas de Indias: la gran armada de Castilla del Oro*, Sevilla, 1988 y *Magallanes y las cinco naos del emperador. Organización de la armada que circunnavegó la Tierra (1519-1522): barcos, hombres y mercancías*. Madrid, 2022.

[94]   LADERO QUESADA, Miguel Ángel, *Las Indias de Castilla en sus primeros años. Cuentas de la Casa de la Contratación (1503-1521)*, Madrid, 2008.

[95]   Aspecto que ha sido abrumadoramente estudiado en el trabajo de BERNAL, Antonio Miguel, *La financiación de la Carrera de Indias (1492-1824). Dinero y crédito en el comercio colonial español con América*, Madrid, 1993.

1.2.3. Los archivos notariales

Con ser importantes los avances que se han conseguido en la descripción y catalogación de los fondos procedentes de los archivos nacionales utilizados en este trabajo,
la situación palidece si la comparamos con lo que, desde hace unos años, se está proporcionando desde los archivos notariales. Hace ya mucho tiempo que nadie pone en
duda la importancia de los Protocolos Notariales como fuente primordial para los
estudios de historia económica, social o cultural, por lo que, pese a que muchas localidades castellanoleonesas carecen de este tipo de documentos, son numerosos los
trabajos elaborados en nuestro país en los que se editan –casi siempre mediante regestos– las escrituras correspondientes a una determinada localidad o escribano.

Nada menos que desde 1930 el Instituto Hispano Cubano de Historia de América
había iniciado la recopilación de actas notariales hispalenses, dando a la imprenta
desde entonces once volúmenes de extractos muy heterogéneos que reflejaban bien
los primeros intercambios comerciales (y por tanto la participación de mercaderes,
barcos y lugares de embarque) y la emigración hacia el Nuevo Mundo[96]. Años más
tarde el profesor Morales Padrón retomaba el trabajo que había iniciado Alejandro
Cioranescu y que se basaba en la búsqueda –en los protocolos hispalenses– de escrituras relacionadas con la conquista y primera colonización del archipiélago canario,
en la, como es sabido, participaron muchos italianos, portugueses y flamencos[97]. Siguió la tradición los trabajos de José Bono Huerta[98], a los que se han unido en las
últimas décadas diversos estudios y edición de colecciones notariales, especialmente
dedicados al ámbito andaluz o canario. Entre ellos quisiera destacar, por la utilización
que he hecho de los mismos, los trabajos de Pilar Ostos y María Luísa Pardo, los
García Luján y, sobre todo, la ingente recopilación que se ha hecho de la documentación notarial con la que trabajó Enrique Otte.

Las primeras autoras mencionadas fueron coordinadoras o creadoras de dos trabajos[99] que han permitido la recuperación de actas notariales procedentes de distintos

---

[96]   AA.VV. *Catálogo de los fondos americanos del Archivo de Protocolos de Sevilla*, Sevilla, 1930 y ss.

[97]   MORALES PADRÓN, Francisco: "Canarias en el Archivo de Protocolos de Sevilla", *Anuario de Estudios Atlánticos*, nº 7, Madrid, 1961, pp. 239-339; y nº 8, pp. 355-491.

[98]   Este autor tiene numerosos trabajos dedicados a la historia del notariado español, pero el que aquí más nos interesa es el que lleva por título *Los protocolos sevillanos de la época del descubrimiento*, Sevilla, 1986. Véase también, DOMÍNGUEZ GUERRERO, María Luisa y OSTOS SALCEDO, Pilar, "Los documentos del comercio con América y los protocolos notariales de Sevilla (1500-1550) ", en Mantegna, Cristina y Poncet, Oliver (coord.), *Les documents du commerce et des marchands entre Moyen Âge et époque moderne (XIIe-XVIIe siècle),* 2018, pp. 377-393

[99]   OSTOS SALCEDO, Pilar, *Registros notariales de Sevilla (1441-1442)*, Sevilla, 2010; OSTOS SALCEDO, Pilar y PARDO RODRÍGUEZ, María Luisa, *Documentos y notarios de Sevilla en el siglo XIV (1301-1350),* Sevilla, 2003. En general, Andalucía es probablemente la Comunidad dónde se ha avanzado más en la edición y estudio de los fondos notariales medievales (también es la región que conserva mejores muestras) así que el lector interesado podrá encontrar amplias recopilaciones

archivos andaluces o la edición íntegra de los primeros protocolos conservados en la ciudad de Sevilla, los correspondientes a los años 1441–1442. Por su parte, José Antonio Luján −y su colaboradora Alicia Córdoba− son autores de dos trabajos que ofrecen un amplio panorama de la presencia italiana en Córdoba (de los que hablaré más adelante) a partir del Archivo de Protocolos de la ciudad entre los años 1466 a 1523[100]. En ambas publicaciones localizan a más de 35 italianos residentes en la ciudad, destacando el hecho de que entre sus documentos abundan los artesanos genoveses (como los Esbarroya o los Polo) y a que con esa documentación se puede reconstruir parte de los lazos familiares de algunos de ellos[101].

Pero, como ya he señalado, quizás sea en los trabajos de Enrique Otte donde el valor de los Protocolos Notariales andaluces ha encontrado su mayor expresión. La enorme y paciente labor que desplegaron durante más de 30 años Enrique Otte y su colaborador, Juan Criado, extractando sistemáticamente los millares de actas notariales del siglo XV y primera mitad del siglo XVI permiten que hoy dispongamos de la transcripción y regesta de un importante volumen de protocolos, cuyas fechas más tempranas se remontan a 1441 (aunque no son muchos los anteriores a 1492) y continúa con una serie homogénea hasta muy avanzado el siglo XVI[102]. Fruto de ese trabajo son dos monografías[103] que vieron la luz casi al final de su vida profesional y que, sin duda, deben considerarse como la aportación básica para el conocimiento de los mercaderes y del comercio hispalense de los siglos XV y XVI.

Más reciente es la tesis doctoral de María del Rocío Postigo[104], en la que se editan más de 700 documentos notariales procedentes de fondos archivísticos que, en principio, no estaban destinados a custodiar este tipo de actos jurídicos. Así, la autora

---

bibliográficas en los libros que recogen las distintas *Jornadas sobre el Notariado en Andalucía* celebradas en Sevilla, Granada o Málaga.

[100]　El Archivo de Protocolos de Córdoba es extraordinariamente rico ya que se conserva, con cierta regularidad y buenas condiciones, miles de legajos entre el siglo XV y el XIX repartidos en un total de treinta oficios o escribanías. Sin embargo, tan sólo los pertenecientes al oficio XIV y XVIII conservan documentos correspondientes a finales de la Edad Media; concretamente desde 1442 en adelante.

[101]　GARCÍA LUJÁN, José Antonio, *Mercaderes y artesanos italianos en Córdoba (1470-1523)*, Bolonia, 1987; GARCÍA LUJÁN, José Antonio y CÓRDOBA DEORADOR, Alicia, "Mercaderes y artesanos italianos en Córdoba (1466-1538)", en *Presencia Italiana en Andalucía. Siglos XIV-XVII*, Sevilla, 1989, pp. 229-321. También es muy útil el trabajo de MORENO MORENO, Ana, *Índice de los Protocolos Notariales de Córdoba (oficio 18, 1482-1495)*, Córdoba, 1998.

[102]　LACUEVA MUÑOZ, Jaime, *Comerciantes de Sevilla. Regesto de documentos notariales del Fondo Enrique Otte, vol. II (1501-1507)*, Universidad de Valparaíso, 2016. Con ser impresionante la labor que en su momento hizo Enrique Otte hay que tener en cuenta que él centró su búsqueda de comerciantes extranjeros en el Oficio nº XV, que era uno de los veinticuatro que tenía la ciudad de Sevilla a finales de la Edad Media y comienzos de la Moderna.

[103]　OTTE SANDER, Enrique, *Sevilla y sus mercaderes a fines de la Edad Media*, Sevilla 1997 y *Sevilla, Siglo XVI: Materiales para su Historia Económica*. Sevilla, 2008.

[104]　POSTIGO RUIZ, Rocío, *Notariado público y documentación notarial de Sevilla (1400-1440)*, Universidad de Sevilla, 2023.

tuvo que buscar y recopilar este amplio corpus entre instituciones que conservaban documentación medieval, destacando los procedentes del Archivo Catedralicio de Sevilla (institución ampliamente estudiada por Isabel Montes Romero–Camacho), o los archivos del Monasterio de San Clemente (estudiado por Mercedes Borrero), de Santa Clara, Santa Inés o San Lorenzo y los fondos procedentes de diversos archivos parroquiales u hospitalarios. Y lo que para nuestro propósito es más interesante; la autora da a conocer una serie de actas notariales para un periodo –como la primera mitad del siglo XV– menos representada en la documentación castellana, y a través de ellas podemos conocer al tonelero genovés micer Bartolomé de Bargaro, y su mujer María Díaz, a micer Percival Gentil y su hijo también llamado Percival, al florentino Andrea Simón, maestre de molino de seda, y su mujer Catalina Fernández, al regidor micer Venturin Vezón, o al veneciano Pedro Abatín.

Fuera de Sevilla o Córdoba son pocas las localidades andaluzas que tienen documentación notarial para los siglos medievales. Jerez de la Frontera y el Puerto de Santa María son la excepción, ya que ambas localidades conservan fragmentos de algunas escrituras del siglo XIV y unos pocos registros de las últimas décadas del XV[105]. En el caso de Jerez la situación cambia radicalmente en los primeros años del siglo XVI ya que el Archivo de Protocolos Notariales, depositado –por circunstancias poco habituales– en el Archivo Municipal de aquella ciudad, cuenta con una extraordinaria colección de escribanías que están aportando interesantes noticias relacionadas con la población y sociedad del Quinientos. Como ya advertí páginas atrás, cuando comencé esta introducción, la puesta en valor de esta documentación está permitiendo que cada vez conozcamos mejor a las comunidades de mercaderes establecidas en la ciudad y, sobre todo, a los grupos extranjeros que se vincularon con ella[106]. Para el Puerto de Santa María se conserva un único registro notarial, correspondiente al escribano de la villa Hernando de Carmona en los años 1483 y 1484. Pese al corto tiempo que abarcan estas escrituras, el número de testamentos, inventarios de bienes, poderes, reconocimientos de deudas, etc. son tan numerosos que ahora mismo representan el mejor reflejo para conocer una sociedad local tan volcada al comercio y al mundo marítimo en el siglo XV como la portuense[107].

Los archivos de la actual Región de Murcia (Archivo Histórico de Protocolos, Archivo Municipal y Archivo de la Catedral) son otros puntos de interés ya que en el

---

[105]   ROJAS VACA, María Dolores, *Un registro notarial de Jerez de la Frontera (Lope Martínez, 1392)*, Madrid, 1998. Tienen menos utilidad para nuestro propósito la documentación notarial de Torres, en la provincia de Jaén. Véase AA.VV. *El registro notarial de Torres (1382-1400). Edición y estudios*, Sevilla, 2012.

[106]   MARTÍN GUTIÉRREZ, Emilio, "Nuevos datos sobre la población y los genoveses en la ciudad de Cádiz. Una relectura del padrón de vecinos de 1467", En La España Medieval, 29 (2006), pp. 187-223; MINGORANCE RUIZ, José Antonio, *La colonia extranjera en Jerez a finales de la Edad Media*, Jerez, 2014.

[107]   GARCÍA GUZMÁN, María del M. *La sociedad de El Puerto de Santa María a finales de la Edad Media a través de sus testamentos*, Cádiz, 2007.

primero se reúnen los fondos notariales de la mayor parte de los municipios de la actual Región de Murcia (excepto Lorca)[108], en el segundo y en el tercero la documentación que generaron el concejo y la diócesis desde su creación. Desafortunadamente no he tenido la oportunidad de consultar personalmente estos archivos; no obstante, he intentado solventar parte de estas dificultades gracias a la consulta del extraordinario proyecto CARMESÍ, que ha conseguido la digitalización de buena parte de los fondos medievales de la región, y a través de la ingente labor que han desarrollado los medievalistas murcianos —especialmente Torres Fontes y Luis Molina— como impulsores de la edición (más de 20 volúmenes) de la Colección de Documentos para la Historia del Reino de Murcia (CODOM), muy útiles para completar la información de algunas familias extranjeras afincadas en la región[109].

Siguiendo la estela de las líneas de trabajos que han colocado a los protocolos notariales como eje de su investigación histórica, en Canarias también se ha desarrollado una importante tradición historiográfica que ha utilizado esta documentación como base de sus estudios. Alentados por la relativa escasez de otros fondos documentales, los investigadores del Archipiélago han recurrido a una documentación que ha permitido dos tipos de trabajos bien diferenciados: por un lado, la elaboración de sólidas monografías que han sustentado estudios de historia rural, historia de la organización social —especialmente durante el proceso de conquista y colonización—, historia de los intercambios comerciales o historia de las mentalidades. Por otro, la edición de colecciones documentales —sobre todo protocolos de la primera mitad del siglo XVI— que han permitido acumular varios miles de actas (más de 22.000) desde que Manuela Marrero y Emma González publicaron —en 1958— el primero de los volúmenes de estas características[110]. No olvidemos que Canarias es una de las regiones del reino de Castilla que conoció un mayor número de extranjeros entre los vecinos que se establecieron en las islas tras su conquista, por lo que el resultado de esta sólida labor de años es que

---

[108]   Lorca, con una amplia fachada marítima, en la que se encuentra Mazarrón, uno de los puertos más importantes de la zona, tiene un extraordinario archivo municipal que seguramente puede proporcionar documentación interesante para un trabajo como el que aquí presentamos.

[109]   Toda esta documentación está digitalizada así que es sencillo el acceso a la misma. Para mis objetivos han sido muy útiles las colecciones documentales que publicaron TORRES FONTES, Juan, "Genoveses en Murcia (Siglo XV)", *Miscelánea Medieval Murciana*, 2 (1976), pp. 69-168; MOLINA MOLINA, Ángel Luis, "Mercaderes genoveses en Murcia en época de los Reyes Católicos (1475-1516)", *Miscelánea Medieval Murciana*, 2 (1976), pp. 279-312 y PEIRÓ MATEOS, María del Carmen, *El comercio y los comerciantes en la Murcia de finales de la Edad Media a través de la documentación*, Universidad de Murcia, 1999.

[110]   La mayor parte de estas colecciones documentales -casi siempre de la isla de Tenerife- han sido publicadas en la llamada *Fontes Rerum Canariarum*, patrocinada por el Instituto de Estudios Canarios desde los años treinta del pasado siglo. A estos repertorios se le han unido en los últimos años la edición de colecciones procedentes de los archivos notariales de las islas de La Palma y de Gran Canaria. Un panorama de estas publicaciones puede verse en BELLO LEÓN, Juan Manuel, *Los protocolos notariales de los escribanos de Tenerife Sebastián Páez y Antón de Vallejo ((Años 1505-1506)*, La Laguna, 2015.

hoy se conocen varios miles de documentos notariales relacionados con centenares de italianos, portugueses, flamencos o ingleses establecidos en las Islas[111].

Fuera del ámbito andaluz, murciano o canario, son pocos los lugares que ofrecen ediciones de corpus documentales procedentes de los protocolos notariales de sus respectivas regiones. Ya he dicho que no son muchas las ciudades o villas que conservan este tipo de documentación, así que parece razonable el hecho de que no abunden ejemplos de estas aportaciones. No obstante, existe una muestra que rompe con ese panorama, tanto por la amplitud del trabajo realizado como por la utilidad que tiene para nuestro propósito. Me refiero a la edición que se hizo hace unos años, desde la Universidad de Valladolid, de los protocolos notariales de distintas localidades de su actual provincia[112].

Desde el área de Ciencias y Técnicas Historiográficas, junto con el Departamento de Historia e Instituciones Económicas de la citada Universidad, se propusieron analizar los fondos notariales de Simancas, Tordesillas, Medina de Rioseco, Medina del Campo y la propia capital de la provincia, localidades que son las que, en general, conservan documentos notariales desde finales del siglo XV. La tarea pronto se vio desbordada por el volumen de documentos que tenían que localizar, transcribir, estudiar y editar, por lo que los autores decidieron centrar sus esfuerzos en determinados escribanos y épocas, siendo Medina del Campo la que ofrecía mejores series documentales para el propósito que perseguían. Empeño que no era otro que, en esencia, localizar al mayor número de mercaderes presentes en los que hoy es la provincia de Valladolid entre los años 1486 (fecha de los primeros registros) y el año 1520 (límite cronológico impuesto a su estudio). El resultado ha sido una muestra de más de siete mil actas notariales que demuestran la presencia de un gran número de mercaderes en las ciudades y pueblos vallisoletanos. Y aunque la mayoría de ellos fueron mercaderes que tuvieron sus negocios y contratos en el ámbito

---

[111]   Pueden servir de ejemplos dos circunstancias. Una, los documentos concernientes a tres extranjeros asentados en las islas; de los italianos Juan Alberto Giraldin y Jácome de Carminatis se conservan más de medio millar de documentos; del catalán Jaume Jové esa cifra se multiplica casi por dos. La otra, que tan sólo en los protocolos de los años 1508 a 1510 de la isla de Tenerife se han podido documentan a más de un centenar de extranjeros que residían en la isla o que estuvieron como transeúntes en algún momento de ese trienio.

[112]   CARVAJAL DE LA VEGA, David y otros, *Mercaderes y cambiadores en los protocolos notariales de la provincia de Valladolid (1486-1520)*, Valladolid, 2015. Un panorama general sobre la presencia de extranjeros en Valladolid puede verse en IGUAL LUIS, David y ASENJO GONZÁLEZ, María, "Mercaderes extranjeros en Valladolid: una ciudad entre dos mares (1475-1520)", en GONZÁLEZ JIMÉNEZ, Manuel y MONTES ROMERO-CAMACHO, Isabel (ed.), *La península ibérica entre el Mediterráneo y el Atlántico siglos XIII-XV*, Cádiz, 2006, pp. 55-72. Para Madrid también contamos cun una importante colección notarial ya publicada, pero el hecho de que la actual capital del Estado no fuera durante la Edad Media residencia habitual de la Corte ni tuviera la actividad económica que generó a partir del siglo XVI, hace que la documentación notarial de la villa tenga un escaso o nulo interés para el estudio de la presencia extranjera en el reino. Véase PUÑAL FERNÁNDEZ, Tomás, *El registro de la documentación notarial del concejo de la villa y tierra de Madrid (1449-1462)*, Madrid, 2005. En las más de nueve mil actas notariales publicadas por este autor no se encuentra ni una sola referencia a la presencia extranjera en la zona.

de la provincia, el mero hecho de tratarse de una documentación mercantil y financiera tan amplia hace que a lo largo de los registros también aparezcan los intereses de mercaderes procedentes de otros reinos. Así, los autores han demostrado que, en un espacio con notable desarrollo económico, como lo fue la actual provincia de Valladolid, durante los siglos XV y XVI, se pueden encontrar a mercaderes de la Corona de Aragón, especialmente valencianos[113], a italianos, destacando entre ellos a los miembros de la familia milanesa de los Lita[114], y a muchos portugueses, vinculados a las ferias de Medina del Campo[115]. En fin, que más de 300 documentos dan testimonio de sus actividades, de sus relaciones familiares o de sus vínculos con otros comerciantes residentes en otros reinos.

1.2.4. Los archivos locales

Como es bien conocido, el concejo (entendido como los actuales ayuntamientos) en los reinos de Castilla y León tuvo sus orígenes en el tránsito entre la Plena y la Baja Edad Media, de tal forma que, a medida que esta institución se fue consolidando, fueron generados un conjunto de documentos (producidos o recibidos) que en todos los lugares donde se conservan han dado lugar a los Archivos Municipales que hoy conocemos. Por circunstancias en las que ahora no vamos a entrar, aunque relacionadas casi siempre con la situación política, las luchas de poderes locales o las condiciones económicas de cada periodo, los concejos fueron adquiriendo un amplio marco de competencias que, a su vez, dieron origen a en extenso elenco de tipologías documentales que reflejaban la multiplicidad de funciones y actividades desempeñadas por los distintos oficios concejiles (alcaldes, regidores, jurados, escribanos, etc.). Afortunadamente, en las últimas décadas se ha avanzado muchísimo en la catalogación y clasificación de los archivos municipales en nuestro país. Y fruto del trabajo de numerosos archiveros e investigadores es que hoy disponemos de un panorama bastante aproximado de la situación que heredaron y en la que se encuentran la mayoría de los depósitos documentales de este tipo en los territorios que conformaron los reinos de León y Castilla.

---

[113] Un panorama general sobre la presencia de comerciantes de la Corona de Aragón puede verse en el trabajo de CARVAJAL DE LA VEGA, David y TORRE GONZALO, Sandra de la, "La familia Daza: mercaderes aragoneses en Medina del Campo", *Revista de Historia Jerónimo Zurita*, 95 (2019), pp. 153-175.

[114] La familia Lita ha sido especialmente estudiada por NAVARRO ESPINACH, Germán, "El ducado de Milán y los reinos de España en tiempo de los Sforza (1450-1535)", *Historia. Instituciones. Documentos*, 27 (2000), pp. 155-181.

[115] VAL VALDIVIESO, Isabel del, "Mercaderes portugueses en Medina del Campo (siglo XV)", en *II Jornadas Luso-Espanholas de Historia Medieval*, Oporto, 1987, pp. 591-608; VAZ DE FREITAS, Isabel, *Mercadores entre Portugal e Castela na Idade Média*, Gijón, 2006; MEDRANO FERNÁNDEZ, Violeta, *Un mercado entre fronteras: las relaciones comerciales entre Castilla y Portugal al final de la Edad Media*, Valladolid, 2010.

Esta labor ha tenido, fundamentalmente, dos consecuencias. Una que la catalogación e inventariado de estos fondos han permitido que en nuestras universidades se elaboren excelentes trabajos de Historia Local, de tal forma que se puede afirmar que no queda en el reino ninguna urbe de cierta importancia que no tenga su correspondiente monografía, en la que se estudia desde el poblamiento del lugar, la articulación social, el gobierno de la ciudad o las actividades económicas que se desarrollaron en ellas[116]. Y, en segundo lugar, que, como consecuencia de ese quehacer de muchos investigadores, casi todos coinciden en que la mayor parte de los municipios castellanoleoneses no disponen de grandes colecciones medievales ya que, más allá de algunos privilegios y actas concejiles, la mayoría de los concejos no han conservado documentación medieval. Pero, como siempre, hay excepciones. Y además extraordinarias para nuestros objetivos. Esas salvedades son los archivos municipales de Sevilla, Murcia, Jerez de la Frontera y Tenerife; y aunque otras localidades castellanas como Toledo, Málaga, Santander o Medina del Campo también custodian documentación medieval, para este trabajo han tenido escasa relevancia.

De entre todos ellos, el más importante para lo que aquí se ha hecho, es el Archivo Municipal de Sevilla. Una vez más, porque la ciudad hispalense es la que reúne al mayor número de extranjeros dentro del territorio castellanoleonés y, por tanto, contar con un fondo que tiene sus orígenes en la misma creación de su concejo tras la conquista cristiana, ha permitido que se pueda valorar mejor la importancia de los colectivos foráneos. Y, además, porque dentro del conjunto de series documentales que conserva el archivo municipal se encuentran dos que son excepcionales en el panorama castellano: las actas municipales y la enorme serie que abarca la administración económica de la ciudad desde el último tercio del siglo XIV hasta el siglo XIX[117]. La primera forma la denominada como Sección Décima del archivo, remontando sus primeras actas al año 1434, y aunque para nuestro periodo de estudio tiene importantes lagunas y las conservadas no siempre están en buen estado, son imprescindibles para para evaluar el papel de algunos de los extranjeros que se incluyen en este diccionario[118]. La segunda es la Sección Quince y se le conoce comúnmente como Papeles del Mayordomazgo; como su nombre indica recogía toda la gestión de

---

[116]   Un panorama general sobre este tipo de estudios puede verse, entre otros, en los trabajos de ASENJO GONZÁLEZ, María, "Las ciudades medievales castellanas: balance y perspectivas de su desarrollo historiográfico (1990-2004)", *En la España Medieval*, 28 (2005), pp. 415-453 y ASENJO GONZÁLEZ, María y otros, *Ciudades en expansión. Dinámicas urbanas entre los siglos XIV-XVI*, Madrid, 2022.

[117]   COLLANTES DE TERÁN, Antonio, *Guía del Archivo Municipal de Sevilla*, Sevilla, 1977; FERNÁNDEZ GÓMEZ, Marcos, "Fuentes Municipales. El archivo municipal de Sevilla", *Revista de Enseñanza Universitaria*, 1 (1994), pp.. 93-107.

[118]   SANZ FUENTES, María Josefa y SIMO RODRIGUEZ, Mª. Isabel , *Catálogo de documentos contenidos en los libros del Cabildo del concejo de Sevilla*, Sevilla, 1975; FRANCO IDÍGORAS, Inmaculada y FERNÁNDEZ GÓMEZ, Marcos, "Las Actas Capitulares del Concejo de Sevilla. 1434-1555", *Historia. Instituciones. Documentos*, 22 (1995), pp. 163-190.

la Hacienda municipal, de la que eran responsables los mayordomos, tesoreros y contadores designados por la propia ciudad y, en ocasiones, directamente por la Corona. Miles de asientos fiscales que atañen a las actuales provincial de Sevilla, Cádiz, Huelva y Badajoz y que hoy, gracias a la labor de Francisco Collantes[119] y, sobre todo, a la titánica tarea de Deborah Kirschberg[120,] conocemos perfectamente, permitiéndonos, entre otras muchas cosas, enterarnos de la presencia en la ciudad de numerosos extranjeros de los que, hasta hace unos años, desconocíamos su existencia o de los que no advertíamos su papel en la gestión de las finanzas municipales.

A las Actas Capitulares y a la documentación procedente del Mayordomazgo también se le puede añadir otras dos importantes colecciones. Una es la que iniciaron en 1968 los profesores Juan de Mata Carriazo y Ramón Carande con la publicación de los primeros volúmenes del llamado *Tumbo de los Reyes Católicos*[121]. Se trata de un amplio cartulario que, por orden de los citados monarcas, recogía una copia o traslado autentico de privilegios y ordenanzas otorgados al concejo hispalense; en total más de 2.700 documentos, fechados entre 1474 y 1507, con una gran variedad de temas y asuntos relacionados con la ciudad. Y, por su puesto, con los extranjeros presentes en ella. Finalmente, aunque también es muy importante para el conocimiento del medievo andaluz, la llamada Sección 16 del Archivo Municipal de Sevilla no nos ha ofrecido mucha información para este trabajo ya que, entre la destacada documentación miscelánea que conserva apenas si se localizan referencias a la población foránea de la ciudad[122]. Procedente de los archivos murcianos, también me ha sido muy útil la amplia recopilación de documentos relacionados con el comercio y los mercaderes de la región que incorporó a su tesis doctoral María del Carmen Peiro[123].

---

[119] COLLANTES DE TERAN, Francisco, *Inventario de los Papeles de Mayordomazgo Siglo XIV*, Sevilla, 1968; *Inventario de los Papeles de Mayordomazgo del siglo XV. Tomo I (1401-1416)*, Sevilla, 1972 e *Inventario de los Papeles de Mayordomazgo del siglo XV. Tomo II (1417-1431)*, Sevilla, 1980.

[120] Aunque a lo largo de los años he tenido la oportunidad de consultar personalmente estas cuentas, ahora mismo es imprescindible el trabajo de KIRSCHBERG SCHENCK, Deborah, *Catálogo de los papeles del Mayordomazgo* del siglo XV y XVI, Sevilla, 2010 y ss. (10 vols.). Para hacernos una idea de lo que ha supuesto la edición de las unidades documentales que componen esta Sección basta con decir que solo entre el año 1432 (que fue hasta donde llegó Francisco Collantes) y 1515, la autora catalogó y describió más de 15.500 documentos. A ellos habría que añadir el resto de documentos que forman el conjunto de esta edición patrocinada por el Ayuntamiento de Sevilla.

[121] A los cinco volúmenes que editaron Carriazo y Carande se le unieron, con el patrocinio de la Fundación Ramón Areces, los ocho tomos más los índices que prepararon Marcos Fernández, Pilar Ostos y María Luisa Pardo. Véase FERNÁNDEZ GÓMEZ, M.; OSTOS SALCEDO, P.; PARDO RODRÍGUEZ, Mª. L. *El Tumbo de los Reyes Católicos del Concejo de Sevilla*, vols. VI a XIII. Madrid: 1997 y ss.

[122] COLLANTES DE TERÁN SÁNCHEZ, Antonio, *Catálogo de la Sección 16ª del Archivo Municipal de Sevilla. Tomo I (1280-1515)*, Sevilla, 1977.

[123] PEIRÓ MATEOS, María del Carmen, *El comercio y los comerciantes en la Murcia de finales de la Edad Media a través de la documentación notarial* (Tesis doctoral inédita), Universidad de Murcia, 1999.

Como ya señalé, y pese a que las he consultado, no me han sido de mucha utilidad los numerosos volúmenes que recogen las fuentes medievales de distintas localidades de la costa vizcaína o guipuzcoana. Al generoso esfuerzo de historiadores y archiveros se deben las exhaustivas colecciones diplomáticas de los archivos históricos municipales de lugares como Rentería, Tolosa, Mondagrón, Hondarribia, etc. Muchos de ellos fueron incorporados en los dos volúmenes que forman la *Colección de documentos medievales de las villas Guipuzcoanas*[124], en los que se añaden detalles pormenorizados a sus regestos de las posibles copias y otras circunstancias que atañen a cada documento, aunque en general, como ya digo, nada he podido encontrar sobre el tema que nos ocupa. Y tampoco aportan mucho a este trabajo las extensas colecciones documentales correspondientes a los archivos municipales santanderinos. La dirección del profesor García de Cortázar y el apoyo financiero de la Fundación Marcelino Botín, ha permitido que contemos con decenas de volúmenes que recogen la transcripción, edición y estudio de la documentación medieval de distintos concejos e instituciones cántabras[125]. No obstante, sorprende un poco que villas como Santander, Laredo o San Vicente de la Barquera, con un importante tráfico comercial de exportación e importación hacia los puertos de Portugal, Bretaña o Inglaterra, apenas si tengan entre sus documentos conservados registros de la presencia extranjera en aquellas villas. Y es que más allá de la mención a los privilegios concedidos a mosen Rubín de Braquemont para que pudiese comprar un juro de heredad que pertenecía a otro foráneo (mosen Maoriza de Tregedi)[126], no es mucho lo que se puede extraer para nuestro propósito de estas colecciones documentales.

1.2.5. Los archivos y bibliotecas internacionales

Hasta ahora he ido desgranando algunos de los fondos disponibles para este estudio en los archivos nacionales y locales de origen hispano, pero es evidente que un trabajo que pretende analizar al mayor número de extranjeros establecidos en Castilla exigiría intentar localizar algún rastro de sus biografías en los archivos extranjeros. De nuevo tenemos la fortuna de contar con colecciones documentales depositadas en distintos archivos europeos que han demostrado que los materiales que custodian aún pueden ofrecer muchas posibilidades.

---

[124]   MARTÍNEZ DÍEZ, Gonzalo; GONZÁLEZ DÍEZ, Emiliano y MARTÍNEZ LLORENTE, Félix, *Colección Documental de las villas Guipuzcoanas (1200-1369)*, San Sebastián, 1991 y *Colección de Documentos Medievales de las villas Guipuzcoanas (1370-1397)*, San Sebastián, 1996.

[125]   SOLÓRZANO TELECHEA, Jesús Ángel, *Colección diplomática del Archivo Municipal de Santander. Documentación medieval (1295-1504)*, Santander, 1995; CUÑAT CISCAR, Virginia, *Documentación medieval de la villa de Laredo (1200-1500)*, Santander, 1998.

[126]   SOLÓRZANO TELECHEA, Jesús Ángel, *Colección diplomática... Ob. Cit.* Documentos nº 11; 12; 13; 14 y 45).

Empezaré con los británicos, ya que hace más de cincuenta años que Derek Lomax llamó la atención sobre la importancia de los archivos ingleses para reconstruir la historia hispana del siglo XIV, teniendo presente que los depósitos medievales de la cancillería real inglesa alcanzan proporciones considerables y que los fondos castellanos son escasos comparados con los de otros reinos europeos[127]. El citado autor reconocía que su apreciación no era novedosa ya que los trabajos de Rymer en el siglo XVIII, las series de los *Public Record Office,* las obras de Russell o de Suárez Fernández habían demostrado la importancia de los archivos ingleses para el estudio de las relaciones diplomáticas y comerciales entre Inglaterra y la península ibérica. Pero Lómax también advertía que aún quedaban muchas secciones y fondos que podían proporcionar información muy valiosa para el estudio de las relaciones anglo–españolas. Y entre esas informaciones destacaba la correspondencia entre el monarca inglés Eduardo II y el de Aragón, Jaime II; las credenciales otorgadas en 1325 a favor de John Stonor para que negociase ante la corte castellana el matrimonio de Alfonso XI con Eleanor, hija del citado Eduardo II y de Leonor, hermana de Alfonso con el príncipe de Gales; las treguas firmadas a comienzos del siglo XIV entre Bayona y las ciudades de castro Urdiales, Santander y Laredo o los centenares de casos en los que se recoge la denuncia de los mercaderes hispanos que sufrieron el ataque pirático de navíos y embarcaciones inglesas. Como veremos a continuación, la exhortación de Lómax no cayó en saco roto y desde entonces se ha avanzado mucho en el conocimiento de las fuentes inglesas útiles para el medievo hispano.

De todos los fondos, quizás el más utilizado o el que ha proporcionado mayores frutos, es el *Public Record Office* de Londres. Allí se encuentran los registros de la Cancillería inglesa, editados en una magna colección que se inició a finales del siglo XIX y que se conoce como los Calendars. Los *Calendars of the Close Rolls y Patent Rolls,* publicados en forma de resúmenes extensos (con algunos errores en la transcripción de los nombres) y accesibles actualmente en varias webs de bibliotecas europeas, son imprescindibles para el análisis de los intercambios comerciales entre Inglaterra y los puertos hispanos. En ellos se conservan las licencias de embarque para los peregrinos ingleses (ampliamente estudiadas por Elisa Ferreira), en las que podemos comprobar que, además del número de viajeros, los permisos incluyen autorizaciones para transportar paños, quesos, cueros, cereales, ropa y objetos de latón y, como contrapartida, la prohibición de sacar oro, plata y otras mercancías consideradas vedadas por el monarca.

A ellos se les suman las cuentas de las aduanas inglesas (conservadas en la sección Exchequer) en las que se puede encontrar la enumeración detallada de los barcos que entraban y salían de los puertos británicos más importantes, las mercancías transportadas y los impuestos pagados[128]. En ese contexto, en los últimos años ha sido

---

[127]   LOMAX, Derek, "Fuentes para la Historia hispánica del siglo XIV en los Archivos ingleses", *Anuario de Estudios Medievales,* 7 (1970-1971), pp. 103-114.

[128]   Todos ellos han sido utilizados, especialmente, por la ya citada Elisa Ferreira y por CHILDS, Wendy R., *Anglo-Castillian Trade in the Later Middle Ages*, Manchester, 1976 y "El Consulado del

muy interesante la aportación de Hilario Casado y Flavio Miranda[129] con su estudio del comercio entre Castilla (especialmente con los puertos guipuzcoanos y con Bilbao) e Inglaterra basándose en las cuentas del puerto de Bristol entre los años 1461 y 1504. Con ellas ambos profesores han podido demostrar que los intercambios entre el citado puerto inglés y el reino de Castilla suponían el 20% del negocio que se realizaba en la ciudad británica, constatándose una presencia abrumadora de la flota vasca en Bristol. En parecidos términos han sido utilizados los datos que aportan las aduanas de Southampton, estudiados, sobre todo, para el tráfico entre los puertos mediterráneos y británicos[130]. A través de ellas se ha podido conocer la importancia de los mercados ibéricos en las rutas entre Florencia y la citada localidad inglesa, de tal forma que algunos autores afirman que, en determinados años, hasta el 22% de los productos que cargaban las galeras florentinas procedían de puertos castellanos como Almería, Málaga o Cádiz, a los que habría que añadir los que obtenían en Cataluña o Valencia.

Además de los registros aduaneros, Inglaterra ofrece otro tipo de fuentes que se han revelado imprescindibles para el conocimiento de la presencia británica en el reino de Castilla. Me refiero a las licencias que concedía el rey para que sus súbditos pudiesen peregrinar por mar hasta La Coruña y luego desplazarse a Santiago de Compostela, especialmente estudiadas por Elisa Ferreira[131]. Pese a que ambos autores reconocen que se han perdido muchos documentos de este tipo, aún se conserva una ingente cantidad de testimonios que permiten identificar a muchísimos buques que zarpaban de los puertos ingleses en dirección a Galicia[132]. Del volumen del tráfico nos puede dar una idea las cifras que aporta Elisa Ferreira; la autora señala que, entre viajes clandestinos, pérdida de documentación y trayectos conocidos, el número de travesías que anualmente se realizaban entre Inglaterra y Galicia no bajaba de cien, asegurando que la cifra podía ser mayor en determinados años. A este tipo de fuentes

---

Mar. Los mercaderes de Burgos e Inglaterra", en *Actas del V Centenario del Consulado de Burgos,* vol. I, Burgos, 1995, pp. 351-420.

[129] CASADO ALONSO, Hilario y MIRANDA, Flavio, "The Iberian Economy and Commercial Exchange with North-Western Europe in the Later Middle Ages", en STONE y JONES (eds.), *The Word of the Newport Medieval Ship: Trade, Politics and Shipping in the Mid-Fifteenth Century*, Cardiff, 2018, pp. 205-227 y "El comercio entre Castilla e Inglaterra a través de los puertos de Bristol", en VAL VALDIVIESO, I. MARTÍN CEA, C. y CARVAJAL DE LA VEGA, D. (eds), Expresiones del poder en la Edad Media. Homenaje al profesor Juan Antonio Bonachía Hernando, Valladolid, 2019, pp. 522-534.

[130] Las referencias a estas aduanas las he obtenido del trabajo de GONZÁLEZ ARÉVALO, Raúl, "Acuerdos y desacuerdos. Navegación y comercio de las galeras mercantiles de Venecia y Florencia en el Mediterráneo Ibérico desde una perspectiva comparada", en GONZÁLEZ ARÉVALO, Raúl (ed), *Navegación institucional y navegación privada en el Mediterráneo medieval*, Granada, 2016, pp. 145-191.

[131] Aunque en los últimos años hay varios autores/as que han analizado este tipo de peregrinaciones (los iré mencionando) el trabajo de Elisa Ferreira sigue siendo imprescindible y exhaustivo. Véase FERREIRA PRIEGUE, Elisa, *Galicia en el comercio...Ob. Cit.* (especialmente pp. 574-610).

[132] Elisa Ferreira reconoce que las licencias abundan en los momentos de enfrentamiento entre el reino de Castilla e Inglaterra, ya que la guerra o amenaza de ella hacía recomendable disponer de este documento, mientras que se reducen notablemente en los años en los que las relaciones entre ambos eran pacíficas.

se le ha añadido, en los últimos meses, otro tipo de documentación que está permitiendo calibrar aún mejor el incremento de las peregrinaciones por mar hasta los puertos atlánticos castellanos[133]. Son los casos de la documentación que integra los *Calendars of Inquisitions post mortem*, en los que se encuentran los informes hechos por las autoridades de la Corona con el fin de valorar a los herederos legales de cualquier legado testamentario; entre ellos se han encontrado a centenares de personas que declaran su viaje a Santiago de Compostela como episodio destacado de su biografía. También los *Calendar of Chancery Warrants*, donde se guardan las facturas y cartas con las que el canciller validaba los viajes de peregrinación, o los *Calendar of the Liberate Rolls*, donde se encuentran las órdenes dadas al tesorero real para que abonase algunos pagos a los peregrinos en concepto de pensión o ayuda para su viaje.

Portugal, como otros reinos europeos de finales de la Edad Media, mantuvo frecuentes contactos comerciales con los puertos castellanos, desplazando hacia ellos a numerosos mercaderes y transportistas. Y, sobre todo, compartió –y aún mantiene– una extensa frontera terrestre, donde el tránsito hacia un lado u otro de "la raya" tuvo que ser tan cotidiano que es imposible contabilizar la asiduidad de un paso que era diario, pese a que, en algunos lugares se intentó controlar por motivos fiscales y militares. Todo eso generó a lo largo del tiempo una serie de tratados comerciales, acuerdos políticos, salvoconductos y registros fiscales que, en pocas ocasiones, se han conservado[134]. Porque uno de los grandes problemas que tiene la documentación portuguesa medieval es su relativa escasez (comparado con otros reinos medievales europeos) ya que, más allá de la documentación procedente de la cancillería real o de las Cortes y crónicas lusitanas, apenas si se conservan libros de cuentas de mercaderes, registros portuarios o archivos familiares para el periodo que estamos analizando aquí. Grandes desgracias naturales (como el terremoto de Lisboa de 1755), la desidia de los responsables de la custodia de esa documentación y la fragilidad de la tinta y el papel empleados, han hecho mella en las fuentes portuguesas, lo que ha obligado a los historiadores a buscar otras alternativas para afrontar sus trabajos[135]. Por ello,

---

[133]   ROMERO PORTILLA, Paz, "Nuevas fuentes para el estudio del puerto y ciudad de La Coruña en la Baja Edad Media. Las peregrinaciones inglesas", en SOLÓRZANO TELECHEZ, Jesús Ángel; DITCHBURN, David y ÁLVAREZ FERNÁNDEZ, María (edts.), *Políticas y estrategias socioeconómicas en la ciudad medieval atlántica*, Logroño, 2023, pp. 115-135.

[134]   FARIA, Antonio Machado de, *Correspondência entre as cortes de Portugal e de Espanha, no Arquivo de Simancas, 1480-1570*, Lisboa, 1976; RUSSEL, Peter, "*Fontes Documentais castelhanas para a história da expansâo portuguesa na Guiné nos ultimos anos de D. Alfonso V*", *Tempo e da História*, IV (1971), pp. 5-33; - MOURINHO, Antonio María, "Documentos Medievais sobre Portugal existentes em alguns arquivos de Espanha". *Actas do Congresso Histórico de Portugal Medievo*, Braga, 1964, pp. 379-408.

[135]   En la década de los años 0chenta del pasado siglo Oliveira Marques ofreció una síntesis de las fuentes narrativas, literarias y archivísticas disponibles para el estudio del medievo portugués. El citado autor recalcaba entonces la importancia de la documentación procedente de la administración central y reconocía que existían grandes lagunas en la documentación municipal o en la de instituciones religiosas, si bien para estas últimas se cuenta con mejores muestras. Y auqnue, como en otros lugares, la

para reconstruir la biografía de los portugueses desplazados hasta tierras castellano-leonesas –que seguramente fueron los extranjeros más numerosos– hay que recurrir a los recursos que puedan ofrecer los archivos hispanos[136] o a documentación portuguesa más tardía.

De entre todos los archivos lusitanos sin duda el más importante, por el volumen de sus fondos y por la antigüedad de los mismos, es el Archivo Nacional de la Torre do Tombo en Lisboa. Como otros depósitos de documentación, su origen se encuentra en la custodia de los registros que la monarquía portuguesa iba generando desde su andadura como poder independiente del reino de León, aunque las series más significativas son regulares a partir de finales del siglo XIV. De todas las secciones, es la conocida como *As Gavetas*[137] la que puede proporcionar el mayor número de referencias a la posible estancia de portugueses en territorio castellano. Otras secciones como el llamado Corpo Cronologico o la Cancillería también contienen documentación susceptible de utilizarse, a lo que se puede añadir varias colecciones documentales muy ligadas a los viajes y Descubrimientos lusitanos[138] .

Entre las colecciones que custodia el ya citado Archivo Nacional de la Torre do Tombo se encuentra una que, pese a que sus documentos están fuera de nuestro periodo de estudio, también son útiles para conocer los vínculos entre Castilla y Portugal. Me refiero a los *"Livros de contas dos feitores portugueses na Andaluzía"* correspondientes a los años 1500−1532. La *feitoria* fue un organismo que se creó por orden de los monarcas lusitanos con el propósito de garantizar el abastecimiento de las plazas portuguesas en el norte de África, y especialmente a todas aquellas que se encontraban

---

catalogación y ordenación de archivos dispersos o mal conocidos ha mejorado el panorama de las fuentes medievales lusitanas, lo cierto es que Portugal, desgraciadamente, no conserva el volumen de documentación medieval comparable al de otros reinos europeos. Véase OLIVEIRA MARQUES, Antonio H., *Guía do estudante de História Medieval Portuguesa*, Lisboa, 1988 (3ª ed.).

[136]   Para ello es necesario recurrir a las recopilaciones documentales de Antonio de la Torre y Luis Suárez Fernández que se citan un poco más adelante y en el conjunto de la bibliografía que acompaña a este trabajo. Más reciente es toda la información que se acumula en la obra coordinada por GARCÍA DE CORTÁZAR Y RUIZ DE AGUIRRE, José Ángel, MUNITA LOINAZ, José Antonio y FORTÚN PÉREZ DE CIRZA, Luis Javier (dir), CODIPHIS. *Catálogo de colecciones hispano-lusas de época medieval*, 2 vols. Santander, 1999; o el trabajo de GIL FERNÁNDEZ, Juan, "Portugal en los protocolos sevillanos", *Iacobus,* 25-26 (2009), pp. 283-315. Un panorama general sobre la documentación portuguesa en archivos españoles puede verse en GARCÍA MORA, L. M., *Fuentes manuscritas para la Historia de Portugal. Guía de Instrumentos de Investigación*, Madrid, 1998 y en GRAÇA, L., "Documentos referentes a Portugal existentes no Archivo Genral de Indias em Sevilla: índice genérico". *Arquivos do Centro Cultural Portugués*, 20 (1984), pp. 495-564.

[137]   El nombre alude a las cajas (gavetas) en la que se guardaba la documentación. Son varios miles de documentos que, desde los años sesenta del pasado siglo, han sido publicados, alternando regestos de documentos con transcripciones completas de los mismos. Véase *As Gavetas da Torre do Tombo*, 12 vols. Lisboa, 1960-1976.

[138]   Véanse: GODINHO, Vitorino Magalhâes, *Documentos sobre a expansâo portuguesa*, Lisboa, 1956; MARQUES, Joâo Martins da Silva, *Descobrimentos Portugueses. Documentos para sua história,* vol. I a III, Lisboa, 1988; *Monumenta Henricina* (ed. de Joaquin DIAS DINIS), 15 vol. Coimbra, 1960-1974.

dese Ceuta hasta Arzila[139]. Los citados libros permiten conocer la figura de los distintos "feitores", las obligaciones a las que estaban sometidos, las cuentas de compraventa de alimentos, el salario que se les abonaba por su trabajo, los gastos de las licencias de saca, los lugares de compra y los puertos por los que se embarcaban[140].

TABLA n° 3			
Feitores portugueses en Andalucía (1464–1529)			
Factor	Fechas	Factor	Fechas
Pero Coelho	1464	Cristóbal López	1500–1509
Pero Lópes	1517	Nuno Ribero	1510–1519
Bastián Alvares	1521	Esterâo de Aguiar	1515
Francisco Lobo	1527–1529	Antonio Fragoso	1527

Próximo a nuestro periodo de estudio, aunque fuera de los límites cronológicos que me he impuesto, contamos con una fuente extraordinaria que permite definir y conocer la frontera (la raya) hispano portuguesa en el tránsito de la Edad Media a la Moderna. Se trata de la extensa descripción que hizo de sus pueblos y comarcas Mendo Afonso de Resende, quien entre los años 1537 y 1538, por orden del monarca lusitano Joâo III, recorrió aquellos lugares con el objetivo de informarse sobre la situación fronteriza. La obra, publicada en tres volúmenes[141], describe fundamentalmente las localidades portuguesas, desde castro Marim en el Algarve hasta Caminha en el límite con Galicia; en el amplio relato que dedica a cada región el autor incluye múltiples testimonios de las relaciones con las localidades castellanas, ofreciendo una de las descripciones más completas que tenemos de aquel espacio en el citado periodo.

Las fuentes que hacen posible el estudio de las relaciones entre España y Francia a lo largo de la Edad Media y primeros siglos de la Moderna también son numerosas, por lo que es difícil tratar de reseñarlas en este contexto. Piénsese, por ejemplo, que tan sólo en el Archivo General de Simancas, en su Sección Segunda (Secretaría de

---

[139]   CORTE REAL, Manuel Henrique, *A feitoria portuguesa na Andaluzia (1500-1532)*, Lisboa, 1967; RAU, Virginia, "Notas sobre os feitores portugueses na Andaluzia no século XV", en *Estudios de Historia Medieval*, Lisboa, 1986, T.V, pp.122-127; GARCÍA FIGUERAS, Lutgardo, "Los factores portugueses en Andalucía en el siglo XVI. Un aspecto de las relaciones entre Andalucía la Baja y el Mogreb", en *Archivo Hispalense*, n°.23-24, (1947), pp.1-41.

[140]   El primer factor que se conoce data del año 1464 (Pero Coelho) aunque no hay constancia de la continuidad del cargo hasta los primeros años del siglo XVI (véase tabla n° 3). Los factores también se ocuparon de la búsqueda de cereales para el abastecimiento de las plazas portuguesas en el norte de África. Una colección de documentos publicada por Francisco Bejarano, aunque antigua, es útil para conocer el papel que jugaron los puertos castellanos en ese proceso. Véase: BEJARANO ROBLES, Francisco, *Documentos para el estudio del abastecimiento y auxilio de las plazas portuguesas en Marruecos desde el sur de España. Aportación del concejo y la ciudad de Málaga a esta empresa*, Tanger, 1941.

[141]   VAZ DE FREITAS, Isabel, *Demarcaçoes de frontera*, 3 vols. Oporto, 2003.

Estado) se conservan centenares de legajos sobre negociaciones con Francia desde 1265 a principios del siglo XVIII[142]. Por su parte, hace tiempo que Gautier Dalche[143] señaló como en numerosos archivos y colecciones documentales ya publicadas existen referencias a la presencia de "francos", durante los siglos XII y XIII, particularmente en toda la vía que conocemos con el nombre de Camino de Santiago. Por su parte, Elisa Ferreira pudo manejar los fondos notariales de Marsella, lo que le permitió completar los datos sobre fletes, seguros y préstamos que concertaron los gallegos que se acercaron por aquella costa a finales de la Edad Media. Aunque hay que recordar que ella siempre buscó a los gallegos que se desplazaban hasta territorio francés y, en menor medida, a los franceses que venían hasta Castilla. Además, ella misma reconoce que son las fuentes que aportan los estudios que se han dedicado a Burdeos, Bayonne, Nantes, o La Rochelle (publicados por Mollat, Bernard, Touchard, Casado Alonso etc.) los que pueden aportar mayores novedades[144]. En los últimos años son los estudios antroponímicos, a partir de las extensas colecciones documentales existentes en catedrales y monasterios hispanos, o el análisis de los padrones y primeros libros sacramentales de bautismo existentes, los que están proporcionando mayores posibilidades de análisis, de tal forma que hoy contamos con excelentes trabajos que abordan la presencia francesa en Castilla desde estas fuentes[145]. Fuera de nuestro periodo de estudio, también se puede comprobar la abundancia de fuentes para el estudio de las relaciones franco–españolas si acudimos a una de las colecciones publicadas por la Real Academia de la Historia ("Archivo Documental Español"), dado que, de los 35 volúmenes que contiene, once de ellos están dedicados a negociaciones y embajadas con Francia.

Finalmente, los archivos italianos. Como iremos viendo a lo largo de las páginas de este trabajo, los italianos que se establecieron, de forma temporal o definitiva, en el reino de Castilla constituyen el grupo con mayor afluencia –al menos desde el siglo XIV– de entre los extranjeros que llegaron a aquel territorio peninsular durante los siglos finales de la Edad Media. Y aunque, como ya he dicho, las relaciones de vecindad entre Portugal y Castilla seguramente propiciaron una notable inmigración lusitana, lo que se desprende del análisis de la documentación conocida es que genoveses, florentinos, venecianos y milaneses mantuvieron un flujo continuo de comerciantes, juristas, profesores, artistas, etc. que llegó hasta bien entrada la Edad Mo-

---

[142]   Un catálogo de esta documentación fue publicado por Julián PAZ, Julián, Secretaría de Estado. *Capitulaciones con Francia y negociaciones diplomáticas de los embajadores de España en aquella corte. Años 1265-1714*. Madrid, 1914.

[143]   GAUTIER DALCHE, jean, "Les Colonies étrangères en Castille: au nord du Tage", *Anuario de Estudios Medievales,* 10 (1980), pp. 469-486.

[144]   FERRERIRA PRIEGUEA, Elisa, *Galicia en el comercio marítimo*….Ob. cit. pp. 11-12.

[145]   Además de los trabajos de Manuel Ariza y Josefina Mendoza ya citados, véase MARTÍNEZ SOPENA, Pascual (coord.), *Antroponimia y sociedad. Sistemas de identificación hispano-cristianos en los siglos XI y XII*, Valladolid, 1995.

derna. Por tanto, no es extraño que se hayan buscado en los archivos italianos el origen de muchos de los que decidieron establecerse en los reinos de el reino de Castilla y que en ellos se intente localizar la explicación más coherente del por qué de su interés por la península Ibérica.

Como también he comentado ya, en los archivos hispanos (notariales, nacionales o locales) contamos con infinidad de registros que han permitido el estudio de las comunidades italianas durante mucho tiempo. Pero, por fortuna, la novedad de los últimos años es que los investigadores españoles están acudiendo directamente a los enormes archivos italianos para localizar en ellos los tratados bilaterales que fijaron las condiciones para el desarrollo de la actividad mercantil (especialmente en el reino nazarí), el registro de las tarifas aduaneras o la inabarcable cantidad de documentos notariales que recogen las iniciativas privadas de mercaderes, transportistas o financieros que mantuvieron relaciones económicas con Castilla[146]. Y aunque iré mencionando a lo largo de las siguientes páginas algunos de esos autores y los notables cambios que están incorporando a nuestros conocimientos sobre las comunidades extranjeras, basta con traer ahora algunos ejemplos para confirmar que son los archivos italianos los que van a seguir aportando mayores novedades a estos temas[147].

En primer lugar, el Archivio di Stato de Génova, depositario de un volumen de legajos notariales inabordable ya que desde los comienzos del siglo XIII cuenta con centenares de escribanos en los que es posible localizar algún tipo de contrato que pueda demostrar los vínculos entre ligures y castellanos[148]. Y aunque, de momento

---

[146]　La verdad es que siguen siendo más conocidas las posibilidades que ofrecen las fuentes italianas para el estudio del mundo marítimo y mercantil del espacio Medietrraéno que las disponibles para el reino de Castilla. Un ejemplo de esa circunstancia puede verse en la obra coordinada por SALICRÚ I LLUCH, Roser, *Tripulacions i vaixells a la Mediterrània medieval. Fonts i perspectives comparades des de la Corona d'Aragó*, Barcelona, 2019. Entre otros asuntos, en este libro se hace un recorrido por las fuentes documentales que permiten el estudio de la actividad marítimo-mercantil en el Mediterráneo a través de las posibilidades que ofrecen los registros notariales (trabajos de Leonardo Soler y Antonio Ortega); la documentación contable y epistolar -especialmente la procedente del Archivo Datini- estudiadas por Angela Orlandi, David Igual, Mikel Soberón; las crónicas italianas, utilizadas por Raúl González; o la extensa descripción que hace Enrico Basso de las fuentes documentales de la Liguria. Todos esos trabajos son un buen ejemplo de cómo los autores, combinando distintas fuentes del ámbito Mediterráneo, han conseguido enriquecer nuestros conocimientos de la presencia italiana en los reinos hispanos.

[147]　Aunque, como veremos, ha sido en los últimos años cuando se ha avanzado mucho en la consulta de los archivos italianos, el interés por los depósitos documentales de las distintas repúblicas de aquella península se manifestó desde hace tiempo con trabajos como los de AZCONA, Tarsicio de, "Relaciones de Inocencio VIII con los Reyes Católicos según el fondo podocataro de Venecia", *Hispania Sacra*, vol. 33 (1980), pp. 3-30; MELERO , María Inés, "Fondos medievales del Archivo di Stato de Venecia referentes a los reinos españoles. Regestos", en *Miscelánea de Textos Medievales*, 5 (1989), pp. 329-359 (En todo caso, este artículo tiene poca utilidad para los propósitos de este trabajo ya que, de los 124 documentos que incluye, tan solo nueve corresponden directamente asuntos de la Corona de Castilla).

[148]　FÁBREGAS GARCÍA, Adela, "Fuentes para el estudio de la realidad comercial nazarí: el notariado genovés", en CALERO PALACIOS, Mª, del C..; OBRA SIERRA, J. Mª de y OSORIO PÉREZ, María (eds.), *Homenaje a María Angustias Moreno Olmedo*, Granada, 2006, pp. 37-62.

sólo se cuenta con inventarios generales o breves descripciones de ese inmenso legado, los historiadores saben desde hace tiempo que algunos notarios se especializaron en ámbitos concretos de actividad: seguros marítimos, empresas comerciales entre el Mediterráneo y el Atlántico o fletes hacia algunos de los puertos de la costa peninsular ibérica. La localización de estos notarios y la búsqueda en ellos de esos testimonios son, a juicio de los que han trabajado allí, sinónimo de éxito en un esfuerzo que siempre será largo e ingrato. De hecho, en varios de los trabajos publicados por el profesor Heers dedicados a la presencia genovesa en la sociedad andaluza, el insigne historiador proporciona el nombre de algunos notarios cuyos registros están conservados en este archivo que desarrollaron su labor fundamentalmente con mercaderes que residieron en Andalucía. En este mismo archivo se encuentra también la sección conocida como Archivio Segreto, depositario de tratados y negociaciones oficiales entre la República genovesa y otros poderes del Mediterráneo y el Atlántico; la sección Lettere Consoli Spagna, que contiene una extensa correspondencia entre la República y sus cónsules en Barcelona, Valencia, Sevilla o Cádiz; o los manuscritos de Nobilitá Alberi Genealogici en los que se recogen a centenares de familias de mercaderes y artesanos que, desde el siglo XV, negociaron con Castilla.

Si los archivos de Génova son imprescindibles, los que se encuentran en Florencia no lo son menos[149]. Hace ya mucho tiempo que Federigo Melis llamó la atención de otro extraordinario archivo italiano para el análisis de las actividades comerciales desarrolladas en la península Ibérica por el celebérrimo mercader Francesco di Marco Datini[150]. Como es bien conocido, en el Archivo Datini di Prato se conserva abundante documentación relacionada con las plazas mercantiles con las que las compañías de este mercader mantuvieron relaciones: fundamentalmente Pisa, Florencia, Génova, Aviñon, Valencia, Barcelona y Mallorca. Aunque no fueron las únicas, ya que, como ha demostrado en diversos trabajos González Arévalo, el Archivo Datini también conserva información valiosa para conocer los vínculos entre Castilla y las compañías datinianas[151]. Así, por ejemplo, en ese depósito se encuentran las cartas remitidas desde Sevilla por Francisco Bernal a Andrea di Bonanno di ser Berizo en Génova entre julio de 1398 y junio de 1399. En otros archivos florentinos se

---

[149]   Una descripción general sobre las posibilidades de estos archivos puede verse en GONZÁLEZ ARÉVALO, Raúl, "Presencia diferencial italiana en el sur de la península ibérica en la Baja Edad Media. Estado de la cuestión y propuestas de investigación", *Medievalismo*, 23 (2013), pp. 175-208 (sobre todo en pp. 202-203).

[150]   MELIS, Federigo, *Mercaderes italianos en España. Siglos XIV-XVI*, Sevilla 1976.

[151]   El profesor Arévalo tiene varios trabajos en los que demuestra el extraordinario valor de las fuentes italianas para el conocimiento de la presencia de los súbditos ligures, florentinos, venecianos, etc. en el reino de Castilla. A modo de ejemplo pueden citarse los siguientes: GONZÁLEZ ARÉVALO, Raúl, "Las cartas de Francisco Bernal: un operador castellano en el Archivio Datini", *Baetica*, 28 (2006), pp. 337-349; "El Reino nazarí de Granada entre los manuales de mercaderías y los tratados de aritmética italianos bajomedievales", *Revista del Centro de Estudios Históricos de Granada y su Reino*, 19 (2007), 141-168; "Comercio exterior del Reino de Sevilla a través de los manuales de mercaderías italianos bajomedievales", *Historia. Instituciones. Documentos*, 38 (2011), pp. 219-253.

encuentran las fuentes que permiten el estudio del sistema estatal de galeras que puso en marcha Florencia (siguiendo el modelo veneciano) entre la segunda década del siglo XV y finales de aquella centuria para asegurar, con el respaldo que proporcionaba la República, el desarrollo de un sistema de navegación de sus barcos entre el Mediterráneo y el Mar del Norte, con las correspondientes escalas en los puertos nazaríes o en Cádiz.

Procedente del ámbito toscano también se encuentran fuentes que tienen que destacarse por su aportación al conocimiento de la realidad mercantil de los florentinos en Castilla. Me refiero al conocido "libro de mercancías" que nos dejó el factor de los Bardi, Francesco Balducci Pegolotti, redactado en las primeras décadas del siglo XIV, y en el que se describe ampliamente la situación de Sevilla o Cádiz, en la obra de su contemporáneo Nuova Cronica, del también florentino Giovanni Villani[152].

Este archivo florentino, y en general las fuentes toscanas, han sido aún más fructíferas para el estudio de las relaciones entre comerciantes de aquella República y distintas localidades del reino de Granada, tal y como demostró López de Coca con su estudio del diario de Luca di Maso degli Albizzi[153] y, sobre todo, Adela Fábregas al analizar la presencia florentina en el reino nazarí a través de la correspondencia datiniana[154].

Aunque no con la amplitud que sería deseable, también se pueden encontrar en los archivos lombardos, venecianos y toscanos una fuente que, en los últimos años, se ha revelado como algo imprescindible para conocer los intercambios entre la península ibérica y las repúblicas italianas. Me refiero a los libros de contabilidad privada que elaboraron algunos miembros de compañías mercantiles —casi siempre de carácter familiar—vinculadas al ámbito internacional. Aunque he de advertir que los que conocemos mejor hasta ahora son aquellos que registraron las actividades de mercaderes que desarrollaron sus empresas en el reino nazarí de Granada. Son los casos de la contabilidad desplegada por Agostino de Spínola y Francesco Spínola, conocidos comerciantes genoveses que residieron en el emirato, al menos desde 1434 y que nos dejaron una serie de libros de contabilidad escritos entre los años 1434 y 1455. Las características formales de estos manuscritos y las dificultades que plantean la interpretación de los datos contables han sido realizadas por la profesora Adela Fábregas. Y a través de ellos podemos ver que los Spínola registraron en sus libros partidas económicas de carácter

---

[152]   Ambas obras han sido analizadas por Raúl González Arévalo en los trabajos citados en la nota anterior y en el artículo de SÁNCHEZ SESA, Rafael, "La cronística toscana bajomedieval y la imagen de la península ibérica", *En la España Medieval*, 20 (1997), pp. 31-56.

[153]   LÓPEZ DE COCA CASTAÑER, José Enrique, "Noticias del reino nazarí de Granada en una fuente florentina: el diario de Luca di Maso degli Albizzi (1429-1430)", en TORRES RAMÍREZ, Bibiano y HERNÁNDEZ PALOMO, José (coord.) *Presencia italiana en Andalucía: siglos XIV-XVII : actas del I Coloquio Hispano-Italiano*, Sevilla, 1989, pp. 131-137.

[154]   FÁBREGAS GARCÍA, Adela, "Estrategias de actuación de los mercaderes toscanos y genoveses en el reino nazarí de Granada a través de la correspondencia Datini", *Serta Antiqua et Mediaevalia*, 5 (2001), pp. 259-302.

general, pero también hicieron copia de registros contable anteriores a las fechas de cada libro, dejaron constancia de gastos aduaneros, de los gastos privados de sus familias y una relación de algunos de sus socios y colaboradores, como Bartolomeo y Benedetto Sauli, Franco de Vivaldi, Luciano Spínola, etc.[155] .

Un poco más tardías, pero más vinculadas con el comercio desarrollado con el reino de Castilla, son las cuentas recogidas en el libro de contabilidad del veneciano Giovanni Foscari, quien, como patrón de la galera llamada *"la Foscara"* participó en la muda de los años 1463−1464 y 1467−1468. Las mencionadas cuentas de 1463 ofrecen datos del viaje de ida de las galeras de Flandes, y así señalan que las galeras llegaron a Cádiz, procedentes de Mallorca, el 5 de septiembre[156]. Y allí permanecieron un solo día −a diferencia de otras escalas, donde permanecían tres o cuatro días. Lo mismo ocurrió en el tornaviaje, cuando fondearon en la ciudad de Cádiz el 6 de agosto de 1464, para trasladarse luego a Málaga, donde recalaron desde el 11 al 20 de ese mismo mes. Tres años más tarde, en 1467, las cuentas de Foscari vuelven a recoger las escalas del viaje a Flandes; en este caso los barcos fondearon cuatro días en Cádiz a la ida (del 15 al 18 de septiembre), mientras que de regreso atracaron el 15 de septiembre de 1468, permaneciendo un solo día en la ciudad.

Las fuentes milanesas también están proporcionando nuevas perspectivas sobre los vínculos entre el ducado del norte de Italia y el reino de Castilla. Los trabajos de Germán Navarro y los más recientes de Concepción Villanueva[157] están permitiendo contar con descripciones de algunos de los fondos conservados en el Archivio di Stato de Milán, siendo especialmente destacados, según ambos autores, la sección Carteggio Sforzesco titulada Potenze Estere, dividida en dos secciones específicas: Aragona e Spagna (1455−1535) y Spagna (1469−1535). En ellos se encuentra un heterogéneo grupo documental en el que se pueden localizar miles de diplomas, informes de embajadores, registros seriados, etc. cruzados entre Milán y los reinos hispanos. A ellos habría que añadir el denominado como fondo de Registri sforzeschi,

---

[155]   FÁBREGAS GARCÍA, Adela, *Un mercader genovés en el reino de Granada. El libro de cuentas de Agostino Spinola (1441-1447)*, Granada, Universidad de Granada, 2002 y *La familia Spinola en el reino nazarí de Granada. Contabilidad privada de Francesco Spinola (1451-1457)*, Granada, 2004. Además de los libros granadinos, los Spínolas también redactaron otros manuscritos contables que se conservan en archivos de Brujas.

[156]   El libro de contabilidad ha sido editado y estudiado por Montemezzo, Stefania, *Giovanni Foscari. Viaggi di Fiandra 1463-1464 e 1467-1468*, Venecia, 2012, aunque el autor hispano que mejor lo ha utilizado es Raúl González Arévalo. Véase su trabajo "Del Adriático al Atlántico: Venecia….Ob. cit. pp. 16; 20; 21 y 30.

[157]   NAVARRO ESPINACH, Germán, "El ducado de Milán y los reinos de España en tiempo de los Sforza (1450-1535)", *Historia. Instituciones. Documentos*, 27 (2000), pp. 155-181 y VILLANUEVA MORTE, Concepción, "La correspondencia diplomática de los embajadores del ducado de Milán y la corte de los reinos hispánicos en la segunda mitad del siglo XV", *Mélanges de la Casa de Velázquez*, 45-2 (2015), pp. 143-166 y "Permisos y concesiones de tránsito entre la península ibérica y el ducado de Milán registrados en el periodo sforzesco (segunda mitad del siglo XV)", *eHumanista: Journal of Iberian Studies*, 38 (2018), pp. 163-185.

con las series de Registri Ducali (1183–1543) y Registri delle Missive (1447–1535) con documentación oficial enviada desde Milán a la península Ibérica.

En la península italiana, pero en el Estado Vaticano, se encuentra el que quizás es el archivo histórico más legendario de la cultura occidental. Es evidente que me refiero al *"Archivio Segreto Vaticano"*, considerado como el depósito documental más extenso (contiene más de 650 fondos archivísticos y varios millones de escrituras) y completos de nuestro planeta. Sus dimensiones son tan extraordinarias que todos los investigadores tienen asumido que es imposible abordar cualquier trabajo que pretenda analizar las relaciones de los pontífices y su administración con otras instituciones o personas sin ser conscientes de que la tarea siempre será inabarcable. Afortunadamente, desde la apertura oficial del Archivo a los investigadores (en la segunda mitad del siglo XIX) distintas instituciones francesas, alemanas o españolas se instalaron en Roma con el fin de acercarse a la documentación pontificia[158]. Los resultados del trabajo desarrollado durante el siglo y medio que ha transcurrido desde entonces ha permitido a los historiadores acceder a una parte de los documentos y de la información custodiada, pero el trabajo que resta por hacer es enorme.

En nuestro país contamos con la edición de diversas colecciones (en realidad varios centenares de títulos)[159] realizadas a partir de documentos procedentes de ese Archivo (bulas, visitas "ad limina", registros fiscales, nunciaturas pontificias, súplicas, etc.), casi todos ellos procedentes de los Registros (Vaticanos, Lateranenses, Aviñonenses) Cámara Apostólica, Archivo Consistorial, etc., que son, a juicio de muchos investigadores, los fondos más interesantes para la época medieval. Es evidente que en este trabajo no podemos acercarnos a este vastísimo panorama documental ya publicado, por lo que he centrado mi tarea en aquellas colecciones de acceso más sencillo y que cuentan con mejores ediciones paleográficas y estudios introductorios. Y esas condiciones las cumplen, sobre todo, los descomunales trabajos del ya citado

---

[158]   Los mejores instrumentos que tenemos en nuestro país para acercarse a tan inmenso legado documental, a entender cómo se formó el Archivo y lo que ha significado para nuestra historiografía nos lo ofrecen los trabajos de Santiago Domínguez Sánchez y Saturnino Ruiz de Loizaga (pueden verse citados en la bibliografía). No obstante, también son muy útiles e indispensables, los trabajos de JULAR PÉREZ-ALFARO, Cristina, "Historia medieval y prácticas de investigación, I" e "Historia medieval y prácticas de investigación, II", ambos trabajos en OLMOS-TRINIDAD, Ricardo y BELLÓN, Juan Pedro (eds.), *Repensar la Escuela del CSIC en Roma, cien años de memoria*, Madrid, 2010, pp. 277-297 y pp. 489-508. Por su parte, coordinados por Díaz de Durana y Jular Pérez también se ha editado (y elaborado una página web) que permiten conocer los fondos vaticanos relacionados con el País Vasco (en general con distintas diócesis del norte peninsular), lo que hace de su trabajo una guía necesaria para conocer las distintas secciones y los recursos que ofrece el Archivo Vaticano. Véase BEOLCHINI, Valeria y PAVÓN RAMÍREZ, Marta, *Dentro del Archivo Vaticano. Guía para la investigación a partir de documentos sobre el País Vasco. Época medieval (1198-1458)*, Bilbao, 2014.

[159]   Es interesante comprobar como, ya a principios de este siglo (en el año 2001), el profesor Díaz Ibáñez ofrecía un repertorio de fuentes medievales procedentes del archivo pontificio relacionados con los reinos hispanos en el que se registran más de 230 títulos. Véase DÍAZ IBÁÑEZ, Jorge, El pontificado y los reinos peninsulares durante la Edad Media. Balance Historiográfico", *En la España Medieval*, 24 (2001), pp. 465-536.

Santiago Domínguez, autor de varios volúmenes que recogen la documentación pontificia relacionada con España de buena parte de los Papas de los últimos siglos medievales: *Documentos de Gregorio IX (1227–1241), Documentos de Clemente IV (1265–1268), Documentos de Martín IV (1281–1285), Documentos de Gregorio X (1272–1276), Documentos de Nicolás III (1277–1280), Documentos de Nicolás IV (1288–1292), Documentos de Bonifacio VIII (1294–1303),* completando los trabajos que ya habían realizado otros autores sobre Inocencio III, Honorio III, Inocencio V, etc. En fin, varios miles de documentos en los que podemos encontrar el nombramiento de legados pontificios como Jean Halgrin de Abbeville en 1229, Poncio Bruet en 1280, Raimundo Atgerii en 1268, Pietro Guerra o Girolamo Masci en 1279, etc; a la comisión de investigación que el papa Clemente V envió en 1308 a los reinos hispanos (encabezada por Aymerico Naves) para que investigase las actividades de los Templarios[160], el nombramiento de embajadores castellanos ante la corte pontificia y, sobre todo, la concesión de beneficios eclesiásticos a numerosos clérigos de origen foráneo, lo que generó no pocas complicaciones a la Iglesia castellana de aquellos siglos (véase anexo, tabla nº 4).

También procedente de los archivos italianos, nos han llegado en los últimos años varios trabajos que han puesto de manifiesto el valor que tiene la documentación de carácter gráfico (mapas y dibujos de la costa) y los derroteros náuticos para el estudio de la presencia foránea en los puertos hispanos, especialmente en los que formaban parte del reino de Granada hasta finales del siglo XV. Cartas náuticas y portulanos, derroteros y memoriales descriptivos para los ámbitos costeros, especialmente del ámbito mediterráneo andaluz y murciano[161] han permitido conocer los intereses de las comunidades italianas que operaban en el en el sultanato nazarí, ofreciendo un panorama más completo de la economía de aquellas regiones. Los mejores ejemplos pueden ser los trabajos que Raúl González ha dedicado al conjunto de la costa del reino de Granada y de Sevilla, basándose entre otras cosas, en el análisis de documentación náutica florentina –como el conocido *Compasso a mostrare a navicare* de Antonio Uzzano[162], redactado a mediados del siglo XV (en 1442) y considerado una fuente fundamental para el estudio de las rutas de navegación italianas del final de la Edad Media.

---

[160]   Datos biográficos de todos ellos pueden verse en el diccionario que acompaña a este trabajo.

[161]   Un panorama general en los trabajos de MUÑOZ GÓMEZ, Víctor "Para el conocimiento de la costa de la Andalucía atlántica (siglos XIV-XVI): descripciones, relaciones y documentación náutica", *Historia. Instituciones. Documentos,* 40 (2013), pp. 179-205 y "Palabra de marino: el conocimiento de la costa meridional ibérica a la luz de la práctica de la navegación en la Era de los Descubrimientos (siglos XV-XVI)", *En la España Medieval,* 37 (2014), pp. 333-362.

[162]   GONZÁLEZ ARÉVALO, Raúl, "La costa del Reino de Granada en la documentación náutica italiana (siglos XIV-XVI)", *EEM*, 31 (2008) 7-36; GONZÁLEZ ARÉVALO, Raúl, "La costa del reino de Sevilla en la documentación náutica italiana (siglo XV), en MALPICA CUELLO, A., PEINADO SANTAELLA RAFAEL G. y FÁBREGAS GARCÍA, A. (eds.), *Historia de Andalucía. VII Coloquio,* Granada, 2010, pp. 301-317. En esta línea también hay que tener en cuenta la aportación de MALPICA

Por último, quiero volver a recordar que en las primeras páginas de este trabajo ya puse de relieve la importancia que se le puede atribuir a algunos de los diccionarios biográficos que se fueron elaborando en distintos países occidentales a lo largo de los siglos XIX y XX. Entre ellos se encuentra el llamado *Dizionario Biografico degli Italiani* (DBI), que, al igual que otras obras semejantes, intenta trazar las biografías de los italianos que han contribuido a la historia política, cultural y económica de aquel país desde la caída del Imperio Romano Occidental hasta la actualidad. La obra se compone de cien volúmenes, en los que se pueden encontrar más de 40.000 biografías, que se estructuran según modelos utilizados en obras similares: cada entrada está firmada por su autor o autores; cada biografía incluye una amplia bibliografía, aunque, como en otros casos, no siempre está actualizada y, lo más útil, desde hace tiempo está disponible en línea, lo que facilita su acceso a investigadores y al público en general.

No obstante, para este trabajo, Diccionario biográfico de los italianos, ha tenido una limitada utilidad. Desgraciadamente, la inmensa mayoría de los italianos que aparecen en nuestro trabajo no se encuentran entre los personajes que integran el DBI, por lo que no podemos rastrear sus orígenes familiares o sus vínculos con otras personas que lleven el mismo apellido o nombre. Ha sido muy útil para enmarcar la actividad de algunos grandes mercaderes, que fueron importantes en ambas orillas de Mediterráneo (por ejemplo, Francisco Pinelo, Martín Centurion, Agustín Grimaldi, etc.), de algunos hombres de la cultura medieval y renacentista (Lucio Marineo, Dello Delli, Mártir de Anglería, etc.), o del ámbito militar (como Benedetto Zaccaria o Enmanuel Pessagno). Para el resto, nos puede dar alguna idea las biografías de determinados miembros de las grandes familias de Génova, Florencia o Venecia (Lomelin, Espínola, Grimaldo, Gentile, etc.), consideradas como cabeza de un linaje o familia que reúne bajo el mismo apellido a un amplio número de personas. Pero como desconocemos el grado de parentesco entre cada uno de ellos, es complicado asignar a las biografías que se incluyen en nuestro trabajo, referencias o datos de todo un grupo familiar.

Para terminar esta descripción de las fuentes utilizadas en este trabajo, quiero dejar constancia de dos hechos. Primero, que además de los numerosos estudios citados hasta ahora en los que se detallan las fuentes disponibles en archivos nacionales, notariales o municipales, útiles para el escrutar la presencia extranjera en los reinos de Castilla y León, es necesario recordar que, desde hace muchas décadas, disponemos de extraordinarias colecciones de documentos en los que también se pueden espigar datos y situaciones que afectaron a los foráneos de ambos reinos. Son innumerables las contribuciones desde las decimonónicas *Cortes de los Reinos de Castilla y León*

CUELLO, Antonio y FÁBREGAS GARCÍA, Adela, "Embarcaderos y puertos en la costa del reino de Granada", en FÁBREGAS GARCÍA, A. (ed.): *Navegación y puertos en época medieval y moderna*, Granada, 2012, pp. 75-109.

y otras obras editadas por la Real Academia de la Historia[163], pasando por las numerosos *Crónicas* de cada uno de los monarcas que gobernaron el reino desde el siglo XIII, por el imprescindible grupo de obras que se publicaron al amparo de la llamada *"Biblioteca Reyes Católicos"*[164], las decenas de volúmenes de la colección *Fuentes y Estudios de Historia Leonesa*, necesarias para conocer el asentamiento de la población de origen "franco" en ciudades como León, Astorga, Sahagún[165], etc., los trabajos de Juan Manzano Manzano, Juan Pérez de Tudela o Ignacio González[166], hasta llegar a los más recientes de Manuel González y María Antonia Carmona[167], Juan Gil, Juan Abellán, Miguel A. Ladero, etc.[168].

Y, en segundo lugar, además de todo lo dicho, no puedo terminar esta descripción de las fuentes utilizadas sin dejar de destacar el paso de gigante que se ha dado en los últimos años con el libre acceso a los medios digitales ya que todos ellos están contribuyendo a multiplicar las alternativas de acercamiento a la documentación. El ejemplo más conocido es el esfuerzo que se viene haciendo desde el Ministerio de Cultura para la difusión del Patrimonio Histórico Documental Español a través de Internet por medio del Portal de Archivos Españoles (PARES). Pero no es el único. Muchos archivos histórico provinciales han emprendido desde hace años iniciativas de catalogación, digitalización de fondos y puesta a disposición de los investigadores

---

[163]   Buenos ejemplos pueden ser algunos de los volúmenes de la Colección de Documentos Inéditos para la Historia de España (CODOIN). Entre ellos podrían destacarse los volúmenes VII y VIII, dedicados a los Tratados Internacionales de los Reyes Católicos, o el volumen n° X en el que se edita el epistolario del milanés Pedro Mártir de Anghiera o de Anglería.

[164]   Aquí es imprescindible citar los extensos trabajos de Antonio de la Torre y Luís Suárez. Véase TORRE; Antonio de la, *Documentos sobre relaciones internacionales de los Reyes Católicos*, 6 vols. Barcelona, 1965-1966; TORRE, Antonio de la y SUÁREZ FERNÁNDEZ, Luis, *Documentos referentes a las relaciones con Portugal durante el reinado de los Reyes Católicos*, 3 vols, Madrid, 1958-1963; SUÁREZ FERNÁNDEZ, Luis, *Política internacional de Isabel la Católica. Estuio y documentos*, 6 vols. Valladolid, 1965-2002.

[165]   Bajo el nombre de *Fuentes y estudios de Historia Leonesa* se han dado a conocer, desde 1969, más de un centenar de volúmenes en los que se han editado, básicamente, la documentación de los archivos Catedralicio y Diocesano de León, además de diversos estudios relacionados con el gobierno, la administración y las instituciones del reino de León. Complementaria a esta colección son las llamadas *Fuentes documentales castellano-leonesas* (también editada desde los años sesenta del siglo XX) en las que se publican colecciones diplomáticas de las catedrales de Burgos, Palencia, Avila, Salamanca, etc.

[166]   MANZANO MANZANO, Juan, *Los Pinzones y el descubrimiento de América*, 3 vols. Madrid, 1988; PÉREZ DE TUDELA Y BUESO, J. (dir.), *Colección Documental del Descubrimiento (1470-1506)*, 3 vols, Madrid, 1994; GONZÁLEZ GALLEGO, Ignacio, "El Libro de los Privilegios de la Nación Genovesa", *Historia. Instituciones. Documentos*, 1 (1974), pp. 275-358.

[167]   Ambos autores consiguieron editar un voluminoso trabajo con el que dieron a conocer la totalidad de los documentos emitidos desde las cancillerías de Alfonso X y sus parientes más cercanos. Véase GONZÁLEZ JIMÉNEZ, Manuel y CARMONA RUIZ, María Antonia, *Documentación e itinerario de Alfonso X el Sabio*, Universidad de Sevilla, 2012.

[168]   GIL FERNÁNDEZ, Juan, *Los conversos y la Inquisición sevillana*, 8 vols.. Sevilla, 2000; Los más de cinco volúmenes de Juan Abellán dedicados a las Fuentes Históricas Jerezanas, o las numerosas colecciones documentales editadas por el profesor Ladero Quesada.

de ingentes cantidades de documentos (especialmente los protocolos notariales). Por su parte, instituciones autonómicas también están subiendo a la Red fondos municipales o de otro tipo −buenos ejemplos pueden ser el ya citado proyecto CARMESÍ o el Portal de Archivos de Andalucía− proporcionando a los historiadores unos recursos que eran impensables hace tan sólo unas décadas[169]. Sin olvidar la inmensa labor que en 1999 inició la Biblioteca y el Servicio Informático de la Universidad de La Rioja con la intención de crear uno de los mayores portales bibliográficos del mundo, centrado, básicamente, en las áreas de Ciencias Humanas, Jurídicas y Sociales. La incorporación de otras bibliotecas universitarias y públicas han permitido que hoy dispongamos de la mayor base de datos bibliográfica del ámbito hispano.

---

[169]   Para hacernos una idea del avance que suponen estos medios basta con decir que el citado proyecto CARMESI (Catálogo de Archivos de la Región de Murcia en la Sociedad de la Información) proporciona más de 60.000 páginas con la digitalización de documentos medievales.

2

Algunas de las dificultades

2.1. La definición de extranjería

El mayor de los problemas para un trabajo de este tipo es, sin lugar a dudas, la dificultad de definir qué entendemos por *extranjero* y quién reúne esa condición en unos momentos –como los últimos siglos medievales– en los que aún no se han definido los estados nacionales que conocemos en la actualidad. Seguramente aquellos que se acerquen a la lectura de estas páginas estarán de acuerdo en que la extranjería es una condición cambiante, que se definía y se define en función de una serie de parámetros que van desde la plena aceptación hasta el rotundo rechazo. Ambas circunstancias varían en función del grado de integración, de la utilidad social que pudiera tener el extranjero o del temor que merecieran sus actividades entre sus contemporáneos, su origen o sus manifestaciones culturales (idioma, religión, familia, etc.). El resultado de esas actitudes se expresó casi siempre de dos formas: o bien con un rechazo –e incluso odio– hacia todo aquel que no estaba naturalizado, o bien con la plena aceptación del inmigrado, reconociendo su capacidad para dinamizar la sociedad local o la necesidad de su presencia para satisfacer carencias de determinados grupos, que sólo podían acceder a señalados productos y servicios (especialmente financieros) si se los proporcionaban los extranjeros.

Esta pequeña reflexión debería llevarnos a preguntarnos sobre si es apropiado el título que damos a esta monografía. ¿Es correcto utilizar el adjetivo *extranjero* para señalar a todos los que no comparten la autoridad y soberanía de los monarcas castellanos? O quizás sería más adecuado emplear la palabra *forastero*, teniendo en cuenta que ese adjetivo se usa para toda persona que vive en un lugar de donde no es vecino o donde no ha nacido. Estas preocupaciones teóricas han generado una nutrida bibliografía (especialmente para la Edad Moderna)[170], y en otras ocasiones he tenido la

---

[170]   HERZOG, Tamara, *Vecinos y extranjeros: hacerse español en la Edad Moderna*, Madrid, 2006; ARAGÓN RUANO, Alvaro, "Con casa, familia y domicilio: mercaderes extranjeros en Guipúzcoa durante la Edad Moderna", *Studia Historica. Historia Moderna*, 31 (2009), pp. 155-200; DE LAS HERAS SANTOS, José Luís, "La extranjería en la Corona de Castilla en la Edad Moderna", en GARCÍA FERNÁNDEZ, Ernesto (coord.), *Exclusión, racismo y xenofobia en Europa y América*, Bilbao, 2002, pp. 139-152; LUZZI TRAFICANTE, Marcelo, "Extrañamiento, incertidumbre y posibilidad: Una propuesta para pensar la extranjería y los extranjeros en la monarquía española del siglo XVIII", *Bajo palabra. Revista de filosofía*, 17 (2017),pp. 563-595; VILLARROEL GONZÁLEZ, Óscar, "La visión de los reinos Peninsulares en la Edad Media a través de la diplomacia: ¿comunidad o alteridad?", en MARTÍNEZ GARCÍA Pedro (Coord.), *Alteridad ibérica: el otro en la Edad Media*, Murcia, 2021, pp. 97-121.

oportunidad de reflexionar sobre estos problemas, preguntándome si cabía considerar como a extranjero a alguien que, aun habiendo nacido fuera del reino, llevaba tiempo viviendo en sus ciudades, quizás conocía bien su idioma y sus costumbres, quizás se hubiera casado con algún natural del país, y cuyos hijos tal vez habrían decidido permanecer en Castilla. Es más, ¿hasta qué punto en una sociedad más dinámica y "abierta" −como lo era la castellana del siglo XV−, acostumbrada a la continua presencia −al menos desde el siglo XI− de avecindados o transeúntes de distintas partes del mundo, puede considerar como "hombres extraños" a quienes participan de los mismos intereses económicos, políticos y culturales?[171]

¿Quiénes son, entonces, los extranjeros? O mejor aún, ¿a quiénes habremos de considerar como extranjeros? También tuve la oportunidad de intentar contestar a estas preguntas en el trabajo que se cita en la nota anterior, para concluir que no tenía una respuesta segura al respecto. Lo único cierto es que mercaderes, peregrinos, eclesiásticos o embajadores procedentes de cualquiera de los países que hoy forman Europa, el norte de África y Asia (que era el mundo conocido a finales de la Edad Media), o de los reinos de Navarra y Aragón, siempre fueron vistos como extranjeros, incluso aunque algunos de ellos llevasen residiendo mucho tiempo en Castilla. Y es que, para muchos hombres y mujeres de los siglos XIII al XV tampoco servía la voluntad de permanecer de forma definitiva en el reino, fijando allí su residencia y su familia, para que no considerasen extranjero a aquel que había nacido fuera de Castilla. Residir durante varios años, poseer la vecindad en un determinado lugar o conseguir la naturalización no era garantía de que los demás dejaran de verte como extranjero.

Y tenemos en la documentación manejada muchos ejemplos. Es bien conocido el caso de los miembros de la familia Sopranis Ripparolio (Francisco, Cosme y Juanotto), a los que se les otorgó carta de naturaleza en 1492. El padre de Francisco ya había conseguido el mismo reconocimiento en tiempos de Juan II, lo que sin duda nos indicaría una clara voluntad por permanecer y avecindarse en el reino. Sin embargo, hasta su muerte en 1514 nunca se dejó de considerar a Francisco y a sus hermanos como genoveses en el reino de Castilla. También lo es el caso de Pedro de Spínola, genovés que a finales del siglo XV vivió en Jerez de la Frontera y el Puerto de Santa María, cuyo padre ya sirvió al rey Enrique IV en la toma de Jimena, Gibraltar o en el cerco de Estepona, y que estuvo casado con Leonor de Padilla[172]. Pese a sus servicios a la Corona y a sus cargos en la administración y en la milicia, ni él ni muchos de sus familiares dejaron de ser considerados como genoveses en la sociedad andaluza de aquellos momentos. O el caso, en este sentido quizás extremo, de Juan de Merlo o Melo, miembro de un linaje de origen portugués y al que, pese a haber

---

[171]   BELLO LEÓN, Juan Manuel y GONZÁLEZ MARRERO, María del Cristo, "Los otros extranjeros": catalanes, flamencos, franceses e ingleses en la sociedad canaria de los siglos XV y XVI" (primera parte), *Revista de Historia Canaria*, 179 (1997), pp. 11-71.

[172]   SÁNCHEZ SAUS, Rafael, *Linajes medievales de Jerez…* Ob. Cit. p. vol. I, p. 163.

nacido en Castilla –probablemente en 1410–, se le siguió considerando lusitano por el hecho de ser hijo de Alfonso de Melo e Isabel González de Acevedo, dos de los aristócratas que abandonaron Portugal a raíz de la crisis dinástica de 1384–85 que desencadenó la huida de aquellos linajes que tuvieron vínculos con Fernando I de Portugal[173]. La crónica de Juan II y el recuerdo de su linaje en los textos literarios posteriores insisten en el origen portugués de este caballero, que nació en Castilla en un momento en el que sus padres llevaban varias décadas residiendo en este reino.

En fin, parece razonable suponer que en Castilla fueron considerados como extranjeros todos aquellos que, aun estando avecindados o siendo transeúntes, mantuvieron una estrecha relación con la entidad política de origen (Génova, Florencia, Lisboa, Londres, etc.), y sobre todo mantuvieron un alto grado de intercomunicación mediante enlaces matrimoniales, relaciones económicas, idioma o inquietudes religiosas. Sin olvidar los privilegios fiscales, que en Castilla fueron generosos para muchas comunidades extranjeras, frente a los tributos que pagaban buena parte de los castellanos. En definitiva, seguramente fue la imagen que tenían estos individuos ante el resto de la sociedad los que les va a otorgar su condición de no nativos del reino y, por tanto, de extranjeros.

Relacionado con todas estas cuestiones, también se encuentra el hecho de que las fronteras y la integración política de los países que hoy conforman el continente europeo no era la misma en los siglos finales de la Edad Media. Tres ejemplos, por lo demás, bien conocidos, pueden ser suficientes para entenderlo. Uno muy claro lo tenemos en los reinos del sur e insulares de la actual Italia. Como es bien conocido, todos ellos se encontraban en la órbita de la Corona de Aragón desde, al menos, finales del siglo XIII; y desde el reinado de Alfonso el Magnánimo, Nápoles se incorpora definitivamente a la Corona de Aragón. Situación que se consolida durante el reinado de Fernando el Católico, ya que la región se arraiga como parte de la monarquía española hasta bien entrada la Edad Moderna. Por tanto, ¿son italianos los que llegaban a Castilla desde aquellos territorios, o son aragoneses? El segundo ejemplo se encuentra en el ducado de Aquitania, que incluía ciudades y condados como Poitou, Angulema, Périgord, , etc., todos ellos dependientes, desde el punto de vista político, de Inglaterra. Y la pregunta es la misma: ¿eran ingleses los que llegaban de Calais, Perigod, Limosin, etc., o los consideramos franceses porque hoy forman parte del Estado galo? Y el tercero corresponde a los procedentes del ducado de Bretaña. La historiografía conoce bien el proceso de creación y evolución política de aquel territorio del norte de la actual Francia, y distingue convenientemente la intervención de los Plantagenet, reyes de Inglaterra, en la región desde el siglo XII. Y reconoce que, aunque hubo intervenciones de la monarquía francesa en Bretaña a lo largo de los siglos XIII al XV, no se lograría la plena integración de aquel territorio a la actual Francia hasta el matrimonio de Ana de Bretaña y Carlos VIII en el año 1491. Y, por

---

[173]   Las referencias a esta y otras familias portuguesas pueden verse en OLIVERA SERRANO, César, *Beatriz de Portugal. La Pugna Dinástica Avís-Trastámara,* Santiago de Compostela, 2005.

tercera vez la misma pregunta ¿consideramos franceses a los procedentes de Nantes, Brest, Rennes, etc. o simplemente los calificamos de bretones? Seguramente lo correcto sería clasificar a cada uno de los que registramos aplicándole el origen que especifica la documentación utilizada, pero con unas fronteras tan cambiantes, y en aras de añadir cierta claridad en la exposición, voy a agrupar a cada extranjero en los grandes Estado–Nación (Italia, Portugal, Francia, etc.) que hoy conforman el panorama político europeo.

También está conectado con todo lo anterior el hecho de que en este trabajo vamos a hablar de comunidades extranjeras (genovesa, francesa, inglesa, etc.), asumiendo que cada una de ellas forma una entidad homogénea. Todos los que se han acercado a este asunto coinciden en que se puede utilizar el nombre de la comunidad porque todos ellos tienen un mismo origen geográfico, pero que en ningún caso el perfil social y económico de todos los que componen la nación genovesa, florentina, veneciana, inglesa, etc. es el mismo. Porque entre los italianos nunca fue igual un miembro de las familias de banqueros-comerciantes, como las de los Centurión, Riberol o Espínola, que los letrados vinculados a la Corte, o los pequeños artesanos como los Esbarroya, asentados en Córdoba. Ni tampoco fue nunca igual entre los portugueses un miembro de la Casa de Braganza (don Juan de Portugal, don Fernando, etc.), exiliados en Castilla, que un estudiante portugués matriculado en la Universidad de Salamanca o un pequeño campesino lusitano establecido en Canarias tras la conquista de las Islas. Sin olvidar que en el seno de cada una de estas comunidades hubo una evolución a lo largo del tiempo, de tal forma que no son iguales en número ni en importancia social los italianos que se establecieron en Castilla en el siglo XIII que los que se encontraban en el citado reino a finales del XV. Sin duda todos ellos comparten idiomas propios, quizás algún tipo de vínculo, obligados por su presencia en un territorio distinto al de sus orígenes, y en ocasiones algún tipo de colaboración. Y seguramente sus contemporáneos los consideraron a todos extranjeros por el hecho de pertenecer a una comunidad foránea, bien identificada en el entorno en el que estaban asentados[174].

Existen dos problemas, derivados de cuestiones cronológicas, que también son difíciles de solucionar. Uno procede de la documentación disponible, que, como se puede observar en el gráfico, se inclina muy a favor de la segunda mitad del siglo XV y primeros años del XVI (véase gráfico nº. 1). Cuando hablé de las fuentes ya advertí de la desigual distribución cronológica de las disponibles, así que no vuelvo sobre el asunto. Pero es evidente que la representación de los siglos XIII y XIV no alcanza ni el 20% de los datos disponibles, con lo cual sólo contamos con serie realmente representativas de lo que pudo ser la presencia extranjera a finales de la Edad Media castellana para los reinados de Juan II, Enrique IV y Reyes Católicos.

---

[174]   Algunas de estas consideraciones, aplicadas a época Moderna, pueden verse en el trabajo de ALONSO GARCÍA, David, "Una nación, diferentes familias, múltiples redes. Genoveses en castilla a principios de la Edad Moderna", en CRESPO SOLANA, Ana (coord.), *Comunidades transnacionales. Colonias de mercaderes extranjeros en el Mundo Atlántico (1500-1830)*, Madrid, 2010, pp. 65-82.

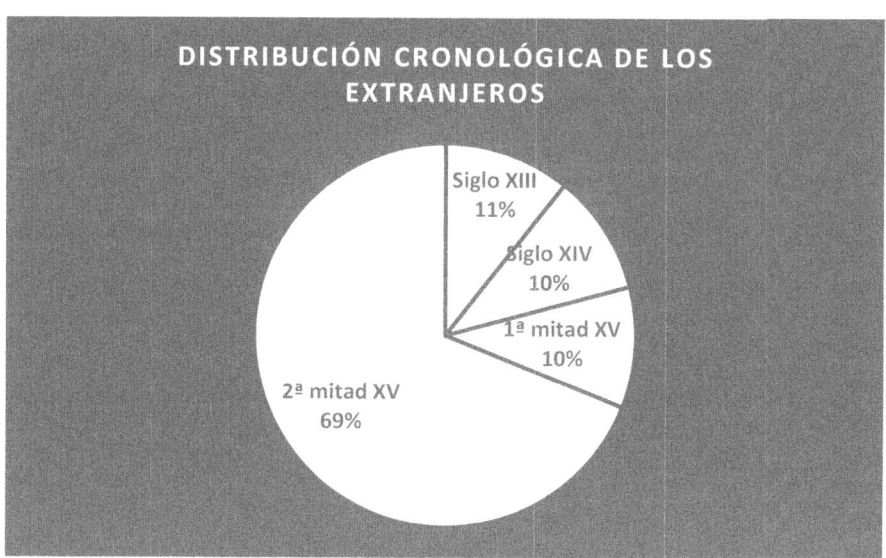

Gráfico nº 1. Distribución cronológica de los extranjeros incluidos en el diccionario.

El otro es aquel que afecta a la breve presencia en el reino de la mayoría de los extranjeros que he podido documentar (véase gráfico nº 2). Sólo residen en Castilla en un momento dado (uno o dos días de un determinado año) un porcentaje que se acerca al 70% de los registrados en el diccionario, y casi el 80% no supera el periodo de uno a cinco años. El resto se distribuye en periodos de seis a quince años, mientras que los que superan la veintena o más apenas supera el centenar de individuos registrados. La conclusión es evidente. La inmensa mayoría son transeúntes, con lo que la reconstrucción de unos datos biográficos mínimos se hace difícil, limitándose la información a su nombre, al motivo que los lleva a estar residiendo en Castilla y a poco más.

Una nueva dificultad se encuentra en el análisis que se pueda hacer del proceso de integración de los extranjeros en la sociedad castellana. Tradicionalmente esa unificación social se conseguía utilizando mecanismos que se mantendrían durante muchos siglos en el conjunto de Europa y la América hispana. Es evidente que todos los foráneos que vieron nacer a sus hijos en territorio de la monarquía castellana conseguían que sus vástagos se integrasen rápidamente en la comunidad local. Además, la residencia prolongada en el territorio –generalmente más de cinco años–, el matrimonio con algún miembro de la sociedad local –casi siempre con alguna de las hijas de las élites concejiles–, los vínculos con algún miembro de la nobleza y, sobre todo, la concesión, a voluntad del rey, de la carta de naturaleza, permitían a todos aquellos que llegaban procedentes de reinos extranjeros integrarse en la sociedad que los había acogido (véase gráfico nº 9 del anexo). Lo malo es que para el análisis de todo este proceso contamos sólo con algunos tipos documentales muy concretos: la concesión de la vecindad, la carta de naturaleza, o los testamentos. Y todos ellos no son muy abundantes.

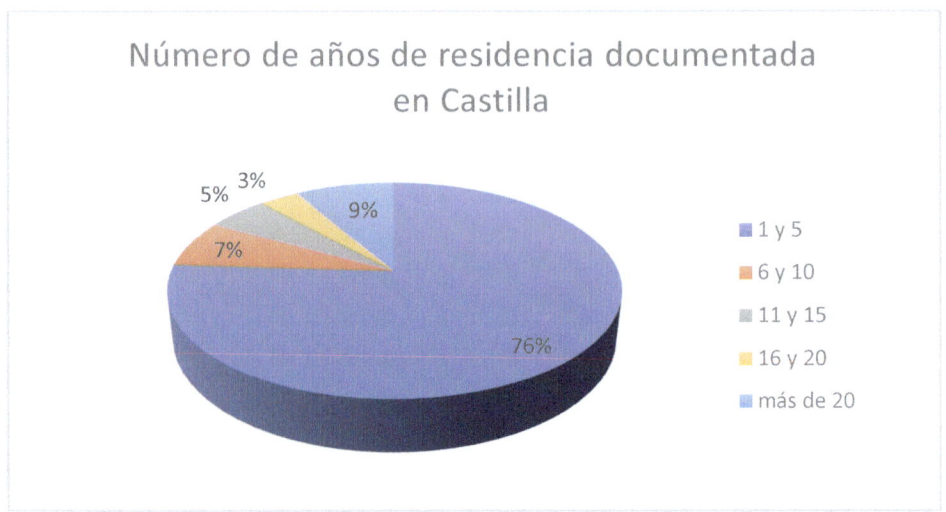

Gráfico nº 2. Número de años de residencia documentada en Castilla de los extranjeros incluidos en el diccionario.

Ya comenté en las páginas dedicadas a las fuentes, por lo que no volveré sobre ello, las dificultades para encontrar censos y registros de población foránea en Castilla, lo que dificulta cualquier tipo de análisis sobre el proceso de avecindamiento de aquellos que llegan de fuera del reino. En otro plano, para este trabajo he conseguido localizar más de un centenar de cartas de naturaleza (entre 1475 y 1515) que beneficiaron a otros tantos extranjeros residentes en Castilla. Dejaré para otra ocasión el análisis y descripción de esas cartas, pero ahora sí puedo decir que la obtención de la misma siempre obedecía al deseo del extranjero por integrarse en la sociedad castellana. El beneficiario sabía que a partir de entonces su condición jurídica le permitiría participar en negocios que le podían estar vedados o beneficiarse de cargos y rentas que, hasta ese momento, al menos en teoría, le estaban prohibidos. Así pues, el objetivo y el proceso que desembocaba en la "naturaleza" en el reino son bien conocidos por la historiografía ya que, como digo, fue un fenómeno generalizado durante siglos en los reinos hispanos. De ahí que contemos con una extensa bibliografía[175] que se

---

[175] Aunque existen más trabajos dedicados a las cartas de naturaleza en los siglos XVI al XVIII que para la Edad Media, lo cierto es que, una vez más, nos encontramos ante un tema que ha atraído a muchos investigadores. Sigue siendo imprescindible y pionero el trabajo de DOMÍNGUEZ ORTIZ, Antonio, "La concesión de naturalezas para comerciar en Indias durante el siglo XVII", *Revista de Indias*, 76 (1959), pp. 227-240; a partir de él pueden ser muy útiles los trabajos de GARCÍA ULECIA, A. "Naturaleza y extranjería en las corredurías de lonja del Antiguo Régimen", *Anuario de Historia del Derecho Español*, 61 (1991), pp. 87-109; SANZ AYÁN, Carmen, "La presencia del capitalismo cosmopolita durante el reinado de los Reyes católicos: claves para una interpretación", en *Congreso Internacional El Tratado de Tordesillas y su época*, tomo. I, Valladolid, 1995, pp. 467-477; DE LAS HERAS SANTOS,, José L. "La extranjería en la Corona de Castilla en la Edad Moderna", en *Exclusión, racismo y xenofobia en Europa y América*, Bilbao, 2002, pp. 139-152; BARTOLOMEI, A. "La naturalización de los mercaderes franceses de Cádiz a finales del siglo

ocupa de cómo se obtenía la carta de naturaleza, de cuáles eran los objetivos de quiénes la solicitaban y, sobre todo, de cómo fue un instrumento imprescindible para legalizar la actividad de los extranjeros que se querían beneficiar del comercio con las Indias. Y en cuanto a los testamentos de extranjeros, el panorama podría calificarse de desolador. Es evidente que, en el conjunto de la documentación notarial castellana, el testamento no está muy representado. Pero es que en el caso de los extranjeros esa sequía llega a ser desesperante. También parece evidente que aquellos que no arraigaron nunca en el reino no tuvieron necesidad de dejar constancia de ese acto jurídico ante los escribanos hispanos y que, por tanto, sus últimas voluntades habría que buscarlas en las notarías italianas, flamencas o inglesas. Pero es que lo que se quedaron tampoco se prodigaron en testar, de tal forma que, hasta ahora no conocemos más de una docena documentos de ese tipo. Importantes, pero muy pocos[176].

2.2. La dificultad para documentar a las mujeres extranjeras

Otra de las grandes deficiencias de este trabajo y una de las mayores dificultades con las que me he encontrado, ha sido documentar a las mujeres extranjeras que se establecieron en Castilla entre los siglos XIII y XV. Pese a lo mucho que se ha avanzado desde los años setenta del siglo XX en el estudio sobre la historia de las mujeres y en el modo de interpretar el pasado que ellas protagonizaron, en este diccionario sólo he podido reflejar la biografía de una docena de ellas. Y cuando lo consigo es porque reúnen alguna condición que la hacía destacar en el contexto de un mundo dominado por los hombres; eran princesas o reinas que llegan a territorio castellano-leonés con la intención de contraer un matrimonio pactado previamente, o eran peregrinas destacadas o esposa de algún importante mercader. Debieron ser miles −igual que los hombres− pero muy pocas nos dejaron testimonio de su presencia o de sus actividades, lo que hace casi imposible reconstruir las biografías, aunque fueran breves, de cada una de ellas.

Las primeras que he podido documentar las encuentro ya en el siglo XII y XIII. Es el caso de Estefanía de Armengol, hija de Armengol VI (1100−1154) y de María Pérez Ansúrez, condes de Urgel, y nieta de Pedro Ansúrez. Se estableció en Valladolid con otros miembros de su familia y su posición social le permitió acceder a la corte castellana y participar en los avatares políticos que afectaron a la familia

---

XVIII y principios del XIX", *Cuadernos de Historia Moderna. Anejos*, 10 (2011), pp.123-144; GARCÍA-BAQUERO GONZÁLEZ, Antonio, "Los extranjeros en el tráfico con Indias: entre el rechazo legal y la tolerancia funcional", en *Los extranjeros en la España Moderna*, vol. 1, Málaga, 2003, pp. 73-99. GARCÍA JIMENO, María, Estudio documental de las cartas de naturaleza (siglos XVI-XIX), Trabajo de fin de máster, Universidad Complutense, Madrid, 2018.

[176] En las más de 1500 biografía que contiene el diccionario que acompaña a este trabajo tan sólo tengo constancia de los testamentos de Nicolás Alemán, Fernán Alonso, Jorge Bolestrud, Bartolomé Bargaro, Guillermo Baro, Jácome de Carminatis, Juan Bautista Catano, Marco Catano, Cristóbal Colón, Doménigo Spínola, Pedro Machado, Tomás Mallart, Berenguer Montcada, Estanialao Polono, Francisco Riberol, Luco Pinelo, Luis Tarigo y poco más. Pueden verse sus datos biográficos en el diccionario.

Ansúrez, además de considerársela como la fundadora del monasterio de Valbuena. Es también el caso de María de Brienne, hija de Juan de Brienne y de doña Berenguela, hermana del rey Fernando III; o el de Cristina de Noruega, hija del rey Haakon IV de Noruega, que llegó al reino de Castilla en diciembre de 1257 para contraer matrimonio con el infante don Felipe, hermano de Alfonso X (la boda se celebró el 31 de marzo de 1258)[177].

Casos distintos, porque se encuentran mejor documentadas, son las de las peregrinas Margery Kempe o Brígida Birgersdotter, conocida como Santa Brígida. La primera fue natural de la localidad inglesa de Norfolk, nació en el último cuarto del siglo XIV (probablemente en 1373), y su biografía ha sido ampliamente analizada gracias a que nos dejó una extensa obra manuscrita que se conoce como *The book of Margery Kempe*, considerado como la primera autobiografía escrita en inglés. En él la autora recoge sus viajes de pregrinación a Jerusalén, Roma, Asis y Santiago de Compostela, a donde llegó en 1417. La segunda, nacida a comienzos del siglo XIV, y de origen sueco, peregrinó a Santiago de Compostela junto a su marido Ulf Gudmarson y un amplio séquito entre los años 1341 y 1342. Pero no son las únicas. Los historiadores han podido documentar los casos de la condesa Alice Bigod, viuda de Norfolk, que peregrinó a Santiago en 1309, tres años después de la muerte de su marido, tras recibir protección para el viaje; o el de Alice de Bello Campo quien recibió protección para ir *beyond the seas* en 1309. En 1317 peregrinó Leonor, viuda de John de la Mare, y en 1331, Isolda Belhous, viuda del comerciante John Belhous, que consiguió cartas de seguridad que le garantizaba la protección para ella y sus acompañantes. También son relevantes los casos de Eleanor, viuda del John La Mare; Launia Atwell, que fue a Santiago a los tres años de la muerte de su marido; Alina Burnell, una rica viuda y dueña de numerosas haciendas, que obtuvo cartas para su peregrinación a Santiago en 1330 y 1331; Matilda, viuda de Robert de Banyard; y otra Matilda, viuda de Robert Holland´s, que obtuvo dos cartas mencionando su peregrinación a Santiago en 1335 y 1336[178].

Y sin duda las mujeres de origen foráneo mejor conocidas son aquellas que llegaron al trono de León o Castilla en el periodo que aquí estamos analizando. Y es que prácticamente todos los soberanos de aquel tiempo contrajeron matrimonio, en primera o segundas nupcias, con alguna princesa o noble extranjera[179] (véase tabla nº 4). Y a todas ellas las acompañaba un amplio séquito de cortesanos extranjeros (son muy difíciles de contabilizar), entre los que se encontraban embajadores, médicos, confesores, maestros, camareros, etc. que formarían un grupo heterogéneo y, en algunos

---

[177]   Las biografías de algunas de ellas se encuentran en el diccionario.

[178]   Todos los casos citados han sido descritos por MIRAZ SECO, Violeta, *La peregrinación marítima. el camino inglés desde la ría de Ferrol en la baja edad media*, Tesis Doctoral Universidad de La Coruña, Ferrol, 2013, pp. 190-191.Véase, también, GONZÁLEZ VÁZQUEZ, Marta, *Las mujeres de la Edad Media y el Camino de Santiago*, Junta de Galicia, 2000.

[179]   De todos los soberanos de la Casa de Borgoña, el único que no contrajo matrimonio con algún/a extranjera/o fue el rey Enrique II, primer monarca de la dinastía Trastámara.

casos, quizás bastante "exótico" por la lengua o costumbres de la comitiva. Y posiblemente el mejor ejemplo de esto, aunque no estuviera destinado a un matrimonio real, fue el enlace entre el infante don Felipe, hermano de Alfonso X, y la princesa Cristina de Noruega, hija del rey nórdico Hakon IV. La contrayente, pese a su desgraciado y temprano final, vino acompañada de un amplio séquito cuyas lenguas y costumbres tenían que ser diametralmente opuestas a las castellanas del siglo XIII[180].

TABLA nº 4		
Enlaces matrimoniales de los reyes de Castilla y León con princesas o nobles extranjeros		
Reyes/reinas	**Cónyuge extranjero**	**Observaciones**
Urraca	Raimundo de Borgoña	conde de Amous y Portois en Borgoña
	Alfonso I el Batallador	rey de Aragón
Alfonso VII	Ruiquilda o doña Rica	hija de Ladislao II, duque de Polonia en Cracovia
Fernando II de León	Urraca de Portugal	Hija del rey Alfonso I de Portugal
Alfonso IX de León	Teresa de Portugal	Hija don Sancho I, rey de Portugal
Fernando III	Beatriz de Suabia	hija de Felipe, duque de Suabia y Emperador de Romanos,
	Juana de Ponthieu	hija de Simón de Dammartin y de María, condesa de Ponthieu
Alfonso X	Violante de Aragón	hija de Jaime I, rey de Aragón
Sancho IV	Guillermina de Bearn	Matrimonio anulado. hija de Gastón VII, vizconde de Bearn
Fernando IV	Constanza de Portugal	hija de don Dionís, rey de Portugal
Alfonso XI	María de Portugal	hija de don Alfonso IV, rey de Portugal
Pedro I	Blanca de Borbón	hija de Pierre, II duque de Bourbon, conde de Clermont
Juan I	Leonor de Aragón	hija de don Pedro IV el ceremonioso, rey de Aragón
	Doña Beatriz de Portugal	hija de don Fernando I, rey de Portugal
Enrique III	Catalina de Lancaster	hija del príncipe Juan de Inglaterra
Juan II	María de Aragón	hija de Fernando I y Leonor de Albuquerque
	Isabel de Portugal	hija del infante don Juan, condestable de Portugal,
Enrique IV	Blanca de Navarra	matrimonio anulado. Hija de Juan II de Aragón
	Juana de Portugal	hija de don Duarte, rey de Portugal
Isabel I	Fernando II, el católico	hijo de Juan II
Fuente: SALAZAR Y ACHA, Jaime de, Las dinastías reales de España en la Edad Media, Real Academia de la Historia, Madrid, 2021, pp. 247–367; MARTINELL GIFRE, Emma, Matrimonios reales en España: el contacto de pueblos y de lenguas, Universidad de Extremadura, 2001, pp. 14–16.		

---

[180]   MUNCK, P. A. y otros, "La princesa Cristina de Noruega y el infante don Felipe", *Boletín de la Real Academia de la Historia,* 74 (1919), pp. 45-61.

La historiografía conoce bien las negociaciones que llevaron hasta el trono a cada una de ellas, las condiciones que regulaban aquellos enlaces y las vicisitudes de las delegaciones (itinerarios, composición, regalos, etc.) que las acompañaban. Por orden cronológico, buenos ejemplos podrían ser los de Teresa de Portugal, conocida en la historiografía hispana como Santa Teresa de Portugal. Nacida en Coímbra el año 1175, siendo la primogénita del monarca lusitano Sancho I y de su esposa Dulce, princesa de origen aragonés. A finales del siglo XII se decidió que contrajera matrimonio (en febrero de 1191) con Alfonso IX de León, pese a que el citado enlace estaba desaconsejado por los vínculos de consanguinidad que unían a ambos contrayentes, lo que terminó anulando el enlace y provocando la salida de Teresa de la Corte leonesa. El siguiente ejemplo puede ser el de Juana de Ponthieu, nacida en la primera mitad del siglo XIII en el condado de Ponthieu, departamento del Somme, en la Picardie (Francia), que fue la segunda esposa del rey castellano Fernando III. También podría mencionar el de Beatriz de Portugal, hija única de Fernando I de Portugal y Leonor Téllez de Meneses, esposa de Juan I, y peón en un endiablado tablero político que enfrentó a la Corona portuguesa, castellana y a los intereses británicos en la península ibérica[181]. Y todo ello en medio de un Cisma en la Iglesia que dividía la acción política de casi todas las monarquías europeas. Finalmente, estaría el caso de Catalina de Lancaster, nacida en Bayona (Francia) el año 1372, siendo hija de Juan de Gante y su segunda esposa, Constanza de Castilla. Catalina fue esposa del rey Enrique III, madre de Juan II de Castilla y cuñada de Fernando de Antequera, y de ella se ha destacado su papel político durante la regencia en la minoría de Juan II[182].

2.3. La onomástica

La onomástica de los extranjeros documentados en este trabajo fue otro de los problemas a los que he tenido que enfrentarme. Hay multitud de nombres italianos, ingleses, franceses, etc. cuya grafía en castellano no coincide con su nombre original, ya que el escribano u oficial de la cancillería que los registran lo transcribe de manera fonética. Las vacilaciones ortográficas de los notarios a la hora de recoger unos nombres completamente ajenos a su idioma hacen difícil establecer un criterio que permita unificar los nombres y apellidos, especialmente entre los procedentes del ámbito anglosajón y alemán, ya que para ellos las variantes registradas por los escribanos

---

[181]   Puede verse un extraordinario estudio de algunas de las circunstancias que marcaron el reinado de Beatriz (protección de los exiliados portugueses en Castilla, defensa de su legitimidad frente a los Avis, miembros de la corte portuguesa que le acompañaron, etc.) en el libro de Olivera Serrano, César, *Beatriz de Portugal. La pugna dinástica Avís-Trastámara*, Madrid, 2006.

[182]   ECHEVARRÍA ARSUAGA, Ana, *Catalina de Lancaster. Reina regente de Castilla (1372-1418)*, Hondarribia, 2002; GONZÁLEZ SÁNCHEZ, Santiago, "La Casa de Doña Catalina de Lancaster, princesa de Asturias, reina consorte y regente de Castilla, 1388-1418", *Boletín de la Real Academia de la Historia*, 216-3(2019), pp. 367-486; CARCELLER CERVIÑO, Pilar y VILLARROEL GONZÁLEZ, Óscar, *Catalina de Lancaster. Una reina y el poder*, Madrid, 2021.

hacen casi imposible identificarlo con algún nombre que actualmente se conozca. En la tabla que se adjunta se puede observar algunas de las disparidades de esta onomástica, advirtiendo que en este diccionario he optado por mantener la variante en castellano más frecuente, prescindiendo, en la mayoría de las ocasiones, de la grafía original[183]. Aplicar este criterio puede generar dudas en aquellos casos en los que el apellido aparezca con numerosas variantes (como, por ejemplo, los casos de Escaja, Escalia, Escaxa o los de Francfort o Francaforte, Franques y Franquis, Hondegardo, Ondogardo o Sorbanis y Sobranys), pero intentar otro modelo de identificación exigiría un conocimiento filológico que desbordan los objetivos de este trabajo.

TABLA Nº 5			
Algunas variantes de nombres y apellidos en su versión documental y su grafía original			
Nombre/apellido en la documentación	Nombre/apellido original	Nombre/apellido en la documentación	Nombre/apellido original
Albordin; Bordino	Aberdeen	Glotenes	Glockner
Apolón; Apolton	Appleton	Guarque	Walker
Aponte	Ponte	Herbes	Herbst
Arbiston; Armiston	Albiston	Holebrun; Holibrante, Lebren	Hollybrood
Aymare; Ymari; Ymare	Aimari	Imperial; Ymperial	Imperiale
Barbalán; Borlaban	Barbolán	Italián; Ytaliano; Ytalián	Italiano
Barón; Varón	Baro	Jácome	Giacomo
Bartolomé	Bartolomeo	Jembrux; Bruz	Breux
Bashep	Bishop	Jerónimo	Girolamo
Basilea	Biel	Juan	Giovanni
Basiniana	Bassignan	Justinián; Justiniani; Justiniano	Giustiniano
Belardi; Velardi	Berardi	Lerca; Lercar	Lercaro
Belzer; Velser	Welser	Lomelín	Lomellini
Betencor; Betancor; Betencur	Bethencourt	Luzardo; Lusardo	Luxardo
Bibaldo	Vivaldo	Matusin	Mac Intosh
Blasino	Blasigno	Minete; Milet	Millet
Bolestrud; Bolestrad	Bulstrode	Monardi; Monardes; Menardi	Monardis di
Bonaguisa; Buenaguisa	Buonaguisi	Moneja; Monelia	Moneglia
Bonensene;Bonenseni; Bonisegui	Boninsegna	Monleón	Monleone
Boti	Botti	Nairón; de Nayrón	Nairone di
Brancaforte; Alemán	Francfort	Negro; de Negro	Negro di
Braquemonte	Braquemont	Negrón	Negrone
Brun	Brown	Noremberga	Nuremberger
Buenaventura	Buonaventura	Odón	Odone
Camila	Camilla	Paes; Páez	Paese

---

[183] Para elaborar esta tabla y definir las opciones más comunes ha sido muy útil las indicaciones que señalan LACUEVA MUÑOZ, Jaime, *Comerciantes de Sevilla…* vol. I, pp. 33-36 y MOLINA DE LA TORRE, Francisco J. y otros, *Mercaderes extranjeros…* pp. 16-17.

TABLA Nº 5			
Algunas variantes de nombres y apellidos en su versión documental y su grafía original			
Nombre/apellido en la documentación	Nombre/apellido original	Nombre/apellido en la documentación	Nombre/apellido original
Carducho; Carduche	Carducci	Palavesín; Paravesín; Prabazin	Pallavicino
Casana; Caçana; Cazana	Cassana	Palomar	Palmaro
Castellón	Castiglione	Pasán	Passano
Catano; Cataño	Cattaneo	Persenda; isenda	Presenda
Centurión	Centurionne	Picolomini	Piccolomini
Cerezo	Celesia	Pinelo	Pinello
Chavega; Chavenga	Chiavega	Porsamua	Portsmouth
Cigala	Cicala	Pumar	Pomar
Cornelis	Coernschs	Rafael	Raffaele
Daques; De Que	Deque	Rapalo	Rapallo
De Forne	Fonari de	Riberol	Ripparolio
De Marín	Marini de	Rizo; Riço	Ricio
De Oria	Doria	Rondineli	Rondinelli
Despuche; Espuche	Vespucci	Salvago	Salvago
Escaja; Escalia; Escaxa	Scaglia	Sauly	Sauli
Escanio	Ascanio	Simón	Simone
Espanoche	Spannochi	Sorbanis; Sobranis; Sobranys	Sopranis
Espíndola; Espínola; Spindola	Spinola	Tarfoya; Tafolla; Tafoya	Tafoia
Estefani; Estafani	Stefani	Teodorico	Thierry
Federico	Friedrich	Tomás	Tommaso
Fiesco	Fieschi	Uso de Mar; Usodemar	Usodimare
Fonte; Fontes	Font	Vayrola; Dayrola	Ayrolo
Francisco	Francesco	Velud; Vellud; Vellit	Velluti
Franquis, Franchi, Franques	Franchi	Viña	Vigna
Gentil	Gentile	Yliote	Elliot

Un problema semejante lo planteó la homonimia ya que, como es lógico, a lo largo de los siglos estudiados aquí hubo numerosos individuos que, teniendo el mismo nombre y apellidos, no son la misma persona. Esto es especialmente frecuente en el caso de los portugueses, donde es corriente encontrar a varios Luis Álvarez, Gonzalo Báez, Sebastián Estévez, Juan de Évora, Juan López, Juan Núñez, Juan Páez, etc., que en unos casos indican su procedencia lusitana, mientras que en otros silencian su origen o, simplemente, eran castellanos. Más problemático son los casos de aquellas personas que teniendo los mismos nombres y apellidos les separan circunstancias y cronologías que pueden generar dudas respecto a su identidad.

Veamos algunos ejemplos que aparecen recogidos en este diccionario, al que me remito para comprobar las siguientes muestras. Podríamos empezar con el de Andrea Adorno, un mercader genovés que se encuentra documentado sólo en el año 1501 como residente en Sevilla, donde desarrolló una intensa actividad a lo largo de ese mismo año; y otro con el mismo nombre y apellidos que aparece más tarde y residiendo en la localidad extremeña de Cáceres. El siguiente podría ser Lorenzo Garibaldi: en un caso fue uno de los numerosos comerciantes genoveses que se establecieron en la ciudad de Cádiz en el tránsito de la Edad Media a la Moderna y al que conocemos, fundamentalmente por documentación del año 1504; en el otro aparece registrado como Lorenzo Garibaldi de Caffa, también residente en Cádiz por la misma época, pero del que no se indica, en la documentación conocida sobre él, su orige extranjero. Un tercer ejemplo podría ser el de Juan Rótulo. De nuevo, en un caso se trata de un mercader genovés documentado por el profesor Torres Fontes en Murcia entre los años 1463 y 1484; el otro también es un genovés residente en Toledo al que le confiscaron sus bienes y fue ejecutado por desacato a la autoridad real en el año 1478. Y como último ejemplo se puede esgrimir el caso de Esteban Gentil. Con ese nombre aparece un genovés residiendo en el Puerto de Santa María, en Palos y en Cádiz desde 1483. Este llegaría a integrarse completamente en la sociedad gaditana, ya que fue regidor de la ciudad en las primeras décadas del siglo XVI. A su vez era familia de Polo Bautista de Negrón (era su sobrino) y estuvo casado con Catalina de Estopiñán, con la que tuvo dos hijas: Catalina y María Gentil de Estopiñán. Por otro lado está un Esteban Gentil documentado desde 1480 en Sevilla, hijo de Micer Melián, y que puede ser el mismo que se registra durante varias décadas en la ciudad hispalense.

Es más sencillo distinguir que son dos personas distintas, aunque lleven el mismo nombre y apellido, cuando les separa un marco cronólogico o alguna circunstancia que aclaran dudas al respecto. De nuevo acudo al diccionario para mostrar diversos ejemplos. Un primer caso, muy evidente, es el los dos Francisco Imperial que aquí se registran. Uno es el conocido poeta y escritor que a finales del siglo XIV residía en Sevilla, en el Barrio de la Mar, al que se le consideraba mercader y que se agrupaba dentro del conjunto de caballeros del citado barrio. El otro Francisco Imperial también era residente en Sevilla (en la collación de Santa María), pero cien años más tarde, y al que conocemos por un documento de 1495 en el que Marco Catano lo designa como su procurador general. Otro caso podría ser el de los dos genoveses llamados Cristóbal Gentil; a uno lo conocemos por la orden dada en 1499 al corregidor de Cádiz para que guardase la ley sobre redención de cautivos y apremie a Gentil, vecino de Sevilla, para que entregue un moro cautivo destinado a rescatar a dos hijos de Ana Jiménez, vecina de Sevilla, que se encontraban prisioneros en el reino de Fez. El otro Cristóbal Gentil aparece documentado como ya fallecido en el año 1486, momento en que su esposa −Juliana de las Cañas− traspasaba a sus hermanas Inés y Leonor unas casas que poseía en Cádiz. Un tercer caso podría ser el de los italianos llamados Guilardo Burgalelero. A uno se le considera natural de Saboya y residente, en 1504, en la ciudad de Toledo, relacionado con el llamado Banco de Valencia, en que que participaron algunos de los genoveses procesados en 1503 por el escándalo de la saca de oro de Castilla, mientras que al otro lo documentó Ángel Luis Molina como residente en Murcia unos años antes de que se evidencie al anterior. Un cuarto ejemplo, aunque un poco diferente, puede ser el de Ambrosio Espínola. Sólo he recogido en el diccionario a una persona con este nombre y apellido, pero en un caso corresponde a un individuo que residía en Sevilla en 1478, año en el que sus familiares reclamaban a su viuda (Isabel de San Pedro) una hija de ambos que quieren llevarse a Génova; en otro, a un genovés que en 1489 se declaraba estante en la ciudad de Jaén; en otro, a un italiano que residía en Sevilla en a partir de 1490; otro Ambrosio Espínola que se encontraba en Córdoba en el último lustro del siglo y, finalmente, en Málaga a comienzos del siglo XVI. Y aunque siempre cabe la duda de si son varias personas que llevan el mismo nombre, me inclino por pensar (salvo en el caso del fallecido en 1478) que se trata del mismo individuo que mantuvo una extraordinaria movilidad por toda la región. Para no alarga esta retahíla, un último ejemplo de esta situación lo encontramos en el caso de los portugueses Pedro Machado. Uno se encuentra en Sevilla a finales del siglo XV, declarándose mercader portugués y vecino de la localidad lusa de Villanueva de Portimâo; el otro se estableció en Tenerife (al igual que el resto de su familia) desde los primeros años del siglo XVI, obteniendo en la isla diversas tierras en el repartimiento.

2.4. La imposibilidad de contabilizarlos a todos

Como ya he dicho, es evidente que, por muchos motivos, es imposible tratar de ofrecer una memoria completa de los extranjeros que estuvieron en algún momento de aquellos siglos. No sólo por la ausencia de fuentes o por el tiempo necesario para afrontar esta tarea, sino porque la inmensa mayoría de ellos no dejaron ningún registro de su paso, o simplemente formaron parte de una masa de peregrinos, repobladores, comerciantes, representantes diplomáticos, etc. que no nos legaron ningún tipo de testimonio. De nuevo pongamos varios ejemplos que pueden ilustrar estas dificultades, aunque una simple ojeada al registro y a las fuentes utilizadas puede darnos una idea aproximada de la complejidad de este intento.

El primer ejemplo que podemos utilizar podría ser el de contabilizar el número de peregrinos extrapirenaicos que acudieron a Santiago de Compostela en aquellos siglos. Desde hace casi una centuria se han hecho esfuerzos para contabilizar y describir a muchos de los individuos que recorrieron los caminos de peregrinación. Desde los trabajos de Luciano Huidobro[184], pasando por los de Vázquez y Uría[185], hasta llegar al monumental esfuerzo que ha hecho Ubieto[186] por registrar a la infinidad de peregrinos, ninguno ha podido identificar los casos en los que se concedían seguros o licencias de paso para grupos que podían estar compuestos por varios centenares de personas. De nuevo podemos utilizar varios ejemplos al respecto, pero también de nuevo basta con recurrir a uno que puede ser significativo para entender

---

[184]   HUIDOBRO Y SERNA, L., *Las peregrinaciones jacobeas*. (3 vols.). Madrid, 1950 (reed. de 1999).

[185]   LACARRA, José Mª, DE PARGA, Luis. y VAZQUEZ URÍA RÍO, Juan, *Las peregrinaciones a Santiago de Compostela*, 3 tomos, Pamplona, 1992 (2ª ed.).

[186]   UBIETO ARTETA, Antonio, *Caminos peregrinos de Aragón*, Zaragoza, 2016.

la imposibilidad de conocer el número de peregrinos. En este caso se trata del salvo-conducto que el rey Fernando otorgó en 1485 al duque de Ferrara para que él y sus ¡cuatrocientos! acompañantes pudieran peregrinar hasta Santiago de Compostela[187]. Desconozco si se llegó a realizar la peregrinación, pero lo que sí es evidente es que no podemos conjeturar quiénes ni cuántos le acompañaron.

Un segundo ejemplo lo podemos encontrar en la composición y número de Lega-ciones y Embajadas que se acercaron a la corte castellanoleonesa durante aquellos si-glos. Como es bien conocido, la condición de legado o enviado extraordinario se otor-gaba a muchas personas –casi siempre del clero o de la aristocracia– de forma transito-ria o provisional, de tal forma que ejercían la representación de un monarca ante otras autoridades sin que muchas veces dejasen constancia documental ni de sus gestiones ni de cuántos componían la misión diplomática. En los últimos años los investigadores han hecho un gran esfuerzo para ofrecer listas y repertorios de legados o agentes espe-ciales que llegaban desde el exterior, lo que nos permite conocer a muchos de estos representantes en ocasiones puntuales, como por ejemplo durante un acuerdo matrimo-nial, la negociación de un tratado de paz o alguna reclamación de tipo mercantil[188].

El tercer ejemplo podría ser el de los repobladores de origen foráneo. Desde hace tiempo también sabemos que a medida que avanzaba la Reconquista acudieron a repoblar territorios de ambas mesetas y de la actual Andalucía o Murcia personas que suelen clasificarse dentro del grupo de francos[189]. Mediante los estudios de an-tropónimos y topónimos se ha podido determinar, de forma aproximada, el origen de algunos de ellos. Y cuando, ya en el siglo XIII, se extendió el modelo de repartimiento (y los correspondientes libros de registro) se pudo analizar de forma más fehaciente la naturaleza de muchos repobladores. Los ejemplos de Sevilla, de Jerez de la Fron-tera, de distintas localidades malagueñas o de Canarias pueden ser significativos. Pero también está el fenómeno de Murcia, territorio que se incorporó a la corona de Castilla pero en cuyo repartimiento se observa que fueron varios centenares de cata-lanes, aragoneses o navarros los que acudieron a repoblar aquel territorio. Colocar a cada uno de ellos en su fecha, origen exacto o desarrollo vital es del todo imposible. Un repertorio de esa índole exigiría una obra completa sólo para ellos.

---

[187]   TORRE, Antonio de la, *Documentos sobre las relaciones internacionales de los Reyes Católicos*, vol. II, Barcelona, 1950 (véase documento nº 33, con fecha de 12-4-1485). El documento debe referirse a Ercole I d'Este (1471-1505) primer duque de Ferrara y cabeza de un linaje que engrandeció la citada localidad italiana entre finales del siglo XV y principios del XVI.

[188]   Son imprescindibles los trabajos de OCHOA BRUN, Miguel Ángel, *Historia de la Diplomacia Española*, Madrid, 1990-1999 (especialmente vols. I a IV) e *Historia de la Diplomacia Española. Repertorio diplomático y listas cronológicas de representantes desde la Alta Edad Media hasta el año 2000*, Madrid, 2002.

[189]   No me voy a detener ahora en hacer una síntesis de la inmensa bibliografía que se dedica a la repoblación y a la presencia de comunidades foráneas en ese proceso. Ofrecer un panorama de ese tipo de estudios es imposible, pero sepa el lector que buena parte del medievalismo hispano se ha dedicado a este tipo de procesos lo que hace imposible abordar íntegramente este asunto.

Y un cuarto ejemplo es el de la participación de los combatientes ultrapirenaicos en distintas campañas de la Reconquista. Los profesores García Fitz y Portela realizaron un amplio estudio de la contribución de estos cruzados, reconociendo que siempre es difícil valorar el volumen de la aportación humana de cada momento[190]. Hay muchos ejemplos al respecto, pero bastaría con poner el de los expedicionarios que acudieron a la famosa batalla de Las Navas en 1212[191]. Los autores que se han ocupado del análisis de estos acontecimientos coinciden en señalar que es imposible calcular cuántos portugueses, navarros, aragoneses o franceses (además de castellano-leoneses) acudieron a orillas del Tajo para emprender la campaña[192]. La cronística y la documentación de la época nos dicen que el resultado fue la formación de un heterogéneo grupo de caballeros, ballesteros, peones y jinetes encabezados por los arzobispos de Narbona, Poitou o Burdeos, además de los que vinieron al servicio del rey aragonés. Las estimaciones −por supuesto exageradas− nos hablan de dos mil caballeros, con diez mil sirvientes y cien mil peones; y aunque está claro que las cifras no se corresponden con lo que pudo ser el número de ultramontanos, navarros y aragoneses que acudieron para acogerse a los beneficios espirituales y materiales de la empresa, es evidente que fueron muchos los que vinieron a tierras de Castilla. Desgraciadamente sólo podemos conocer a unos pocos de sus dirigentes, pero nunca el nombre y apellido del grueso de la tropa.

Otro problema al que es difícil darle una respuesta adecuada es el relacionado con los motivos que pudieron generar, en cada grupo o individuo, la emigración hacia tierras castellanas. Como luego veremos, es más fácil explicar por qué eligen una u otra ciudad (Sevilla, Cádiz, Valladolid, etc.) para establecerse, ya que hay razones económicas, sociales o políticas que permiten intuir su decisión de emigrar hacia algunos de esos lugares. Pero, ¿por qué motivos emigraron hacia Castilla ingleses, genoveses, flamencos, etc. a lo largo de aquellos siglos medievales? Para desarrollar

---

[190] GARCÍA FITZ, Francisco y NOVOA PORTELA, Feliciano, Cruzados en la reconquista, Madrid, 2014. Sobre la procedencia de los combatientes en distintas campañas contra Al-Andalus entre los siglos XII y XV hay varios trabajos, aunque una síntesis de todos ellos pueden verse en BENITO RUANO, Eloy, "Extranjeros en la Guerra de Granada", en Actas del I Congreso de Historia de Andalucía, tomo II, Córdoba, 1978, pp. 303-319; SALICRÚ I LLUCH, Roser, "Caballeros cristianos en el Occidente europeo e islámico", en HERBERS, Klaus y JASPERT, Nikolas (ed.) Das kommt mir spanisch vor. Eigenes und Fremdes in den deutsch-spanischen Beziehungen des späten Mittelalter, Münster, 2004, pp. 217-289 y JASPERT, Nicolás, "Los alemanes y la guerra de Granada: participación, comunicación, difusión", en BALOUP, Daniel y GONZÁLEZ ARÉVALO, Raúl (dir.), La Guerra de Granada en su contexto internacional, Toulouse, 2017, pp. 283-327.

[191] Como es bien conocido, en enero del año 1212 el papa Inocencio III promulgaba las indulgencias plenarias para todas aquellas personas que apoyaran la campaña que preparaba Alfonso VIII. La predicación de la Cruzada se hizo por los obispados hispanos, pero también por los de Gascuña, Provenza, Nantes, Burdeos o Narbona, movilizando a un nutrido contingente de combatientes.

[192] Sigue siendo muy útil el trabajo de DEFOURNEAUX, M., Les français en Espagne au XIe et XII e siècles, París, 1951, pero actualmente el estudio más completo creo que es el de GARCÍA FITZ, Francisco, Las Navas de Tolosa, Madrid, 2005 (especialmente pp. 209-220).

una respuesta aceptable habría que conocer en cada momento las circunstancias, más o menos adversas, que se daban en sus lugares de origen, lo que exigiría una comprensión muy detallada de la evolución política y económica de cada uno de los territorios de los que proceden. Y aunque casi todos los que han analizado los movimientos migratorios a lo largo de la historia coinciden en que la meta de muchos es siempre la mejora económica (aunque eso va a depender siempre de la extracción social del emigrante), de momento, ni mi pericia ni las características de este trabajo me permiten discernir con detalle las situaciones de cada uno de los reinos o ciudades que hagan posible una explicación precisa del porqué de su decisión de emigrar[193].

Muy relacionado con todo esto último está nuestra dificultad para conocer la situación familiar de los que se establecieron en Castilla. Tanto la que tenían en su lugar de origen como la que pudieron crear en el momento de asentarse en alguna ciudad del reino. ¿Emigraron los extranjeros que conocemos con sus familias? (Más tarde veremos que hay muy pocos datos al respecto). ¿Estaban casados en el momento de desplazarse a la península ibérica? ¿Tenían hijos o familiares ya instalados en Castilla? ¿A qué edad decidieron emigrar? Como también veremos más adelante, la inmensa mayoría de los extranjeros aquí registrados fueron transeúntes (estantes) en las ciudades que visitaban, lo que indicaría un desplazamiento breve y puntual, que no exigiría la emigración de sus familiares. Pero también veremos que hay un porcentaje muy importante de mercaderes que se desplazaron durante varios años por todo el reino, lo que demandaría, al menos, tres circunstancias: que fueran hombres jóvenes, que emigrasen con sus seres queridos, o que intentasen formar una familia en el lugar en que se asentasen[194].

Otra dificultad que ofrece el tipo de documentación utilizada es la relacionada con la posibilidad de conocer el origen exacto del extranjero que registramos en el diccionario. En la mayoría de los casos manejados a la persona se le califica de forma genérica como inglés, portugués, alemán, etc., sin añadir más precisión geográfica a

---

[193]   Hay muy pocos ejemplos de inmigrantes extranjeros que manifiesten el por qué de su llegada al reino de Castilla. La excepción más conocida son las cartas que Mártir de Anglería envió a Ascanio Sforza y al milanés Juan Borromeo explicándoles los motivos que le llevaron a elegir la península ibérica frente a otros lugares de la Europa de finales del siglo XV. Y entre otras razones, Anglería argumentaba que Castilla se encontraba en paz mientras que Italia se desangraba por las luchas internas entre distintos poderes y ciudades. Véase LÓPEZ DE TORO, José, *Pedro Mártir de Anglería. Epistolario,* vol. I, Madrid, 1953, epístolas nº 1 y nº 2.

[194]   Como ya he dicho en páginas anteriores, no tenemos las matrículas de extranjeros que fueron tan habituales en el siglo XVIII y que nos permitirían intuir la edad y el estado civil de los inmigrantes. En cualquier caso, hay cierto consenso en la historiografía al considerar que la mayor parte de los que se avecindaron en el reino vinieron a temprana edad, ya que sólo esa condición les permitía desarrollar una estancia, más o menos larga, en Castilla. Y hay otro indicio. Aquellos para los que conocemos la fecha de su primera estancia y la fecha de su testamento o fallecimiento (por ejemplo, Francisco Pinelo, Francisco Riberol, Jácome de Carminatis, etc.) nos permiten deducir que tuvieron que llegar muy jóvenes porque pasaron treinta o cuarenta años en el reino y, con la esperanza de vida de aquellos momentos, eso sólo era posible si partían de su lugar de origen siendo jóvenes.

su origen o sobre la ciudad o región de la que procede. Las fuentes son un poco más precisas en el caso de los italianos, ya que suelen distinguir entre los que proceden de Génova, de Florencia o de Venecia. Pero en ningún caso nos aclaran si llegan desde alguna localidad, barrio o parroquia dependiente de estas ciudades. En los demás, es raro que se nos diga si es de Lisboa, de Oporto o de Évora, de Berlín, Frankfurt o de Colonia, de Londres, Bristol o de Southampton. Tan sólo en los testamentos −muy escasos− y las cartas de flete podemos encontrar referencias que expresan el origen exacto de la persona que interviene en el acto que se registra.

Para terminar este epígrafe, también quiero recordar que hay algunos casos de extranjeros incluidos en este diccionario de cuya condición de foráneo no estoy completamente seguro. Intento dejar constancia de ellos en la redacción de cada biografía, guiado en ocasiones por el contexto que rodea al personaje (vínculos con otros extranjeros, residencia en determinado lugar, tipo de actividad económica, etc.), por la onomástica o por las sugerencias de filólogos expertos en alguna de las lenguas modernas. Buenos ejemplos pueden ser los de Arnaldo Corbín, canónigo de la catedral de Segovia, que en el año 1146 recibió, junto con el arcediano Juan (futuro obispo de Osma) la villa toledana de Arcicollar; el de Gerardo, que aparece suscribiendo varios documentos como notario real entre los años 1136 y 1144 en la cancillería de Alfonso VII; el de Uberte Hermí, joyero afincado en Valladolid en la segunda mitad del siglo XV, o el de Iacobus Grimaldi (hay varios Grimaldi italianos), que fue canónigo de la catedral de León en 1219[195].

En fin, que esta obra, pese a su amplitud, tiene carencias y debilidades. La amplia variedad en el registro onomástico de algunos personajes, la homonimia o las escuetas referencias sobre muchos de ellos (a veces un solo dato) impiden elaborar biografías completas, que permitan identificar parentescos, lazos familiares, negocios, fecha de nacimiento o defunción, etc. Porque esta es otra de las características de este diccionario. Para algunos de los biografiados hemos podido acumular hasta varios centenares de referencias documentales; para la mayoría, las noticias se limitan a una escueta referencia o dato que sólo nos permite conocer su origen y poco más.

2.5. Los que no están

Un problema que es imposible de solventar es el de conocer a aquellos que sabemos que estuvieron en el reino de Castilla pero que no dejaron ningún rastro de su nombre o familia que permitan relacionarlos con otros extranjeros de su misma comunidad presentes en aquellos momentos. Para ilustrar esto basta con poner tres ejemplos. El primero podría ser el caso de la denuncia presentada ante el concejo hispalense en 1473 por el cómitre Antón Benítez, junto con otros vecinos de la ciudad, protestando

---

[195] Véanse los datos de algunos de ellos en el diccionario.

por la toma sufrida a manos de unos ingleses estantes en Sanlúcar de Barrameda[196.] El documento sitúa los hechos en el curso del Guadalquivir y sabemos, por diversos testimonios, que en la villa de los duques de Medina se afincaron varios británicos en la segunda mitad del siglo XV. Pero en este caso, el documento no da los nombres de los infractores, pese a que indica que se encontraban en la citada Sanlúcar, y pese a que el propio concejo ordena a la comunidad británica restituir los bienes robados. El segundo ejemplo lo podemos encontrar en el caso de los bretones que se establecieron en Sanlúcar de Barrameda o en Moguer, donde solían acudir mercaderes de esta nacionalidad para cargar vino, aceite y frutas. Las actas municipales de Jerez de la Frontera recogen en varias ocasiones la presencia en la ciudad de algunos maestres bretones, pero la documentación se limita a señalar sus problemas en la comarca sin indicar, en ningún momento, sus nombres o sus familias[197]. El tercer caso lo encontramos en las cuentas del almojarifazgo del año 1502 correspondiente al Condado de Niebla[198]: en ellas se registran operaciones de carga y descarga en distintos puertos del citado reino en las que participan hasta 83 portugueses. Pues bien, de esos ochenta y tres lusitanos sólo se conoce el nombre de cuatro o cinco, es decir, que sabemos que hubo casi un centenar de mercaderes o transportista portugueses en la zona a lo largo del año, pero sólo se pueden identificar unos pocos. En fin, en los tres casos es evidente que se encontraban en el reino, pero también es obvio que no llegaremos a conocer nunca quiénes fueron los que en ese momento protagonizaron los hechos que se recogieron en la documentación conservada.

Otro problema es el de los numerosos comerciantes extranjeros que denunciaron en algún momento el haber sufrido embargos, ataques o secuestros de mercancías con las que negociaban en Bilbao, San Sebastián, Sevilla, Cádiz, Jerez, etc. Se conocen muchos ejemplos de mercaderes que declaran ante las autoridades castellanas un episodio de violencia perpetrado por marinos, pescadores e incluso oficiales de la propia Corona; sin embargo, estas denuncias no nos permiten afirmar con seguridad que ellos se encontraban presentes en el reino de Castilla en el momento de sufrir el ataque. En más de una ocasión son representantes suyos los que relatan los acontecimientos ante las autoridades judiciales, y no queda claro si la víctima se encontraba residiendo en alguna localidad castellana en el momento en el que sucedieron los hechos declarados. Como digo, hay muchos ejemplos, pero podría servirnos como muestra el caso de los numerosos catalanes, valencianos y mallorquines (Pedro de Torrent, García Falcó, Guillem de Aguilar, Jaume Rible, R. Conill, Esteve Pere, etc.)

---

[196]   SANZ FUENTES, Mª. Josefa y SIMÓ RODRÍGUEZ, Mª. Isabel, Catálogo de documentos…, documentos nº. 2264 y nº 2268, de abril-julio 1473.

[197]   A,MJF. Actas Capitulares, año 1482, f. 3r. y v. (5-9-1482) En el documento se habla de hasta cinco maestres bretones pero en ningún momento se mencionan sus nombres.

[198]   Publicadas por PALENZUELA DOMÍNGUEZ, Natalia y AZNAR VALLEJO, Eduardo, "El comercio de los Puertos del Condado en 1502.El testimonio del almojarifazgo", *Huelva en su Historia* (2ª época), 13 (2010), pp. 1-72.

que participaron en la empresa del sitio de Algeciras para abastecer al ejército castellano que afrontó la toma de la citada plaza a mediados del siglo XIV. A casi todos
ellos se les conoce por las denuncias que presentaron ante los oficiales castellanos
por haber sufrido el embargo de maderas y otros bienes que llevaban para el aprovi-
sionamiento del ejército; y aunque también muchos de ellos colaboraron financieramente con la empresa de conquista, no hay constancia de que ellos, personalmente,
se desplazaran hasta Andalucía para abastecer a estos ejércitos[199]. Ante la duda, he
optado por no incluir en este diccionario muchos de estos casos.

Además de que no forman parte del rango cronológico elegido para este estudio,
tampoco están en este diccionario ninguno de los que, a lo largo de los siglos X, XI
y XII, formaron parte de las oleadas de cristianos que tras las invasiones islámicas
decidieron quedarse bajo el dominio andalusí y que, por pertenecer a otras entidades
políticas, se considerarían foráneos en el reino de Castilla[200]. Se sabe que en el amplio
espacio que ocupa el valle del Duero, y en algunas otras latitudes, llegaron durante
varios siglos estos repobladores que huían de las persecuciones religiosas o de las
numerosas revueltas registradas en el emirato, califato o reinos de taifas. Y aunque
hoy las fuentes arqueológicas y documentales cuestionan el volumen y frecuencia de
estas migraciones hacia tierras castellano-leonesas, lo que sigue siendo cierto es que
hasta el siglo XII fue habitual la llegada de mozárabes a León, Galicia y Cantabria,
donde dejaron, según la tradición historiográfica, profundas huellas en la toponimia,
onomástica y costumbres populares.

Tampoco están aquí reflejados las numerosas legaciones, embajadas o emisarios
que las autoridades andalusíes enviaron durante siglos a la Corte leonesa o castellana
para pedir o negociar treguas, pagar parias acordadas, solicitar indemnizaciones o
represalias ante actos piráticos, buscar el apoyo de los reinos cristianos en sus luchas
internas, o como simple acto de cortesía[201]. Se conocen bien los instrumentos diplomáticos utilizados por los gobernantes andalusíes, y están especialmente documentadas las personas y tareas que desempeñaron sus respectivos delegados, pero como en
otros casos, intentar describir la presencia de cada una de esas delegaciones ante los
mandatarios cristianos exigiría una narración más detallada de las distintas circunstancias que rodearon la presencia e intercambio de embajadas.

---

[199]   Estos casos han sido estudiados en DIAGO HERNANDO, Máximo, "Relaciones comerciales de
la Corona de Aragón con la Andalucía Atlántica durante el siglo XIV y primera mitad del XV", *Historia.
Instituciones. Documentos*, 27 (2000), pp. 19-54 (especialmente pp. 34-35).

[200]   Un panorama general y una exhaustiva bibliografía al respecto puede verse en el amplio trabajo de
FERNÁNDEZ CONDE, Javier, "Poblaciones foráneas: mozárabes, musulmana y judía en el reino de
León", en *Monarquía y sociedad en el reino de León. De Alfonso III a Alfonso VII*, vol. I, León, 2007,
pp. 763-891.

[201]   Puede verse el análisis y una relación completa de estas delegaciones en el trabajo de OCHOA
BRUN, Miguel Ángel, *Historia de la Diplomacia Española*, IV vols. Madrid, 1995 (para este caso véase
sobre todo el vol. III).

Una aclaración necesaria. En este diccionario no se va a encontrar a ninguno de los miles de mujeres u hombres negros, berberiscos o de otro origen que llegaron como esclavos a Castilla a lo largo de los siglos XIII al XV[202]. Es evidente que todos ellos pertenecían a otras culturas –con algunas de ellas se entró en contacto por primera vez desde finales del siglo XIII–, que todos hablaban idiomas completamente ajenos a cualquier lengua romance y que todos pertenecían a otras entidades políticas, aunque estas últimas estuviera compuesta por instituciones o prácticas que se alejaban mucho de las desarrolladas en los Estados que se estaban conformando en Europa en aquellos momentos. Por tanto, estas personas no eran naturales del reino castellanoleonés, por lo que, siguiendo la línea argumental que he utilizado hasta hora, se les debe considerar como extranjeros. Ahora bien, hay varios motivos que me llevan a excluirlos de este trabajo. El primero, la imposibilidad de contabilizar el número de personas que llegaron esclavizados a los distintos mercados de la época (Sevilla, Canarias, Jerez, Málaga, etc.); segundo, que desde el punto de vista legal sus naciones no estaban reconocidas por ninguna de las monarquías europeas del momento, lo que dejaba a los naturales de aquellas regiones sin la posibilidad de tener representación política en el lugar de acogida; tercero, porque todos ellos llegaron a tierras hispana de forma forzosa, violentando su libertad o cualquier derecho humano aceptado; cuarto, y tan importante como todo lo anterior, para esta época carecemos de documentación que permita hacer el más mínimo seguimiento de la trayectoria vital de alguna de estas personas, por lo que ni siquiera podemos incluir una nómina o listado que vaya más allá de la simple enumeración de su presencia en el reino.

Tampoco está el numeroso grupo de extranjeros que rozan los límites cronológicos que he aplicado es este estudio. Como ya señalé páginas atrás, he dejado en el tintero a todos aquellos que conocemos que estuvieron en Castilla a desde el siglo XI hasta finales del XII. Sabemos que fueron muchísimos –especialmente peregrinos extrapirenaicos– pero son más difíciles de documentar y no es tarea fácil intentar redactar unas breves líneas biográficas sobre ellos. Incluso teniendo algunos casos bien conocidos, como el de Ricardo, cardenal de Marsella, enviado por el papa Gregorio VII a petición de los castellanos, para dirigir el concilio celebrado en Burgos en el año 1080, y uno de los responsables de la adopción del rito romano en territorio hispano[203]; el de Poncio de Tabernoles, oriundo de Cataluña, que fue abad del monasterio benedictino de Sant Serni de Tabernoles y que llegó a ser obispo de

---

[202]   Son muchos los historiadores los que se han dedicado al estudio de la esclavitud en los reinos hispanos medievales, por lo que contamos con numerosos trabajos en los que se analizan el origen, edad, sexo, religión, lengua, etc. de los que llegaron como esclavos. Ofrecer un repertorio de esos trabajos exigiría una amplia nota a pie de página así que me remito a algunos de los libros de Alfonso Franco, José Luis Cortés, Ladero Quesada, González Arévalo, Ivan Armenteros, Vicenta Cortés, etc. para hacerse una idea al respecto.

[203]   RUBIO SADIA, Juan Pablo, "El cambio de rito en Castilla….pp. 9-35; MANSILLA, Demetrio, "El reino de Castilla y el Papado en tiempos de Alfonso VI…. pp. 31-82.

Oviedo[204]; el de San Lesmes, nacido hacia el 1035, natural de Loudun y establecido en Burgos a partir del 1091, cuando el rey Alfonso VI le encomendó el monasterio de San Roberto[205]; o el de Adelardo de Bath, célebre monje inglés que es probable que estuviera en Castilla en la primera mitad del siglo XII, como podrían corroborarlo su labor como traductor de algunas obras de astronomía árabes y su dudosa estancia en Córdoba para consultar algún ejemplar de la obra de Euclides[206].

Tampoco me he ocupado, pese a que se merecían una atención preferente, del conjunto de prelados de origen franco que ocuparon distintas diócesis durante el reinado de Alfonso VI y sucesores con el objetivo de reintegrar a la critiandad latina a los territorios del citado monarca. La historiografía conoce bien el proceso: con el apoyo del pontífice, el auge cluniacense y la protección del monarca, clérigos como Bernardo de Agen, natural de Gascuña y abad de Sahagún, y luego arzobispo de Toledo[207], encabezaron una reforma de la Iglesia castellano-leonesa que trajo a los distintos cabildos catedralicios a una docena de prelados desde la otra vertiente de los Pirineos[208].

Algo semejante ha ocurrido con el límite temporal que cierra este trabajo. Aun siendo probable que muchos de los que hemos desechado estuvieran residiendo en algún lugar del reino de Castilla antes de que conozcamos los primeros testimonios documentales sobre ellos, he optado por eliminar a todos aquellos sobre los que advertimos su presencia por primera vez después del fallecimiento de Isabel la Católica. Además, como se podrá ver a lo largo del diccionario, los extranjeros que se pueden localizar en los primeros diez o quince años del siglo XVI multiplican, de forma exponencial, los de cualquier otro periodo anterior, haciendo inviable una muestra significativa de lo que pudo ser su presencia e influencia en Castilla en aquellos primeros años de la decimoquinta centuria. Una vez más, recurriré a varios ejemplos que pueden ilustrar esta circunstancia.

---

[204]   RIU, Manuel, "Poncio de Tabernoles, obispo de Oviedo", *Revista de la Facultad de Geografía e Historia*, 4 (1989), pp. 425-436.

[205]   LACOMBE, Claude, "San Lesmes y Jerónimo de Périgueux, dos religiosos francos en la Iglesia española del siglo XI", *Iacobus. Revista de Estudios Jacobeos y medievales*, 19-20 (2005), pp. 27-46.

[206]   SANTOYO, Julio, *La traducción medieval*.... Ob. Cit. pp. 142-143.

[207]   El celebérrimo Bernardo de Agen, Bernardo de Sauvetat, Bernardo de Cluny o Bernardo de Toledo (que de todas estas formas aparece en la documentación) fue el primer arzobispo después de que Alfonso VI reconquistara la ciudad en el año 1085. Tras su nombramiento se sabe que trajo de Francia a una docena jóvenes clérigos con los que constituyó una primera comunidad catedralicia, a la que dotó de una organización cuasi monástica bajos las costumbres cluniacenses. La biografía de este prelado ha sido descrita en numerosas ocasiones. Véase: RIVERA, J. F. "Gregorio VII y la liturgia mozárabe", en *Revista Española de Teología*, 2 (1942), págs. 3-33 y *El arzobispo de Toledo don Bernardo de Cluny (1086-1124)*, Roma, 1962.

[208]   Entre los años 1086 y 1182 todos los arzobispos de Toledo fueron de origen franco. Además, al citado Bernardo de Agen le acompañó Raimundo de Toledo, también natural de Gascuña y elevado a la sede episcopal de Osma (Soria) en 1109 o Pedro de Agen, obispo de Segovia.

Es el caso de algunos de los miembros de la familia Botti, naturales de Cremona, pero afincados en Florencia desde el siglo XV. Como otros toscanos, varios miembros de este linaje estaban presentes en Valencia y Barcelona ya en las últimas décadas del Cuatrocientos, pero sería Jácome Botti y sus hermanos Juan Bautista y Francisco los que se establecieron en Andalucía en los primeros años del siglo XVI[209]. La llegada a la región y su rápido arraigo en la misma sólo es posible explicarla por una presencia estable de los miembros de esta familia desde tiempos anteriores a la época en la que los tenemos documentados. Jácome Botti fue el segundo hijo varón del matrimonio conformado por Simone Botti y Magdalena Riccardi, y las primeras referencias que se conocen de él lo sitúan en Cádiz a finales de la segunda década de la citada centuria; allí conseguiría emparentar con la hija de Rafael Font (Ana Francisca), uno de los grandes mercaderes catalanes establecidos en la región. Pues bien, ante la duda de la fecha de su llegada a Andalucía, no he recogido a ninguno de ellos en el diccionario, de tal forma que sólo hay un Jaime Botti registrado, que en este caso no parece que fuera florentino sino catalán, al que conocemos porque se vio envuelto en una pelea con marineros gallegos y por la denucnia que presentó su hijo ante los reyes para que se le hiciera justicia.

Otro ejemplo que puede explicar la decisión de dejar a estos personajes fuera del diccionario es el de Pedro Juan de Riberol. Con este apellido se documentan varios mercaderes genoveses establecidos en Sevilla desde mediados del siglo XV; entre ellos Pietro Giovanni de Rivarolo, padre del conocido Francisco Riberol, considerado como uno de los grandes comerciantes italiano en el reino de Castilla en tiempos de los Reyes Católicos. Pues bien, sobre este Pedro Juan sólo conozco una referencia correspondiente al año 1518, en la que no se indica ni la filiación dentro de este linaje ni el tiempo que llevaba residiendo en Sevilla[210]. De nuevo, ante la duda, he optado por no incluirlo entre las biografías que aquí se ofrecen.

Un tercer ejemplo de extranjero al que he dejado fuera es el de Agustín Vivaldo. Desconozco el grado de parentesco que pudo haber entre un Adán Vivaldo, que alternaba su residencia entre Málaga y la Corte desde finales del siglo XV, y este Agustín, al que sólo conocemos como residente en Toledo o Valladolid, y que se vio envuelto en diversos pleitos sostenidos ante la Chancillería Real después del año 1510. En todos ellos aparece muy vinculado a otros genoveses (Jácome y Pantaleón Italián,

---

[209] Véanse los trabajos de VERA MORÍN, María Virginia, "Patrimonio familiar, herencia y ascenso social. El caso de la familia Botti en las Islas Canarias del Quinientos", en IGLESIAS RODRÍGUEZ, Juan José y MELERO MUÑOZ, María Melero, *Hacer historia moderna: Líneas actuales y futuras de investigación*, Sevilla, 2020, pp. 416-427 y "Transmisión del patrimonio y formación de linajes a través de las cartas dotales. La familia de los Botti en el siglo XVI", en *XXIV Coloquio de Historia Canario-Americana*, Las Palmas, 2020, pp. 1-8; ORLANDI, Angela, *Denaro cultura bellezza. I Botti mercanti-banchieri nell'Europa del Rinascimento* (accesible en línea: https://books.fupress.com/catalogue/denaro-cultura-bellezza/14855.

[210] AHPS. Protocolos Notariales. Oficio III (26-4-1518).

Agustín Grimaldo, Antonio Lomelín, etc.)[211], y casi todos los procesos judiciales aluden a hechos ocurridos años antes de que fueran sentenciados, lo que indicaría una prolongada presencia en el reino. Sin embargo, es otro caso que he dejado fura al no tener constancia de esa residencia antes del año 1504.

El cuarto ejemplo que quiero poner –de los muchos que he dejado fuera– es el de Jácome Italián, mercader genovés residente en Cádiz, que aparece de forma tardía en la documentación que he consultado pero que quizás, por sus vínculos con otros miembros de la familia, ya residía en el reino de Castilla desde hacía años. En 1517, en su nombre y en el de otros mercaderes residentes en Cádiz, se dirige a los reyes haciéndoles saber que el concejo de la ciudad utilizaba unas ordenanzas no confirmadas por los reyes y que perjudicaban los intereses de los mercaderes de su nacionalidad. En el mismo documento se menciona al también genovés Luis Doria; éste intentaba introducir en la ciudad una bota de vino para su proveimiento y los regidores no se lo autorizaban utilizando como argumento las referidas ordenanzas[212].

El quinto y último ejemplo de los que he dejado fuera por cronología es el de dos miembros de la familia Centurión, arraigada en Sevilla desde las últimas décadas del siglo XV. Stéfano y Baltasar Centurión se encontraban en la capital hispalense desde, al menos, el año 1506, participando en todo tipo de negocios. En 1510, ambos fletaron sendas carabelas con destino a Canarias y a la isla de Santiago, en Cabo Verde, para llevar cereales y traer, de retorno, esclavos. En 1512 la operación se repetía con Giuliano Calvo, en este caso exportando a Cabo Verde vino y bizcocho. Es más que probable que ambos ya estuvieran en Sevilla antes de esas fechas, pero, de momento, no he podido localizarlos[213]. En ambos casos es probable que llegaran a Sevilla desde Valencia pocos meses después de la muerte de la reina Isabel, ya que en un documento del año 1506 el citado Esteban Centurión y su hermano Martín (hijos de Termo Centurione) entregaban, ante un notario hispalense, su poder a Benito Pinelo para que pudiese cobrar de Agustín de Grimaldo, mercader genovés estante en Valencia, los 362 ducados contenidos en una cédula de cambio a negociar en la feria de Medina del Campo. En el documento ellos se declaran residentes en Valencia, pero en el momento de otorgarlo ya se encontraban en Sevilla[214].

Finalmente, tampoco se recogen en este trabajo a los numerosos comerciantes de origen italiano, catalán o mallorquín que sabemos que se encontraban en el reino nazarí, al menos desde principios del siglo XIV. Aunque más adelante comentaré la

---

[211]   MOLINA DE LA TORRE, Francisco J. y otros, Mercaderes extranjeros… documentos nº 170; 177; 178; 181 y 216.

[212]   AGS. Cámara de Castilla (Memoriales). Leg. 161. Doc. n. 21 (9-II-1517).

[213]   OTTE, Enrique, Sevilla y sus mercaderes… p. 122 y p. 181. Entre los años 1508 y 1510 se localizan en los protocolos notariales sevillanos, en infinidad de ocasiones, a un Esteban Centurión y a un Bautista Centurión, que no parece que sean los mismos que aquí se indican.

[214]   LACUEVA MUÑOZ, Jaime, Comerciantes de Sevilla…vol. II, documentos nº 1785; nº 1788; nº 1789 y nº 1792.

bibliografía que en los últimos años se ha dedicado al estudio de grandes dinastías de mercaderes italianos (Centurión, Spínola, Datini, etc.) en el reino de Granada, es evidente que, en esos momentos, el territorio granadino era independiente y que, por tanto, los foráneos que se encontraban allí (aunque más tarde también los podamos encontrar en el reino de Castilla) no estaban vinculados al soberano castellano. Hace tiempo que los trabajos de Jacques Heers, Ch. E. Dufourcq, Federigo Melis, etc. llamaron la atención sobre las relaciones entre el reino nazarí y la república ligur, destacando el papel de Málaga en el sistema económico europeo de los siglos XIV y XV[215]. Más recientes son los trabajos de Roser Salicrú, quien ha dedicado importantes estudios a demostrar el peso de las relaciones entre Génova y Granada[216], a los que se han añadido los de Geo Pistarino, y especialmente los de Giovanna Petti Balbi o los de Adela Fábregas[217]. Todos ellos, y más que comentaremos, han corroborado que en las principales ciudades costeras y en la propia capital nazarí se encontraban hombres de negocio que eran súbditos genoveses, valencianos, catalanes o mallorquines; han demostrado que algunas de esa comunidades quedan formalmente atestiguadas por la presencia de cónsules o representantes o han dado a conocer varios tratados de paz entre el monarca aragonés y los sultanes nazaríes que facilitaban la implantación de estos extranjeros en territorio granadino. Insisto en que no dejo constancia de ninguno de ellos; sólo en aquellos casos en los que regresaran a Málaga o Granada tras la conquista ofrezco alguna noticia de sus actividades una vez asentados en ciudades castellanas.

---

[215]   HEERS, Jacques, "Le royaume de Grenade el la politique marchande de Gênes en Occident (XV siècle)", *Le Moyen Age*, 63 (1957), pp. 87-121; Melis, Federigo, "Malaga nel sistema económico del siglo XIV e XV secolo", en *Economía e Storia*, III, I(1956), pp. 19-59 y II, pp. 139-163.

[216]   SALICRÚ I LLUCH, Roser, "La embajada de 1479 de Pietro Fieschi a Granada: nuevas sombras sobre la presencia genovesa en el sultanato nazarí en vísperas de la conquista castellana", *Atti dell'Accademia Ligure di Scienze e Lettere*, 54 (1997), Serie V, pp. 355-385 ; "Génova y Castilla, genoveses y Granada. Política y comercio en el Mediterráneo occidental en la primera mitad del siglo XV (1431-1439)", en Gabriella Airaldi (ed.), *Le vie del Mediterrane. Idee, uomini, oggetti (secoli XI-XVI)*, Génova, pp. 213-257 y *El sultanato nazarí de Granada, Génova y la Corona de Aragón en el siglo XV*, Granada, 2007.

[217]   PISTARINO, Geo, "Tra Genova e Granada nell'epoca dei nazari", en *Presencia Italiana en Adalucía. Siglos XIV-XVII*, Sevilla, 1989, pp. 191-228; Petti Balbi, Giovanna, "Le strategie mercantili di una grande casata genovese: Francesco Spinola tra Bruges e Malaga (1420-1456)", *Serta Antiqua et Medievalia*, 1 (1997), pp. 379-393. Véanse, además, los trabajos de Adela Fábregas citados en notas anteriores.

3

Las comunidades extranjeras en la historiografía hispana

Introducción

El estudio de la presencia y actividades de los extranjeros en la península ibérica, así como su estancia en los distintos reinos que se conformaron en ella, ha conocido notables progresos, pese a que su residencia, como ya dije en la introducción a este libro, no siempre fue bien vista ni comprendida por muchos de nuestros antepasados. Es evidente que, durante mucho tiempo, el rechazo que generaba su domicilio en los reinos hispanos no contribuía a que los investigadores y eruditos considerasen oportuno su estudio y análisis. Además, la situación política y cultural de los siglos XIX y buena parte del XX tampoco ayudaron a contrarrestar el desdén que se tuvo hacia los extranjeros en muchos ambientes educativos del país, lo que retrajo el interés hacia unas comunidades que se consideraban ajenas a las "esencias españolas" y alejó a los historiadores de cualquier aliciente por estudiar a comunidades que, en general, fueron pequeñas desde el punto de vista numérico pero fundamentales para algunos aspectos de la vida política, social y económica de los reinos hispanos. No obstante, la disposición de los investigadores comenzó a cambiar tímidamente cuando empezaron a abrirse, dentro de la dictadura franquista y pese a los enormes controles que ejercía un régimen que rechazaba cualquier contribución foránea a la Historia de España, algunas líneas de trabajos que arrancaron a los extranjeros y su influencia del olvido historiográfico.

A partir de los años cuarenta del siglo XX podemos encontrar las primeras monografías de cierta importancia dedicadas a poner de manifiesto el papel desempeñado por los extranjeros en la España medieval y moderna[218]. Por aquellos años llegan a nuestras bibliotecas una obra que continúa siendo referente en el estudio de la presencia foránea en los reinos hispanos. Me refiero a los ya citados tres volúmenes que conforman *Las peregrinaciones a Santiago de Compostela*, de Lacarra, Vázquez y Uría. El monumental trabajo, además de ofrecer un extraordinario análisis del impacto socioeconómico y cultural de la ruta jacobea en la Edad

---

[218]   Véanse los trabajos de SANCHO DE SOPRANIS, Hipólito, *Los genoveses en Cádiz antes del año 1600*. Jerez de la Frontera, 1939; *La colonia portuguesa del Puerto de Santa María (siglo XVI). Notas y documentos inéditos*, Jerez de la Frontera, 1940; "Los genoveses en la región gaditano-xericiense de 1460 a 1500", en *Hispania*, 32. Madrid, 1945. También en esos mismos años, en algunos estudios dedicados a la reconquista o repoblación de distintos lugares del reino de Castilla pueden encontrarse, además de los aspectos políticos y militares del fenómeno, referencias a la presencia extranjera en la repoblación de los distintos reinos hispanos. Pueden ser buenos ejemplos los trabajos de Julio González dedicados al repartimiento de Sevilla o los dedicados a la repoblación de Castilla-La Mancha.

Media, ofrece un amplio corpus que permite el cotejo de la llegada de francos y su estatuto jurídico en distintas regiones hispanas.

El impulso que ejercieron estos primeros trabajos va a tener su mejor plasmación en el primer intento de síntesis que se elaboró sobre los extranjeros en la vida española. Me refiero al trabajo que en 1960 publicó Antonio Domínguez Ortiz[219], en el que además de un compendio que reflejaba los avances conseguidos en este tema, llamaba nuestra atención sobre la amplitud de un asunto que requería la participación de investigadores de diversas especialidades, dispuestos a enfrentarse con la dispersión de los fondos documentales y con la heterogeneidad de unos campos como el diplomático, financiero, militar, artístico o de relaciones familiares que envuelve la vida de todos aquellos considerados como extranjeros. Las sugerencias del profesor Domínguez Ortiz no cayeron saco roto, y a partir de ese momento una gran cantidad de hispanistas e investigadores nacionales orientaron sus pasos hacia el análisis de las diversas colonias extranjeras establecidas en España – especialmente en la Baja Andalucía, Barcelona y Valencia– las causas de su emigración, las disposiciones legislativas que les afectaban, sus actividades socio–profesionales y su progresiva integración en la sociedad hispana[220].

El caso de los italianos quizás es el más abordado y, por ello, el más conocido. Todos los estudios que se han hecho en las últimas décadas confirman que los flujos migratorios de italianos hacia los reinos hispanos se originaron durante la Edad Media, gracias sobre todo al papel económico y político de los genoveses. Por ello, la historiografía sobre la presencia ligur en Castilla o Aragón en la Edad Media es extensa y, hasta la fecha, es necesario apoyarse en los análisis que han hecho autores como Geo Pistarino, Alberto Boscolo, Enrique Otte, Manuel González Jimenez, David Igual Luis, Miguel Angel Ladero Quesada, Jacques Heers, Luisa D'Arienzo, Germán Navarro, José Antonio García Luján, Consuelo Varela, Enrique López de Coca, Alicia Córdoba Deorador, Raúl González Arévalo, Adela Fábregas, Giovanna Petti Balbi, Angela Orlandi, Juan Manuel Bello, Ruth Pike, Daniel Ríos, etc.[221] . Iremos viendo a lo largo de las siguientes páginas el amplísimo repertorio de trabajos que se han ocupado de la presencia de los italianos y otros extranjeros en Castilla, de tal forma que el lector podrá comprobar que contamos con varios centenares de títulos —artículos y monografías— que se han interesado por estos problemas en el seno de la historiografía hispana.

---

[219]   DOMINGUEZ ORTIZ, Antonio, *Los extranjeros en la vida española durante el siglo XVII*. Madrid, 1960.

[220]   Para una amplia bibliografía al respecto nos remitimos, además de a las notas que apoyan este trabajo, al libro de BELLO LEON, Juan Manuel, *Extranjeros en Castilla (1474-1501). Notas y documentos para el estudio de su presencia en el reino a fines del siglo XV*, La Laguna, 1994; al artículo de RECIO MORALES, Óscar, "Los extranjeros y la historiografía modernista", *Cuadernos de Historia Moderna*, 10 (2011), pp. 33-51; y al trabajo de BINASCO, Matteo, *La storiografia sulle migrazioni spagnole in età moderna*, Novi Ligure, 2013.

[221]   Pueden verse las citas completas a sus obras en la bibliografía que acompaña al diccionario.

3.1– La distribución por comunidades

Una primera lectura a los datos cuantitativos que reflejan el volumen de extranjeros recogidos en el diccionario es la de comprobar el extraordinario peso que tienen los procedentes de la península italiana en el conjunto de la población foránea. Siendo consciente de lo que mediatiza la información que ofrecen la documentación publicada o inédita, es evidente que los procedentes de Génova, Venecia, Florencia, Milán u otras regiones de la actual Italia son los que han dejado una mayor huella y los que podemos conocer mejor[222]. La proporción de italianos alcanza casi el 53% en el conjunto del periodo analizado; pero la situación se consolida si tenemos en cuenta que el predominio es casi absoluto en el siglo XV y comienzos del siglo XVI (véase gráfico nº 2 y anexo, tabla nº 8) Dentro de ellos, los genoveses fueron, y continuaran siéndolo durante mucho tiempo, los más numerosos (de los casi 800 italianos contabilizados, 540 proceden de Génova). Los recuentos que hizo Enrique Otte y la documentación conocida, de los que hablamos en páginas anteriores, confirman que a principios del siglo XVI se encontraban en Sevilla varios centenares de ligures (aunque nunca simultáneamente). Esa imagen la podemos corroborar con las cifras de nuestra base de datos: entre los años 1475 y 1504 se registran 392 genoveses (el 73%) de los 540 incluidos en ella. Tras estos, y a gran distancia, se encontraban los florentinos, los venecianos y los milaneses, de los que he podido localizar a 75 en el primer caso, a 41 en el segundo y 39 en el caso de los lombardos. El resto de ciudades italianas están peor representadas a lo largo del periodo recogido en la base de datos: así, los sicilianos cuentan con 10 individuos, sieneses con 5 personas y, con cifras semejantes los romanos, los pisanos o los napolitanos.

Otras comunidades comparten con los italianos una notable presencia en el reino de Castilla, aunque, como luego veremos, no es fácil documentar su estancia en el reino. Me refiero a los catalano–aragoneses y a los portugueses. Más tarde observaremos que, en el primer grupo, destacan los catalanes (sobre todo los de Barcelona), cuya presencia en Castilla ha sido estudiada en numerosas ocasiones por los vínculos comerciales existentes entre la ciudad Condal y los puertos andaluces, o por el debate, que se generó hace muchas décadas, en torno a la participación de las gentes del Principado en los viajes del descubrimiento y colonización de América. Por fortuna, este último asunto ha sido superado por las investigaciones de los historiadores, y hoy sabemos que los catalanes y otras personas de la Corona de Aragón participaron en esa empresa en condiciones semejantes a otros súbditos castellanos y extranjeros. En el caso de los valencianos, la representación que he podido reunir para la base de datos no es muy amplia (43 personas). Y eso pese a que sus mercaderes han sido estudiados ampliamente en el desarrollo de sus vidas en el mundo Mediterráneo gra-

---

[222]   También hay un importante número de personas (más de 60) de origen italiano del que desconozco lugar concreto de residencia o nacimiento.

cias a los trabajos de Jacqueline Guiral, David Igual, Paulino Iradiel, Germán Navarro, Enrique Cruselles, José Hinojosa, Leonardo Soler, Carlos Crespo, etc[223]. Por sus
trabajos sabemos que muchos de esos mercaderes se desplazaban hacia Castilla con
frecuencia y que innumerables tenían relaciones comerciales con ciudades como
Cuenca, Toledo, Cádiz o Sevilla, pero no siempre es sencillo hacerles un seguimiento
de su estancia en alguna de esas urbes. En cambio, para los procedentes de las Baleares —especialmente los mallorquines—, la situación ha cambiado profundamente
desde que Antonio Ortega ha dado a conocer algunos de sus trabajos en los que demuestra la participación de los isleños en la apertura de las rutas atlánticas y el establecimiento de mallorquines en Sevilla o Cádiz.

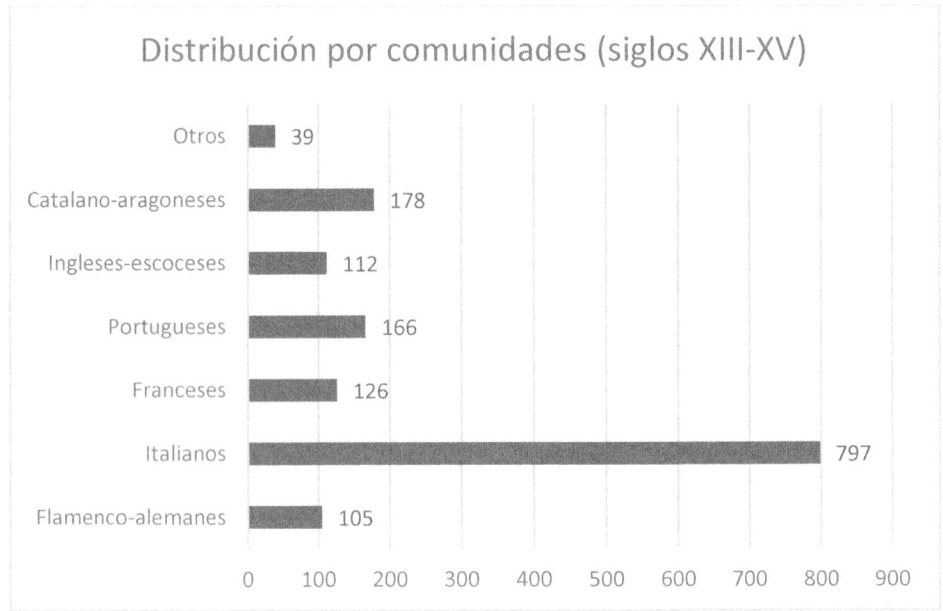

Gráfico nº 3. Distribución y número de los extranjeros por comunidades de origen.

En cuanto a los portugueses, son muy pocos, de entre los recogidos en la base
de datos, los que indican el lugar exacto de su procedencia. Sabemos que eran naturales del país vecino, pero son pocos los que precisan su origen lisboeta, oborenses,
conimbricenses o portuenses. Como también veremos luego, existe una nutrida bibliografía que aborda la relaciones hispano—lusitanas, pero de nuevo es difícil hacer
un seguimiento de los que decidieron establecerse en Castilla, salvo para el caso de
algunos miembros de la nobleza portuguesa que, por distintos motivos, decidieron

---

[223]   Las referencias bibliográficas a sus trabajos pueden verse en notas posteriores y en la bibliografía
que acompaña al diccionario.

refugiarse en la Corte castellana a lo largo de los siglos finales de la Edad Media. Y algo semejante ocurre con algunos repobladores que se instalaron en las ciudades que fueron reconquistándose en ese periodo o con algunos estudiantes que decidieron acudir a la Universidad de Salamanca para completar los estudios que habían realizado en Lisboa o Coímbra.

Le siguen en importancia numérica las comunidades francesa e inglesa. La primera con más de 125 biografías incorporada a la base de datos, tiene orígenes muy variados (hasta 15 ciudades distintas), predominando los naturales de Bretaña, Normandía o Marsella. Lo que sabemos de la comunidad inglesa es que su importancia fue creciendo en el tránsito del siglo XV al XVI, aunque su número −imposible de cuantificar− fue extraordinario durante las peregrinaciones a Santiago de Compostela durante todo el periodo que se refleja en esta monografía. De nuevo, la contabilidad que realizó Enrique Otte eleva a 57 personas entre los años 1480−1515, y los más de cien ingleses que se recogen en esta base de datos se acumulan en ese mismo periodo. Su importancia debió ser aún mayor en localidades como Sanlúcar, Jerez y Cádiz, tal y como demuestran los trabajos de Antonio González o José Antonio Mingorance citados en notas posteriores.

Los procedentes de los Países Bajos y de Alemania forman otro importante grupo de extranjeros recogidos en la base de datos (hasta 105 personas, el 7% de los registrados). En ambos casos su presencia en el reino suele estar vinculada a las relaciones mercantiles entre los puertos cantábricos y andaluces con las ciudades de Flandes y a la llegada al reino de Catilla, ya en el último cuarto del siglo XV, de numerosos impresores que introdujeron los "libros de molde" en Segovia, Sevilla o Salamanca, así como la presencia en las últimas campañas de la Guerra de Granada de lombarderos y combatientes procedentes de Alemania o Suiza.

Por último, hay un heterogéneo grupo de personas que vienen desde lugares distantes y muy distintos al reino de Castilla. En ese conjunto, que agrupa a 29 individuos, se encuentran gentes procedentes de 14 reinos o ciudades distintas, que van desde Suecia, Noruega, Hungría, Navarra o Polonia, hasta personas que llegan desde Constantinopla, Bugía, Armenia, etc.. Y aunque su representación es mínima (no llega al 2% de los registrados), su estancia en Castilla deja constancia de las múltiples relaciones que se mantenían con lugares del mundo conocido a finales de la Edad Media.

A todos ellos y a su distribución geográfica por el reino de Castilla vamos a dedicar las siguientes páginas, con la intención de dejar prueba, documental y bibliográfica, de cuáles fueron los lugares elegidos por muchos extranjeros para asentarse en el reino, qué los llevó a elegir una ciudad concreta y quiénes fueron algunos de ellos.

3.2– Las comunidades extranjeras y su distribución geográfica

Cualquier historiador que se acerque al análisis de las comunidades extranjeras comprobará, de forma inmediata, que es difícil asignar a cada uno de ellos un lugar de residencia estable en el reino de Castilla. En varias ocasiones he dicho que una de las características de estos grupos era su extraordinaria movilidad a lo largo y ancho del reino. Esa situación no es exclusiva de los que se decidieron por establecerse en Castilla ya que hace tiempo que también sabemos que los asentados en Valencia o Barcelona mantuvieron comportamientos semejantes, que los llevara a alternar su residencia entre distintas ciudades hispanas. El profesor David Igual ya dio algunos ejemplos, de tal forma que pudo documentar (tan sólo para los años 1494–1496) a varios comerciantes genoveses (Nicola Gavoto, Francesco Prato), lombardos (Giacomo y Giovanni Pietro della Chiesa) y toscanos (Francesco di Nero, Giovanni Antonio di Bardi, Andrea Canizani, Guglielmo Cebollini, Giuliano Pili y Giovanni Battista Uguccioni, Giovanni Antonio di Bardi), sieneses (Giacomo Spannochi, Giovanni Loti, Battista Bulguerini), o venecianos como Andrea Cabaz, que alternaron su estancia entre Valencia y distintas localidades castellanas (Toledo, Medina del Campo, Cuenca, etc.), con el objetivo de trasladarse por ambos reinos para desarrollar todo tipo de negocios[224].

Pese a las numerosas dificultades que se han expuesto y a las deficiencias que contiene este trabajo, nos podemos aventurar a proponer una "geografía" de la instalación de los extranjeros en el territorio que ocuparon los reinos de Castilla y León[225]. Con los conocimientos que actualmente tenemos sobre el tamaño de las comunidades foráneas y sobre la evolución temporal de las mismas, se pueden observar las zonas en las que los extranjeros arraigaron de forma continuada y donde, en consecuencia, dejaron una mayor huella en su tejido social y económico. El contraste es evidente ya que la distribución interna de los que llegan desde el exterior refleja una diferenciación muy acusada entre regiones como la cuenca del Guadalquivir, Murcia y Canarias, con porcentajes de población extranjera que en algunos momentos de los siglos XIV y XV pueden llegar al ocho o diez por ciento de su población, con otras como Galicia o la cornisa cantábrica donde los porcentajes apenas superarían el uno por ciento, salvo, quizás, en los momentos en los que la inmigración franca reactivó a muchos enclaves del Camino de Santiago. El Sur peninsular, Murcia y el archipiélago canario se vieron favorecidas, además, por una circunstancia que siempre beneficia la llegada de los extranjeros: me refiero a la progresiva consolidación de unas redes

---

[224]   IGUAL LUIS, David, *Valencia e Italia en el siglo XV*….pp. 306-307 y "Los mercaderes italianos….. pp. 143-144.

[225]   Como han demostrado los numerosos estudios, espcialmente aquellos relacionados con el análisis de la fiscalidad en el reino de Castilla, el territorio que ocupaba dicho reino estaba dividido en múltiples partidos y demarcaciones judiciales que nada tienen que ver con la división administrativa actual. Respetar esa división geográfica exigiría reconstruir situaciones y y acontecimientos locales que van más allá de nuestros objetivos. Por ello, he optado por mantener un reparto del reino siguiendo regiones comúnmente aceptadas, de tal forma que pueda ser más fácil cualquier comparación entre zonas y ciudades hispanas.

familiares o de parentesco que atraen a otros inmigrantes, alimentando un proceso que consolida como polos de atracción a cada una de estas regiones. Y en medio, lugares como Toledo, Valladolid, Cuenca, con una presencia extranjera notable que revelan la importancia de factores políticos (presencia habitual de la Corte en algún de esas ciudades) o el alcance de ciertas actividades económicas (como la industria textil). Prácticamente fuera de esta geografía queda todo el territorio que hoy ocupa la región de Extremadura, Asturias y algunas provincial del interior peninsular, confirmando que todas ellas quedarán al margen de esta presencia extranjera por motivos que no son fáciles de explicar.

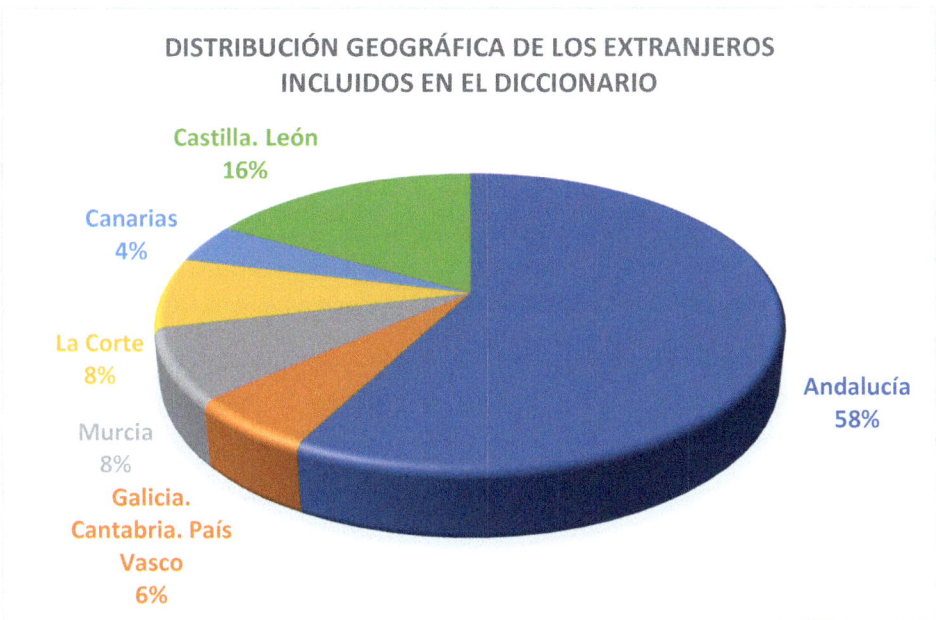

Gráfico nº 4. Distribución por regiones de los extranjeros incluidos en el diccionario.

3.3. La comunidad italiana. Los genoveses

Desde que el obispo Diego Gelmírez recurrió a naves genovesas y pisanas para tratar de contener el avance musulmán por la costa portuguesa y del norte peninsular[226], la

---

[226]   Ante la amenaza de los sarracenos que habitaban la costa desde Sevilla hasta Galicia, el obispo envió mensajeros a Pisa y Génova con la intención de atraer hasta los confines de la península Ibérica a marinos y constructores italianos que afrontase la fabricación de dos galeras que ayudaran al control de la navegación por aquellas costas. Llegaron el genovés nombrado Angerio y el pisano llamado Fuxone. Véase *Historia Compostelana* (ed. Emma Falqué Rey), Madrid, 1994, Libro I, capítulo CIII, pp. 244-246 y Libro II, capítulo XX, pp. 339-341. El asunto fue aborado hace muchos años por MOLLAT, Michel, "Notes sur la vie maritime en Galicie au XIIe siècle d'aprés l'Historia Compostelana", *Anuario de Estudios Medievales*, 1 (1964), pp. 531-540.

presencia de distintas comunidades italianas en los reinos que se fueron creando en la península ibérica fue una constante de su realidad política, económica y social. Por entonces, y a juicio de varios autores, el número de peregrinos italianos a la ciudad de Santiago ya era considerable[227]. Son muchos los factores que explican la presencia ininterrumpida de genoveses, florentinos, venecianos, romanos, etc. entre los siglos XII y XV, aunque casi siempre tiene que ver con los cambios producidos en el seno de la propias sociedades italianas, con la apertura de rutas hacia los mercados del norte de Europa, con las necesidades militares que fueron surgiendo en los reinos hispanos a medida que avanzaban frente al poder andalusí y con las oportunidades de negocio que se fueron creando a medida que progresaban las técnicas mercantiles, se consolidaban las rutas atlánticas (africanas y europeas) o se fortalecían producciones agrícolas y pesqueras[228]. Si a esas circunstancias le añadimos la suerte de que se haya conservado una ingente cantidad de documentación, tanto en los archivos hispanos como en los italianos, y el hecho de que los historiadores hayan concedido a los italianos un papel muy destacado en sus intereses académicos, se podrá concluir que los procedentes de aquella península mediterránea sean los mejor estudiados y conocidos de las comunidades extranjeras que se establecieron en los reinos hispanos medievales. El resultado más evidente es que en los últimos cien años han llegado a nuestras bibliotecas centenares (me atrevería a decir que miles) de libros, artículos y ponencias que analizan cualquier aspecto (económico, social, literario, artístico, etc.) de la presencia de comunidades italianas en lo que fue la España de finales de la Edad Media y comienzos de la Moderna. Y lo que en principio es una fortuna para los que nos dedicamos a esta parcela del medievo hispano, se convierte, a medida que nos adentramos en la producción historiográfica, en un inconveniente ya que sintetizar toda esa producción requiere de tiempo y espacio que no tendrán su reflejo en las páginas que siguen[229].

---

[227]   NOVOA PORTELA, Feliciano, "El camino hacia el oeste. Los viajes de Domenico Laffi y otros peregrinos italianos a Santiago de Compostela", *Simu: Revista sobre Oriente Próximo y Egipto en la antigüedad*, 14-15, (2011-2012), pp. 229-238.

[228]   Un panorama general, con amplia bibliografía, sobre todas estas cuestiones puede verse en el trabajo de SIMBULA, Pinuccia F., "Apertura de las rutas comerciales de las flotas italianas hacia el Atlántico", en MALPICA CUELLO, Antonio (ed.), *Navegación marítima del Mediterráneo al Atlántico*, Granada, 2001, pp. 207-258.

[229]   La expansión comercial de los italianos en la península ibérica cuenta con una cantidad abrumadora de estudios salidos de la pluma de autores de uno y otro lado del Mediterráneo, por lo que es inviable mencionar todos los títulos realizados hasta el momento (puede verse una recopilación más amplia en la bibliografía que acompaña a este estudio). Por ello me remito a tres o cuatro trabajos en los que el lector podrá comprobar la evolución de estas publicaciones, advirtiendo que volveremos sobre algunas de ellas a lo largo de estas páginas. Véase HEERS, Jacques, "La empresa genovesa en el Atlántico durante el siglo XV: de la familia a la compañía", en *VII Jornadas de Estudios Canarias-América*. Santa Cruz de Tenerife, 1985, pp. 37-59; OTTE SANDER, Enrique, "Il ruolo dei genovesi nella Spagna del XVe XVI Secolo", en MADDALENA, A. y KELLENBENZ, H. (edit.), *La Repubblica Internazionale del Denaro Tra XV e XVII Secolo*, Bolonia, 1986, pp. 17–56; PISTARINO, Geo, "Presenze ed influenze italiane nel Sud della Spagna. Sec. XII-XV", en *Presencia italiana en Andalucía. Siglos XIV-XVII: actas del I*

3.3.1. Sevilla

Cualquier estudio sobre la presencia italiana en la Corona de Castilla estará eclipsado por el dominio de la comunidad genovesa que se estableció en Sevilla y su tierra a lo largo de los siglos finales de la Edad Media. El hecho, bien conocido, de que la ciudad hispalense y su entorno tuviera un rápido crecimiento demográfico y económico en aquellas centurias, y la fortuna de que sus instituciones conserven aún un extraordinario legado documental, han permitido dedicar centenares de páginas a la comunidad ligur, de tal forma que hoy en día se conocen a muchas de las familias que se establecieron allí (Sopranis, Centurión, Negro, Riberol, Adorno, etc.), a las instituciones que se crearon, los conflictos que generaron, las inversiones en tierras y mercancías, las relaciones con miembros de las oligarquías locales, con la Corona, con la Iglesia o con los artesanos, así como su grado de integración en la sociedad castellana.

Como también es conocido, su presencia en Sevilla se constata antes de la conquista de la ciudad por parte de las tropas de Fernando III, y desde entonces y hasta bien entrado el siglo XVI, la comunidad ligur no hizo más que crecer y consolidarse en la ciudad y todo su entorno[230.] Desde Sevilla organizaron las escalas que sentaron

---

Coloquio Hispano-italiano, Sevilla, 1989, pp. 21-51; LADERO QUESADA, Miguel Ángel, "Los genoveses en Sevilla y su región (siglos XIII-XVI): Elementos de permanencia y arraigo", en *Los mudéjares de Castilla y otros estudios de Historia Medieval Andaluza*, Granada 1989, pp.283-312; BELLO LEÓN, Juan Manuel, "Mercaderes extranjeros en Sevilla en tiempos de los Reyes Católicos", *Historia. Instituciones. Documentos*, 20 (1993), pp. 47-84; IGUAL LUIS, David. y NAVARRO ESPINACH, Germán. "Los genoveses en España en el tránsito del siglo XV al XVI", *Historia. Instituciones. Documentos* (1997), pp. 261-332.; GONZÁLEZ ARÉVALO, Raúl, "Presencia diferencial italiana en el sur de la península ibérica en la Baja Edad Media. Estado de la cuestión y propuestas de investigación", *Medievalismo*, 23 (2013), pp. 175-208.

[230]   Si en el conjunto del reino de Castilla los estudios sobre la presencia genovesa son abundantes, en el caso de Sevilla, que fue siempre la ciudad que atrajo al mayor número de naturales de aquella república, también cuenta con notables aportaciones. Véase, entre otros, COLLANTES DE TERÁN SÁNCHEZ, Antonio, "Mercaderes genoveses, aristocracia sevillana y comercio del aceite en el siglo XV", PIERGIOVANNI, V. (ed.), *Tra Siviglia e Genova: notaio, documenti e comercio nell'età colombiana*, Milán, 1994, pp. 345-359; GARCÍA SERRANO, Francisco, "Los genoveses en la Sevilla medieval (Siglos XIII-XV)", *Lucero*, 2 (1991), pp. 82-94; GIL FERNÁNDEZ, Juan, "Los genoveses y Sevilla a fines del siglo XV" en *El libro de los privilegios concedidos a los mercaderes genoveses establecidos en Sevilla (siglos XIII-XVI)*, Madrid, 1992, pp. 33-51; GONZÁLEZ JIMÉNEZ, Manuel, "Genoveses en Sevilla (siglos XIII-XV)", en *Presencia italiana en Andalucía: siglos XIV-XVII.* Actas del I Coloquio Hispano-Italiano, 1989, pp. 115-130; D'ARIENZO, Luisa, "Mercanti italiani fra Siviglia e Lisbona nel Quattrocento", in *La presenza italiana Andalusia nel Basso Medioevo*, Bolonia, 1986, pp. 35-49; VÁZQUEZ JANEIRO, "Documentación vaticana sobre genoveses en Sevilla (1471-1490)", *Hispania*, 181 (1992), pp. 433-447; FOSSATI RAITERI, Silvana, "Presenze genovesi a Siviglia nella seconda metà del Quattrocento", *Anuario de Estudios Medievales*, 24 (1994), pp. 299-312; BELLO LEÓN, Juan Manuel, "¿Quiénes eran los mercaderes de Sevilla a finales de la Edad Media?", en SOLÓRZANO TELECHEA, J. A. y BOCHACA, M. y AGUIAR, A. (coord.), *Gentes de mar en la ciudad atlántica medieval*, Nájera, 2012, pp. 249-274. Más reciente, aunque con una cronología que supera ligeramente los objetivos de este trabajo, puede verse la obra de MESA GUARÍN, Andrés, *Living Beyond Frontiers Social Network Analysis of Genoese Merchants in the Castilian Atlantic 1450-1530* (tesis doctoral, Universidad de Sevilla, 2022).

las bases de sus rutas entre el Mediterráneo y el Atlántico y a la urbe hispalense la convertirían en una de las primeras plazas financieras de la Europa de finales de la Edad Media. Desde Sevilla exportaban hacia Génova, Florencia o a los mercados norte europeos la creciente producción agrícola (trigo, vino, aceite, etc.), pesquera (especialmente el atún), manufacturera (jabón, loza, paños, etc.) y minera (mercurio) e importaban oro africano, cereales, telas lujosas y plata. Tras el proceso de expansión atlántica, distribuyeron desde las costas africanas, Canarias, Madeira, Azores o Cabo Verde, el azúcar o los esclavos que inundaron los mercados europeos a finales del siglo XV y durante todo el XVI. El descubrimiento de América terminó por afianzar a una comunidad que pudo participar –pese a las prohibiciones– en el tráfico con el Nuevo Continente, convirtiendo a Sevilla, una vez más, en punto neurálgico de distribución de los productos que llegaban desde todos los puntos del planeta.

Pero antes de presentar algunos de los avances que se han conseguido sobre el estudio de la presencia genovesa en el Quinientos conviene detenerse un momento en lo que también se conoce sobre algunos de los que se vincularon con Sevilla y su tierra en los siglos XIII y XIV (véase tabla nº 6).

TABLA nº 6				
Italianos residentes en Sevilla (siglos XIII–XIV)				
Fecha	Nombre	Ocupación	Vecindad	Referencia
1251	Nicolás Calvo	embajador		Repartimiento de Sevilla, vol. II, pp. 266 y 301
1251	Bonifacio Calvo	trovador	Sevilla	Riquer; Aquilano ; Pagani (ver obras en bibliogra.)
1253	Nicolás de la Torre	propietario de horno	Sevilla	Repartimiento Sevilla, vol. II, pp. 155, 320
1253	Petrus Luppi	notario	Sevilla	Documentos Sevilla siglo XIII, pp. 205, 213 y 220
1253	Miçer Enrique	familiar del Papa	Sevilla	Repartimiento Sevilla, vol. II, p. 30
1253	Gandolfo	calafate	Huévar	Repartimiento Sevilla, vol. II, p. 158
1253	Guillelmo Musso	cómitre	Sevilla	Repartimiento Sevilla, vol. II, p. 167
1253	Martín Valdovin		Sevilla	Repartimiento Sevilla, vol. II, p. 248
1253	Ponce Valdovin		Sevilla	Repartimiento Sevilla, vol. II, pp. 93; 94 y 248
1253	Miçer Robert de Renfredo		Sevilla	Repartimiento de Sevilla, vol. II, p. 232
1253	Ugero		Sevilla	Repartimiento Sevilla, vol. II, p. 244
1253	Miçer Çela		Sevilla	Repartimiento de Sevilla, vol. II. P. 244
1254	Miçer Caxico		Sevilla	Repartimiento Sevilla, vol. II, p. 322
1259	Gil Negro	racionero de Sevilla	Sevilla	Documentos Sevilla siglo XIII, p. 225

TABLA nº 6				
Italianos residentes en Sevilla (siglos XIII–XIV)				
Fecha	**Nombre**	**Ocupación**	**Vecindad**	**Referencia**
1259	Miçer Mehosa		Colla. San Nicolás	Repartimiento Sevilla, vol. II, p. 336
1261	Opicino Petracio di Musso	embajador genovés	Sevilla	Documentos Itinerario Alfonso X, doc. Nº 1657
1265	Miçer Pedro	escribano	Sevilla	Repartimiento de Sevilla, vol. II, p. 344
1267	jacobo de las Leyes	Jurista	Puerta Macarena	Repartimiento Sevilla, vol. II, pp. 347 y 352
1268	Miçer Niculás		Sevilla	Repartimiento de Sevilla, vol. II, p. 348
1273	Miçer Ugo Vento	veinticuatro de Sevilla	Sevilla	Documentos Archivo Murcia, doc. Nº 15
1281	Camila de Preçival	cónsul genovés	Sevilla	Libro de los Privilegios genoveses, doc. Nº 3
1281	Rosso della Turca	cónsul genovés	Sevilla	Libro Privilegios Genoveses, doc. nº 32
1281	Domingo Rox	"mandadero genovés"	Sevilla	Documentos Itinerario Alfonso X, doc. Nº 3217
1284	Bonjorno Caçenemigo	pellejero	Collación San Andrés	Documentos Sevilla siglo XIII, p. 310
1284	Guillem Barcilon	pellejero	Collación San Andrés	Documentos Sevilla siglo XIII, p. 310
1286	Domingo Johan Negro	veinticuatro de Sevilla	Sevilla	Documentos Archivo Murcia, doc. Nº 23
1293	Pedro Pisano		Collac. Santa María	Libro Repartimiento Sevilla, vol. II. P. 367
1297	Guillermo		Sevilla	Documentos Sevilla siglo XIII, p. 392
1299	Lombardín Gabo		Collac. Santa María	Repartimiento Sevilla, vol. II. P. 368
1301	Miçer Nicoloso Negro		Sevilla	Notarios Sevilla siglo XIV, p. 67
1302	Miçer Pagán		Coll. San Salvador	Notarios Sevilla siglo XIV, p. 82 y 84
1309	Miçer Nicolás Frexeter		Sevilla	Repartimiento Sevilla, vol. II, p. 371
1312	Miçer Bonavia		Collación Santa María	Notarios Sevilla, siglo XIV, p. 139
1312	Miçer Jacomo de Bivaldo		Collación Santa María	Notarios Sevilla siglo XIV, p. 139
1316	Miçer Bartolome Roxo	cónsul genove.	Sevilla	Libro Privilegios Genoveses, doc. nº 4
1316	Miçer Bernardo de Bergay	cónsul genove.	Sevilla	Libro Privilegios Genoveses, doc. Nº 4
1331	Pedro Pisano	mercader de Pisa	Sevilla	Ballesteros: Sevilla s. XIII, p. 44
1336	Johan Dultramar		Collación Santa María	Notarios Sevilla siglo XIV, p. 268
1343	Miçer Francisco		Sevilla	Notarios Sevilla siglo XIV, p. 331
1344	Juan Espilla	Piacencia	Sevilla	Ballesteros: Sevilla en el s. XIII, p. 43
1344	Almeriego de Valerosa	Piacencia	Sevilla	Ballesteros: Sevilla en el s. XIII, p. 43

TABLA nº 6				
Italianos residentes en Sevilla (siglos XIII–XIV)				
Fecha	**Nombre**	**Ocupación**	**Vecindad**	**Referencia**
1344	Miçer Jácomo	Piacencia	Sevilla	Ballesteros: Sevilla en el s. XIII, p. 43
1366	Periam de Negro	cónsul genovés	Sevilla	Libro Privilegios genoveses, doc. Nº 11
1376	Miçer Gabriel	jurado	Sevilla	Documentos Archivo Murcia, (?) doc. Nº 6
1377	Miçer Gaspar Cebón	mercader, cambiador	Sevilla	Documentos Archivo Murcia, (?) doc. Nº 6
1380	miçer Caçenemigo Salvago	cónsul genove.	Sevilla	Libro Privilegios genoveses, doc. Nº 17 y 22
1380	Miçer Cosme Ultramarín	cónsul genove.	Sevilla	Libro Privilegios Genoveses, doc. Nº 18 y 22
1381	Miçer Gabriel de Asian	Jurado; recaudador rentas	Sevilla	Documentos Sevilla siglo XIII, doc. Nº 6
1384	Agustín Donato	caballero	Barrio de Génova	Padrón Sevilla siglo XIV, p. 55
1384	Alfonso Bocanegra	caballero	Barrio de la Mar	Padrón Sevilla siglo XIV, p. 64
1384	Miçer Gabriel Portoffy		Barrio de Génova	Padrón de Sevilla siglo XIV, p. 56
1384	Miçer Jacomo de Bergaya		Sevilla	Padrón Sevilla siglo XIV, p. 55
1384	Miçer Johan Picardo	caballero	Barrio de Génova	Padrón Sevilla siglo XIV, p. 55
1384	Miçer Luis Bocanegra	veinticuatro de Sevilla	Sevilla	Padrón Sevilla siglo XIV, p. 104
1384	Nicolás Bocanegra	caballero	Barrio de la Mar	Padrón Sevilla siglo XIV, p. 64
1384	Nicolás Donato		La Madalena	Padrón Sevilla siglo XIV, p. 146
1384	Miçer Nicoloso Tonel		Barrio de la Mar	Padrón Sevilla siglo XIV, p. 64
1384	Miçer Francisco Imperial	escritor, poeta	Barrio de la Mar	Padrón Sevilla siglo XIV, p. 70
1384	Miçer Querigo	Corredor	Barrio de Francos	Padrón Sevilla siglo XIV, p. 63
1386	Bocanegra Sologrus	lugarteniente de Fernán	Sevilla	Papeles Mayordomazgo, siglo XIV
1387	Miçer Querigo Doria	mercader	Sevilla	Inventario Papeles Mayordomazgo, doc. Nº 11
1398	Miçer Ambrosio		Sevilla	Documentos Mercedes Gaibrois, doc. Nº 1866
1399	Benito Valdetar	mercader	Sevilla	libro Privilegios Genoveses, doc. nº 32
1399	Jufre Gentil	mercader	Sevilla	Libro Privilegios genoveses, doc. Nº 32
1399	Marcos Catano	mercader	Sevilla	Libro Privilegios genoveses, doc. Nº 32
1399	Tomás Doria	mercader	Sevilla	Libro Privilegios genoveses, doc. Nº 32
1400	Miçer Juan	portero del concejo	Sevilla	Documentos Sevilla siglo XIII (?)
1406	Nicolás Rosso	mercader en Cádiz	Sevilla	Documentos Mercedes Gaibrois, doc. Nº 3071

TABLA nº 6				
Italianos residentes en Sevilla (siglos XIII–XIV)				
Fecha	**Nombre**	**Ocupación**	**Vecindad**	**Referencia**
s.f.	Guillen Calvo		Sevilla	Repartimiento Sevilla, vol. II, p. 62 y 260
s.f.	Miçer Huberto	familiar del Papa	Sevilla	Repartimiento Sevilla, vol. II, p. 306
s.f.	Niculoso Tasso	cómitre	Sevilla	Repartimiento Sevilla, vol. II, p. 168
s.f.	Lanfranco Cigala		Sevilla	Ballesteros: Sevilla en el s. XIII, p. 44
s.f.	Rolando	maestre de galeras	Aznalcázar	Repartimiento de Sevilla, vol. II, p. 86
s.f.	Seygayardo		Barrio genoveses	Repartimiento de Sevilla, vol. II, p. 120
s.f.	Miçer Vivas		Aznalfara..	Repartimiento de Sevilla, vol. II, p. 96
s.f.	Doña Alda	Venecia	Aljarafe	Ballesteros: Sevilla s. XIII, p. 49

Si observamos la tabla anterior se puede advertir que, ya desde el repartimiento, fueron muchos los italianos que se establecieron en la ciudad y que fueron beneficiados con la entrega de distintos heredamientos. A todos ellos los conocíamos por los estudios que en su momento hicieron Julio González sobre el repartimiento de Sevilla o por la edición del *Libro de los Privilegios de la Nación Genovesa*, que, como ya se ha dicho, publicó por primera vez Isidoro Gallego. Pero, además, ahora se conoce mejor a genoveses como a Bonifacio Calvo, seguramente familiar del cónsul de la república ligur –Nicolás Calvo– que negoció con Fernando III los primeros privilegios para su comunidad y que tal vez llegó a Castilla en la misma misión diplomática. Entre los historiadores se ha debatido sobre el tiempo que residió en Sevilla, ya que algunos autores lo establecen en 1260, otros en 1264 y otros en 1273, en función de los contenidos de las obras literarias que se conocen de este autor y sobre los sirventeses (poemas) que pudo escribir en favor de Alfonso X. A Bonifacio se podría unir el caso de Uberto Renfredo, caballero, de origen genovés, sobrino del pontífice Inocencio IV, que acompañó al rey Fernando III durante la conquista de Sevilla; o el de Bonavía de Vivaldo, que, aunque residió fundamentalmente en el Puerto de Santa María, hoy conocemos mejor gracias a la documentación del Archivo Ducal de Medinaceli o de los archivos de los monasterios sevillanos de San Clemente y Santa Inés[231].

Ya en el siglo XIV destaca la figura del genovés Francisco Imperial, poeta y escritor al que Argote de Molina dedicó algunas páginas en su conocida *Nobleza de Andalucía*, de 1588. Desde entonces su figura ha merecido numerosos estudios, debatiéndose entre los investigadores aspectos como quién pudo ser su familia, cuáles fueron sus lazos con otros italianos y en qué momento se establecieron en la ciudad hispalense. A la primera duda se ha respondido diciendo que su progenitor fue un joyero o diplomático llamado Jaime Imperial, que aparece mencionado en el

---

[231] Los datos biográficos de todos ellos pueden verse en el diccionario.

testamento del rey Pedro I al servicio de este monarca. A cuándo se arraigaron en la ciudad, se ha respondido –como poco fundamento documental– que el citado Jaime Imperial recorría la Península en la década de 1360, por lo que su familia se pudo establecer en Sevilla en esos años. Francisco aparece recogido en el primer padrón de vecinos de Sevilla que se conserva; el correspondiente al año 1384. La transcripción íntegra de ese documento, permite comprobar que Francisco Imperial residía en aquellos momentos en el Barrio de la Mar, que se le atribuía la condición de mercader y que contribuyó con 1.000 morabetinos, cantidad que no estaba entre las grandes sumas que pagaban algunos de los caballeros de la ciudad. Señalar que se desconoce la fecha exacta de su fallecimiento, aunque varios de sus biógrafos la han situado entre los años 1408 y 1409[232].

A lo mucho que ya se conocía sobre el dominio genovés (confirmado en los datos que aportamos en este diccionario)[233] en el conjunto de las comunidades extranjeras establecidas en Sevilla, se le ha añadido en los últimos años una mejora en nuestros conocimientos sobre determinadas familias y sobre el funcionamiento de la institución más importante que crearon en la ciudad durante su permanencia en la misma: me refiero al Consulado de los genoveses, creado al mismo tiempo que comenzaba el proceso de repoblación de la ciudad[234].

De entre las familias que hoy se conocen mejor podríamos destacar a la de los Pinelli, la de los Centurión, los Adorno , la de los Gentile, etc., ya que todos ellos han recibido la atención de los investigadores en los últimos años. Ya conocíamos bastante bien a la de los Riberol desde que en los años sesenta del pasado siglo Leopoldo de la Rosa diera a conocer dos extraordinarios trabajos (con los medios para la investigación que existían entonces) dedicados a uno de los linajes de mercaderes más importantes de la Castilla de finales de la Edad Media[235]. Pero la destacada documentación que se conserva sobre esta familia y la complejidad de sus intereses económicos y sociales, han permitido que se vuelva sobre los pasos que dieron durante su trayectoria vital en el reino, de tal forma que se ha profundizado en el estudio de sus vínculos con las islas atlánticas, en sus relaciones familiares o en el análisis de su extenso testamento[236].

---

232   Los datos biográficos también en el diccionario

233   En el diccionario que acompaña a este trabajo se aportan los datos biográficos de más de 540 genoveses, la mayor parte de ellos residentes en Sevilla y otras ciudades de la cuenca del Guadalquivir.

234   Además de los trabajos de González Gallego ya citados, véase GONZÁLEZ ARCE, Damián, "El Consulado Genovés de Sevilla (siglos XIII-XV): Aspectos jurisdiccionales, comerciales y fiscales", *Studia Histórica. Historia Medieval*, 28 (2010), pp. 179-206.

235   ROSA OLIVERA, Leopoldo, "La varia fortuna de los Rivarola". *Anuario de Estudios Atlánticos*, 12 (1966), pp. 167-200 y "Francisco Riberol y la colonia genovesa en Canarias", *Anuario de Estudios Atlánticos*, 18 (1972) pp. 61-198.

236   OTTE SANDER, Enrique, *Sevilla, Siglo XVI: Materiales para su Historia Económica*. Sevilla, 2008; BELLO LEÓN, Juan Manuel, "Contribución a la biografía del mercader genovés Francisco Riberol (1458-1514)", en *La torre: Homenaje a Emilio Alfaro Hardisson*, La Laguna, 2005, pp. 123-

Pero además de la mejora que han experimentado nuestros conocimientos sobre la familia Riberol, desde hace unos años también contamos con notables avances que están permitiendo una mejor comprensión de otros linajes ligures. Un primer caso sobre el que me gustaría llamar la atención es el de la familia de los Pinelli, y especialmente sobre uno de ellos –Francisco Pinelo–, celebérrimo personaje conocido por su extensa biografía como jurado y fiel ejecutor del concejo hispalense, tesorero de la Hermandad, miembro de un albergo formado a mediados del siglo XV, familiar de Giovanni Battista Cibo (que fue el papa Inocencio VIII), financiero de los primeros viajes colombinos, factor de la Casa de la Contratación (se le atribuye la propuesta que dio origen a esa institución), gestor de numerosas rentas de la Corona, administrador de las almadrabas, Comendador de la Orden de Santiago y origen de un linaje que dejó una amplia huella mercantil, documental y artísticas en la Sevilla de los siglos XV y XVI[237]. Contrajo matrimonio con la cordobesa María de Torres y de su enlace nacieron dos hijos legítimos: Jerónimo y Pedro Pinelo, ambos canónigos de la catedral hispalense. Además, se le atribuyen otros tres hijos naturales (Cristóbal, Luis y Juan Bautista) y se conoce que falleció en Sevilla en 1509, siendo enterrado en la capilla del Pilar de la citada catedral. Una carrera política y económica que le proporcionó una intensa actividad mercantil y crediticia junto a otros agentes castellanos y ligures que ha dejado abundantes testimonios documentales en los archivos y bibliotecas hispanos.

Una segunda familia que conocemos cada vez mejor es la de los Centurione, de los que en Sevilla y su tierra, se advierten para finales del siglo XV y comienzos del XVI, a varios de sus miembros[238]. Una vez más se trata de un linaje –con múltiples

---

144; PÉREZ, Bèatrice, "Francisco de Riberol. Un genovés sevillano canario en el sistema europeo de relaciones", en IGLESIAS RODRÍGUEZ, Juan José y GARCÍA BERNAL, José Jaime (coord.) *Andalucía en el mundo Atlántico moderno: agentes y escenarios,* Sevilla, 2016, pp. 195-213 y , de la misma autora, "Las Islas Canarias o la extensión del dominio de la lucha mercantil: redes genovesas en el último confín de Andalucía", en FERNÁNDEZ CHÁVES, Manuel Francisco; PÉREZ GARCÍA, Rafael M. y PÉREZ, Bèatrice (coord.), *Mercaderes y redes mercantiles en la península ibérica. Siglos XV-XVIII,* Sevilla, 2019, pp. 41-68.

[237] La biografía de Francisco Pinelo y de otros miembros de su familia ha sido trazada en varias ocasiones. Para ello véanse: D'ARIENZO, Luisa, "Francesco Pinelli banchiere del Papa, collettore e nunzio apostolico in Spagna all'epoca di Cristoforo Colombo", en Atti del IV Convegno internazionale di studi colombiani, Genova, 1987, vol. 2, pp. 57-106; BOSCOLO, Alberto, "Il genovese Francesco Pinelli amico a Siviglia di Cristoforo Colombo", en Presenza italiana en Andalucía: siglos XIV-XVII. Actas del I Coloquio Hispano-italiano, Sevilla, 1989, pp. 249-265; YBARRA HIDALGO, E., "Notas históricas y genealógicas de la familia Pinelo", Minervae Baeticae, 29 (2001), pp. 9-22 y "Más noticias inéditas de la Familia Pinelo", Minervae Baeticae, 30 (2020), pp. 193-208; BELLO LEÓN, Juan Manuel, "Los negocios de los mercaderes Francesco Pinelli y Diego de Soria en el Atlántico Medio a finales del siglo XV", *Revista de Historia Canaria,* 200 (2018), pp. 59-72; ORTEGO RICO, Pablo, "Castilla, la Corona de Aragón y el Papado: relaciones financieras en torno a la cruzada y décima durante la guerra de Granada (1484-1492)", *eHumanista,* 43 (2019), pp. 199-248.

[238] Además de algunos de los trabajos de López de Coca ya señalados, véanse los de PULIDO BUENO, Ildelfonso, *La familia genovesa Centurión: (mercaderes diplomáticos y hombres de armas), al servicio de España, 1.380-1680: una contribución a la defensa de la civilización occidental,* Huelva, 2004 y *Génova en la trayectoria histórica de España. Del auxilio militar a la preeminencia económica*

ramificaciones– del que conocemos bastante bien tanto sus negocios en la Corona de Aragón como en el de Castilla.   Aquí quiero llamar la atención sobre la saga de banqueros y comerciantes que inició Teramo Centurione II (1457–1519), afincada en el reino de Granada y, tras la conquista de Málaga y la capital nazarí, en distintas ciudades andaluzas. Algunos de sus más de diez hijos –Martino, Flérigo, Melchor, Steffano y Gaspar Centurione– desplegaron una intensa actividad en la compraventa de cereales, pasas y frutos secos para exportar por todo el Mediterráneo y norte de Europa, en la producción de seda y en préstamos a distintas personas de la región. Además, por los protocolos notariales malagueños, se sabe que dedicaros sus esfuerzos a traficar con armas blancas, papel o tintes con el norte de África, a negociar con los la venta de los esclavos capturados tras las revueltas de Ronda y las Alpujarras o a negociar con las plazas lusitanas del Estrecho.

La tercera familia a la que quiero hacer referencia por los avances que se ha conseguido en torno a su linaje, es la de los Spínola. Tanto a la rama que se estableció en Sevilla, Jerez o Cádiz como a la que se vinculó con Granada y Málaga. En el primer caso hay que destacar a Agustín de Espínola, del que no podemos afirmar que fuera extranjero ya que lo que se conoce de su biografía sitúan su nacimiento en la ciudad andaluza de Jerez de la Frontera. Y es que fue muy probable que viniera al mundo en aquella ciudad a comienzos del siglo XV (año 1410), falleciendo en Segovia, cuando los Reyes Católicos consolidaban su dominio sobre el reino (año 1480). Hijo de Domingo Antonio Spínola y casado con Aldonza de Contreras, su vida estuvo marcada por los vínculos políticos que le unieron al marqués de Villena, Juan Pacheco y su hermano Pedro Girón. No parece que fuera el mismo genovés que, con el mismo nombre, aparece como residente en Sevilla durante el último cuarto del siglo XV. En 1473, él y su compañía, participaron en el abastecimiento de cereales que se organizó para paliar los efectos de la hambruna de ese año; en 1477 obtuvo una carta de seguro para él y otros mercaderes genoveses que le autorizaba a comerciar en todo el reino a pesar de la guerra entre Aragón y Génova; al año siguiente obtenía otra carta de seguro junto con Castelín Pienlo ya que ambos recelaban de los hijos y parientes de Fernand Catano y, finalmente, se le concedió carta de naturaleza en 1477, aunque por algún motivo no pudo hacer efectivo la merced concedida ya que en 1478 se tuvo que reiterar la concesión. En el caso de los Espínolas establecidos en el reino de Granada, nuestros conocimientos sobre ellos han cambiado mucho desde que los trabajos de Adela Fábregas –ya citados– y los de González Arévalo han modificado lo que conocemos sobre estos comerciantes genoveses. Es el caso de micer Ambrosio Espindola, su padre Lucio y su hermano Lucián, hoy en día mejor conocidos gracias a la documentación procedente de los archivos castellanos e italianos que han estudiado y editado ambos historiadores. Sus trabajos permiten saber que se encontraba en el reino de Granada desde 1478, unos

(ss. XI-XVIII). Grimaldi, Spínola y Centurión en la empresa de la Reconquista, la expansión ultramarina y el sostenimiento del imperio español, Huelva, 2013; ENSEÑAT DE VILLALONGA, Alfonso, "Orígenes y trayectoria de la familia genovesa Centurione Becchignone y su vinculación a España (1360-1525), Anuario de Estudios Atlánticos, 54-II (2008), pp. 469-506.

años antes de que se iniciara la última fase de la Guerra, y que vivió en territorio castellano hasta 1498, año en el que falleció. Como en otros casos, hasta el momento de su deceso, Ambrosio es documentado en muchas ocasiones en todo tipo de actividades económicas; tesorero y comisario de la bula de Cruzada, creador de la llamada Sociedad de la Fruta, asociación mercantil que controlaba la exportación de la fruta y que, a juicio de Arévalo o de López de Coca, tuvieron una posición de privilegio por el apoyo que siempre le prestaron las autoridades nazaríes; tenían almacenes en Málaga y propiedades (casas y huertas) en la ciudad de Granada[239].

La cuarta familia que vamos a presentar aquí, podría ser la de los Gentile, linaje que, según David Igual, se formó a mediados del siglo XV por la unión de tres ramas: los Ricio, los Falaminiga y los Pallavicino[240]. Dos de sus miembros –Cipriano y su sobrino Rafael Gentile– crearon una compañía que, desde Valencia, operó continuamente con Sevilla (donde tenían como representantes al genovés Francisco palomar y al florentino Giovanni del Vinyo). Ellos dos, que también vivieron en Sevilla, y otros miembros de su parentela –Esteban, Gabriel, Nicolás, Francesco y Pietro– formaron una estructura crediticia y comercial que también ha dejado numerosos testimonios. Hasta ahora quizás sea la actividad de Cipriano la más conocida[241]. Hermano de Girolamo Gentil, se le documenta con regularidad desde que, en 1484, el papa ordenaba que se hiciese cargo de todo el dinero de la Cámara Apostólica que obrase en poder del legado pontificio en Castilla. Mantuvo actividades relacionadas con la recaudación de las rentas pontificias hasta noviembre de 1489, momento en el que la reina le concedía un seguro para que pudiera trasladarse a Roma y rendir cuenta de sus gestiones. Y en medio de las dos fechas mantuvo relaciones mercantiles con Berbería, gestionó letras de cambio y sostuvo distintos negocios con otros mercaderes genoveses establecidos en Andalucía y Valencia.

Finalmente, de entre las familias que conocemos mejor también podríamos destacar a los Doria, nominados en varias ocasiones como Oria, y algunos de cuyos miembros se recogen en el diccionario (Bautista, Francisco, Gabriel, Jerónimo, Juan, Luis, Pedro, Sebastián, etc.). Seguramente emparentados de alguna manera con el conocido militar –Andrea Doria– que estuvo al servicio de diferentes señores y que terminó bajo el pabellón de Carlos V en las campañas de Túnez y Argel, y por las que el emperador le cubrió de honores: almirante mayor, gran canciller del reino, Toisón de Oro, príncipe de Melfi, etc. De todos los afincados en Sevilla, quizás el mejor documentado sea Francisco Doria. Se conocen sus actividades en la ciudad desde finales del siglo XV, cuando

---

[239]   Es imprescindible la consulta del trabajo de GONZÁLEZ ARÉVALO, Raúl, "De las postrimerías nazaríes a los albores castellanos. Ambrogio Spinola y la continuidad de los genoveses del Reino de Granada (1478-1508)", *Archivio storico italiano*, vol. 173, nº. 2 (2015), pp. 239-273.

[240]   IGUAL LUIS, David, "Valencia y Sevilla en el sistema económico genovés a finales del siglo XV", *Revista d'Historia Medieval*, 3 (1992), pp. 79-116 (especialmente pp. 103 y ss.).

[241]   Fernández Alonso, Justo, Legaciones y nunciaturas en España de 1466 a 1521. Vol. I. 1466-1486. Roma, 1963. También pueden verse algunos datos biográficos de otros Gentil (Domingo, Estena, Fernando, Gregorio, etc.) en el diccionario que acompaña a este trabajo.

aparece comprando o vendiendo esclavos procedentes de Málaga, aceite, balas de papel, varas de terciopelo, etc. y manteniendo negocios con otros italianos establecidos en Cádiz o en Málaga. Pero Francisco no fue el único. Bautista, cuyo grado de parentesco con el primero desconozco y que pasó por algún conflicto con la Inquisición, también participó en la compraventa de aceite (en 1484 reclamaba, junto con Gregorio Presenda, la importante cantidad de 400 quintales al también genovés Cristóbal Grimaldo). Otros miembros de este mismo apellido alternaron su residencia entre Sevilla, Córdoba y Jerez. Por ejemplo, Luis Doria, residente en la zona jerezana desde finales del siglo XV, y que aparece comprando seda, se registra en las cuentas del almojarifazgo mayor correspondiente al año 1502 o se le concede vecindad en Cádiz desde 1517. O Pedro Doria y Lucián Doria, residentes en la ciudad de Córdoba desde los años setenta del siglo XV, pero que, al igual que otros genoveses compaginan su estancia en Córdoba con su morada en Sevilla, tal y como se comprueba cuando fletaron, en la actual capital andaluza, al maestre Pedro Gueldo, 50 toneladas de aceite y cierta cantidad de sal, que, junto con otras 25 toneles de aceite de Bernardino de Grimaldo, se comprometían a llevar hasta la villa de Amberes[242].

3.3.2. Córdoba

La presencia de los italianos en Córdoba, sin ser tan numerosa como la comunidad establecida en Sevilla, también fue destacada. Aunque sí que hay una diferencia muy marcada respecto a la ciudad hispalense. La Baja Andalucía y sus numerosas ciudades (Jerez, Sanlúcar, Cádiz, etc.) fueron capaces de atraer a distintos colectivos foráneos, mientras que el extenso Reino de Córdoba (más de 3.500 km. cuadrados), donde se encuentran términos como Los Pedroches, Lucena, Castro del Río, Aguilar, Baena, etc. con comunicaciones aceptables y una producción agraria importante, no fue un polo de atracción para los comerciantes extranjeros. Y aunque es verdad que carecemos de fuentes que nos permitan valorar esa posible presencia, por lo que conocemos hasta ahora parece confirmarse que sólo la propia ciudad de Córdoba fue capaz de asegurarse una estancia regular de comunidades extranjeras.

Seguramente esa residencia foránea fue valorada por primera vez gracias a la figura de Beatriz Enríquez de Arana, compañera de Cristóbal Colón y madre de Hernando Colón[243]. Y también es probable que la existencia, a mediados del siglo XV,

---

[242]   Los datos biográficos de todos ellos se pueden ver en el diccionario.

[243]   Como es bien conocido, Colón conoció a Beatriz Enríquez de Arana entre los años 1486-87 mientras buscaba apoyos para su proyecto Descubridor. Fruto de los amores entre ambos, en 1488 Beatriz dio a luz a Hernando Colón. Más tarde el almirante utilizaría la residencia cordobesa de Beatriz para algunas relaciones con otros genoveses afincados en Andalucía. Sobre estas cuestiones véase, TORRE Y DEL CERRO, José de la, *Beatriz Enríquez de Harana y Cristóbal Colón: estudio y documentos*, Sevilla, 1933 (2ª ed. de 1984); MURO OREJÓN, Antonio, "Cristóbal Colón y Beatriz Enríquez de Arana. Un matrimonio muy controvertido", en *Actas del Congreso Internacional de Historia de América*, vol. II, Córdoba, 1988, pp. 45-52.

de algunos descendientes de un micer Egido Bocanegra (el conocido almirante genovés al servicio de la Corona castellana), como era el caso de doña Leonor Bocanegra o un Pedro Bocanegra, nos pueden hacer pensar en una presencia estable de los italianos en aquella ciudad. Sin embargo, por lo que hoy conocemos sobre sus actividades y su arraigo en la citada urbe, parece demostrarse que en la antigua capital andalusí los italianos desplegaron su actividad a partir de la segunda mitad del siglo XV, destacando entre ellos algunos artesanos, lo que demuestra que no siempre fueron grandes comerciantes los que optaron por fijar su residencia en el reino de Castilla (véase tabla nº 7).

TABLA nº 7					
Italianos localizados en los Protocolos Notariales de Córdoba (1470–1520)					
Nombre	**Origen**	**Vecindad**	**ocupa-ción**	**Años**	**Observaciones**
Alfonso	Lombar-día	Las Posa-das	carnicero	1479	
Bernardo	Génova			1489	
Carducho, Fran-cisco	Florencia		mercader	1490	Representaba a Francisco Fabri no, flo-rentino
Carlo, Batista	Génova		mercader	1486	
Cazán, Andrés	Génova		mercader	1491	Estante en Sevilla
Chapa, Francisco de	Bolonia			1487	Estante en Sevilla. Presente en Córdoba
Cortés, Antonio	Florencia		mercader	1487	Estante en Sevilla
Cristóbal	Génova			1489	
Diego	Lombar-día	Úbeda		1491	
Doria, Pedro	Génova	Santa Ma-rina	mercader	1475–1486	Estante en Roma. Posee tierras en Cór-doba
Esbarroya, Diego de	Génova			1508	Hijo de Leonardo Esbarroya
Esbarroya, Esteban	Génova		mercader	1515	
Esbarroya, Felipe	Génova			1520	Hijo de Lucián Esbarroya
Esbarroya, Leo-nardo	Génova	San Salva-dor	boticario	1490–1512	Hijo de Manuel Esbarroya. Hermano de Lucián

TABLA nº 7					
Italianos localizados en los Protocolos Notariales de Córdoba (1470–1520)					
Nombre	Origen	Vecindad	ocupa-ción	Años	Observaciones
Esbarroya, Lucián	Génova	San Andrés	boticario	1490–1523	Hijo de Manuel Esbarroya. Casado con Francisca de Silva
Ferrer, Antonio	Génova	Santo Domingo		1478	Preso en la cárcel dol concejo
Florencia, Juan de	Florencia	San Pedro	carpintero	1471	Entra como aprendiz de carpintero
Francisco	Génova	San Andrés	peraile	1479	
Gentil, Francisco	Génova		mercader	1487–1512	
Gentil, Jácome	Génova			1487	Estante en Córdoba
Gentil, Jerónimo	Génova			1470	Arrendador renta azogue Almadén
Gentil, Juanotto	Génova			1470	Arrendador renta azogue Almadén
Grillo, Otobón	Génova		mercader	1480–1490	Estante en Sevilla
Grimaldo, Pedro	Génova			1490	
Guasco, Doménigo	Florencia	San Andrés	tintorero	1475–1486	Hijo de Diego Guasco. Casa con Mencía Fernández
Hondegardo, Polo	Génova			1486	Primo de Manuel y Juan Bautista Spínola
Leardo, Cristóbal	Génova			1478	Preso en la cárcel dol concejo
Mar, Andrea de	Génova		mercader	1486	Estante en Sevilla
Marco	Nápoles			1484	Hijo de Juan Antón
Marín, Bernabé de	Génova		mercader	1487	
Marín, Donaino	Génova		mercader	1493	Estante en Córdoba
Marín, Pedro	Génova	San Lorenzo	mercader	1474–1477	
Monte, Jacobo de	Génova		mercader	1487	Estante en Sevilla
Morando, Diego	Lombardía			1488	Representa a Doménigo [¿Guasco ?]

TABLA nº 7					
Italianos localizados en los Protocolos Notariales de Córdoba (1470–1520)					
Nombre	**Origen**	**Vecindad**	**ocupa-ción**	**Años**	**Observaciones**
Negrón, Termo	Génova			1489	Estante en Málaga
Nenezia, Vicenzo de	Venecia (?)		organero	1496	Se compromete a hacer un órgano para San Pablo
Odón, Andrea	Génova			1487	
Pinelo, Bernardo	Génova			1489–1491	
Pinelo, Francisco	Génova		mercader	1486–1489	Estante en Córdoba
Pinelo, Martín	Génova		cambiador	1487–1492	
Pinelo, Pantaleón	Génova			1489	
Polo	Génova	San Nicolás	bonetero	1486–1487	
Presenda, Gregorio	Génova		mercader	1477	Estante en Sevilla
Rodolfo	Florencia		mercader	1490	
Rodríguez, Francisco	Génova	San Andrés	peraile	1487	Otorgó su testamento
Ruiz, Simón	Florencia	vº El Carpio	relojero	1502	Hace un reloj para la ciudad de Écija
Salvago, Batista	Génova		mercader	1470	Fallecido. Patrón de una carraca
Salvago, Jerónimo	Génova			1470	Hermano de Batista Salvago
Sicilia, Guillermo de	Sicilia (?)			1489	Representa a miçer Bernardo Gaytán
Solar, Angelo de	Génova		mercader	1487	
Spínola, Ambrosio	Génova		mercader	1486–1490	Tío de Manuel y Juan Spínola
Spínola, Anigo (?)	Génova		mercader	1489	Estante en Córdoba. Albacea de Juan Batista Spínola
Spínola, Bernardo	Génova	Santa María	mercader	1489	Albacea de Juan Bautista Spínola
Spínola, Cristóbal	Génova			1487–1493	Ausente

TABLA nº 7					
Italianos localizados en los Protocolos Notariales de Córdoba (1470–1520)					
Nombre	Origen	Vecindad	ocupa-ción	Años	Observaciones
Spínola, Francisco de	Génova			1470	Arrendador renta azogue Almadén
Spínola, Juan Bautista	Génova	Santa María	mercader	1485–1490	Hermano de Manuel Spínola
Spínola, Leonardo	Génova			1470	Arrendador renta azogue Almadén
Spínola, Lucián	Génova		mercader	1478	Estante en Córdoba
Spínola, Manuel	Génova		mercader	1484–1490	Tesorero de la Santa Cruzada
Spínola, Onorato	Génova		mercader	1488–1500	Estante en Córdoba
Fuente: García Luján, José A. (1987) y García Luján, José Antonio y Córdoba Deorador, Alicia (1989).					

Si observamos la tabla anterior, se podrá comprobar que en la nómina de italianos localizados en los protocolos notariales cordobeses se encuentran algunos naturales de aquella península que alternaban su residencia entre Sevilla y la antigua capital califal. Son los casos de los bien conocidos Francisco Pinelo o Gregorio Presenda o de los miembros de la familia Spínola o Gentil, pero también el de Jerónimo Doria y su familiar Pedro Doria, que compartieron su residencia entre ambas urbes; el primero durante los años 1493 a 1500, actuando en unos casos como representantes de los genoveses Galeote Serra y en otros de Pantaleón Italián. El segundo documentado desde 1475 en Córdoba (vecino en la collación de Santa María) y que quizás podría ser el mismo que encontramos en Sevilla con el nombre de Pedro Vicencio Doria. En ambos casos también es probable que mantuviera algún vínculo familiar con Lucián Doria, que vivía en Córdoba en las últimas décadas del siglo XV[244]. Pero sin duda, son los boticarios Esbarroya (Esteban, Felipe, Leonardo, etc.) los que han dejado un mayor rastro documental en Córdoba. Leonardo Esbarroya está documentado entre los años 1490 y 1512, era hijo de Manuel Esbarroya y hermano de Lucián Esbarroya. Contrajo matrimonio con Inés Fernández y de él se conoce su carta de dote (recibió 50.000 maravedís, de los cuales 15.000 fueron en dinero al contado y el resto en ajuar, ropas y joyas) así como el testamento de su mujer y algunos de los pleitos que mantuvo en la Audiencia de Granada. Lucián, también boticario, contrajo matrimonio con Francisca de Silva, fue vecino en las collaciones de San Andrés y de

---

[244]　　Véanse las biografías Jerónimo Doria y Pedro Doria en el diccionario.

la de San Juan y, como su hermano Leonardo, aparece en varias escrituras de los protocolos cordobeses[245].

Pero los genoveses no son los únicos italianos que se documentan en Córdoba. También se ha podido evidenciar en los protocolos notariales a lombardos como el comerciante Antonio Ferrer, que se declaraba estante en la collación de Santo Domingo y que aparece mezclado –junto con el genovés Cristóbal Leardo– en algún asunto de deudas que terminó con ambos en la cárcel del concejo. Aunque en este caso también es probable que sea el mismo Antonio Ferrer que entre los años 1465 y 1466 aparece como residente en la ciudad de Murcia, actuando como fiador de Jaime de Pellicer, abastecedor de las carnicerías de la ciudad, lo que también le acarreó algunos problemas ya que fue detenido y encarcelado por incumplimientos del contrato[246]. E italiano también era Juan de Florencia, uno de los pocos casos documentados de un extranjero que entra a aprender un oficio artesanal con un carpintero; en este caso se trata de un florentino, que se declaraba residente en Córdoba, y que firmó un contrato de aprendizaje con el carpintero Pedro Díaz de Écija, vecino de Córdoba, al que se compromete a servir durante un año a cambio de comida, cama, vestido, calzado y una pequeña paga de 700 maravedís[247]. Un caso peculiar es el de Domenico Guasco (o Huasco) ya que sus circunstancias varían en función del escribano que registró sus actividades. En el primer documento que conocemos de esta persona no se le califica de extranjero ni indica su procedencia. Tan sólo se dice que era hijo de Diego Huasco (o Guasco) y que residía en Córdoba cuando en 1473 recibió como dote por su matrimonio con la cordobesa Mencía Fernández, 30.000 maravedís en ajuar, ropas y otros bienes. Sin embargo debe ser el mismo que dos años después se documenta como florentino y tintorero de granas, residiendo en el barrio cordobés de San Andrés, y formando compañía con el también tintorero llamado Fernando. El matrimonio fue padre de Leonor Fernández, a su vez casada desde 1501 con Diego Ruiz Carrasquilla[248].

3.3.3. Jerez y Cádiz

La documentación conservada y el esfuerzo de numerosos investigadores, han permitido confirmar que, desde el punto de vista demográfico y económico, la segunda localidad en importancia de la Baja Andalucía fue la ciudad de Jerez de la Frontera. A finales de la Edad Media la ciudad controlaba un amplísimo alfoz que se extendía desde la bahía de Cádiz hasta las proximidades de Ubrique o Ronda, englobando en su término a un conjunto de aldeas y pueblos cuyos habitantes conocemos gracias a

---

[245] Véanse en el diccionario las biografías de los Esbarroya.

[246] Véase en el diccionario la biografía de Antonio Ferrer.

[247] Véase en el diccionario biografía de Juan de Florencia.

[248] Véase en el diccionario la biografía de Domenico Guasco.

los libros del repartimiento, a unos pocos recuentos efectuados con motivo de la re-caudación de la moneda forera y a unos cuantos registros bautismales correspondien-tes a varias parroquias de la ciudad. Con todos los testimonios documentales acumu-lados algunos investigadores –como Carlos Flores[249] – ha podido demostrar que en la zona gaditano–xericiense la localidad que experimentó un mayor crecimiento desde mediados del siglo XV fue Jerez, mientras que Cádiz, Sanlúcar o el Puerto de Santa María apenas modificaron el número de habitantes, manteniendo un creci-miento nulo o estancado de la población. Ni la cercanía de la frontera, ni las periódi-cas levas a las que se vio sometida la ciudad para defenderse, ni los éxitos repobla-dores de algunos señores andaluces en sus dominios de la costa gaditana impidieron que el número de habitantes de Jerez casi se duplicaran en menos de cien años, pa-sando de los 2.500 vecinos en 1455 a cerca de 4.000 que se registran en el Censo General de 1534[250].

Precisamente por el impulso demográfico y el auge económico también se ha podido detectar en la documentación un incremento de los intercambios comerciales, propiciando la llegada a la ciudad de mercaderes extranjeros (flamencos, genoveses, venecianos, ingleses, bretones, etc.[251]), que contribuyeron a potenciar los intercam-bios marítimos y, en definitiva, a la dinamización de la economía jerezana en torno al comercio[252]. Desde los ya citados trabajos de Sancho de Sopranis o Sánchez He-rrero, hasta llegar a los más recientes de Emilio Martín[253], José A. Mingorance[254],

---

[249]   FLORES VARELA, Carlos, *Estudio demográfico de la Andalucía cristiana, 1400-1535*. Tesis Doctoral, Universidad Complutense.

[250]   Aunque evidentemente por el número de habitantes (entre 12.000 y 15.000 personas) era mucho menor que Sevilla o Córdoba, sin embargo Jerez se podía comparar a otras localidades andaluzas como Jaén o Baeza, duplicaba los de Carmona o el Puerto de Santa María y superaba ampliamente a Sanlúcar, Cádiz o Palos.

[251]   Para una aproximación completa al mundo de los extranjeros en Jerez véase el ya mencionado trabajo de MINGORANCE RUIZ, José Antonio, *La colonia extranjera en Jerez a finales de la Edad Media*. Madrid, 2014, que recoge lo esencial de su extensa tesis doctoral defendida un año antes.

[252]   Un panorama general en los trabajos de MARTÍN GUTIÉRREZ, Emilio, "La participación de Jerez de la Frontera en los circuitos comerciales atlánticos a finales de la Edad Media: los contratos de fletamiento", en *La península ibérica entre el Mediterráneo y el Atlántico. Siglos XIII-XV* 133-141. Sevilla-Cádiz, 2006, pp. 133-141; COLLANTES DE TERÁN SÁNCHEZ, Antonio, "Papel del Atlántico en la configuración de Andalucía", Historia. Instituciones. Documentos, 35 (2008), pp. 85-105; BELLO LEÓN, Juan Manuel, "Mercaderes del Siglo XV de Jerez de la Frontera", *Historia. Instituciones. Documentos*, 41 (2014), pp. 11-44.

[253]   MARTÍN GUTIÉRREZ, Emilio, "Nuevos datos sobre la población y los genoveses en la ciudad de Cádiz. Una relectura del padrón de vecinos de 1467", *En la España Medieval*, 29 (2006), pp. 187-224.

[254]   José Antonio Mingorance, además de su tesis doctoral ya citada, tiene otros trabajos dedicados a distintas comunidades extranjeras asentadas en Jerez de la Frontera. Véase MINGORANCE RUIZ, José Antonio, "La colonia portuguesa en Jerez en el reinado de los Reyes Católicos", *Hespérides. Anuario de investigaciones*, 12 (2004), pp. 391-413 y "Británicos y flamencos en el Jerez finimedieval", *Revista de Historia de Jerez*, 10 (2004), pp. 57-79.

Francisco Fornell[255], Enrique Pilares[256] o Daniel Ríos[257], son numerosos los estudios que han demostrado como se avecindaron muchos de esos extranjeros, especialmente los genoveses[258].

En otras ocasiones he tenido la oportunidad de llamar la atención sobre algunas de las peculiaridades del asentamiento de estas comunidades extranjeras en Jerez y, en general, en la zona de la Bahía de Cádiz[259]. Particularidades que ahora vuelvo a sintetizar en unas pocas líneas para poder entender mejor las circunstancias que rodearon su influencia. Así, conviene tener presente que entre los extranjeros asentados en aquel territorio parece que hubo un proceso de fusión con el conjunto de la población autóctona mayor que el que se pudo dar en otras localidades más grandes o con mayor peso económico (como Sevilla o Málaga). Esa influencia fue especialmente manifiesta en su presencia en los gobiernos concejiles (en Cádiz o Jerez se constata a varios italianos entre su regidores o jurados) o en la administración de los intereses de la alta nobleza de la región (varios genoveses fueron administradores de distintas rentas señoriales o de la Corona).

TABLA nº 8					
Italianos en Cádiz (1485–1489)					
Nombre	**1485–86**	**1489**	**Nombre**	**1485–86**	**1489**
Adorno, Francisco	X		Lomelín, Agustín	X	
Agustín, Pedro	X		Lomelín, Cosme	X	
Barçi, Jualián de	X		Lomelín, Juan	X	
Batista, Polo	X		Marrufo, Jerónimo	X	X
Bonifacio, Polo	X		Mitre, Sauli	X	
Catano, Francisco		X	Moneglia, Domenigo		
Catano, Jerónimo	X		Monte, Bernardo		X

---

[255]   FORNELL FERNÁNDEZ, Francisco Javier, *Linajes gaditanos en la Baja Edad Media. Breve estudio de la oligarquía local (siglos XIII-XV)*, Cádiz, 2010.

[256]   RUIZ PILARES, Enrique y MINGORANCE RUIZ, José A., "La movilidad social de las naciones extranjeras en las ciudades andaluzas bajomedievales: los Adorno y la sociedad política de Jerez de la Frontera (1470-1520)", *Hispania*, 263 (2019), pp. 669-698.

[257]   RÍOS TOLEDANO, Daniel, "Cádiz y el comercio marítimo genovés en el siglo XIV", *Medievalismo*, 28 (2018), pp. 271-293.

[258]D'ARIENZO, L. "Le colonie genovesi di Siviglia, Cadice, Jerez de la Frontera e Puerto de Santa María alla vigilia del viaggio di scoperta colombiano attraverso una fonte fi scalesulla guerra di Granada (l'assedio di Baza del 1489)" en D'Arienzo, L. (ed.), *Sardegna, Mediterraneo e Atlanticotra Medioevo e Età Moderna, Vol. III* 133-183, Roma, 1993.

[259]   BELLO LEÓN, Juan Manuel, "Mercaderes del Siglo XV de Jerez de la Frontera", *Historia. Instituciones. Documentos*, 41 (2014), pp. 11-44.

TABLA nº 8					
Italianos en Cádiz (1485–1489)					
Nombre	1485–86	1489	Nombre	1485–86	1489
Centurione, Stefano		X	Negro, Polo Bautista		X
Dala, Dalmao	X		Negrón, Juanoto	X	X
Doméstico, Jácomo	X		Odón, Andrea	X	
Espínola, Cristóforo		X	Odón, Andrea	X	
Espínola, Gasela	X		Paues, Mitre	X	
Espínola, Gotrisco		X	Pinelo, Fernando	X	
Espínola, Juan	X		Pinelo, Lorenzo		
Espínola, Nicoloso	X	X	Pinelo, Lorenzo	X	X
Espínola, Pedro	X		Rótulo	X	
Espínola, Pietro		X	Salvago, Alcajame		
Forne, Casil		X	Sauli, Tomás	X	X
Forte y su hermano		X	Sopranis, Alfón	X	X
Franquis, Giovani		X	Sopranis, Jácomo	X	
Gasela, Nicoloso de	X		Uselo, Francisco	X	
Gentil, Gregorio	X		Usodemar, Cosme	X	
Gentile, Pietro		X	Usodemar, Nicoloso	X	
Grimaldi, Margulo		X	Viña, Mateo	X	X
Guialtedo, Giovani		X	Vivaldo, Juan de	X	X
Guialteldo, Pietro		X			
Italián, Polo	X				
Fuente: Ladero Quesada, M. A, Unas cuentas de Cádiz Ob. Cit; Otte, Enrique, Sevilla y sus merca-deres…Ob. Cit.					

Por otro lado, también conviene que recordemos que en su día el citado Sancho de Sopranis ofreció una nómina de mercaderes genoveses establecidos en Cádiz, Jerez y el Puerto de Santa María a finales del Cuatrocientos[260]. Los avances en la investigación y la aportación documental de numerosos archivos elevan notablemente las cifras que dio en benemérito investigador, sobre todo si tenemos en cuenta que a partir de los años 80 de la centuria la afluencia de italianos fue más frecuente y continuada, de tal forma que a finales del XV en el conjunto de la Bahía se puede documentar a casi un centenar de individuos, con un predominio de los genoveses en Cádiz (véase tabla nº 8), donde su número llegó a ser, quizás, más importante que en

---

[260]   En Cádiz registró 19 personas, en Jerez 20 y en El Puerto 14.

Jerez, y mayor que el Puerto de Santa María o la propia Sanlúcar de Barrameda[261]. El síntoma más evidente de la importancia de lo que se ha denominado como "nación genovesa" en Cádiz fue que llegaron a poseer sus propios cónsules, a obtener capilla propia en la catedral (la de Santa María de San Jorge) desde el año 1487, además de una serie de privilegios mercantiles y un tratamiento fiscal para sus mercancías relativamente autónomo respecto al de Sevilla[262].

Por último, se observa en las nóminas conocidas (como en la reflejada en la tabla anterior) que los nombres y apellidos genoveses que aparecen en Cádiz son los mismos que poseen otros italianos que mantienen residencia en Jerez, Sevilla o el Puerto de Santa María, lo que indicaría un grado importante de movilidad y hace difícil establecer cuál fue el tipo de relación (si era vecino o era transeúnte) que cada uno de ellos mantuvo con localidad en la que se hallaba presente.

Los trabajos que he podido realizar sobre los mercaderes en la ciudad de Jerez a lo largo del siglo XV, los estudios que ha elaborado José Antonio Mingorance o Emilio Martín y fuentes excepcionales como las cuentas de la recaudación del almojarifazgo mayor de Sevilla para el año 1502, confirma la relevancia de los genoveses como principales comerciantes de la localidad y su entorno[263]. El protagonismo de los Adorno o de los Spínola, miembros de familias consolidadas en la ciudad y en el resto de la Bahía, o de mercaderes como Andrea Doria, demuestran que, para los genoveses, Cádiz fue la base de muchas de sus operaciones en Castilla y centro redistribuidor de las manufacturas del norte de Europa, el oro y los esclavos africanos, o el azúcar de Canarias y Madeira. Y basta con poner, quizás, el caso de Andrea Doria, menos conocido que el de otros ligures establecidos en la ciudad, a pesar de que también desplegó una intensa actividad desde 1502 en adelante[264].

Andrea alternó su residencia entre Cádiz y Jerez, y sobre él profesor Mingorance pudo reunir múltiples referencias para los años 1502 a 1526, lo que indicaría una larguísima estancia en el reino de Castilla. En ese periodo de tiempo hizo múltiples

---

[261]   No están en esta nómina otros destacados mercaderes genoveses que, una vez más, he dejado fuera por la cronología en la que los conocemos. Me refiero a Gaspar de Spinola y Niculoso Spinola, su compañero, ambos estantes en Cádiz; o Dimetre Italiano y Jacome Italiano, su hermano, también estantes en la ciudad. En todos los casos se les documenta, con cierta frecuencia, en los protocolos notariales sevillanos a partir de 1508.

[262]   A partir de 1493, cuando Cádiz volvió a la jurisdicción de la Corona, los mercaderes genoveses de la ciudad consiguieron de los reyes la confirmación de una serie de privilegios mercantiles con los que actuaban en la ciudad desde hacía tiempo. Sobre el particular véase el ya citado trabajo de LADERO QUESADA, Miguel A., "Unas cuentas de Cádiz…Ob. Cit. pp. 85-120.

[263]   BELLO LEÓN, Juan Manuel, "Mercaderes en Jerez….Ob. Cit.; MINGORANCE RUIZ, José Antonio, *La colonia extranjera en Jerez*…Ob. Cit. MARTÍN GUTIÉRREZ, Emilio, "Nuevos datos sobre la población…..Ob cit.

[264]   No hay que confundir a este Andrea Doria con el genovés que llevó el mismo nombre y que fue padre de Francisco Doria, uno de los mercaderes más conocidos de la Sevilla de finales del siglo XV. Este último había fallecido en 1501. Véase en el diccionario los datos biográficos de Francisco Doria.

negocios con sus socios Gregorio Spínola, Doménico de Mafe y su pariente Luis Doria. Introdujo en Jerez importantes cantidades de grana y cueros; suministró diferentes partidas de hierro al artesanado local o vendió tejidos flamencos y bretones valorados en cientos de miles de maravedís. Cuando en 1526 se le pierde la pista documental, había dejado un rastro de población que le debía importantes cantidades de dinero, lo que le convertiría en un hombre políticamente relevante, ya que llegó a ser regidor de Cádiz en la década de los veinte del siglo XVI[265].

3.3.4. Sanlúcar de Barrameda

Lo que conocemos sobre la presencia extranjera en otras villas costeras de la Andalucía Occidental no es mucho. Más allá de las escasas referencias que podemos encontrar en los libros de repartimiento de alguna de estas localidades, si se sabe que Moguer, Ayamonte, Sanlúcar de Barrameda, Huelva, el Puerto de Santa María, etc. también participaron de auge demográfico y mercantil que experimentó toda Andalucía a finales de la Edad Media, lo que, sin duda, atrajo a comunidades foráneas que intentaron aprovechar aquel crecimiento. De todas ellas quizás sea Sanlúcar de Barrameda la que cuenta actualmente con las mejores muestras del papel que jugaron los extranjeros en su sociedad[266].

Hace muchos años que Antonio Moreno llamó la atención sobre uno de los pocos registros de vecindades que existen en Castilla para los primeros años del siglo XVI (entre 1512 y 1540) y a través de los datos que ofreció en su estudio sobre la que fue considerada como la capital de los estados señoriales de los Guzmán, se ha podido reconstruir una parte del proceso inmigratorio que conoció la Sanlúcar en aquel periodo[267]. De su análisis el autor pudo deducir que la mayoría de los inmigrantes llegados a la ciudad procedían del área de Sevilla y Cádiz, pero además pudo comprobar que también se dio una nutrida presencia de extranjeros, especialmente de ingleses, flamencos y bretones. Y aunque pudo documentar la presencia de algunos italianos comprando atunes en las almadrabas, arrendando alguna renta de las pertenecientes al duque de Medina, o en los pleitos que enfrentaba a los almojarifes de Sevilla con

---

[265] MINGORANCE RUIZ, José Antonio, *Los extranjeros en Jerez*….Tesis Doctoral, ob. cit., pp. 764.765.

[266] Actualmente Sanlúcar cuenta con una serie de estudios que han mejorado mucho nuestro conocimiento sobre el comercio y la actividad económica de aquella villa señorial. Algunos ejemplos pueden verse en: LADERO QUESADA, Miguel Ángel: "Sanlúcar de Barrameda, antepuerto de Sevilla, a finales del siglo XV", en *Mundos medievales: espacios, sociedades y poder. Homenaje al profesor José Ángel García de Cortázar y Ruiz de Aguirre*, Santander, 2012, vol. II, pp. 1491-1508; RUIZ PILARES, Enrique José, "Espacios portuarios bajomedievales entre el estuario del Guadalquivir y el Estrecho de Gibraltar (ss. XIII-XVI)", *Awraq: Estudios sobre el mundo árabe e islámico contemporáneo*, 21 (2023), pp. 115-131.

[267] MORENO OLLERO, Antonio, *Sanlúcar de Barrameda a fines de la Edad Media*, Cádiz, 1983 (especialmente pp. 122-136).

algún mercader vecino de esa localidad por el cobro de los derechos de carga y descarga[268], curiosamente no se registra en el citado libro de vecindades a ningún italiano, lo que es evidente que no se correspondía ni con la realidad económica y social de la citada villa en aquellos momentos ni con lo que ahora conocemos sobre la presencia genovesa o veneciana en Sanlúcar.

Todas estas noticias han mejorado recientemente tanto por los trabajos de Daniel Ríos, Javier Jiménez y Raúl González, como al hecho de que han recurrido a fuentes italianas ya divulgadas, pero hasta ahora poco utilizadas[269]. Los dos primeros autores citados analizan un documento que fue dado a conocer por Jacques Heers y que se encuentra en el Archivo di Stato di Genova. La importancia de ese testimonio radica en el hecho de que nos aporta una información muy relevante sobre el ignorado consulado genovés de Sanlúcar de Barrameda, que estuvo operativo desde, al menos, la década de los años sesenta del siglo XV. Pero antes de analizar el mencionado documento, los autores también ofrecen diversas noticias que demuestran la presencia regular de los genoveses en Sanlúcar ya desde la segunda mitad del siglo XIV. Así, dejan constancia del seguro otorgado en 1368 para salvaguardar las mercancías de Ilario de Mari y de Battista de Mari, que debían ser embarcadas en el citado puerto en la nave del patrón Giuliano de Mari, en su viaje desde La Esclusa hasta Alejandría; la denuncia presentada en 1370 por el cónsul de Génova, Oberto Pelliccia, ante el rey Pedro IV de Aragón y en la que se reclama, entre otras cosas, una indemnización para Nicolo de Camilla, quien había sufrido un robo a manos de Pere Bernardo de Mallorca, cuando se encontraba en Sanlúcar; la presencia en la villa, en el año 1409, de Ansaldo Lomellini, representante de Cosme Tarigo, y encargado de fletar en Sanlúcar o en Cádiz un cargamento de aceite y jabón en la nave de Baliano Pinelli, con destino a La Esclusa y Southampton. Además, también dan noticia del navío patroneado por Juan Ferrando de Stivarrubia, cargado en Sanlúcar con mercancías los ligures Filippo y Federico Centurione, Angelo Centurione, Anfreone Centurione, Cristoforo Centurione, Battista y Domenico Spinola, Giacomo Lomellini, Bernabé Fieschi, Battista Fieschi y Oberto Basso. Y aunque la presencia física en la villa ducal de todos los que aquí se mencionan no es segura, el hecho de que se vieran afectados por estos incidentes nos indica la importancia que le daban los mercaderes ligures a

---

[268]   AGS, RGS. 13-6-1491. fol. 99; y 28-10-1491. Fol. 29; También en FRANCO SILVA, Alfonso y MORENO OLLERO, Antonio, "Datos sobre el comercio sobre el comercio del Puerto de Sanlúcar de Barrameda en el primer tercio del siglo XVI", en *Actas del II Coloquio de Historia Medieval Andaluza*, Sevilla, 1982, pp. 283-296 (sobre todo p. 289).

[269]   RÍOS TOLEDANO, Daniel y JIMÉNEZ LÓPEZ DE EGUILETA, Javier, "El puerto de Sanlúcar de Barrameda y la comunidad genovesa en el siglo XV: un documento de su consulado de 1461", *Espacio, Tiempo y Forma*. Serie III, Historia Medieval, 37 (2024), pp. 935–960. Lo más reciente es el trabajo de GONZÁLEZ ARÉVALO, Raúl, "El puerto de Sanlúcar de Barrameda y la comunidad genovesa en el siglo XV: un documento de su consulado de 1461", *Espacio.Tiempo y Forma. Serie III. Historia Medieval*, 37 (2024), pp. 935-960.

aquella localidad gaditana. Y aunque las dudas sobre la posible presencia de una comunidad ligur extensa en Sanlúcar persisten por el hecho de que, cuando se autorizó
la creación del citado Consulado se nombró como representantes de la comunidad
italiana al regidor Pedro García de la Pava y al escribano Juan Martínez Verde, debido a que la villa sólo contaba con cuatro compatriotas en la localidad (Cristoforo
Sacro y Nicoloso de Zoagli en condición de estantes y Antonio y Pietro Pallastrelli
en calidad de vecinos), lo cierto es que las noticias que actualmente se conocen permiten suponer que los genoveses tenían un gran interés en utilizar la villa de Sanlúcar
como lugar de compraventa y escala en sus rutas de navegación[270].

3.3.5. Murcia

En la reconocida y admirada tesis doctoral del hispanista Denis Menjot, defendida en
mayo de 1990 y publicada, primero por la Casa de Velázquez y, de forma más reciente por la Real Academia Alfonso X de Murcia, el autor afirmó, con cierta rotun-
didad, que ningún murciano se dedicó al gran comercio marítimo internacional. Tan
sólo, a juicio de Menjot, el conocido Pedro de Monsalve tuvo los recursos necesarios
para afrontar su participación en el comercio mediterráneo, dejando, por tanto, esa
función en manos de la comunidad italiana –especialmente la genovesa– establecida
en Murcia[271].

La instalación de esa comunidad ligur y florentina en la ciudad de Murcia y otras
localidades de la región, ya fue analizada desde hace tiempo por Juan Torres Fontes
y por Ángel Luis Molina. Y ambos autores coincidieron en destacar que su presencia
allí experimentó un continuo crecimiento –siempre moderado– desde la segunda mitad del siglo XIV, alentado por la reordenación del comercio genovés desde Oriente
hacia Occidente y por los beneficios que les generaba el control de la importación y
exportación de tintes, especias, colorantes y paños. Desde los trabajos de Fontes y
Molina el estudio de estos mercaderes no ha hecho más que crecer, demostrando que,
al igual que en Andalucía, jugaron un papel destacado en el comercio internacional
de Murcia[272]. Pero con dos grandes diferencias. Nunca fueron una comunidad tan

---

[270] Todas estas noticias pueden verse en el citado trabajo de RÍOS TOLEDANO, Daniel y JIMÉNEZ LÓPEZ DE EGUILETA, Javier, "El puerto de Sanlúcar de Barrameda….Ob. cit. pp. 943-944 y pp. 947-948.

[271] MENJOT, Denis, *Murcia. Ciudad fronteriza en la Castilla bajomedieval*, Murcia, 2008 (sobre todo pp. 509-510 y pp. 582-587). Del mismo autor también es importante el artículo que elaboró con CECCHI, Elena, "Murcie dans le grand commerce international a l'oree du XVe siecle d'apres les Archives Datini. Notes et documents", *Miscelánea Medieval Murciana*, 15 (1989), pp. 121-138.

[272] Como en otras ocasiones, ofrecer un listado de las aportaciones que se han hecho en los últimos años al estudio de la presencia italiana en Murcia exigiría mencionar a muchos autores y obras publicadas en las últimas décadas. En todo caso.como orientación, véanse: FRANCO SILVA, Alfonso, *El alumbre del Reino de Murcia: una historia de ambición, riquezas y poder*, Murcia, 1996; MONTOJO MONTOJO, Vicente, "Mercaderes y actividad comercial a través del puerto de Cartagena en los reinados de los Reyes Católicos y Carlos V (1474-1555)", *Miscelánea Medieval Murciana*, 18 (1993), pp. 109-

amplia como la sevillana o la gaditana, y no disfrutaron de una organización institucional (consulados) como la que tuvieron los ligures desde el reinado de Fernando III y, por ende, carecían de los privilegios fiscales que tuvieron sus compatriotas en Sevilla. Si bien, hay que recordar que todo esto no impidió que, en determinados momentos, el concejo o la corona les reconocieran algunas exenciones fiscales o los protegiera frente a los abusos de otras instituciones o particulares.

Las primeras referencias sobre la presencia genovesa en Murcia nos la proporcionan los textos de los diferentes repartimientos que se efectuaron de la ciudad y su tierra en la segunda mitad del siglo XIII. Gracias a su extraordinaria conservación, y con el análisis que se ha hecho de los abundantes nombres, apellidos y lugares de procedencia, se ha podido conocer al heterogéneo grupo de repobladores italianos que fueron beneficiados durante los distintos repartimientos que hubo en aquella centuria. El ya citado Torres Fontes ofreció una amplia nómina de ese grupo, señalando los ejemplos de micer Pagano, micer Nicholi, Andrea de Celano, Jacomo de Luca, Jacomo Leopardo, Celin de Niola, Guillen el Gegant, micer Çeresa, el célebre Jacobo de las Leyes, su hermano Simón, Juan Corvo (caballero de Milán), Simón Zacarías, Bondi Urriguet de Pistoya, Fores Bondi de Pistoya, el maestre Pedro Lombardo, Buenaventura Lombardo, Bernalt de Pavía, el curtidor Nicholoso, Albertín Genovés, etc.[273]. De todos ellos el más distinguido fue Giacomo Giunta, conocido en el reino de Castilla como Jacobo de la Junta o Jacobo de las Leyes, por su fama como experto en Derecho Romano. Estuvo al servicio de Alfonso X y se le considera como uno de los autores de la ingente obra legislativa que se desarrolló en Castilla en la segunda mitad del siglo XIII. Se desconoce exactamente de qué lugar de Italia procedía, aunque los historiadores que lo han estudiado coinciden en señalar que su apellido estaba muy extendido en Florencia, Pisa y Bolonia, así que es muy probable que procediese de alguna de aquellas ciudades[274]. Su hijo, llamado Bona Junta, se dedicó al corso y al asalto de distintos navíos en aguas mediterráneas y su hermano Simón, también se afincaron en Murcia y permanecieron en la región aún

---

140; SALICRÚ I LLUCH, Roser, "Noticies de genovesos al regne de Murcia al tombant del segle XIII" Anales de la Universidad de Alicante. Historia Medieval, 11 (1996-1997), pp. 479-492; FAZZINI, Mauro, "De la circulación a la producción: el capital genovés y la industria del tinte en Murcia (1380-1470)", *Espacio, Tiempo y Forma. Serie III Historia Medieval*, 36 (2023), pp. 485–510; QUINTEROS CORTÉS, Javier, "Los Spínola, los Opertis, los Negro y los Rey y la "influencia" genovesa en el abastecimiento de una ciudad : el caso de Murcia en la segunda mitad del siglo XV", en SOLÓRZANO TELECHEA, Jesús y ARIZAGA BOLUMBURU, Beatriz (coord.), *Alimentar la ciudad en la Edad Media*, Logroño, 2009, pp. 387-406 y del mismo autor "Los genoveses, el adelantado Pedro Fajardo y Enrique IV. Comercio, fraudes y ambiciones territoriales en el Reino de Murcia (1454-1474)", *Anuario de Estudios Medievales,* 41-1 (2011), pp. 99-123.

[273]   TORRES FONTES, Juan, "La repoblación murciana en el siglo XIII", *Murguetana*, 20 (1963), pp. 5-21.

[274]   TORRES FONTES, Juan, *Repartimiento de la huerta y campo de Murcia en el siglo XIII*, Murcia, 1971. (especialmente pp. 204-207 y "La familia del Maestro Jacobo de las leyes", *Glossae. Revista de Historia del Derecho Europeo,* 5-6, (1993), pp. 333-349; PÉREZ MARTÍN, Antonio, "Jacobo de las leyes: datos biográficos", *Glossae. Revista de Historia del Derecho Europeo*, 5-6, (1993), pp. 279-331.

después de fallecido Jacobo. A ellos podría añadirse el caso de Rufino Alejandrino, dominico y traductor de origen italiano, que se estableció en Murcia a partir de 1265 al amparo de la creación en aquella ciudad de un Studium Arabicun et Hebraicum[275].

Para finales de la decimotercera centuria Roser Salicrú ha podido documentar, a partir de las fuentes procedentes de los registros de Cancillería del Archivo de la Corona de Aragón, a varios genoveses que mantuvieron estrechos lazos con Murcia o que residieron en la región, en unos momentos en que Murcia pasó a estar controlada por el monarca catalanoaragonés[276]. Son los casos, por ejemplo, de Januino de Quinto, Otin de Quinto, Giovanni Ceba Guido Conventi o Guglielmo Barcell, afincados en la actual Alicante y a los que se les confiscó sus bienes en Murcia o fueron expulsados de allí por apoyar la entrada en la región de las tropas de Jaime II o por abastecer a las tropas del citado monarca. Además, la citada autora, ofrece un abanico de genoveses que a finales del siglo XIII y primeros años del XIV comerciaban con Murcia y Cartagena: son los casos de Giovanni Embrono, al que se le autorizó a navegar con sus mercancías desde Guardamar hasta Cartagena; el de la tripulación castellana que en 1301 se encontraba en un leño genovés anclado en el mismo puerto; o el de Guglielmo di Pontremoli, que a mediados de ese mismo año de 1301, declaraba un conjunto de deudas que le debían varios vecinos de la región.

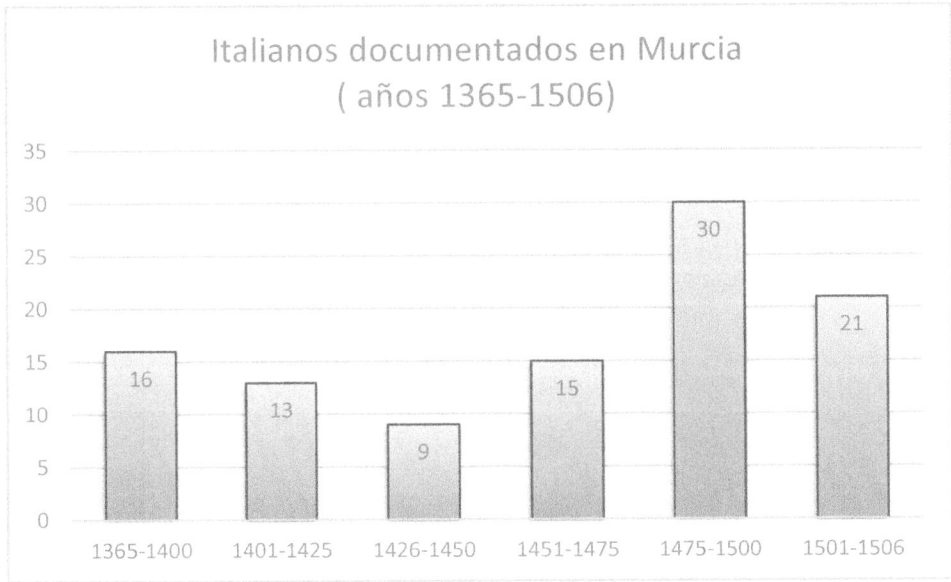

Gráfico nº 5. Italianos documentados en Murcia.

---

275   SANTOYO, Julio, La traducción medieval… Ob. Cit. p. 215.

276   SALICRÚ I LLUCH, Roser, "Noticies de genovesos…Ob. Cit. pp. 483 y ss.

Como ya se ha comentado, desde finales del siglo XIV se vuelve a documentar una nutrida representación de los mercaderes genoveses frecuentando los puertos de la región de Murcia y la propia capital (véase gráfico nº 5)[277]. La gráfica, con la mera exposición de los datos sobre las fechas en las que tenemos documentados por primera vez a cada uno de esos italianos, confirma con claridad que el ritmo de llegada se aceleró en la segunda mitad del siglo XV, con un pico en los años comprendidos entre 1492 y 1500, acelerándose ese crecimiento en el primer lustro del siglo XVI ya que tan sólo en los primeros seis años de la centuria ya se han podido evidenciar a más de veinte italianos. En cualquier caso, el centenar largo de personas de distinta procedencia (genoveses, florentinos, sicilianos, etc.) que pudieron registrar Torres Fontes, Luis Molina, Denis Menjot y otros autores, demuestran que la ciudad, sin alcanzar los números de Valencia o Sevilla, seguramente fue la tercera región del reino de Castilla que acumuló un mayor número de italianos a lo largo del Trescientos y el Cuatrocientos. La mayoría son genoveses[278], casi todos son mercaderes y sólo un porcentaje muy pequeño fijó su residencia en la ciudad, alcanzando la condición de vecino e integrándose plenamente en la economía y la sociedad de la región.

Y entre los primeros que se pueden documentar, destacan Nicolás Escarzafigo, representante de Otombo de Oliva (también italiano), al que en 1370 el rey Enrique II autorizaba a sacar del reino de Murcia 1.200 quintales de arroz para atender el suministro de Sevilla y su tierra[279] ; el caso de Bernabé de Módena, natural de la localidad italiana del mismo nombre, y pintor que se estableció en Murcia entre 1360 y 1363. Allí permaneció, al menos, hasta 1383, trabajando en la catedral y especialmente para el linaje la familia del infante don Manuel. Sobre todo, en la capilla que la citada familia mandó construir en el templo, pintando dos retablos conocidos como "Virgen de la Leche" y el de "Santa Lucía". Ambos se conservan con graves mutilaciones, lo que no ha impedido identificar a algunos de los donantes, como la reina doña Juan Manuel o el retrato idealizado del infante don Juan Manuel[280]; el caso de Argis Gote, genovés que en mayo de 1369 aparece junto a conocidos financieros y oficiales de los concejos de Sevilla o Murcia (como Alfonso Pérez de Guzmán, Fernán Sánchez de Tovar, Alfonso Pérez Martel, etc.) arrendando la casa de la moneda de ambas ciudades[281]; el de micer Sauso y micer Polo, que en 1381 obtuvieron del concejo murciano el monopolio sobre el abastecimiento de colorantes y tintes a la ciudad, como contrapartida al pago de un préstamo de 50.000

---

[277]   El gráfico se ha elaborado con los datos que aportan los trabajos ya citados de Torres Fontes, Luis Molina y Denis Menjot, además de los recogidos en el diccionario que acompaña a esta obra.

[278]   Del centenar de italianos que se ha podido docuemtar, más del 80% fueron de origen genovés. El resto lo forman un conjunto de florentinos, venecianos y sicilianos.

[279]   TORRES FONTES, Juan, "Genoveses en Murcia…Ob. Cit. p. 79.

[280]   Ver sus datos biográficos en el diccionario.

[281]   PASCUAL MARTÍNEZ, Lope, PASCUAL MARTÍNEZ, Lope, *Documentos de Enrique II. Colección de documentos para la Historia del Reino de Murcia*, Murcia, 1983. Documentos nº 6 y nº 7.

maravedís que la ciudad necesitó para afrontar la recaudación fiscal de aquel año. Ya a comienzos del siglo XV destacan los casos del florentino Juan Destajo y su representante en Murcia, el también toscano Juan Florentín; ambos se encontraban en la localidad mediterránea a finales del siglo XIV y comienzos del XV y a ambos los documentó Torres Fontes como arrendadores de las aduanas de Murcia[282]. Menos conocido es el caso del florentino Gregorio Dati (1362–1435), autor de una *Istoria di Firenze*, escrita entre los años 1407 y 1410, y del denominado como *Libro Segreto*, en el que se encuentra descripción de su estancia en los reinos ibéricos desde 1390 como representante de una compañía comercial. Primero en Valencia, donde residió varios años y luego en Murcia, hasta que en 1411 regresó a su ciudad natal[283].

Pero sería a partir del reinado del Enrique IV y, sobre todo, de los Reyes Católicos, cuando la afluencia y permanencia de los genoveses se hace más evidente. Ese proceso se explica, en gran parte, por el comienzo de la explotación de las minas de Mazarrón en torno a 1462, la cesión de su aprovechamiento a Juan Pacheco, marqués de Villena, y el traspaso de la mitad de sus derechos que éste otorga a Pedro Fajardo, Adelantado Mayor del Reino de Murcia y el posterior arrendamiento que hicieron los genoveses de la familia Rey de la producción de esas minas.

Aunque al igual que en otras regiones, la presencia se limita en muchas ocasiones a un paso fugaz por la ciudad, de tal forma que un porcentaje importante de los italianos que se documentan en la región también se les encuentra en otras localidades casi simultáneamente. Dos buenos ejemplos podrían ser los de Andrea de Mar, genovés que entre los años 1486 y 1498 compartió su residencia entre las ciudades de Toledo, Córdoba, Murcia y Sevilla, manteniendo negocios con el conocido Francisco Pinelo, beneficiándose de los bienes y rentas que van dejando los judíos expulsados del reino o pleiteando con otros mercaderes italianos afincados en Valencia o Toledo; y el de Juan Antonio Negro, que en 1473 residía en Sevilla, donde se comprometió, junto con Polo de Negro, a traer 27 cargas de cereal para la alhóndiga de la ciudad, pero que, a partir de entonces, sólo se le encuentra en Murcia [284].

El mismo año que comenzaba a reinar Enrique IV el concejo murciano concedía a Rafael Casanova, a Juan Casanova y a Simón Espínola un seguro para que pudiesen venir con sus mercancías a la ciudad sin ningún tipo de recelo o temor[285]. Desde entonces, el número de italianos no deja de crecer: cuarenta y ocho del centenar (casi el 50%) de italianos que se han podido documentar que se encuentran en la ciudad entre los años 1475 y la muerte de la reina Isabel en 1504. Y, sobre todo, aparecen familias y linajes que deciden establecerse en Murcia y arraigar en la región tejiendo una nutrida

---

[282]   TORRES FONTES, Juan, "Genoveses en Murcia…Ob. Cit. p. 80.

[283]   Vénase los datos biográficos en el diccionario.

[284]   Los datos biográficos de ambos pueden verse en el diccionario.

[285]   TORRES FONTES, Juan, "Genoveses en Murcia….p. 94 y anexo nº 14. Por esos mismos años también se encontraba en la ciudad Leonardo Casanova, hermano de los citados Rafael y Juan.

red familiar, social y económica. Pueden ser buenos ejemplos los casos de Juan Antonio Negro, Polo de Negro, Pedro de Negro, Tadeo Negro y Julián de Negro[286]. Y especialmente la familia Rey, compuesta por los hermanos Baltasar, Mateo y Luis, y sus sobrinos, Domingo, Juan y Jácomo, que entre los años 1476 y primeras décadas del siglo XVI dominaron la escena económica murciana con el arrendamiento de las minas de alumbre, la compraventa de cereales y los préstamos a la ciudad. Y un hecho peculiar. En esa cronología se ha podido documentar a una de las pocas mujeres genovesas −de las muchas que seguramente hubo− en Castilla. Se trata de Lucrecia Mayneta, hija del también ligur Francisco Mayneta, así mismo residente en Murcia. En su caso, aparece como esposa del escribano público Pedro Ibáñez, vecino de Murcia, contrayendo matrimonio seguramente en 1506 ya que ese año recibió una dote de 50.000 maravedís, compuesta de casas, heredades y cierto ajuar, mientras que el marido entregó unas arras valoradas en 10.000 maravedís[287].

3.3.6. *Málaga y reino de Granada*

El estudio de la presencia de las comunidades italianas en el reino de Granada también cuenta con extraordinarias aportaciones. De nuevo, entre ellas destacan las destinadas a los a los genoveses. Así, hace ya muchos años que Jacques Heers, Federigo Melis o Garzón Pareja llamaron la atención sobre las relaciones entre el reino nazarí y la república ligur, destacando el papel de Málaga en el sistema económico europeo de los siglos XIV y XV[288]. Roser Salicrú ha dedicado importantes estudios para demostrar el peso de las relaciones entre Génova y Granada, en tiempos en los que los nazaríes, pese a sus dificultades internas, aún mantenían su independencia respecto al reino de Castilla[289]. Por su parte, los trabajos de Geo Pistarino, y especialmente los de Giovanna Petti Balbi o los de Adela Fábregas destinados al análisis de las actividades de la familia Spinola han permitido conocer mejor a mercaderes que mantenían una intensa actividad en el emirato unos años

---

[286]   Los datos biográficos de todos ellos pueden verse en el diccionario.

[287]   LUIS MOLINA, Ángel, "Mercaderes genoveses en Murcia....Documento nº 7 (13-8-1506).

[288]   Heers, Jacques, "Le royaume de Grenade el la politique marchande de Gênes en Occident (XV siècle)", Le Moyen Age, 63 (1957), pp. 87-121; Melis, Federigo, "Malaga nel sistema económico del siglo XIV e XV secolo", en Economía e Storia, III, I(1956), pp. 19-59 y II, pp. 139-163; GARZÓN PAREJA, Manuel, "El comercio genovés con Granada a mediados del siglo XV", en *Cuaderno de Estudios Medievales*, I (1973), pp. 146-148.

[289]   SALICRÚ I LLUCH, Roser, "La embajada de 1479 de Pietro Fieschi a Granada: nuevas sombras sobre la presencia genovesa en el sultanato nazarí en vísperas de la conquista castellana", *Atti dell'Accademia Ligure di Scienze e Lettere*, 54 (1997), Serie V, pp. 355-385 ; "Génova y Castilla, genoveses y Granada. Política y comercio en el Mediterráneo occidental en la primera mitad del siglo XV (1431-1439)", en Gabriella AIRALDI (ed.), *Le vie del Mediterrane. Idee, uomini, oggetti (secoli XI-XVI)*, Génova, pp. 213-257 y *El sultanato nazarí de Granada, Génova y la Corona de Aragón en el siglo XV*, Granada, 2007.

antes de su definitiva caída[290]. Las posibilidades de estudio de esa presencia foránea cambian tras la incorporación del emirato al reino de Castilla.

A todo lo ya realizado se le está añadiendo en los últimos años la notable aportación que está ofreciendo el profesor González Arévalo y su grupo de investigación. Con las posibilidades que están abriendo una nueva lectura de la documentación castellana procedente del Archivo General de Simancas, del Archivo de la Real Chancillería de Valladolid y Granada y los archivos de Sevilla, Córdoba, Jaén y Granada y, sobre todo, con la aportación de los archivos italianos de Génova, Florencia y Venecia. Con ellos se están abordando estudios prosopográficos que están ofreciendo un conocimiento más profundo de familias, factores e intereses económicos y sociales que ya nos permiten comprender mejor el destino de la comunidad mercantil italiana presente en el Reino de Granada antes y después de su conquista, así como su adaptación a las nuevas realidades impuestas por los castellanos. Un buen ejemplo es el estudio que dedicó a Ambrogio Spinola[291], a su mujer Leonor de Torres o a su hermano Lucián de Spínola, demostrando que tenían propiedades en la propia ciudad de Granada, que abandonaron la ciudad unos años antes de la definitiva conquista y que regresaron a ella inmediatamente después, o que mantenían relaciones comerciales con la élite nazarí

Desde los estudios paleográficos o desde la edición de fuentes también se han aportado notables contribuciones para el estudio de la presencia italiana en Granada, Málaga y otras localidades del emirato nazarí. Los trabajos de Francisco Bejarano y, sobre todo, las aportaciones de Obra Sierra –aunque este último edita textos que quedan fuera de nuestro periodo de estudio– aportaron numerosos datos sobre la presencia extranjera en los momentos iniciales tras la conquista castellana de la región[292]. A ellos habría que añadir el esfuerzo que comenzó en el año 2005 cuando se inició la publicación del denominado como *Diplomatario del Reino de Granada*, que en esencia recoge la documentación procedente de una de las secciones más conocidas del Archivo General de Simancas: el Registro General del Sello, salvo para la edición de

---

[290] PISTARINO, Geo, "Tra Genova e Granada nell'epoca dei nazarí", en *Presencia Italiana en Adalucía. Siglos XIV-XVII*, Sevilla, 1989, pp. 191-228; PETTI BALBI, Giovanna, "Le strategie mercantili di una grande casata genovese: Francesco Spinola tra Bruges e Malaga (1420-1456)", en *Serta antiqua et mediævalia* (1997), pp. 380-393. En el caso de Adela Fábregas, además de los libros de contabilidad de la familia Spínola ya citados en notas anteriores, también puede verse su artículo "Estrategias de actuación de los mercaderes toscanos y genoveses en el reino nazarí de Granada a través de la correspondencia Datini", *Serta Antiqua et Medievalia* (2001), pp. 259-304.

[291] GONZÁLEZ ARÉVALO, Raúl, "Exilio, diversificación, superación. Estrategias de supervivencia de los Spinola de Granada ante la guerra final de conquista (1481-1492)", *Reti Medievali*, 14, 2 (2013), pp. 89-110; y "De las postrimerías nazaríes a los albores castellanos. Ambrogio Spinola y la continuidad de los genoveses del Reino de Granada (1478- 1508)", *Archivio storico italiano*, 173-2 (2015), pp 239-273.

[292] BEJARANO ROBLES, Francisco, *Catálogo de los documentos del reinado de los Reyes Católicos existentes en el Archivo Municipal de Málaga*, Madrid, 1961; OBRA SIERRA, Juan María de la, *Mercaderes italianos en Granada (1508-1512)*, Granada, 1992.

la colección procedente del archivo Municipal de Jerez de la Frontera[293]; o la enorme colección de actas notariales procedentes de Baza, una de las localidades granadinas que ha tenido la fortuna de conservar bastante bien su patrimonio documental desde finales del siglo XV[294]. Aunque fuera de nuestro periodo de estudio, se podría considerar como complementario de todas estas colecciones documentales el *Cedulario del Reino de Granada (1511–1514),* publicado gracias al trabajo de varios investigadores de la Universidad de Málaga[295], o la edición de actas capitulares de diversos concejos del antiguo reino granadino (Almuñécar, Castril, Málaga y a los dos primeros libros de actas de la capital granadina)[296].

TABLA nº 9	
Algunos de los italianos establecidos en Málaga a finales del siglo XV y primeros años del XVI	
Adamo Rosso	Alonso Arias (Palermo)
Bartolomé Abarze	Bartolomé de la Roca
Lorenzo Rabata	Pedro Cabrial
Termo de Negrón	Tomás Espínola
Bautista Espínola	Agustín Italián
Martín Centurión	Polo de Franquis
Guglielmo Gandulfo	Carlos Sauli
Ambrosio Espínola	Bautista Marino
Gaspar Italián	Rafael Grimaldo

[293]   ARROYAL ESPIGARES, Pedro; CRUCES BLANCO, Exther y otros, *Diplomatario del reino de Granada. Documentos procedentes de la sección Registro General del Sello del Archivo General de Simancas, año de 1501,* Universidad de Granada, 2005; GARCÍA VALVERDE, María Luisa y otros, *Diplomatario del Reino de Granada. Documentos procedentes de la sección Registro General del Sello del Archivo General de Simancas, año de 1502,* Universidad de Granada, 2010. ABELLÁN PÉREZ, Juan, *Diplomatario del Reino de Granada. Documentos de Juan II de Castilla (1407-1454) del Archivo Municipal de Jerez de la Frontera,* Granada, 2011. Desgraciadamente parece que el proyecto ha quedado paralizado ya que desde hace más de una década que no se ha retomado este trabajo.

[294]   CRESPO MUÑOZ, Francisco Javier, *El notariado en Baza (Granada) a comienzos de la Edad Moderna. Estudio y catálogo de los protocolos notariales (1510-1519),* Universidad de Granada, 2007.

[295]   ARROYAL ESPIGARES, P. J.; CRUCES BLANCO, E. y MARTÍN PALMA, Mª T., *Cedulario del Reino de Granada (1511-1514),* Málaga, 2008.

[296]   CRUCES BLANCO, E. y RUIZ POVEDANO, J. Mª., *Inventario de acuerdos de las actas capitulares del concejo de Málaga (1489-1516),* Granada, 2004; MORENO TRUJILLO, Mª A., *La memoria de la ciudad: el primer libro de actas del cabildo de Granada (1497-1502),* Granada, 2005 y GUERRERO LAFUENTE, Mª D., *La memoria de la ciudad: el segundo libro de actas del cabildo de Granada (1512-1516),* 2 vols., Granada, 2007.

TABLA nº 9	
Algunos de los italianos establecidos en Málaga a finales del siglo XV y primeros años del XVI	
Galeote Serra	Batista Colomba
Esteban Bonora	Benito Negrón
Uberto Italián	Polo Bautista de Franquis
Bartolomé Garbatin	Esteban Justiniano
Adan de Bibaldo	Teramo Centurión
Gregorio de Negrón	Franco de Negrón
Juan Bautista Marín	Bartolomé Marín
Luca de Marín	Bernal Castelao
Vicenzo Conforte	Flérigo Centurión
Gaspar Centurión	Pantaleón Italián

Fuente: López de Coca Castañer, José E, (1973); López Beltran, María T. y López de Coca Castañer, José E. (1980); González Arévalo, Raúl (2007); González Arévalo, Raúl y Peral Bejarano, Carmen (2024).

Aunque ya he insistido en ello y como se puede observar en la tabla anterior, en este trabajo sólo se recogen datos biográficos de los italianos que se han podido documentar en Málaga tras la conquista cristiana de la ciudad. Como es bien conocido, alguno de ellos residía en el reino nazarí antes de las duras campañas militares de los años ochenta del siglo XV, y muchos se desplazaron hacia tierras castellanas durante el conflicto bélico. Pocos decidieron regresar y la mayoría de los que aparecen en la tabla los conocemos a partir del repartimiento y de los primeros contactos comerciales del puerto de Málaga con otras localidades mediterráneas y atlánticas.

De todos ellos, sin duda los más conocidos fueron los genoveses Agustín Italián y Martín Centurión, naturalizados en el reino de Castilla en 1493 y autorizados a labrar paños, sedas, lanas y azúcares en la citada ciudad de Málaga, en Granada y en Almuñécar. No es necesario volver sobre ellos ya que los trabajos de López de Coca o Raúl González han ofrecido amplia información al respecto. A ellos los acompañaron, ya desde 1489, los genoveses Pedro Cabriel y Termo de Negrón, compareciendo ante el concejo de Málaga para quejarse de que no les permiten fabricar anchova.; a lo que el ayuntamiento respondió exigiéndoles que era necesario avecindarse en la ciudad si querían que los autorizaran. A ellos se le puede añadir el genovés Bautista Espinosa, al que en 1491 se le concedió la vecindad en la ciudad con todos los derechos y libertades; a Bartolomé Franquis, al que en 1493 se le autoriza a descargar una carraca y sacar las mercancías sin tener que traer cargas de cereales por ellas. A Guglirmo Gandulfo, representante de Agustín Italián en varias localidades de la actual provincia de Málaga. También a Vicenzo Conforte, al que se puede documentar entre 1499 y 1511 comprando una vivienda o dedicándose al comercio de la anchova, fletando navíos y adquiriendo grandes cantidades de pescado para enviarlas a Italia. O el andarín Oberto Italiano, al que el profesor Paulino Iradiel pudo documentar residiendo en Valencia en 1482, en 1484 en Mallorca, transeúnte en el Puerto de Santa María ese mismo año, de nuevo en Valencia en 1485, en Italia a finales del siglo XV y en Málaga en el año 1501[297].

3.3.7. Canarias

Seguramente fue Canarias la tercera región del reino de Castilla que atrajo a un mayor número de italianos desde que el Archipiélago se incorporó al citado reino, por lo que –y para entender mejor esa circunstancia– voy a hacer mención a algunos de los viajes que emprendieron ciertos genoveses o florentinos antes de la conquista de las Islas, pese a que todos ellos quedan fuera de nuestro propósito porque en esos momentos ninguna de ellas pertenecía a ningún reino europeo del momento. Y es que desde finales del siglo XIII y durante las primeras décadas del XIV, coincidiendo con circunstancias favorables de orden técnico, político y económico, los italianos iniciaron una serie de expediciones por la costa atlántica africana y por las islas próximas a aquel continente que tendrán hondas repercusiones en el plano político, cultural, económico y espiritual de la Europa de finales de la Edad Media.

Sin tener en cuenta los viajes efectuados hasta los puertos de Larache, Arcila, Salé, Anfa, etc. la primera expedición que aquí nos fijamos para demostrar el interés de los italianos por este ámbito geográfico es la que en mayo de 1291 emprendieron los hermanos Guido y Ugolino Vivaldi, quienes en comandita con Teodosio Doria armaron dos galeras, la *"Alegranza"* y la *"San Antonio"* para un viaje que nadie había osado hacer *"ad partes Indiae per mare oceanum"*, es decir llegar a la India por el camino de Occidente[298].

Al viaje de los hermanos ligures le siguió el del también navegante genovés Lanzarotto Malocello[299]. Su periplo, transmitido por distintas fuentes, ha planteado

---

[297]   Los datos biográficos de todos ellos pueden verse en el diccionario que acompaña a este trabajo.

[298]   La bibliografía sobre las primeras expediciones al Archipiélago es amplísima, aunque la específicamente dedicada al viaje de los Vivaldi pueden verse los trabajos de BONNET REVERÓN, Buenaventura (1942ª), "Las Canarias y los primeros exploradores del Atlántico (I): los Vivaldi", *Revista de Historia*, 57 (1942), pp. 38-46, y "Las Canarias y los primeros exploradores del Atlántico (II) (final): en busca de los Vivaldi", *Revista de Historia*, 58 (1942), pp. 82-89; QUARTAPELLE, Alberto, "El "loco vuelo" de los hermanos Vivaldi en 1291", *Revista de Historia Canaria*, 200 (2018), pp. 227-249.

[299]   Existen varios trabajos dedicados al viaje y a la figura de Maloccelo. De entre ellos Charles de la Roncière, Richard Hennig , Alejandro Cioranescu o Elías Serra propusieron como fecha probable del viaje los primeros años del siglo XIV. Sin embargo, ya en 1958 Charles Verlinden planteó la hipótesis de que la travesía se realizara en la década de los treinta del siglo XIV. Referencias a todas estas teorías y a sus autores pueden verse en trabajos más recientes, en los que se demuestra que el viaje se tuvo que

diversas controversias entre los historiadores ya que durante mucho tiempo se consideró que su llegada a las islas se produjo en 1312. Sin embargo, estudios más recientes proponen como fecha de llegada el año 1336, coincidiendo, por tanto, con los primeros viajes portugueses y mallorquines. Y es que, además de los datos que nos proporciona el mapa de Angelino Dulcert en el que se representa por primera vez a tres de las islas del Archipiélago, hoy conocemos algunas actas notariales mallorquinas y genovesas que testimonian breves episodios de su vida o de algunos de sus familiares. Así, sabemos que el 24 de mayo de 1329 comparecía ante el lugarteniente del reino de Mallorca un *Lanselot Mal Auseyl*, ciudadano de Génova, solicitando el pago de un laudo por cuatro partidas de paños que transportaba de Colliure a las Baleares[300]. Además, hace pocos años y en el Archivo di Stato di Génova, los investigadores Pellegrini y Giustina Olgiati han encontrado algunos documentos que confirman la existencia del navegante genovés y sus familiares. En uno, fechado en 1330, un tal Pompeo Malocello, hijo de Domenico, llama como testigo a un pariente suyo, Lanzarotus Marocellus, para que confirme que es mayor de veintitrés años. En otros dos documentos, ambos de 1391, Pietro Marocello nombra a Eliana Fieschi, esposa del difunto Lanzaroto Marocello, como procuradora para que maneje sus intereses económicos, mientras que, en el segundo, un tal Pietro Malocello reconocía que le debía 400 liras genovesas a Eliana, la ya citada Marocello[301]. Por último, en 1992 la insigne arabista María Jesús Viguera llamó nuestra atención sobre un pequeño texto elaborado por el historiador árabe al–Maqrízi en el que se nos ofrece la información que transmitieron al sultán benimerín Abül–Hasan de Ceuta sobre el viaje de dos galeras genovesas que habían partido del puerto ligur alrededor del año 740 de la Hégira (entre julio de 1339 y junio 1340) hasta llegar al archipiélago canario, donde hicieron aguada y capturaron algunos esclavos [302].

En julio de 1341 se gestaba una nueva expedición a Canarias, hoy conocida por un relato atribuido a Boccaccio y cuya fuente son las cartas enviadas desde Sevilla por unos mercaderes florentinos. Estaba compuesta por dos navíos grandes, uno

---

realizar entre 1336 y 1339. Véase TEJERA GASPAR, Antonio, "Lancelotto Malocello, redescubridor de las islas Canarias", *VIII Congreso del Patrimonio Histórico de Lanzarote*, Arrecife, 2012, pp. 1-19; TEJERA GASPAR, Antonio y AZNAR VALLEJO, Eduardo, "El primer contacto entre europeos y canarios ¿1312?-1477", en *VIII Coloquio de Historia Canario-Americana*. Tomo I, Las Palmas de Gran Canaria, pp. 17-37; QUARTAPELLE, Alberto, "El redescubrimiento de las islas canarias en el anno domini 1339", *Revista de Historia Canaria*, 199 (2017), pp. 11-37. Tejera 2012, pp. 1-19; GONZÁLEZ MARRERO, María del Cristo, "Tras las huellas materiales de la colonización europea de las Islas Canarias", en Fundamentos medievales de los particularismos hispánicos", *IX Congreso de Estudios Medievales*, León, 2003, pp. 427-439.

[300] ORTEGA VILLOSLADA, Antonio, "Del Mediterráneo al Atlántico: apertura/reapertura del estrecho de Gibraltar en la Edad Media: Estado de la cuestión", *Revista d'EstudisHistòrics*, 126 (2011), pp. 101-124.

[301] QUARTAPELLE, Alberto, "El redescubrimiento…Ob. Cit. pp. 24-25.

[302] VIGUERA MOLINS, María Jesús, "Eco árabe de un viaje genovés a las Islas Canarias antes del 1340", *Medievalismo*, 2 (1992), pp. 257-258.

florentino, al mando de Angiolino del Teggia de Corbizzi y otro genovés, capitaneada por Nicoloso da Recco; a ambas le acompañaba una tercera nave, más pequeña, y todas estaban aprovisionadas por el rey de Portugal [303]. Una tripulación compuesta por italianos, portugueses y castellanos recorrió las Islas durante un mes, lo que permitió a la expedición entrar en contacto con algunas de las habitadas, tomar pieles, ganado y varios aborígenes que fueron trasladados a Portugal, y a Nicoloso da Recco dejarnos una de las primeras descripciones que conocemos sobre costumbres y formas de vida de los indígenas. Aunque esta primera expedición portuguesa no tuvo continuación, la importancia de la misma radica en que otorgó al vecino reino argumentos contra Castilla en su intento de mantener su prioridad en el descubrimiento de las Islas. A aquellas primeras expediciones le siguieron, más tarde, otros genoveses (Antonio Usodimare, Alvise Ca da Mosto, Antonio Noli, etc.) que al servicio de Castilla o Portugal recorrieron y exploraron las costas del África Occidental y los archipiélagos atlánticos (Madeira, Azores, Cabo Verde).

A partir de este momento, y conocidas las Islas al menos en los principales puertos mediterráneos y de la baja Andalucía, se inician una serie de viajes que se traducen en una mejora del conocimiento del Archipiélago, en los primeros intentos de evangelización y en el inicio de la pugna por la soberanía de esta zona. Comerciante y marinos catalanes, mallorquines, castellanos y portugueses dominarán las expediciones, comenzando los primeros establecimientos foráneos en tierras que, más tarde, se incorporarían al reino de Castilla. Pero sería con la definitiva incorporación de Canarias a la Corona castellana cuando el número de italianos, y, por ende, su importancia económica y social, aumenta de forma considerable. Participaron en la conquista de las islas mayores, especialmente en la de Tenerife, donde Mateo Viña, Francisco Palomar y Guillermo Blanco (además del mallorquín Nicolao Angelate) crearon una compañía que aportó el dinero necesario para una segunda expedición de Alonso de Lugo a la isla[304]. También participó en la financiación de la conquista, en este caso de La Palma, Francisco Riberol (Francesco Ripparolio), como ya he dicho, uno de los mercaderes genoveses más importante de cuantos se establecieron en Castilla en tiempos de los Reyes Católicos.

---

[303] Los detalles de ésta expedición han sido puestos de relieve por muchos investigadores pero me remito a los trabajos MARTINÓN, Miguel, "Canarias y las otras islas recientemente descubiertas más allá de España en el Océano", *Syntaxis*, 30-31 (1992-93), pp. 134-139; PELOSO, Silvano (1988), "La spedizione alle Canarie de 1341 neireso conti di Giovanni Boccaccio, Domenico Silvestri e Domenico Bandini", en *VI Coloquio de Historia Canario-Americana*, tomo II (2ª parte), Las Palmas (1988), pp. 813-828; MARTÍNEZ HERNÁNDEZ, Marcos (2001), "Boccaccio y su entorno en relación con las Islas Canarias", *Cuadernos de Filología Italiana*, 3 (2001), pp. 95-118; GUIDI –BRUSCOLI, Francesco "Navegadores italianos e as ilhas atlânticas no de Canaria de Boccaccio", en *O mar como futuro de portugal. (c. 1223 - c. 1448). A propósito da contratação de Manuel Pessanha como Almirante por D. Dinis*, Lisboa, 2019, pp. 117-126.

[304] Pueden verse los detalles de estas negociaciones en los trabajos de RUMEU DE ARMAS, Antonio, *La conquista de Tenerife, 1494-1496*, La Laguna, 2006 (2ª ed.) y LOBO CABRERA, Manuel, *La conquista de Gran Canaria (1478-1483)*, Las Palmas, 2012.

Los genoveses se interesaron muy pronto por la adquisición de tierras en las islas[305]. Les guiaba su intención de controlar todo el proceso productivo de la caña de azúcar, especialmente por lo que este producto suponía para multiplicar sus negocios en el ámbito atlántico. Como sucedió con otras comunidades, el origen de su patrimonio territorial en las islas hay que buscarlo en los repartimientos que se efectuaron tras la conquista[306]; proceso que conocemos bien en la isla de Tenerife gracias a la abundante documentación conservada, aunque en los últimos años también mejorado mucho nuestra información sobre este estos temas ya que se ha hecho una nueva lectura sobre las fuentes disponibles, lo que ha permitido que hoy conozcamos nuevos detalles sobre los repartimientos de Gran Canaria y La Palma[307]. Veamos algunos ejemplos de esos italianos para comprobar que su importancia radica no sólo en su número sino en el hecho que de que fueron catalizadores del impulso económico de las Islas en aquellos primeros momentos de la repoblación.

Comencemos por Cristóbal de Ponte, mercader genovés que no participó directamente en la conquista de Tenerife, pero que al encontrarse presente en la isla al menos desde 1497 –lo que unido a sus vínculos familiares con el adelantado– le va a permitir acceder a numerosas datas. Aunque sabemos que fue uno de los mayores beneficiarios, la imprecisión de las datas y las múltiples copias que existen de las mismas dificultan el conocimiento de las parcelas que recibió. Señala Leopoldo de la Rosa que obtuvo sus primeras tierras en 1497, tierras que se han de corresponder con

---

[305]   Al igual que para el resto del reino de Castilla, Canarias también cuenta con una extensa bibliografía que se ha ocupado de la presencia genovesa en las Islas. A los ya citados trabajos dedicados al mercader Francisco Riberol, obra de Leopoldo de la Rosa, Beatris Pérez y Juan Manuel Bello, se le pueden añadir los, ya clásicos, artículos de MARRERO RODRÍGUEZ, Manuela, "Los genoveses en la colonización de Tenerife, 1496-1509", en *Revista de Historia Canaria*, 89 (1950), pp. 52-65 y "Los italianos en la fundación de Tenerife hispánico", en *Studi in Onore di Amintore Fanfani*, V. Milán, 1962, pp. 331-337; SANCHO DE SOPRANIS, Hipólito, "Los Sopranis en Canarias, 149?-1620", en *Revista de Historia Canaria*, 95-96 (1951), pp. 318-336; GOMEZ GALTIER, M. , "El genovés Francisco de Lerca, prestamista y comerciante de orchilla en Las Palmas de Gran Canaria en el decenio 1517-1526", en *Revista de Historia Canaria*, (1963-64), pp. 70-77; OTTE, Enrique, "Los Sopranis y los Lugo", en *II Coloquio de Historia Canario Americana*, tomo I. Las Palmas, 1979. A todos ellos hay que añadirle trabajos más recientes, elaborados con otras metodologías y otras fuentes, como los de HEERS, Jacques, "La empresa genovesa en el Atlántico durante el siglo XV: de la familia a la compañía", en *VII Jornadas de Estudios Canarias-América*. Santa Cruz de Tenerife, 1985, pp. 37-59; GAMBÍN GARCÍA, Mariano, *El ingenio de Agaete. Oro dulce en Gran Canaria a comienzos del siglo XVI*, 2 vols. Santa Cruz de Tenerife, 2007 y "Los genoveses y el negocio del azúcar. Tensiones sociales en Gran Canaria en torno a 1500", en *XV Coloquio de Historia Canario-Americana*, Las Palmas de Gran Canaria, 2006, pp. 1338-1354; LOBO CABRERA, Manuel, "Los mercaderes italianos y el comercio azucarero canario en la primera mitad del siglo XVI", en *Aspeti della vita económica medievale*, Firenze, 1985, pp. 268-282; BRITO GONZÁLEZ, Alexis, *Los extranjeros en las Canarias orientales en el siglo XVII*, Las Palmas, 2002.

[306]   Los detalles en BELLO LEÓN, Juan Manuel, "La participación de los extranjeros en los repartimientos canarios: introducción a su estudio", *El Museo Canario*, 53 (1998), pp. 189-213.

[307]   GAMBÍN GARCÍA, Mariano, *La formación de las élites en las Islas Canarias de realengo después de la conquista (1478-1531). El caso de Gran Canaria*, Tesis doctoral en la Universidad de La Laguna, 2001.

las que se indican en 1501 cuando se le amplía la heredad que recibió cuatro años antes con otros 10 cahices, todas ellas situadas camino de Icod "junto a un roque que está en la mar", es decir lo que más tarde sería el núcleo urbano de Garachico. A este núcleo original de la hacienda le va a ir agregando las parcelas que fueron dadas a Antonio Martínez y a Gonzalo Díaz, adquiridas por Ponte al abandonar aquellos su residencia en la Isla. Con una considerable extensión de tierras de riego, el genovés iniciará la construcción de un ingenio y la puesta en cultivo de la hacienda. Las dificultades no fueron pocas, ya que a la falta de dinero líquido −lo que le obligó a solicitar varios préstamos a Francisco Riberol− se unirían los problemas que planteaba una orografía como la de Garachico donde las pendientes y la existencia de un amplio malpaís obligaría a una costosa roturación y a la disposición de los cultivos en forma de bancales o terraza. Si a ello le unimos la escasa presencia de cursos de agua, alguno de los cuales compartía con Mateo Viña, se comprenderá el progresivo endeudamiento de Cristóbal Ponte con Riberol, lo que obligó al primero a vender al segundo la mitad de su hacienda por un valor de 1.450.000 maravedís.

Otro de los grandes beneficiarios del repartimiento de Tenerife y sin duda uno de los mayores propietarios de las Islas es el ya mencionado Francisco Riberol, personaje muy bien conocido tanto por el enorme rastro documental que nos legó su dilatada vida como por los magníficos estudios que de él y su familia realizó Leopoldo de la Rosa. Su participación en la financiación de la conquista de las Islas, su amistad y relación con Cristóbal Colón y sus hijos, sus múltiples actividades como prestamista, mercader o arrendador de rentas en toda Andalucía, son facetas bien conocidas del que fuera uno de los extranjeros más importantes del reino de Castilla en tiempos de los Reyes Católicos. Su participación en el repartimiento de Tenerife se concreta en la obtención de dos amplias datas en Güímar, una de 300 fanegas de secano y otra de 25 de riego, próximas a la heredad que allí tenían los hermanos "Romano". A ellas se uniría otras tierras, quizás cinco fanegas, que el genovés obtuvo en La Orotava[308], las 100 fanegas, que también en La Orotava, compra al adelantado[309] en 1512, y la ya mencionada mitad del ingenio que había construido Cristóbal de Ponte. Pero si grandes fueron sus posesiones tinerfeñas más aún lo eran las que

---

[308]   Según RUMEU DE ARMAS, Antonio, *La conquista de Tenerife, 1494-1496.* Santa Cruz de Tenerife, 1975, Francisco de Riberol poseía tierras en La Orotava que se la había traspasado, a cambio de recibir tributos sobre ellas, Luis de Sepúlveda, beneficiario de dicha data (véase. cap. XVII, pág. 293). Lo que si es seguro es que en La Orotava obtuvo 36 fanegas de secano que intercambio con Tomás Justiniano por 150 que Riberol y su hermano Cosme poseían en Tacoronte (véase Protocolos de Hernán Guerra, 1510-11, doc. nº. 1062, de 14-5-1511). Véanse datas de Riberol en MORENO, Francisca, *Las datas de Tenerife. (Libro primero de datas por testimonio),* La Laguna, 1993 (especialmente p.. 62 y p. 103).

[309]   AHPT. Leg. 5 (B) [2-9-1512]. Las tierras habían pertenecido a Lorenzo Galíndez de Carvajal y al Ldo. García Ibáñez de Múxica, ambos miembreos del Consejo Real. Actuó como representante de Riberol Giraldo de la Chiavega. El precio de venta es de 325.000 mrs. que el genovés paga con una cédula de cambio de 167.800 mrs. librada por Francisco de Vargas al adelantado. Advertimos que nuestra referencia documental no se corresponde con la que otorga sobre este mismo documento Leopoldo de la Rosa en su ya mencionada obra (vid. pág. 80).

tenía en Gran Canaria, puesto que allí detentaba la propiedad de los ingenios de "Lairaga" y Gáldar, viéndose este último ampliado por las compras que efectuó a su primo Batista y a Francisco de Lugo de las tierras colindantes al mismo.

Finalmente, veamos un tercer ejemplo, el de Mateo Viña, recompensado por su participación financiera en la conquista de Tenerife con más de 200 fanegas de tierras de riego en el norte de la isla. La importancia de la hacienda que llegó a formar se puede observar cuando tuvo que recurrir a un préstamo de 2.000.000 de maravedís que le concedió el duque de Medina Sidonia para poner en cultivo sus tierras. Por deudas contraídas, esta hacienda terminaría pasando en 1516 a manos de los hermanos Agustín y Pantaleón Interián, genoveses que también darían origen a un amplio linaje en la isla de Tenerife.

La acumulación por parte de los genoveses de bienes y tierras llegó a ser tan preocupante para los vecinos de Gran Canaria y Tenerife que pronto se dictaron órdenes tendentes a limitar sus inversiones en ambas islas. Así, en 1499 los reyes ordenaban al gobernador de Gran Canaria que les impidiese poseer heredades en cuantía superior a los 200.000 maravedís, aunque tuvieran carta de naturaleza en el reino. Poco después la prohibición se extendió a Tenerife, pero en ambos casos la disposición real se incumplió.

Sus inversiones en tierras o en la construcción de ingenios azucareros hizo que la mayor parte de los que se explotaron durante las primeras décadas del siglo XVI estuvieran en manos de estos italianos. En Gran Canaria son los casos de los genoveses Francisco Palomar o Antón Cerezo, con importantes haciendas en Agaete, o los de los Riberol y Cairasco con sus ingenios de Gáldar y Guía. En Tenerife, los de Tomás Justiniani o Cosme de Riberol (hermano del citado Francisco), propietarios de uno de los primeros ingenios que se construyó en Tenerife; hacienda que, por distintos motivos, terminó en manos de los también genoveses Jácome y Antonio de Sopranis. Los ingenios de Mateo Viña, de los hermanos Agustín y Pantaleón Italián, o de los también hermanos, Blasino y Juan Felipe Plombino (naturales de Roma), completan el panorama de la intervención italiana en la construcción y explotación de los ingenios construidos en Canarias.

Su influencia en las instituciones también se refleja en los casos de aquellos que accedieron a los concejos insulares como regidores, alguaciles, tesoreros o mayordomos. Son los casos, entre otros, de Batista de Ascanio, regidor de Cádiz y alguacil mayor de Tenerife en 1501; Mateo Viña, regidor de Tenerife desde enero de 1500; Jerónimo Orerio, regidor de Gran Canaria en 1507, o Bartolomé Fontana, mayordomo en el concejo de esta última isla.

3.4. Otros italianos

Frente a la abrumadora bibliografía dedicada a la comunidad genovesa, las otras de origen italiano (florentinos, romanos, milaneses, venecianos, etc.) presentes en el reino de Castilla cuenta con una menor atención, pese a que en los últimos años se están dando notables avances gracias a los trabajos realizados en los archivos toscanos y venecianos. Y es que, hasta hace unos pocos años, todo lo que sabíamos sobre la presencia de los naturales de aquellas regiones se limitaba al análisis de su residencia en los momentos inmediatamente anteriores a los primeros viajes colombinos y, por supuesto, a lo estudios de sus actividades en otros reinos peninsulares[310]. No en vano, es muy conocido el hecho de que el genovés Cristóbal Colón, tenía buenos amigos entre la comunidad florentina que le ayudaron a preparar sus viajes. Fueron los célebres Juanoto Berardi, Simón Verde y, sobre todo, Amerigo Vespucci.

Los florentinos, como las otras comunidades de mercaderes, utilizaron un entramado de filiales, con sus respectivos factores y mercaderes, en distintas plazas financieras y comerciales de toda Europa. De entre las grandes compañías (los Bardi, los Peruzzi, los Acciauoli, Datini, Medici, etc.) parece que fueron sólo los Bardi los que se interesaron de forma más acentuada por la apertura de sucursales en el reino de Castilla[311]. Los trabajos de Armando Sapori y los más recientes del ya citado González Arévalo demuestran que desde el siglo XIV mercaderes como Bindo di Monte

---

[310] Como digo, la bibliografía es extensa así que para el caso castellano me remito a los conocidos trabajos de VARELA, Consuelo, *Colón y los florentinos*, Madrid; Amerigo Vespucci, un hombre para el Nuevo Mundo, Madrid, 1988 y "Vida cotidiana de los florentinos en la Sevilla del Descubrimiento", en *Presencia italiana en Andalucía, Actas del III Coloquio Hispano-Italiano*, Sevilla 1989, pp. 11-22, donde el lector interesado podrá encontrar múltiples referencias. La renovación de todos esos estudios puede verse en algunos de los numerosos trabajos de Raúl González Arévalo y Angela Orlandi. Del primero, pueden servir de ejemplo los siguientes: GONZÁLEZ ARÉVALO, Raúl, "Florentinos entre Cádiz y Sevilla en los siglos XIV y XV", en AZNAR VALLEJO, Eduardo y GONZÁLEZ ZALACAÍN, Roberto, *De mar a mar. Los puertos castellanos en la Baja Edad Media*, La Laguna, 2015, pp. 273-307; "Integración y movilidad social de las naciones italianas en la Corona de Castilla: genoveses, florentinos y venecianos en la Andalucía bajomedieval", en TANZINI, Lorenzo y TOGNETTI, Sergio (coords.), *La mobilità sociale nel Medioevo italiano. Competenze, conoscense e saperi tra professioni e ruoli social (secc. XII-XV)*, Roma, 2016, pp. 375-401; "Del Adriático al Atlántico. Venecia y Cádiz entre navegación, diplomacia y comercio (siglos XIV-XV)", *Hispania*, 264 (2020), pp. 11-45. De Angela Orlandi caben destacar los siguientes: ORLANDI, Angela, "Mercanti toscani nell'Andalusia del Cinquecento", *Historia Instituciones. Documentos*, 26 (1999), pp. 365-382; "Al soffio degli Alisei. Mercanti fiorentini tra Siviglia e il NuovoMondo", *Archivio Storico Italiano* 159 (2011), pp. 477-505; "Fiorentini alla ricerca del Nuovo Mondo", en AZZARI, Margherita y ROMBAI, Leonardo (ed.), *Amerigo Vespucci e imercanti viaggiatori fiorentini del Cinquecento*, Florencia, 2013, pp. 131-15; "Dall'Andalusia al Nuovo Mondo: affari e viaggi di mercanti toscani nel Cinquecento", en PINTO, Giuliano, ROMBAI, Leonardo y TRIPO, Claudia, *Vespucci, Firenze e le Americhe*, Florencia, 2014, pp. 63-86.

[311] Eso no significa que el resto de compañías no operasen en el mercado hispalense o gaditano. Los autores ya citados también han demostrado que sus negocios se efectuaban a través de operadores esporádicos que se desplazaban hasta aquellas regiones de forma puntual y para negocios concretos, además de negociar con Sevilla y Cádiz desde centros externos como Lisboa, Barcelona o Valencia.

Acquerelli, Niccolao di Bartolo Bertoldi, Maffeo di Lapo di Ser Bartolo, etc. trabaja-
ban desde Sevilla para la mencionada compañía exportando a Florencia cereales y
aceite, a la vez que importaba paños y otras manufacturas. Ya a comienzos del siglo
XV la compañía de Francesco Datini se interesó, por primera vez, en desarrollar sus
negocios desde la ciudad de Sevilla (hasta entonces lo había hecho desde Valencia o
Barcelona) y para ello envió a la capital hispalense a Simone di Bonafè. De forma un
tanto efímera −tan sólo entre los años 1400 y 1403− este mercader, que era natural
de Venecia, se ocupó de mantener informado a la compañía florentina sobre precios,
sistemas métricos y productos que podían interesar para su exportación hacia los enclaves mediterráneos o para importar hacia el mercado castellano[312].

A partir de entonces menudean en la documentación florentina, y por primera
vez también en la castellana, la presencia de factores de las grandes compañías toscanas que parecen desplazarse de manera puntual hasta Sevilla, Jerez o Cádiz. Sirvan
de ejemplo el caso de los Bardi, que, pese a las dificultades por las que pasaron a
finales del siglo XIV, vuelven a aparecer residiendo en Sevilla desde 1420 con la
presencia de Giovanni de Bardi y su socio Sebastiano di Bartolomeo, o en Cádiz con
la de Andrea de' Bardi; desde 1439 los Martelli de Florencia, tenían desplazado en la
capital hispalense a Giovanni Martelli, al que se ha podido documentar residiendo en
Sevilla hasta el año 1446 y fletando navíos para enviar a Pisa y otras localidades
importantes cantidades de cueros, lana y sebo. Ya en los años sesenta y setenta del
siglo XV se ha documentado a la compañía de los Salviati y algunos de sus representantes en la ciudad de Sevilla (Niccolo Bandinelli, Carlo Baroncelli, Tadeo Mancini,
etc.), importando grandes cantidades de cuero y lana; o a los hermanos Talento di
Perozzo Tedaldi y Francesco Tedaldi, al servicio de Lorenzo de Medici[313].

Ya en tiempos de los Reyes Católicos y comienzos del siglo XVI el número de
florentinos presentes en las ciudades andaluzas se dispara. Insisto en que Consuelo
Varela, Raúl González y Angela Orlandi han demostrado concreces que los puertos
del sur peninsular atrajeron a los comerciantes toscanos, haciendo de Sevilla y Cádiz
dos polos de atracción equiparable a lo que habían sido para los florentinos, hasta entonces, los puertos de Valencia o Barcelona. Por tanto, me limitaré a dar algunos datos
que se suman a lo que ya sabemos gracias a la labor de estos investigadores[314].

Ya desde los últimos años del reinado de Enrique IV los encontramos en Sevilla
importando cereales en momentos de carestía. Son los casos de Jerónimo Mamo (?)
y los citados Pedro Dolfi y Talento Tedaldi, abasteciendo de trigo a Sevilla durante

---

[312]   GONZÁLEZ ARÉVALO, Raúl, "Florentinos entre Cádiz y Sevilla…Ob. Cit. Pp. 286-288.

[313]   Las referencias a todos estos comerciantes, y muchos más, pueden encontrarse en el citado trabajo
de GONZÁLEZ ARÉVALO, Raúl, "Florentinos entre Cádiz… Ob. Cit. p. 289 y ss.

[314]   Como muestra de ese progresivo aumento podemos decir que Angela Orlandi, en los trabajos
citados en las notas anteriores, llega a contabilizar, para estos últimos años del siglo XV y primeros del
XVI, hasta un total de 43 mercaderes, artesanos o religiosos que llegaron a Sevilla procedente de la
Toscana. De ellos, 30 eran florentinos, 9 seneses, 3 luquese y un pisano.

la carestía de los años 1467–69. El caso de Antón Ortiz, al que en 1489 se le acusa de haberse "alzado" con una hacienda y la considerable suma de tres cuentos de maravedís que Francisco de Bolonia había dejado a su cargo. El de Jerónimo Rafaldi, al que se identifica en Sevilla tanto florentino como sienés, que contrajo matrimonio con la genovesa Leonor Bocanegra, que mantuvo importantes negocios con el duque de Béjar y que terminó trasladándose a Canarias. En 1491 Donato de Bernardo Nicolin y su hermano mayor, llamado Simón, fueron representantes de la compañía de los Médicis en Sevilla durante algunos años de finales de la decimoquinta centuria, prolongando su estancia en territorio castellano hasta 1506. El caso de Piero Rondinelli, considerado como uno de los grandes mercaderes florentinos afincados en Sevilla, representante los Médici, que junto a sus hermanos Rinaldo (establecido en Málaga) y Juan (en Cádiz) participó en las más diversas actividades mercantiles de finales del siglo XV. Y, por supuesto, el celebérrimo Américo Vespuchi, el mercader florentino más conocido de los que se avecindaron en Sevilla. Se cree que llegó a la ciudad hacia 1492 como agente de los Médicis para intervenir activamente en el banco de Juanoto Berardi, toscano y representante en Andalucía de Bartolomé Marchioni, asentado en Portugal y uno de los comerciantes que controlaba el tráfico de esclavos y oro en la Europa de aquellos momentos[315].

Los datos sobre los florentinos establecidos en el resto del reino de Castilla son muy escasos, limitándose, casi siempre a pequeñas referencias sobre su presencia en Valladolid (o en la Corte, cuando se encontraba en aquella ciudad), en Toledo o en Canarias. En el caso de la ciudad del Pisuerga, los trabajos de María Asenjo y David Igual ya demostraron que, entre los años 1475 y 1520, se establecieron en aquella ciudad no menos de 18 toscanos (sobre un total de 42 italianos), destacando el caso de Francesco del Nero, muy documentado en la última década del siglo XV[316]. Y junto a él también posibles familiares como Nicolao de Nero y Alessandre de Nero[317]. También se ha podido documentar el caso de Francisco Fabrín, vinculado a otros mercaderes florentinos (Ulises Mañani, Francisco Carducho y Odón del Puerto), que aparece vendiendo brocados y sedas a don Juan Portocarrero, o reclamando a distintos vecinos de Sevilla, Marchena, Baeza, Valladolid o al comendador de la Orden de

---

[315]   Pueden verse las referencias biográficas de todos ellos en el diccionario.

[316]   IGUAL LUIS, David, "Los Del Nero, mercaderes florentinos: familia, negocios y poder en los reinos hispánicos (1470-1520)", en SABATÉ I CURULL, Flocel (coord.), *El poder entre la ciutat i la regió*, 2018, pp. 219-250.

[317]   Por aquellos mismos años se encontraban residiendo en Zaragoza la compañía de los hermanos florentinos Zanobi y Nicola de Nero, y su factor, Bernardo Bernardi. El grado de parentesco entre estos Nero de Valladolid y los de Zaragoza los desconozco, pero si se sabe que los toscanos de la ciudad aragonesa mantuvieron frecuentes relaciones comerciales con Castilla. Sobre todo ello véanse los trabajos de NAVARRO ESPINACH, Germán; SAUCO ÁLVAREZ, María Teresa y LOZANO GRACIA, Susana, "Italianos en Zaragoza (siglos XV-XVI)", *Historia. Instituciones. Documentos*, 30 (2003), pp. 301-398 e "Italianos, franceses y alemanes en la Zaragoza de los Reyes Católicos (1479-1516)", en IRADIEL, Paulino y otros, *Identidades urbanas. Corona de Aragón-Italia. Redes económicas, estructuras institucionales, funciones políticas (siglos XIV-XV)*, Zaragoza, 2016, pp. 245-262.

Calatrava, importantes cantidades de dinero por la venta de diversas mercancías. Aunque seguramente fue Andrea Vellud (Andrea Velluti, Vellit, Velute, Velend, etc.) el que desplegó una mayor actividad en Valladolid ya que, a juicio de algunos autores, gozaba del favor del rey Fernando, lo que le permitió participar activamente en los acontecimientos políticos que sucedieron en Castilla tras el fallecimiento de Felipe el Hermoso. A partir de la segunda década del siglo XVI, Velluti (al que algunas ocasiones se le califica como genovés) alternó su residencia entre Medina del Campo, Medina de Rioseco y Valladolid[318].

En Toledo cabe destacar la figura del pintor Gherardo di Jacopo Starnina o Gherardo di Jacopo di Neri, que de ambas formas aparece en la documentación florentina. Se trasladó a la península Ibérica a partir de 1379, afincándose en Valencia hasta que, ya en 1395, se dirija hacia Toledo. Sería su estancia en la ciudad castellana la que le permitiría introducir en el reino los gustos y las soluciones técnicas del Trecento italiano. Es más, los investigadores consideran que fue él quien desde el taller catedralicio difundió por distintas partes del reino (Cuenca, Salamanca, Sevilla, etc.) un estilo que se ha relacionado con las obras de Giotto, Antonio Veneziano (con el que trabajó Starnina) o Agnolo Gaddi. Un siglo más tarde se localiza en la ciudad a Andrea Sansovino, o Andrea Florentino, como se le conocía en Castilla, escultor que, estando al servicio del monarca portugués, decidió trasladarse a Toledo, probablemente a finales del siglo XV (quizás en 1499 o en 1500) para trabajar en el retablo de la catedral[319].

La presencia de los venecianos en el reino de Castilla, aunque no se puede comparar con la de los genoveses, fue equiparable o superior (desde el punto de vista numérico) a la de florentinos y lombardos. Su estancia en el reino se explica por varias circunstancias, aunque, sin duda, el hecho de que ya estuvieran presentes en los puertos nazaríes durante las escalas que hacían en sus rutas marítimas (las conocidas *mude*) hacia Poniente y Berbería[320], ayudan entender el por qué de su instalación en Castilla. No obstante, al igual que las otras comunidades que forman parte de este epígrafe, los venecianos tampoco han alcanzado, durante mucho tiempo, la atención que se merecían por su papel en las actividades económicas y sociales del del reino de Castilla. Hasta ahora, porque la situación está cambiando desde hace unos pocos años gracias, una vez más, a los trabajos de González Arévalo y a las aportaciones de los archivos venecianos[321].

---

[318]   Pueden verse las referencias biográficas de todos ellos en el diccionario.

[319]   De nuevo, pueden verse las referencias biográficas de todos ellos en el diccionario.

[320]   La llamada muda de Poniente, conectaba Venecia con el Mar del Norte, pasando desde Sicilia por los puertos mediterráneos de la Corona de Aragón, el reino de Granada (Almería o Málaga) Castilla (Cádiz) y Portugal (Lisboa). La muda de Berbería, que recorría el Magreb (Trípoli, Túnez, Bugía, Argel, Honein, Orán, Vélez de la Gomera) para regresar por la península ibérica (Sanlúcar de Barrameda, Málaga, Almería).

[321]   El profesor González Arévalo ya ofreció hace unos años una serie de referencias bibliográficas sobre las relaciones castellano-venecianas en su trabajo GONZÁLEZ ARÉVALO, Raúl, "La presencia diferenciasl…Ob. Cit. p. 188. Después, el mismo autor ha conseguido ampliar nuestros conocimientos

Y entre los resultados que ha conseguido el profesor Arévalo se encuentra el análisis de las embajadas enviadas a Castilla por la Serenísima a lo largo del siglo XIV, y el estudio de las sedes consulares creadas en Andalucía: primero en Sevilla (1402−1407), con una actividad intermitente a lo largo del siglo XV; posteriormente en Cádiz (en el año 1424) y por último en Sanlúcar de Barrameda (1468). A ello se le añade el hecho de que sus trabajos confirman que, desde finales del siglo XIV, iba en aumento la presencia en las costas andaluzas de embarcaciones venecianas, y con ellas los tratos y la estancia de sus mercaderes en distintas localidades castellanas. Por tanto, me remito a sus estudios y me limito a dar noticias de algunos de los mercaderes presentes en el reino, especialmente, una vez más, en la ciudad de Sevilla y su entorno.

Uno de los más conocidos fue el ya citado en página anteriores, Andrea Foscari, patrón de la galera llamada "la Foscara", que participó en la muda de los años 1463−1464 y 1467−1468 y que nos dejó unos libros de cuentas con los datos del viaje de ida y vuelta de las galeras de Flandes, y sus escalas en Cádiz. También es muy destacado Lorenzo Saçent, veneciano que se encuentra en Sevilla, al menos, desde 1473, momento en el que, junto al también veneciano Andrea de Ras, contribuyó a la traída de diversas cargas de cereal para abastecer la ciudad en la carestía de 1473. Desde entonces y hasta 1484 se le documenta en varias ocasiones fletando navíos cargados de aceite, comprando atunes al duque de Medina Sidonia o inmerso en pleitos por impagos y deudas. Muchas décadas antes, ya en 1406, se encontraba en la ciudad Simón Bonafé (su hermano se instalaba en la ciudad nazarí de Málaga), factor de Francesco Datini; en 1420 también se encontraba en la ciudad Pedro Abati, comprando 100 quintales de aceite. Y en 1421 Andrea Corner, al que la Serenísima le pidió que se dirigiera a Vizcaya para reclamar al rey Juan II de Castilla la restitución de la coca veneciana que había partido de Candía (capital de la isla de Creta, dominada entonces por Venecia) con un cargamento de vino, pues había sido interceptada por tres embarcaciones vizcaínas en el golfo de La Rochelle. Pero fue el reinado de los Reyes Católicos el que ve como se consolida la presencia de los venecianos en el valle del Guadalquivir. Lo confirman los casos de Nicoloso Buchardo, acusado de sacar sin autorización, en 1476, de Sevilla, Jerez y toda su tierra, 500 cahíces de trigo, aprovechando la inestabilidad en la que se encontraba el reino en aquellos momentos;

---

con sus trabajos: "Acuerdos y desacuerdos. Navegación y comercio de las galeras mercantiles de Venecia y Florencia en el Mediterráneo Ibérico desde una perspectiva comparada", en GONZÁLEZ ARÉVALO, Raúl (ed), *Navegación institucional y navegación privada en el Mediterráneo medieval*, Granada, 2016, pp. 145-191; "Integración y movilidad social de las naciones italianas en la Corona de Castilla: genoveses, florentinos y venecianos en la Andalucía bajomedieval", en TANZINI, Lorenzo y TOGNETTI, Sergio (coords.), *La mobilità sociale nel Medioevo italiano. Competenze, conoscense e saperi tra professioni e ruoli social (secc. XII-XV)*, Roma, 2016, pp. 375-401.   "Del Adriático al Atlántico. Venecia y Cádiz entre navegación, diplomacia y comercio (siglos XIV-XV)", *Hispania*, 264 (2020), pp. 11-45; GONZÁLEZ ARÉVALO, Raúl y VIDAL, Tommaso, "Et scribatur viro nobili ser Angelo Venerio, consuli nostro Sibilie. Acción consular, comunicación diplomática y estrategia mercantil veneciana en Castilla a principios del siglo XV", *Medievalismo*, 31 (2021), pp. 201-234.

el de Felipe Calvi, enfrentado a Fernando Ortiz, veinticuatro de Sevilla, por un contrato de arrendamiento de la heredad denominada "Villafranca", situada en el Aljarafe; el de Pedro Celesia, quizás emparentado de alguna forma con Juan Bautista Celesia y Antonio Celesia, aunque a estos últimos se les califican de mercaderes genoveses; el de Andrea de Fisa (o Andrea de Far), con almacenes en la casa de la aduana de la ciudad; el de Guido de Labazaris, impresor que trabajó en Sevilla con Nicoloso Monardis desde el año 1495; y el de Antonio de Rismini, que en 1500 fletaba una nao de 120 toneladas de porte, cargada de vino y con todos los pertrechos necesarios, para que, en compañía de otros navíos, fuera en una armada que organizó Fernán González, vecino de Sevilla, con destino a Flandes[322].

Lo que sabemos sobre los lombardos en la península Ibérica a finales de la Edad Media parecen indicar que los intereses de milaneses y otros naturales de aquella región italiana se orientaron más hacia los intercambios con Barcelona, Valencia o Zaragoza que hacia el valle del Guadalquivir o cualquier otra zona del reino de Castilla[323]. Parte de esas circunstancias se han explicado por el hecho de que la fortuna comercial de la Lombardía no podía compararse con la de Venecia, Génova o Florencia, por entonces los mayores beneficiados no sólo del comercio con Levante y la redistribución de sus productos por toda Europa sino, especialmente, por la utilización de la gran ruta marítima que a través del Estrecho de Gibraltar les unía a la Baja Andalucía Inglaterra o Flandes. Además, las dificultades por las que pasó Milán durante el largo enfrentamiento entre los Reyes Católicos y la monarquía francesa por el dominio de Italia, así como la ausencia en Castilla de clanes familiares que sustentasen las relaciones comerciales o los intercambios esporádicos, explicarían, entre otras muchas causas, una escasa presencia lombarda en las regiones castellanas[324].

De entre los casi 40 naturales de Lombardía que he podido localizar para el diccionario que forma parte de este trabajo, sin duda el más conocido y estudiado en Castilla es Pedro Mártir de Anglería, historiador, poeta y humanista milanés, que residió en Castilla entre los años 1487 y 1526 y que dejó una profunda huella entre los

---

[322]   Los datos biográficos de todos los citados pueden verse en el diccionario.

[323]   BOSCOLO, Alberto, "Milano e la Spagna all'epoca di Ludovico il Moro", en *Milano nell'età di Ludovico il Moro. Atti di congressi*, Milán, 1983, vol. 1, pp. 93-106; y los trabajos de NAVARRO ESPINACH, German, "El ducado de Milán…Ob. Cit. y los de VILLANUEVA MORTE, Concepción, "La empresa familiar de los "Litta": negocios e intereses entre Milán y España desde mediados del siglo XV", *Edad Media. Revista de historia*, 10 (2009), pp. 307-341; "Permisos y concesiones de tránsito entre la península ibérica y el ducado de Milán registrados en el periodo sforzesco (segunda mitad del siglo XV)", *eHumanista*, 38 (2018), pp. 163-185 y "Ciudades, cortes y diplomacia: circulación de hombres de letras entre el ducado de Milán y la península ibérica en el siglo XV", en IRADIEL, Paulino y otros, *Identidades urbanas. Corona de Aragón-Italia. Redes económicas, estructuras institucionales, funciones políticas (siglos XIV-XV)*, Zaragoza, 2016, pp.223-243.

[324]   Un buen ejemplo de esta circunstancia la proporcionó Enrique Otte cuando al analizar los protocolos notariales sevillanos entre 1489 y 1515 tan sólo encontró a dos lombardos (Francesco Gorricio y Melchiore Gorricio) de entre algo más de 450 italianos que localizó durante ese periodo. OTTE, Enrique, *Sevilla y sus mercaderes a fines de la Edad Media*, Sevilla, 1996 (págs. 184-193).

alumnos y profesores que tuvieron la oportunidad de conocerle. Pero no fue el único. Junto a él también se pueden encontrar hasta media docena de embajadores como Guido Antonio de Arcimboldis, Juan Bautista Esfondrato, Juan Angelo Cagnolo, Giovanni Gallarati, Giovanni Geronimo Visconti, etc. que estuvieron presentes en algún momento en Castilla desde el año 1495 hasta finales de 1497; al escultor Daniel Arzón, al que la reina Isabel ordenó que se le pagara 701 ducados de oro (262.875 mrs.) por un retablo que vendió para su capilla; a Juan Pedro, retablista (escultor o pintor), de origen milanés que aparece documentado en el Libro del Limosnero de Isabel la Católica en el año 1487; o el caso de los mercaderes Juan Escarán, Gabriel Correzo, Antonio Blanca, Lanzaroto y Jácome Morón, a los que se les concedió seguros para que pudiesen comerciar en el reino de Castilla. Y sin duda, el también mercader residente en Toledo llamado Franciso Dada, documentado en varios pleitos que pasaron ante la Chancillería de Valladolid entre los años 1502 y 1524. O los Rétulo (Bernardo, Francisco y Leonardo) establecidos en Valladolid y Toledo entre los años 1497 y 1509. Y en fin, los numerosos miembros de la familia Litta, considerados como uno de los linajes milanesas con mayores intereses económicos en España. Como siempre no es fácil distinguir quién es quién en cada una de estas familias ya que, por ejemplo, un Alberto Lita (y su hermano Giacomo) estaban presentes en en Barcelona desde 1450, desde donde crearon una extensa red comercial por toda la península ibérica. Un Giovanni Lita, sobrino de ambos vivía en Valencia desde 1462 y al fallecer este en 1488 dejó parte de sus bienes y negocios a su pariente Cristoforo Lita. A principios del siglo XVI también se documenta a un Fracesco Lita como embajador del duque de Milán ante la corte castellana. Y en Castilla, especialmente en Valladolid, se encuentra a Alberto Litta, Jácome Litta y Luigi Litta[325].

El último grupo de italianos que quiero destacar aquí es el de los romanos, para volver a insistir en que son muy pocos los que he encontrado procedentes de aquella ciudad. Seguramente alguno de los legados pontificios que designó la Santa Sede para sus misiones diplomáticas en Castilla tenía su origen en la Ciudad Eterna o sus alrededores; y también es probable que aquellos que tuvieran el apellido de *"Romano"* también procedan de allí, como son los casos de Ludovico Romano y Antonio Romano[326], pero, hasta el momento, solo he podido documentar, de forma relativamente amplia, a los hermanos Blasino y Juan Felipe Inglesco de Plombino. Presentes en la isla de Tenerife desde los inicios de la colonización, eligen para su asentamiento el valle de Güímar (sur de la isla). Allí recibieron el 27 de febrero de 1500 unas tierras a cambio de que, en un plazo de cuatro años edifiquen un ingenio azucarero[327]. Desde

---

[325]   Como en otras ocasiones, las referencias biográficas a todos ellos pueden verse en el diccionario.

[326]   El primero se declaraba natural de Viterbo, de la región del Lacio, la misma a la que pertenece Roma. El segundo se declaró natural de Mesina, en Sicilia.

[327]   El gobernador les entregaba estas tierras para compensar el secuestro de los bienes, incluído un ingenio, que Alonso de Lugo les había hecho en Alojera (La Gomera), Véase ROSA OLIVERA, Leopoldo y SERRA RÁFOLS, Elías, *Reformación del Repartimiento de Tenerife en 1506*. Santa Cruz

entonces comenzaron la construcción de los molinos, canales y edificios necesarios en un intento de cumplir con el plazo dado, si bien todavía a mediados de 1504 no se habían terminado las obras, pese a lo cual el gobernador confirmaba la posesión de las tierras y se daba por satisfecho con lo edificado hasta el momento.

3.5. La comunidad portuguesa

En varias ocasiones ya he comentado que la comunidad portuguesa seguramente fue la más numerosa de cuantas se establecieron en Castilla a lo largo de los siglos finales de la Edad Media. Las razones para afirmar algo así son obvias, pese a que no disponemos de fuentes documentales que lo corroboren. Ambos reinos compartieron una frontera de más de 1.200 kilómetros, que se estabilizó desde muy pronto y a través de la cual se mantuvieron unas relaciones políticas, económicas y culturales muy intensas y, casi siempre, pacíficas, lo que no significa que no hubiera momentos de abierta hostilidad. Ambos reinos estuvieron ligados por intereses dinásticos que desembocaron en frecuentes enlaces matrimoniales entre miembros de las casas reales gobernantes, ambos vinculados por intercambios comerciales y por el continuo tránsito a un lado u otro de una frontera que siempre fue difícil de controlar y que, por tanto, era traspasada por cualquier lugar y en cualquier momento. Y los que pasaban eran, en muchísimas ocasiones, pequeños comerciantes, ganaderos o transportistas que cruzaban la frontera en ambas direcciones, visitaban las poblaciones limítrofes y regresaban. Casi ninguno de ellos dejó huella documental de su actividad, y de los que conocemos apenas tenemos su nombre o su lugar de origen. Por todo esto, y por otras muchas razones, no debe extrañarnos que los historiadores españoles y lusitanos hayan dedicado enormes esfuerzos a desentrañar muchos aspectos de las relaciones hispano–portuguesas, dando lugar a una avalancha de estudios que, como en otras ocasiones, no es fácil sintetizar.

En cualquier caso, cuantificar esa presencia, en el caso de los portugueses es mucho más complicado que para otras comunidades. Más allá del caso ya mencionado de Jerez de la Frontera[328], hay que tener en cuenta que el grado de integración

---

de Tenerife, 1953 (sobre todo pp. 53-54). Ambos hermanos se encuentran ampliamente documentados en los protocolos notariales de Tenerife y en las actas municipales del concejo insular.

[328] El único recuento que se ha podido hacer con las fuentes disponibles y que, quizás, se pueda aproximar al número de portugueses que residían en alguna localidad castellana es el que hizo Mingorance Ruiz para la ciudad de Jerez de la Frontera. Aunque el límite cronológico que él utiliza queda fuera de nuestro periodo de estudio, Mingorance pudo documentar a más de 1.470 lusitanos (sobre 3.000 extranjeros en total) vecinos o transeúntes en la ciudad entre los años 1470 y 1550. De ellos sólo 44 se documentan entre los años 1470 y 1506, cronología que está dentre del marco de este trabajo. Véase MINGORANCE RUIZ, José Antonio, "Portugueses en el Reino de Sevilla: Jerez de la Frontera, 1470-1550", en QUILES GARCÍA, Fernando; FERNÁNDEZ CHAVES, Manuel y FIALHO CONDE, Antonia, *La Sevilla Lusa. La presencia portuguesa en el Reino de Sevilla durante el Barroco*, Sevilla, 2018.

en la sociedad castellana tuvo que ser mayor que el de otros extranjeros. Los individuos de procedencia lusitana tenían lazos muy estrechos con los castellanos en los pueblos del sur de Galicia y en la larga y difusa frontera con Extremadura y Andalucía, de tal forma que los que los habitantes de uno y otro lado seguramente usaban y mantienen costumbres y lenguas comunes, y con nombres que no son fáciles de distinguir en su versión portuguesa y en su versión castellana (Báez–Vaes; Afonso–Alfonso, Gómez–Gomes, etc.) de lo que se deduce que es difícil distinguir en la documentación si alguien era portugués o castellano.

Ya he comentado algunas de las fuentes que hacen posible el estudio de la presencia lusitanas en tierras del reino de Castilla, así que no hace falta volver sobre ese asunto. Y tampoco creo necesario presentar aquí un detallado comentario de la producción bibliográfica relacionada con los vínculos de todo tipo que se tejieron entre ambos reinos a lo largo de la Edad Media. Además, tampoco es necesario porque existen trabajos previos en los que se ofrecen amplias referencias y comentarios bibliográficos relacionados con el objetivo de este epígrafe[329].

El comercio y los mercaderes es una de las líneas de investigación que ha interesado más a los historiadores de ambos países. Esos intercambios eran, fundamentalmente, terrestre[330], aunque los contactos utilizando las rutas marítimas también se desarrollaron mucho a finales del Medievo[331]. El desarrollo de esos intercambios exi-

---

[329] VAL VALDIVIESO, María Isabel, "Portugal en la historiografía española de los últimos diez años. El periodo medieval", *Revista de Ciencias Históricas*, 14 (1999), pp. 13-42; GARCÍA FERNÁNDEZ, Manuel, *Portugal-Aragón-Castilla. Alianzas dinásticas y relaciones diplomáticas (1297-1357)*, Sevilla, 2008; DE SOTTO MAYOR PIZARRO, José Augusto, "De e para Portugal. A circulação de nobres na Hispânia Medieval (séculos XII a XV)", *Anuario de Estudios Medievales*, 40(2) (2010), 889–924 (ofrece una amplísima bibliografía); OLIVERA SERRANO, César, *Beatriz de Portugal. La Pugna Dinástica Avís-Trastámara*, Santiago de Compostela, 2005 y, coordinado por el mismo autor, la reciente obra *Castilla y Portugal en la Edad Media. Relaciones, contactos, influencias (siglos XII-XV)*, Madrid, 2023.

[330] Los intercambios por vía terrestre han sido analizados en muchas ocasiones. A modo de ejemplo, véanse BRAGA, Paulo Drumond, "Mercadorias defesas de Portugal para Castela durante a Idade Média", 1992, *Hispania*, LII/3, nº. 182, pp. 1057-1072. SÁNCHEZ BENITO, José María, "Medidas de política comercial de la monarquía castellana, límites a los intercambios con Portugal", en *Actas das II Jornadas Luso-Españolas de Historia Medieval*, Oporto, 1987, Vol. I, pp. 805-819; FONSECA, Luis Adão da, "As relações comerciais entre Portugal e os reinos peninsulares nos séculos XIV e XV", en *Actas das II Jornadas Luso-Espanholas de História Medieval*, Oporto, 1987, Vol. II, pp. 541-561; CASADO ALONSO, Hilario, "Relaciones comerciales entre Portugal y Castilla (ca.1475-ca.1550): Algunas reflexiones e hipótesis de investigación", en *D. Manuel e a sua época. III Congreso Histórico de Guimarães*, Guimarães, 2004. Vol. III. pp. 9- 26; FREITAS, Isabel Vaz de, *Mercadores entre Portugal e Castela na Idade Média*, Gijón, 2006; MEDRANO FERNÁNDEZ, Violeta, *Mercado Entre Fronteras. Las relaciónes comerciales entre Castilla y Portugal al final de la Edad Media*, Valladolid, 2010 y "El comercio terrestre castellano-portugués a finales de la Edad Media: infraestructuras de apoyo a la actividad comercial y mercaderes", *Edad Media. Revista de Historia*, 8 (2007), pp. 331-356.

[331] El mejor ejemplo de esa circunstancia nos la proporcionó Elisa Ferreira Priegue en la edición de su, tantas veces citada, tesis doctoral dedicada al comercio marítimo gallego.

gió el continuo trasvase de mercaderes y, por tanto, la presencia en Castilla de muchos portugueses que, en general, traían a vender productos agrícolas o pequeñas manufacturas. Esa estancia en el reino de Castilla a veces exigió la concesión de algún tipo de seguro, sobre todo en aquellos momentos en los que el enfrentamiento bélico dominaba las relaciones entre ambos reinos. Pueden servir de ejemplo algunos de los dados en tiempos de las Reyes Católicos (véase tabla nº 10), habituales durante los años de la guerra que les enfrentó contra Portugal y hasta la firma del Tratado de Tordesillas.

TABLA nº 10			
Algunos de los portugueses asegurados entre 1477 y 1500			
Año	Nombre	Vecindad	Referencia documental
1477	Gonzalo de Umbrete, mercader	Sevilla	AGS. RGS. 10–12–1477, fol. 440
1477	Juan Álvarez	Sevilla	AGS. RGS. 10–12–1477, fol. 440
1477	Violante Álvarez	Sevilla	AGS. RGS. 10–12–1477, fol. 440
1477	Núño Cayado	Sevilla	AGS. RGS 30–11–1477, fol. 388
1477	Juan Álvarez y esposa	Sevilla	AGS. RGS. 10–12–1477, fol. 440
1478	Juan Fernández	Cartagena	AGS. RGS. 3–1–1478, fol. 107
1478	Miguel Fernández	Sevilla	AGS. RGS. S.d. 2–1478, fol. 129
1478	Pedro Botello y Polo de Negro		Torre, Documentos Portugal..., vol. I, nº 109
1478	González Portillo	Valladolid	AGS. RGS. 14–6–1478, fol. 105
1478	Fernando de Lemos	Sevilla	AGS. RGS. 24–11–1478, fol. 107
1478	Vasco de Gama	Sevilla	AGS. RGS. 24–11–1478, fol. 107
1479	Martín Alonso Y Juan Yañez		AGS. RGS. 4–11–1479, fol. 115
1480	Rodrigo Afonso		Torre, Documentos Portugal, vol. II, nº 226
1484	Vidal Astor (judío)		Torre, Documentos Portugal..., vol. II, nº 343
1485	Dª. Felipa de Ataide		AGS. RGS. 2–7–1485, fol. 211
1485	Andrés Serrano (mercader)	Vizcaya	AGS. RGS. 29–7–1485, fol. 177
1487	Vicente Yañez	Sevilla	AGS. RGS. 12–7–1487, fol. 28
1489	Juan Martín	Sevilla	AGS. RGS. 12–11–1489, fol. 134
1490	Juan de Pinelo		Torre, Documentos Portugal… vol. II, nº 419
1490	Don Jorge de Acosta		Torre, Documentos Portugal… vol. II, nº 434
1490	Pedro Afonso		AGS. RGS. 24–7–1490, fol. 76
1491	Abraham Bivas	Badajoz	AGS. RGS. 17–9–1491, fol. 283
1494	Fernand Vasques de Sosa		AGS. RGS. 15–2–1494, fol. 212
1494	Jusepe de Negrón		AGS. RGS. 16–2–1494, fol. 352
1500	Pero Yanes	Santa Fe	AGS. RGS. 4–9–1500, fol. 257

Entre los seguros concedidos, podrían destacarse los entregados a Nuño Cayado, mercader que declaró, en el momento de solicitar su protección, que llevaba más de quince años comerciando con Castilla. El entregado en junio del año 1478 a Ruy González de Portillo, vecino de Valladolid, para que, a pesar de la guerra y las prohibiciones impuestas a los intercambios, pudiese ir a la villa de Braganza a cerrar los negocios que allí tenía con el duque de Guimarães, y traer a Castilla algunas telas y sedas que tenía en aquella localidad del norte de Portugal. O el amparo general que los reyes otorgaron a los mercaderes portugueses que acudían a la feria de Medina del Campo una vez que los combates de la guerra de sucesión ya habían finalizado; así ocurrió en septiembre de 1479 y en 1484[332], o cuando los monarcas prohibieron los intercambios y la navegación con las tierras lusitanas descubiertas por ellos en las costas africanas.

La referencia a Medina del Campo me permite comentar que otro de los lugares que conoció una mayor afluencia de los portugueses fueron las ferias de Rioseco, Villalón, Valladolid y, por supuesto, la citada Medina[333]. Según varios investigadores, a ellas acudían, al menos, desde el año 1425 (la feria de Medina se había creado pocos años antes), según se deduce de la queja que los procuradores en las Cortes de Palenzuela presentaron al rey porque los mercaderes castellanos que iban a Portugal tenían que pagar impuestos, mientras que los portugueses que acudían a la feria de Medina apenas pagaban nada[334]. Por su parte, los trabajos de Hilario Casado han permitido saber que, ya en las primeras décadas del siglo XVI, residían en la villa castellana representantes de las grandes casas comerciales de Lisboa, Évora o Elvás, pero que, además, acudían pequeños y medianos tratantes de Tras Os Montes o la Beira interior[335].

Pero de nuevo, vuelve a ser Sevilla la localidad que conoció la mayor presencia portuguesa en el periodo que aquí se estudia[336]. Tampoco hace falta insistir en lo ya

---

[332]   BELLO LEÓN, Juan Manuel, *Extranjeros en Castilla…*Ob. Cit. pp. 26-35; CARANDE, Ramón y CARRIAZO Y ARROQUIA, Juan de Mata, *El Tumbo de los Reyes Católicos....Ob. cit.* Tomo II. Años 1477-1479, Sevilla, 1968, doc. nº 399 (12-9-1479); TORRE, Antonio de la y SUÁREZ FERNÁNDEZ, Luis, *Documentos referentes a las relaciones con Portugal….*Ob. cit. Vol. II, documento nº 337 (mayo de 1484).

[333]   VAL VALDIVIESO, Mª Isabel del, "Mercaderes portugueses en Medina del Campo (siglo XV)", en *Actas das II Jornadas Luso-Espanholas de História Medieval*, Oporto,1987, Vol. II, pp. 591-608.

[334]   Véase MEDRANO FERNÁNDEZ, Violeta, "El comercio terrestre….Ob. cit. p. 339.

[335]   CASADO ALONSO, Hilario, "Relaciones comerciales….Ob. cit. pp. 16-17. El análisis que hiso el profesor Casdo de la contabilidad de la tienda de paños de los Leal en Medina del Campo le permitió demostrar que acudían a la ciudad castellana mercaderes de Chaves, Guarda, Viseu, Trancoso, Lamego, Santarém, etc.

[336]   Las relaciones entre Sevilla y Portugal hace ya mucho tiempo que fueron analizadas por Pérez Embid, cuando centró uno de sus estudios más conocidos en el análisis de la frontera entre el reino de Sevilla y el portugués, distinguiendo entre la época en la que se fueron definiendo los límites entre Castilla y Portugal - con la espinosa situación del Algarbe- y los siglos finales de la Edad Media, cuando ya delimitados los términos y villas de cada lado de la frontera, se fueron intensificando las relaciones entre ambas partes. Véase PÉREZ EMBID, Florentino, *La frontera entre los reinos de Sevilla y Portugal*, Sevilla, 1975. La

dicho sobre la atracción que ejercía esta ciudad sobre los posibles inmigrantes extranjeros. En los siglos finales de la Edad Media era el centro comercial y financiero más activo del reino, la región con mayor producción agrícola —o al menos de productos como el aceite, los cereales y el vino, que llegaban al mercado internacional— y, para el caso concreto portugués, Sevilla y su región fue su principal abastecedora de trigo. Y la llegada de marineros, transportistas y pescadores lusitanos a los puertos de la baja Andalucía se incrementó en las últimas décadas del siglo XV, cuando los viajes de exploración por la costa africana, la pesca en los caladeros subsaharianos y las primeras etapas del Descubrimiento generaron un flujo de portugueses hacia tierras castellanas. En este periodo de estudio, la culminación de esa presencia llegaría cuando en Sevilla se afincaron algunos miembros de los exiliados lusitanos en Castilla tras la represión desencadenada por Juan II de Portugal contra los duques de Braganza y Viseu a comienzos de la década de 1480[337]. Entre otros, Alonso de Portugal (conde de Faro), Juan (marqués de Montemayor) y Álvaro de Portugal, sus familiares y servidores. A ellos le siguieron otros aristócratas que también optaron por la senda del exilio: Lope de Alburquerque (conde de Penamacor), Álvaro de Ataíde (señor de Castinheira, Povos y Cheleiros), o los hijos Pedro Álvarez de Sotomayor, conde de Camiña.

Pero en Sevilla se les documenta ya, con cierta frecuencia, desde la conquista de la ciudad o desde el repartimiento de la misma. Los casos de Gonçalo Anes de Aguiar, trovador y miembro de la nobleza portuguesa, hijo de Joâo Gomes do Vinhal, señor de Orbiñal y de Maria Pires de Aguiar, que participó en la conquista de Sevilla y en recompensa a sus méritos militares se le entregó un donadío de cien aranzadas, un heredamiento de 10 yugadas en el término de Aznalcázar y en 1257 el señorío de Aguilar de la Frontera, en el alfoz de Córdoba; el de Gonçalo Anes Portocarreiro, que también participó en la conquista de Sevilla y fue beneficiado en su repartimiento; el de Afonso Lopes de Bailâo y sus parientes Lorenço Pais de Alvarenga y Gomes Pires de Alvarenga, beneficiados con repartimientos tanto en Sevilla como en Jerez de la frontera; o el de los hermanos Joao, Vasco y Manrique Gil de Soverosa[338].

---

confirmación de la presencia lusitana llegó con los trabajos dedicados a la "feitoria andaluza" ya citado en notas anteriores y con trabajos como los de COLLANTES DE TERÁN SÁNCHEZ, Antonio, "Relaciones entre Sevilla y Portugal en el siglo XV", en *Actas das I Jornadas de Historia Medieval do Algarve e Andaluzia*, Loulé, 1987, pp. 91-100; BERNAL, Antonio Miguel, "Relaciones comerciales y seguros marítimos entre Sevilla y Portugal", en *Congreso internacional El Tratado de Tordesillas y su época*, Valladolid, 1995, pp. 863-874; FERNÁNDEZ CHÁVES, Manuel, "Relaciones y actividad mercantil entre los puertos andaluces y Portugal (1475-1521)", en LUQUE AZCONA, Emilia José y MIRANDA BONILLA, José (coord.), *A 500 años de la primera vuelta al Mundo. Una mirada histórica a la expedición Magallanes-Elcano*, Sevilla, 2020, pp. 81-101; GIL FERNÁNDEZ, Juan, "El Algarve y Sevilla al filo del Quinientos", en *Cuadernos Historicos*, 5 (1993), pp. 130-152 y del mismo autor "Los factores del rey de Portugal en Sevilla. Documentación de Protocolos", en *Amar, sentir e viver a História. Estudos de Homenagem a Joaquin Veríssimo Serráo*, Lisboa, 1995, vol. II, pp. 747-754.

[337]   GIL FERNÁNDEZ, Juan, *El exilio portugués en Sevilla. De los Braganza a Magallanes*, Sevilla, 2009.

[338]   Los datos biográficos de todos ellos pueden verse en el diccionario.

Tampoco debe extrañarnos la participación de los portugueses en las campañas militares que culminaron con la incorporación de distintas localidades al reino de Castilla. Es evidente que los múltiples desencuentros entre ambos reinos a lo largo de los siglos XII al XIV y el desarrollo de los acontecimientos durante los episodios más duros de la llamada rivalidad luso–castellana a lo largo del XV, no favorecieron la colaboración en acciones bélicas. No obstante, lo cierto es que durante todas aquellas centurias los ejércitos de ambos reinos colaboraron en distintas campañas militares para la conquista del reino de Granada y Canarias. La ayuda que prestó el monarca portugués permitió que combatientes del reino lusitano participara, aunque fuera a título particular, en diversas campañas; así se constata la presencia de mercenarios en las operaciones para la conquista de Gibraltar, Alhama, Málaga y la propia Granada. Sin olvidar que las tensas relaciones entre los dos reinos no impidieron que caballeros y tropas andaluzas cooperasen en la defensa y conquista de varias plazas africanas que pasaron a soberanía portuguesa[339].

Centrándonos nuevamente en los intercambios comerciales y en la presencia portuguesa en Sevilla y en el resto de Andalucía, hay que decir que son muchos los indicios que nos confirman que los lazos entre los puertos de la región y los lusitanos estaban consolidados a finales del siglo XV. Los datos sobre fletes concertados ante los notarios hispalenses que en su momento aportó Enrique Otte, corroboran que el Portugal peninsular y sus islas (Azores y Madeira) fueron el principal destino de los barcos que salieron de los puertos del Guadalquivir[340]. Por su parte, los trabajos de López de Coca y González Arévalo también prueban que las flotas venecianas o florentinas que hacían la ruta hasta lo puertos de Flandes o Inglaterra pasaban por Málaga y Cádiz para luego ir hasta Lisboa u Oporto, demostrando que los puertos andaluces y portugueses mantenían vínculos muy estrechos. A ellos se exportaba, fundamentalmente, cereales que, tras la correspondiente licencia de saca, se enviaba con destino a Lisboa, lino y esparto para fabricar el cordaje que necesitaba la importante industria de construcción naval y, en menor medida, aceite y jabón, productos que tradicionalmente exportaba Andalucía a la mayoría de puerto europeos.

Descendiendo a casos concretos de portugueses presentes en Andalucía o mercaderes de otras zonas muy vinculados con Portugal, se podrían poner los ejemplos de Pedro Justiniano, que desde comienzos del siglo XVI alternaba su residencia entre Sevilla y Madeira , tal y como se deduce de las relaciones mercantiles que mantenía con Antonio Spínola, también residente en el archipiélago portugués. El del célebre Barto-

---

[339] LÓPEZ DE COCA CASTAÑER, José Enrique, "Portugal y Granada: presencia lusitana en la conquista y repoblación del Reino Granadino (S. XV-XVI)", en *Actas das II Jornadas Luso-Espanholas de História Medieval,* Porto, 1987, vol. II, pp. 737-757; LADERO QUESADA, Miguel Ángel, "Portugueses en la frontera de Granada", *En la España Medieval,* 23 (2000), pp. 67-100.

[340] OTTE SANDER, Enrique, *Sevilla y sus mercaderes....*Ob. cit. especialmente el apéndice estadístico.

lomé Marchioni, mercader florentino que residía en Lisboa pero que mantuvo frecuentes tratos con Sevilla y Canarias a través de Juanotto Berardi o Jerónimo Rufaldi; o el de Ruy Sánchez de Lisboa, que en las primeras décadas del siglo XV se dedicaba al tráfico de esclavos entre Portugal y Sevilla. Fuera de la ciudad hispalense podrían destacarse los ejemplos de Álvaro de Almada o Almadana que fue uno de los criados de don Álvaro de Portugal, establecido en Málaga a finales de 1490, acudiendo a la ciudad acompañado de su mujer y familia; también en Málaga el caso de Fernán Alonso, natural de Setúbal, establecido en aquella ciudad a finales de 1489, y dedicado a la elaboración de bizcocho y a la compraventa de esclavos. Ambas ocupaciones le permitieron acumular un notable patrimonio ya que, en su testamento, otorgado en 1502, declaraba poseer varias casas y hornos en la collación de San Juan, junto a las atarazanas, un pequeño majuelo junto a Gibralfaro, un huerto junto al monasterio de San Francisco y otras casas y tierras en distintos lugares de la ciudad. En Jerez podría destacarse a Pedro de Benavente, mercader catalán que arraigó profundamente en la sociedad jerezana ya que él y su hijo formaron parte del concejo de la ciudad y entroncaron con las familias Villavicencio y Cabeza de Vaca, linajes de la alta nobleza andaluza. Sus actividades mercantiles le llevaron a especializarse en la contratación de seguros destinados a la comercialización del azúcar madeirense y los esclavos, oro y plata procedentes de las posesiones portuguesas en la costa africana[341].

También hace tiempo que los profesores López de Coca, Cristina Segura o Ladero Quesada y, de forma más reciente, González Arévalo, pusieron de manifiesto la presencia portuguesa en la conquista final del reino de Granada y su participación en la repoblación de Málaga, Ronda, Baza, Almería, Mijas, etc.[342] Todos ellos demostraron que, pese a las dificultades por las que habían pasado las relaciones castellano–portuguesas durante la guerra de sucesión, los lusitanos participaron en el cerco de Málaga y en el de Granada, colaborando con la aportación de víveres, municiones y combatientes. El resultado fue que algunos portugueses fueron beneficiados con importantes cantidades de cautivos musulmanes (sobre todo don Álvaro y don Fernando de Portugal) y con el reparto de tierras y otros bienes, propiciando que alguno de ellos −en general, muy pocos− decidieran permanecer en la región.

Los estudios que se han hecho de los libros de repartimiento de Ronda, Santa Fe, Almería, Almuñécar, Málaga, Cártama, etc. han permitido elaborar distintas nóminas de peones y caballeros, además de campesinos, artesanos y marineros, que decidieron quedarse en tierras que fueron del reino nazarí. Los recuentos que hizo López de Coca le permitieron identificar a 78 personas de origen lusitano, lo que otorga a esta presencia un carácter muy residual, ya que se estima que en tierras granadinas se asentaron casi

---

[341]   Véanse los datos biográficos de todos ellos en el diccionario.

[342]   A los trabajos de López de Coca y Ladero Quesada citados en las notas anteriores, hay que añadirles los de SEGURA GRAÍÑO, Cristina, *El Libro del Repartimiento de Almería*, Madrid, 1982 y el de LÓPEZ BELTRÁN, Teresa y GONZÁLEZ ARÉVALO, Raúl, "Los portugueses en el Reino de Granada en época de los Reyes Católicos (Málaga, 1487-1518)", *Baetica*, 24, (2002), pp. 309-338.

diez mil personas solo en los últimos años del siglo XV. De todas las localidades analizadas parece que fue Málaga la que recibió a un mayor número de repobladores portugueses. De los 35 identificados, destacan los procedentes de Lisboa y los que llegan
desde las plazas portuguesas del norte de África (Tánger, Arcila, Alcazeguer). Y entre
las profesiones, despuntan las relacionadas con el mundo marítimo–comercial (pescadores, transportistas, mercaderes, carpinteros de ribera, etc.).

Una muestra de aquellos portugueses que decidieron establecerse en la región la
podemos encontrar en los casos de Alonso Fernandes, borceguinero que se estableció
con su mujer –Beatriz Pérez– y un pequeño patrimonio (10.000 mrs.) en la ciudad de
Málaga a finales del año 1487. En el repartimiento se les entregó una casa que lindaba
con la iglesia de los Mártires, y en el pago de Miraflores unas tierras de olivar y viñas.
El caso de Tristán Días, mercader de origen portugués que se encontraba en Málaga
muy poco después de que la ciudad fuera conquistada por los Reyes Católicos. El caso
de Álvaro de Almada o Almadana, que fue uno de los criados de don Álvaro de Portugal, asentado en Málaga a finales de 1490. Acudió a la ciudad acompañado de su mujer
y familia, trayendo bajo el brazo una orden real que obligaba a los repartidores a entre-
garle casas y heredades en la zona, atendiendo a los servicios prestados a la Corona.
Francisco de Almayda, destacado miembro de la nobleza portuguesa, que nació en Lisboa a mediados del siglo XV y fue hijo de Lope de Almeida, conde de Abrantes, y de
su esposa Beatriz de Silva. Fernán Alonso, bizcochero natural de Setúbal, que se instaló
en Málaga a finales de 1489, recibiendo durante el repartimiento una aranzada de viña
e higueras y ocho fanegas en Pupiana. El caso de Payo de Ponte (o Aponte), implicado
en el transporte de algunos cristianos nuevos de origen portugués, residentes en Granada, a los que se comprometió a llevar hasta Génova[343].

En cuanto al estudio de los portugueses en las Islas Canarias, he de señalar que
se ha abordado desde múltiples puntos de vista. Una de las primeras preocupaciones
fue la de conocer los aspectos de lo que la historiografía ha denominado como *"rivalidad hispano–lusa"* por el dominio del Atlántico, que tiene su origen en las primeras
expediciones que tanto portugueses como castellanos dirigieron hacia las Canarias[344].

---

[343]   Como en otras ocasiones, pueden verse los datos biográficos en el diccionario.

[344]   Existe una larga tradición en este tipo de estudios así que me voy a limitar a dar algunos títulos
para que el lector se pueda orientar. Véanse el clásico trabajo de PEREZ EMBID, Florentino, *Los
descubrimientos en el Atlántico y la rivalidad castellano-portuguesa hasta el tratado de Tordesillas*,
Sevilla, 1948 y SERRA RÁFOLS, Elías, *Los portugueses en Canarias*. Universidad de La Laguna, 1941.
Más recientes son los trabajos de OLMEDO BERNAL, Santiago, *El dominio del Atlántico en la Baja
Edad Media. Los títulos jurídicos de la expansión peninsular hasta el Tratado de Tordesillas*, Salamanca,
1995 (con una amplísima bibliografía); BELLO LEÓN, Juan Manuel, "Una aproximación a los estudios
sobre las relaciones entre Canarias y Portugal a fines de la Edad Media", en *Livro de Homenagem–
Professor Doutor Humberto Carlos Baquero Moreno*, vol. II, Universidad de Oporto, 2003 pp. 737- 745
y "Los portugueses en La Laguna (Tenerife): Siglos XVI y XVII", en CASTRO BRUNETTO, Carlos
(ed.): *El Mar de Portugal: arte e historia*, La Laguna, 2002, pp. 163-192.; AZNAR VALLEJO, Eduardo,
"El mar en las relaciones Luso-Castellanas durante el siglo XV", en CASTRO BRUNETTO, Carlos
(coord.) *El mar de Portugal: Arte e historia*, La Laguna, 2002, pp. 85-102 y "Castilla y la frontera

Ha predominado en la investigación el acercamiento a las influencias lingüísticas[345] y culturales[346] que la comunidad lusa dejó en nuestro Archipiélago. También ha predominado el estudio del mercader o el transportista que acude a las Islas, en la mayoría de las ocasiones para traer alguna manufactura y para regresar, tras unos pocos días de estancia, con cereales, azúcar o esclavos[347]. Otros estudios se han centrado en el análisis de algunos linajes, aportando datos sobre familias como los Machado, los Castro o los Yanes. Tampoco ha sido ajeno al interés de los historiadores el papel que desempeñaron los portugueses en los distintos oficios y trabajos que desarrollaron en las Islas[348] Todos los trabajos permiten deducir que el papel de los portugueses en las Islas tiene múltiples perfiles que cada día van siendo mejor conocidos.

No obstante, y pese a que los portugueses han centrado el interés de muchos historiadores del archipiélago, seguimos sin contar con una obra de conjunto que de forma monográfica se dedique al tema. Sigue sin conocerse, y es fundamental para entender su presencia en las Islas, el porqué de sus desplazamientos entre el territorio peninsular y los archipiélagos atlánticos. ¿Qué factores políticos, económicos, sociales, religiosos o culturales los llevó a emigrar? ¿Porqué unos decidieron permanecer, y otros, en igualdad de condiciones, abandonaron las Islas? ¿Mejoraron realmente sus condiciones de vida tras su establecimiento? ¿En qué número superaron a otras

---

atlántica durante la Baja Edad Media", en DÍAZ DE DURANA, José Ramón y MUNITA LOINAZ, José Antonio (coord..), *La apertura de Europa al Mundo Atlántico : espacios de poder, economía marítima y circulación cultural,* Universidad del País Vasco, 2011, pp. 39-68.

[345]   PÉREZ VIDAL, José, *Los Portugueses en Canarias. Portuguesismos,* La Palmas, 1991; CORBELLA DÍAZ, Dolores y FAJARDO AGUIRRE, Alejandro (COORD.), *Español y portugués en contacto. Préstamos léxicos e interferencias,* Berlín, 2017.

[346]   También de PEREZ VIDAL, J. : "Esbozo de un estudio de la influencia portuguesa en la cultura tradicional canaria", publicado en *Homenaje a Elías Serra Ráfols,* tomo I, La Laguna, 1970, págs. 369-390.

[347]   El comercio entre los archipiélagos atlánticos (Madeira, Azores, Canarias, Cabo Verde) y Portugal, y los autores de esos intercambios (mercaderes, pilotos, marineros, etc.) han dado origen a múltiples trabajos en las últimas décadas. Uno de los grandes conocedores de esos temas fue Alberto Vieira dado que nos dejó varios libros y artículos en los que profundiza en esas relaciones. Véanse VIEIRA, Alberto, "O comercio de cereais das Canárias para Madeira nos séculos XVI-XVII", en *VI Coloquio de Historia Canario-Americana,* tomo I, Las Palmas, 1987, pp. 325- 351; "As conosoes Canario-Madeirenses nos séculos XV a XVII", en *VIII Coloquio de Historia Canario-Americana,* tomo I, Las Palmas, 1988, pp. 865-917 y *O comércio inter-insular nos seculos XV e XVI. Madeira, Açores e Cánarias. Alguns elementos para o eu estudo,* Funchal, 1987; AZNAR VALLEJO, Eduardo, "Las relaciones comerciales entre la Andalucía Bética y los archipiélagos portugueses", en *Actas das II Jornadas Luso-Espanholas de Historia Medieval,* Oporto, 1987, vol. II, pp. 645-661. A sus trabajos pueden unirse los de LOBO CABRERA, Manuel, como el titulado "Gran Canaria y los contactos con las islas portuguesas atlánticas: Azores, Madera, Cabo Verde y Santo Tomé", publicado en *V Coloquio de Historia Canario-Americana,* tomo IV, Las Palmas, 1985, págs. 311-333.

[348]   Véase MARTÍN SOCAS, M. : "Sobre los oficios desempeñados por los portugueses establecidos en Canarias en el primer cuarto del siglo XVI", en *VII Coloquio de Historia Canario-Americana,* tomo I (Parte Primera), Las Palmas, 1990, págs. 59-75. Fuera de nuestro periodo de estudio son muy importante para conocer la presencia portuguesa en las islas lel trabajo de ÁLVAREZ SANTOS, Javier, *Tenerife y la Unión Ibérica : los portugueses en La Laguna y su comarca (1575-1650),* Santa Cruz de Tenerife, 2015.

comunidades foráneas asentadas en las Islas? En la actualidad conocemos bastante bien a los oriundos de otras naciones europeas, pero de momento es difícil saber el valor de la superioridad numérica que todos atribuimos a los portugueses.

Como ya he comentado, es casi imposible cuantificar el número de portugueses que se pudieron desplazar hasta las islas Canarias en el periodo aquí estudiado. Tan sólo Tenerife cuenta con algunas fuentes en el archivo municipal de La Laguna y en los fondos notariales de la isla que permiten acercarse a algún tipo de recuento, aunque teniendo presente que en ellos quedan fuera del cómputo amplias zonas de la isla o simplemente se limitan a darnos una cifra general de vecinos a modo de resumen de los que seguramente fueron detallados controles. Así, las escribanías laguneras (únicas existentes a principios del siglo XVI) recogen muchos actos documentales en los que figura algún portugués como protagonista. En un muestreo efectuado sobre los protocolos del escribano Hernán Guerra desde los años 1508 a 1510 aparecen un total de 68 portugueses, con indicación expresa de su nacionalidad. Si contrastamos esos datos con los que aporta la reformación del repartimiento que se hizo en 1506, la localidad tenía entonces unos 500 habitantes, con lo que se comprueba que ya, desde los orígenes de su repoblación, los portugueses ofrecían una nutrida presencia.

3.6. La comunidad inglesa

Como en el caso de las otras comunidades extranjeras que se estudian en este trabajo, el análisis de la inglesa también presenta dificultades derivadas de la documentación conservada, de los problemas para definir quiénes eran ingleses en la Edad Media y de una cierta tradición historiográfica, en la que han primado los trabajos dedicados a los intercambios comerciales entre Castilla e Inglaterra frente al estudio de la presencia concreta de los "británicos" en territorios hispanos. Vayamos por partes.

Durante mucho tiempo, la base del estudio de las relaciones anglo–castellanas se ha sustentado en la historia del comercio entre ambos reinos y, en menor medida, en el análisis las negociaciones políticas que llevaron a los matrimonios entre príncipes de ambos Estados. La tradición historiográfica admite que Castilla era una gran productora de lana, que destinaba al mercado flamenco e inglés, y que mercaderes vascos, gallegos y andaluces frecuentaron los puertos ingleses transportando ese producto, a los que añadían aceite o especias[349]. Simultáneamente, las conquistas castellanas en Andalucía y el control del Estrecho, facilitaron que mercaderes del Mediterráneo incrementasen su presencia en las rutas marítimas hacia Flandes, con escalas en Londres, Bristol, Brigthon, Southampton, etc. Ya a comienzos del siglo XVI, los intercambios con Inglaterra constituían uno de los flujos mercantiles más importantes

---

[349] Un balance reciente del estudio de las exportaciones e importaciones entre Castilla e Inglaterra pueden verse en distintos trabajos del profesor González Arce, que se citan en esta obra. Aunque ahora me remito a GONZÁLEZ ARCE, José Damián, "Los flujos comerciales del puerto de Bilbao con la Europa Atlántica (1481-*1501), Cuadernos* Medievales, 19 (2015), pp. 82-110.

para el comercio castellano, por lo que no es extraño que se hayan dedicados muchos trabajos al análisis de estos tráficos y al estudio de la presencia de mercaderes de ambos reinos en Castilla o en Inglaterra. Al ya clásico trabajo de Luis Suárez[350], se le fueron añadiendo los de Teófilo Ruiz[351], Betsabé Caunedo[352], Elisa Ferreira[353], Solórzano Telechea[354], y, sobre todo, Wendy Childs[355], aportando grandes avances a nuestros conocimientos sobre las relaciones comerciales anglo– castellanas. A todos estos trabajos se están uniendo las contribuciones, que, en estos últimos años, están ofreciendo las obras de Consuelo Varela[356], Gustav Ungerrer[357] Javier Añibarro[358],

---

[350]   SUÁREZ FERNANDEZ, Luis, *Navegacion y comercio en el golfo de Vizcaya: un estudio sobre la politica marinera de la casa de los Trastamara*, Madrid, 1959.

[351]   RUIZ, Teófilo, "Castellanos en Inglaterra", *Anuario del Instituto de Estudios Marítimos Juan de La Cosa*, 1 (1978), pp. 11- 38.

[352]   CAUNEDO DEL POTRO, *Betsabé, La actividad de los mercaderes ingleses en Castilla: 1475-1492,* Madrid, 1984.

[353]   FERREIRA PRIEGUE, Elisa, *Galicia en el comercio marítimo…Ob. Cit.* pp. 574-633. Como comentaré más adelante, el monumental estudio de Elisa Ferreira permite una visión muy amplia de los intercambios comerciales entre Castilla e Inglaterra y los he utilizado para elaborar los gráficos que acompañan a este epígrafe.

[354]   SOLÓRZANO TELECHEA, Jesús Ángel, "Los extranjeros en las villas portuarias de la costa cantábrica en la Baja Edad Media", en *Mundos medievales: espacios, sociedades y poder. Homenaje al profesor José Ángel García de Cortázar y Ruiz de Aguirre*, vol. 2º, 2012, pp. 1933-1948 ; SOLÓRZANO TELECHEA, Jesús Ángel; GONZÁLEZ ARCE, José Damián y BAZÁN DÍAZ, Iñaki (coord.), *Los puertos del Atlántico en la Baja Edad Media: navegación, instituciones y gobernanza*, Lleida, 2021.

[355]   La autora tiene numerosos trabajos relacionados con el comercio anglo-castellano, así que me remito a los siguientes para orientar al lector. Véase: CHILDS, Wendy, *Anglo Castilian Trade in latter middle age*, Manchester 1978;"El Consulado del Mar. Los mercaderes de Burgos e Inglaterra", en *Actas del V Centenario del Consulado de Burgos*, vol. I, Burgos, 1995, pp. 351-420; "Commercial relations between the Basque Provinces and England in the Later Middle Ages, 1200- 1500", *Itsas Memoria. Revista de Estudios Maritimos del PaisVasco*, 4 (2003), pp. 55-64; *Trade and shipping in the Medieval West: Portugal, Castile and England*, Federation Internationale des Institutes de Etudes Medievales (Textes et Etudes dy Moyen Age), Porto, 2013.

[356]   VARELA, Consuelo, *Ingleses en España y Portugal (1480-1515). Aristócratas, mercaderes e impostores*, Lisboa, 1998.

[357]   UNGERER, Gustav, *The Mediterranean Apprenticeship of British Slavey*, Madrid, 2008.

[358]   AÑIBARRO RODRÍGUEZ, Javier, "Marineros cantábricos en el Atlántico medieval. Rutas, pesquerías y conflictos en el mar a finales de la Edad Media", en GARCÍA HURTADO, Manuel y REY CASTELAO, Ofelia (coord.), *Fronteras de agua: las ciudades portuarias y su universo cultural (siglos XIV-XXI)*, 2016, pp. 33-45 e "Inclusión y exclusión de los navegantes del Norte de Castilla en las sociedades portuarias irlandesas a finales de la Edad Media. Estudio de caso de San Vicente de la Barquera y Laredo (España)", en AGUIAR ANDRADE, Amelia y MELO DA SILVA, Gonçalo y otros (coord.), *Inclusão e exclusão na Europa urbana medieval*, Lisboa, 2020, pp. 497-512.

Hilario Casado y Flavio Miranda[359], María Bullón[360], Heather Dalton[361] o José Damián González[362]. No obstante, y pese a lo mucho que se ha avanzado, sigue siendo difícil cuantificar −como para otros extranjeros− el número de ingleses, irlandeses o escoceses que se desplazaron hasta el reino de Castilla en aquellos siglos medievales y difícil, también, establecer una cronología de su presencia en el reino o su distribución espacial[363].

Mencionados algunos de los avances que hemos experimentado en la historiografía, conviene recordar que no es posible aplicar el término "británicos" a los ingleses, escoceses e irlandeses que llegaron a Castilla, pese a que compartían el mismo espacio geográfico e idiomas semejantes. A cualquiera de ellos, en tierras del continente, no se le distinguía. Y en Castilla quizás mucho menos. En cuanto llegaban a la península ibérica, la inmensa mayoría era asimilado al reino más importante de las islas, es decir, Inglaterra. Autoridades judiciales, escribanos y el común de los vecinos del reino identificaban a escoceses e irlandeses con los ingleses. Habrá que esperar a los siglos de la Edad Moderna y a la progresiva distinción entre católicos y anglicanos para que, desde los poderes públicos y en el conjunto de la sociedad, se distinga a los procedentes de cada nación. Y buen ejemplo de esto que decimos se encuentra en el hecho de que, del centenar de "británicos" que se recogen en este trabajo, las fuentes sólo permiten distinguir a tres escoceses: Miguel Escoto, contemporáneo Juan Duns Escoto, notable filósofo, traductor y médico que residió en Toledo antes de 1215; el conocido mercader Jonn Mac Intosh, documentado por Luis Suárez Fernández y Betsabé Caunedo en el reino de Castilla entre los años 1480 y 1491, y Martin Damier, presente en Guipúzcoa a finales del siglo XV. En el caso de

---

[359]   MIRANDA, Flavio, "Dissensions y Aligantía. Diplomacia económica y comercio entre Inglaterra y los reinos ibéricos en los siglos XIV y XV", en AMENEDO COSTA, Mónica (coord..), *El patrimonio documental en las relaciones entre Gran Bretaña e Irlanda y la península ibérica a lo largo de los siglos,* Estados Unidos, 2022, pp. ….. y CASADO ALONSO, Hilario y MIRANDA, Flavio, "El comercio entre Castilla e Inglaterra a través de los puertos de Bristol y Bilbao (1461-1504)", en VAL VALDIVIESO, María Isabel, MARTÍN CEA, Carlos y CARVAJAL DE LA VEGA, David (coord.), *Expresiones del poder en la Edad Media: homenaje al profesor Juan Antonio Bonachía Hernando,* Valladolid, 2019, pp. 523-534.

[360]   BULLÓN-FERNÁNDEZ, María, *England and Iberia in the Middle Ages, 12th-15th century cultural, literary, and political exchanges,* Nueva York, 2007.

[361]   DALTON, Heather, *Merchants and explorers. Roger Barlow, Sebastian Cabot and networks of Atlantic Exchange, 1500-1560,* Oxford, 2016.

[362]   Vuelvo a reiterar la importancia de algunos de sus trabajos citados en notas anteriores y, para el caso concreto de las rlaciones anglo-castellanas, es imprescindible GONZÁLEZ ARCE, Damián, *Bilbao y el mar. Actividad portuaria…* Ob. Cit.

[363]   Nada que ver con las posibilidades que ofrecen las mátrículas de extranjeros, especialmente de ingleses e irlandeses, que se conservan para el siglo XVIII y que permiten evaluar la presencia británica en España, las profesiones habituales entre ellos y la distribución geográfica en la península ibérica. Un panorama general de la extensa bibliografía existente puede verse en VILLAR GARCÍA, Begoña, "Ingleses e irlandeses en España. Siglos XVI-XIX", en EIRAS ROEL, Antonio y GONZ´LEZ LOPO, Domingo, *La inmigración en España,* Santiago de Compostela, 2004, pp. 31-76.

los irlandeses tan sólo he podido documentar a un Nicolás Lynch, mercader residente en Sevilla, al que vemos relacionado con comerciantes italianos como Juanotto Berardi o Jácome de Riberol[364].

En esta breve introducción al estudio de la presencia inglesa en Castilla, también conviene recordar que la mayoría de ellos aparecen en la región en las últimas décadas del siglo XV, cuando las relaciones entre ambos Estados conocieron una sustancial mejora a raíz del tratado de Medina del Campo (27–III–1489) que preveía, entre otras cosas, un impulso al comercio entre ambos reinos. El primer reflejo de esas buenas relaciones, incluso antes del tratado, va a ser la autorización al embajador inglés (Bernard de la Force) para que pudiera sacar 300 cahices de trigo de Jerez y el obispado de Cádiz[365]. Recordemos, también, que sólo unos años antes se había ordenado por parte de los reyes que se actuase contra los ingleses que habían llegado a la costa andaluza con la intención de buscar pilotos y gente que les guiase hasta la Mina de Oro[366].

Otra de las claves que permiten entender la influencia de los mercaderes británicos en Castilla se dio tras la promulgación de la ley que ordenaba a todos los comerciantes extranjeros a cargar en barcos de los naturales del reino cuando salían de algún puerto castellano; pocos años después de aquel dictamen se solicitaba al Consejo que se dirigiera al conde de Cifuentes, asistente de Sevilla, para pedirle que permitiera a los ingleses cargar en todos los puertos de la región como "los mismos naturales" si no se querían perder tanto los fletes concertados con ellos como el abastecimiento de paños y otras manufacturas[367].

Finalmente, siguiendo con esta introducción a la presencia inglesa, y como veremos más adelante, una de las características permanentes de la acción de los mercados ingleses en el reino va a ser su vinculación con los italianos residentes en Inglaterra o en Sevilla, por medios de contratos de compraventa o asociaciones mercantiles. Se sabe que, al igual que en otras plazas mercantiles europeas, los mercaderes genoveses consiguieron en Inglaterra diversos privilegios fiscales que les permitía negociar en mejores condiciones, además de obtener en determinadas circunstancias la naturalización en aquel país[368]. Son los propios nombres de aquellos que negocian con Inglaterra, o que permanecen como estantes allí, el mejor indicador de los contactos entre Andalucía e Inglaterra, dado que no es extraño que cuando un Antonio Salvago, un Nicolás Lomelín, o muchos de los miembros pertenecientes a conocidas

---

[364]   Los datos biográficos de todos ellos pueden verse en el diccionario.

[365]   AGS. RGS. 10-2-1484.

[366]   AGS. RGS. 3-11-1492. fol. 384.

[367]   AGS. Patronato Real. Leg. 54, documento nº. 20 (17-8-1505).

[368]   *Calendars of the Close Rolls…*Ob. Cit. Edward V-Richard III (1476-1485). Documento de 10-7-1476. Exenciones fiscales concedidas a los mercaderes genoveses, florentinos, venecianos y de Lucca. El priviegio se les vuelve a renovar el 18-XII-1482. Véase la carta de naturaleza concedida al genovés Juan de Salvo (AGS. RGS. 22-6-1481).

familias afincadas en la Baja Andalucía (Catano, Spínola, Pinelo, Centurión, etc.) negocian con Inglaterra lo hagan llevando productos andaluces o portugueses[369].

En cuanto a la distribución espacial, Andalucía y sus ciudades más importantes, ofrecen la mayor concentración de ingleses que conocemos para la Castilla medieval. De nuevo Sevilla está a la cabeza de los balances que se puedan hacer, aunque Cádiz o Sanlúcar también dan cuenta de la inmigración de numerosos ingleses. Recurriendo, una vez más, a los recuentos que hizo Enrique Otte, se puede comprobar que a finales del siglo XV y primeros años del XVI se localizan en Sevilla más de 60 mercaderes ingleses, destacando a Thomas Malliard (del que luego hablaré), representante del trapero londinense Henry Palmer[370]. En la ciudad y su entorno llevaron a cabo compras de aceite y vino, venta de textiles y estaño, o se asociaron con importantes mercaderes de origen italiano. Muy pocos arraigaron en la zona, pero los que lo hicieron se mantuvieron largos periodos de tiempo su estancia en la ciudad (véase tabla nº 11)[371].

TABLA nº 11		
Distribución por grupos de años de los ingleses establecidos en Sevilla, Cádiz y Sanlúcar (1480–1550)		
Número de años	**Periodo 1480–1515**	**Periodo 1516–1550**
1 año	39	85
2 años	13	17
3 años	2	5
4 años	—	4
5 años	——	2
Mas de 5 años	12	1

---

[369] En una carta de perdón concedida a varios mercaderes italianos se puede rastrear, a través de los apellidos, la presencia en Inglaterra de una serie de familias que también se encontraban en Andalucía, lo que hace más que probable la estancia regular en ambos lugares de cada uno de estos personajes. Véase *Calendars of the Close Rolls*... Ob. Cit. Henry VI, vol. VI (1452-1461). Documento de 20-12-1452. Ofrecemos, y para que sirva de comparación, la lista de los que se incluyen en la carta de perdón respetando la grafía utilizada en el documento: Juan Ambrosius de Marini; Lewis Strocis; Leonard Cataneus; Frank Cataneus; Lewis Scotte, Philip Lomelinus; Antony Centurionus; Christopher de Vernacia; Sanctus Toun; Cosme Terrifo; Cataneus Pinelo; Jerome Spínola; Lazarus Cataneus; Francis Grete; Andrew Spinula; Angelus Pynelus; James Salviatus; John de Albicis; Antony de Muraceno y Andrew de Muraceno. Los intereses en Inglaterra de Antonio Salvago y Nicolás Lomelín se documentan en los *Calendars of the Close Rolls*... Ob, cit. Edward V-Richard III (1476-1485), documento de 30-9-1481.

[370] OTTE SANDER, Enrique, *Sevilla y sus mercaderes*…Ob. Cit. p. 193. El mismo autor afirma que en Sevilla, a mediados del siglo XVI, los ingleses forman el grupo más numeroso de mercaderes del comercio internacional, considerando que a partir de 1540 se produce una "verdadera invasión" de comerciantes procedentes de aquella isla. Véase OTTE SANDER, Enrique, *Sevilla, siglo XVI: materiales para su historia económica*, Sevilla, 2008, pp. 276-284.

[371] La tabla se ha elaborado con los datos que aportan los trabajos de Enrique Otte citados anteriormente y con los obtenidos por mi para elaborar el diccionario que acompaña a este estudio.

En Sevilla los podemos encontrar ya desde el mismo momento en que la ciudad se incorporó a la Corona de Castilla. En 1253 allí se encontraba William Bitton, obispo de Bath, que fue enviado al reino por el monarca inglés para negociar el contrato matrimonial entre Leonor de Castilla y el príncipe heredero, Eduardo. Le acompañó el clérigo John Mansel, secretario del rey inglés y, anteriormente, senescal de Gascuña. A comienzos del siglo XIV y a lo largo de toda esa centuria menudean las noticias que confirman los intercambios entre los puertos ingleses y Sevilla. Mercaderes de Londres y Bristol comerciaban con la ciudad andaluza, buscando en ella aceite, jabón y cueros.

Varios documentos ilustran la asiduidad con la que a partir de entonces frecuentaban los puertos ingleses los mercaderes andaluces. Hacia la mitad del siglo XV Alfonso Diaz de Gibraleón, probablemente vecino de la villa onubense del mismo nombre, mantenía un importante tráfico comercial con Londres y Southampton importando productos andaluces, italianos y de otros mercados del sur; él mismo obtuvo en 1441 un salvoconducto que le permitía mantener sus negocios en la isla durante tres años, conociéndose el desembarco de dos cargamentos consistentes en más de 300 toneladas de mercancías. Junto con Rodrigo de Jaén (este mercader, al que también se le puede suponer su procedencia andaluza, se halla presente en Inglaterra por lo menos desde 1440) y Gonzalo de Gibraleón, viajan por el país entablando relaciones con otros comerciantes ingleses (Richard Riche y John Emory) con el fin de dar salida al vino y la ropa que importaban. No fueron los únicos casos. Antonio Fernández y su hermano Juan, ambos andaluces, recibieron un salvoconducto que usaron entre 1427 y 1429 para la descarga de los barcos que llegaban de Andalucía y Portugal. La autorización se prolongó durante varios años, de tal forma que incluso su hijo pudo beneficiarse de la misma, y con ella remitieron a Portugal y otros lugares paños de todo tipo. Una idea del valor de la mercancía descargada en tan sólo uno de los viajes nos lo da el hecho de que Antonio Fernández llegara a pagar hasta 100 libras por una de esas licencias en la aduana de Southampton[372]. La consecuencia de la intensidad de aquellos intercambios fue el aumento progresivo de la presencia inglesa en Sevilla y su entorno, siendo el último cuarto del siglo XV el que verá el despegue de la influencia inglesa en la región.

De entre los primeros de ese último periodo del Cuatrocientos que tenemos bien documentados en la zona, se puede destacar a Ricardo Veitan, que en 1462 es probable que estuviera residiendo en Sevilla, ya que ese año, junto con el genovés Rafael Espínola, exportaban mercancías desde la capital hispalense hasta Lisboa. El de Juan Ferne, residente en la ciudad desde 1472, y al que se ha identificado con John Fenne, residente en Londres, y traficante de bacalao. También Jorge Bolestrun (registrado como Belastegui, Bolestrud, Bolestras, Bulstrod, Bullistrol, etc.), que se encontraba en Sevilla ya en 1480. Desde entonces se le documenta vendiendo a distintos traperos de la ciudad mercancías por valor de 200.000 maravedís, pero también encontrando

---

[372]   Todos los datos en CHILDS, Wendy, *Anglo-Castilian...* Ob. cit. pp. 222-230.

diversos problemas porque sus algunos de deudores se vieron afectados por las disposiciones de la Inquisisición, que a partir de esos años comenzó a encarcelar o a confiscar los bienes de algunos de ellos. El mercader inglés tuvo que recurrir al propio rey para defender sus derechos y consiguió del monarca que se dictara una orden para que se le devolviese parte de las deudas que habían contraído con él. Contemporáneo suyo fue Jonh Day, ampliamente documentado en los trabajos de Consuelo Varela, y presente en Andalucía desde, al menos, 1478, participando en la navegación y comercio hacia la costa africana y Canarias y Madeira. Vive entre Sevilla y Sanlúcar, y desde ambas exporta hacia Bristol o mantiene amplios negocios con otros mercaderes genoveses (Bautista Escaja o Bernaldo Grimaldo). A comienzos del siglo XVI regresa a Londres, y desde allí, haciéndose llamar Hugh Say, mantiene diversos pleitos por sus propiedades, bienes y negocios en Andalucía. Falleció en la capital británica a finales de 1517. Unos años más tarde también destaca Guillen Esterlin (documentado como Guillermo Asteloy, Asteley y Esterlin), presente en la ciudad desde 1492. Mantuvo lazos comerciales con el conocido mercader florentino Juanotto Berardi; vínculo que le ocasionó más de un quebradero de cabeza porque por ellos mantuvo diversos pleitos en el que le reclamaban importantes deudas contraídas con el florentino. En los últimos años del siglo XV se puede destacar a Juan Guarque, al que tenemos documentado dede 1491 como representante del también mercader inglés Guillem Grim y vinculado en distintos negocios con el citado Jorge Bolestrud[373].

Ya en el siglo XVI la casuística de los ingleses en Sevilla se multiplican, así que me remito a la información incluída en el diccionario que acompaña a este trabajo para hacer un seguimiento de cada uno de ellos[374]. En todo caso, se pueden destacar los hechos relacionados con Jaime Bodinan, documentado a partir del año 1504, y relacionado con los genovés Cristóbal Grimaldo, al que concedía poder para que pudiese cobrar distintas cantidades de los también genoveses Cristóbal Ferro, Antonio de Sopranis y Esteban de Salvago, todos ellos residentes en Sevilla; el caso de Juan Binses, estante en la ciudad desde finales del siglo y también relacionado con el célebre genovés Francisco Riberol por una importante cédula de cambio (valorada en más de 421.000 maravedís). El de Robert Thorne, que desde Sevilla mantuvo negocios con otras localidades (Murcia, Cádiz, etc.) y actuó, en varias ocasiones en compañía de otro importante mercader inglés, Tomás Mallar, del que llegaría a ser su albacea testamentario. En los años veinte y treinta del siglo XVI Robert Thorne (junto a su hermano Nicholas Thorne) aparece en numerosas actas notariales sevillana, que demuestran que estos dos mercaderes de Bristol se habían convertido, en aquellos años, en unos los importadores más influyentes de paño británico hacia

---

[373]   Los datos biográficos de todos ellos pueden verse en el diccionario.

[374]   Para el conocimiento de la presencia inglesa en Sevilla a mediados del siglo XVI es muy útil la información que aporta GROVE-GORDILLO, María, "El rol de la comunidad mercantil inglesa en el mercado textil de Sevilla (1525-1540)", *Hispania. Revista Española de Historia*, 275 (2023).

los puertos castellanos. Y por supuesto, el caso de Sebastián Caboto, hijo de marinero italiano Juan Caboto, establecido en Bristol a finales del siglo XV, y cuyos viajes por el atlántico norte le dieron fama universal. Sebastián llegó a la península Ibérica en los primeros años del XVI pero sería en 1512 cuando se estableció en Sevilla tras ser contratado por el rey Fernando el Católico para desempeñar diversos cargos de cartógrafo y asesor del Consejo de Indias. Y aunque llegó a abandonar su residencia en la ciudad en 1517, para trasladarse nuevamente a Inglaterra, volvió a Castilla y se mantuvo en Sevilla hasta 1526 en que comenzó su conocida expedición hacia las Molucas[375].

También en Andalucía, seguramente fue Sanlúcar de Barrameda la que acogió a un mayor número de ingleses a finales de la Edad Media y comienzos del siglo XVI. Hace tiempo que Antonio Moreno ya resaltó esa circunstancia, destacando que las fuentes disponibles para la localidad permitían identificar a más de medio centenar de individuos en las primeras décadas del Quinientos, de los que una quincena eran calificados como vecinos de la villa[376]. Se ha explicado el arraigo de esta presencia por varia circunstancias, entre las que se han destacado: los privilegios fiscales concedidos por los duques de Medina Sidonia, los acuerdos alcanzados con Venecia en el año 1499 para que las galeras de la ruta de Flandes hicieran escala en la villa; las producciones agropecuarias de la zona, que cubrían buena parte de la demanda inglesa, o la cesión de los solares necesarios para la construcción de una iglesia bajo la advocación de San Jorge y una cofradía o consulado de mercaderes de aquella nación[377].

Moreno Ollero pudo presentar algunos ejemplos de ingleses que arraigaron de tal forma en la localidad que contrajeron matrimonio con vecinas de Sanlúcar, que actuaron como padrinos en distintos bautizos, aumentando el número de nacimientos de hijos de ingleses, u ocupando oficios públicos, emparentando con algunos de los linajes más conocidos de la villa. Además, a partir de los registros bautismales, pudo demostrar que los ingleses participaron en la compraventa de esclavos y que bautizaron a varios de los que compraron. A los evidencias que el profesor Ollero ofreció se le pueden añadir otros casos destacados de ingleses que se encontraban en la villa desde el último cuarto del siglo XV.

---

[375] De nuevo, las biografías de todos ellos pueden verse en el diccionario. Juan Caboto queda fuera de la cronología que utilizamos aquí, así que el lector interesado puede acudir al trabajo de GIL FERNÁNDEZ, Juan, "Los armadores de Sebastián Caboto. Un inglés entre italianos", *Anuario de Estudios Americanos*, 45 (1988), pp. 3-65.

[376] MORENO OLLERO, Antonio, *Sanlúcar de Barrameda*…Ob. Cit. pp. 128-130.

[377] Es especialmente interesante el capítulo que Gustav Ungerer dedica a los ingleses en Sanlúcar en su citado libro. Véase, UNGERER, Gustav, *The Mediterranean Apprenticeship*….Ob. cit. pp. 29-40. Véase, también: CRUZ ISIDORO, Fernando, "La colonia de comerciantes ingleses de Sanlúcar de Barrameda (Cádiz) durante el señorío de los Pérez de Guzmán, duques de Medina Sidonia. El colegio inglés de San Jorge: espacio de representación y adoctrinamiento católico", en BRAVO LOZANO, Cristina y QUILES, Fernando, *Laddy Ann y el embajador viajan a Sevilla (primavera de 1664)*, Santiago de Compostela, 2022, pp. 219- 250.

Sirvan como muestra los casos de Ricardo Corrint, documentado por Consuelo Varela como estante en Sanlúcar desde 1489, siendo factor en aquella localidad del mercader londinense Juan Estil. Este último quizás podría ser el Juan Hil, al que conocemos por una carta de 1501 en la que denunciaba el ataque que había sufrido un navío suyo cargado en Sanlúcar. En su declaración manifestó que el cargamento pertenecía a él mismo y a Juan Marc, Juan Palin, Tomás Hali , Ricaldo Cruz y Util Gros, mercaderes ingleses vecinos de Bristol, que en esos momentos se encontraban en Sanlúcar. O el caso de Peter Aberdeen, factor factor de Juan Day, mercader de Bristol y también estante en Sanlúcar de Barrameda, que reconoce varios negocios con los genoveses Sebastián Doria, Bartolomé de Negro y Gerónimo Spínola en Cádiz. El de Ricardo Forte, que, también en 1501, mantenía un pleito con Juan de la Palma, vecino de la villa de Trigueros, al que le reclamó ante la Chancillería de Valladolid una deuda de 14.600 maravedís. Para dirimir el pleito ambas partes eligieron a árbitros que dictaran sentencia, y el aquí citado designó como su representante al también inglés Jorge Bolestrud.

En el caso de Cádiz o Jerez, lo que conocemos para los siglos XVI al XVIII podrían hacernos creer que en ambas localidades también se registró una nutrida presencia inglesa, ya que se sabe que los ellos manifestaron su enorme interés por ambas plazas a lo largo de aquellas centurias, intentando en varias ocasiones su conquista y ocupación. Sin embargo, el panorama para los siglos medievales es distinto, dado que las referencias que tenemos sobre su posible estancia en las citadas localidades demuestran que fueron muy pocos los que decidieron establecerse en ella[378]. Y esto a pesar de que también sabemos que las relaciones comerciales entre la región del Estrecho y la costa inglesa se atestiguan desde el siglo XIII, y que la bahía de Cádiz fue siempre un espacio preferente en estas rutas mercantiles que unían a los puertos mediterráneos y atlánticos.

De entre los pocos que he podido localizar en la zona se encuentra Ricardo Alvi, mercader inglés del que suponemos su estancia en Jerez ya que en 1489, cuando se encomendó a las justicias de la ciudad que averiguasen las deudas que Gómez Bueno tenía con él y con Juan Millet (hermano del conocido Thomas Mallart). Deudas que en aquellos momentos ascendían a 150.000 maravedís por la compra de paños y otras mercancías. El caso de Francisco Bodoin, mercader inglés que se declaraba como estante en la ciudad de Cádiz el año 1504. Dos circunstancias hacen pensar que quizás tenga alguna relación con el también inglés Jaime Bodoin, también residente en Cádiz y Sevilla por esos mismos años. Primero que el apellido es prácticamente el mismo y, segundo, que también mantenía vínculos comerciales con el genovés Bernardo Grimaldo y con diversos traperos hispalenses, con los que el citado Jaime

---

[378] Mingorance sólo pudo localizar, entre los años 1484 y 1510, a cuatro o cinco ingleses establecidos en Jerez. A partir de la tercera década del siglo XVI su número aumenta considerablemente, de tal forma que se crea una comunidad que registra a 15-20 personas anualmente. Véase MINGORANCE RUIZ, José Antonio, *La colonia extranjera*…Ob. Cit. pp. 155-169.

también mantenía negocios. El de Felipe Otón, al que en algunos casos se le registra como Juan Otón, documentado desde 1492 en Jerez y en Sevilla. Por algún motivo que desconocemos, estuvo preso en la cárcel jerezana, de donde escapó junto con otros reclusos, alguno de ellos de origen portugués. O el de Enrique Torler, que en 1500 una peregrinación desde Sanlúcar hasta el monasterio de Santa María de Regla y que, al regresar a la citada villa, fue hecho preso por un alguacil, que no lo ha querido soltar hasta que diera fianzas, además de ponerle una multa de 4,000 maravedís[379].

La incorporación del reino de Granada a la Corona de Castilla, aunque generaron unas nuevas condiciones para el establecimiento de las comunidades foráneas, no interrumpieron las relaciones entre los territorios del antiguo sultanato y los mercados ingleses. Esos mercados eran frecuentados por los navíos florentinos, genoveses y venecianos que hacían la llamada ruta de Poniente, haciendo escala en Málaga, Cádiz y Lisboa. Y desde los puertos del mar del Norte se mantuvo la demanda de las producciones granadinas de frutos secos, uvas pasas o aceite, lo que exigía garantías que permitiesen el asentamiento de nuevos mercaderes, entre los que también se encontraban los ingleses.

Pero es que, además, los ingleses participaron en las campañas que terminaron con la definitiva ocupación del reino nazarí[380]. Hace tiempo que se conoce el caso de sir Edward Woodville, cuarto hijo varón de sir Richard Woodville, cuñado del rey Enrique VII y experimentado guerrero al servicio de la monarquía inglesa en misiones que desempeñó en Bretaña, Escocia y otros lugares. Su llegada a Castilla coincide con la formación de un importante ejército en Córdoba en la primavera de 1486 (en él también se encontraba un importante contingente de mercenarios franceses) destinado a la conquista de Loja. Tras desembarcar en Sanlúcar, sir Edward se presentó en el real al frente de un número indeterminado de combatientes, que algunas fuentes cifran en varios centenares, sin duda de forma desmesurada. Terminadas las campañas de Loja y de Íllora, sir Edward regresó a su patria, dejando atrás a varios de sus compañeros que fueron apresados o heridos y con el agradecimiento de los reyes por su colaboración en las campañas. Además, se conoce el caso Guillermo Marstun, "criado de la cámara del rey de Inglaterra" que también participó en la conquista de Loja, al que el limosnero de la reina Isabel le entregó diez florines como ayuda por los servicios prestados; el del londinense John Morton, que participó en el cerco de

---

[379]   Véanse los datos biográficos de todos ellos en el diccionario.

[380]   El tema ha sido analizado, específicamente, en los trabajos de BENITO RUANO, Eloy, "Un cruzado inglés en la Guerra de Granada", *Anuario de Estudios Medievales*, 9 (1974-78), pp. 585-593. LÓPEZ DE COCA CASTAÑER, José Enrique, "La cruzada póstuma de un rey de Escocia (1330)", en GONZÁLEZ JIMÉNEZ, Manuel y SÁNCHEZ SAUS, Rafael (coord..), *Arcos y el nacimiento de la frontera andaluza (1264-1330)*, 2016, pp. 155-174. Un panorama más general en FOWLER, Kenneth, "L'emploi des mercenaires par les pouvoirs ibériques et l'intervention militaire anglaise en Espagne (vers 1361-vers 1479)", en RUCQUOI, Adeline (coord.) *Realidad e imágenes del poder. España a fines de la Edad Media*, Valladolid, 1988, pp. 23-55.

Baza y que también fue socorrido por el limosnero de la reina. El de Guillermo Fama Lameric (seguramente el apellido está mal registrado) al que conocemos por un documento en el que los reyes se dirigen al almirante mayor, a su lugarteniente y a todos los capitanes de la flota al servicio de la Corona y, en general, a todas las autoridades del reino, para decirles que este inglés ha venido a participar en la guerra contra los "moros enemigos", estando en la toma de Málaga y otras ciudades, donde los reyes lo armaron caballero. O el caso de Francisco Vergel, caballero que vino a participar en las campañas de la Guerra de Granada a finales del siglo XV y al que también conocemos por un extraño suceso registrado en una carta que el rey de Inglaterra dirige a las autoridades castellanas, diciéndoles que el aquí citado ha participado, junto con otros dos caballeros y tres criados, en algunas empresas de dicha Guerra; pero que, al terminar sus servicios, algunos de sus escuderos le traicionó y le robó parte de sus bienes (entre ellos objetos de oro) por lo que, en legítima defensa, Francisco Vergel se vio obligado a dar muerte a uno de ellos[381].

Fuera de Andalucía, la presencia inglesa fue, en general, escasa e incluso irrelevante desde el punto de vista demográfico. Con una excepción: Santiago de Compostela y, muy vinculado a la localidad del Apóstol, en las villas de La Coruña, Betanzos o el Ferrol. En el resto de la Orla Cantábrica su presencia tuvo que ser numerosa, pero las fuentes disponibles y la ambigüedad de la información que contienen relacionada con los ingleses hacen difícil su seguimiento en ciudades como Bilbao, San Sebastián, Santander o Laredo[382]. Se sabe, desde hace tiempo, que el tráfico mercantil de todos estos puertos con Inglaterra hunde sus raíces en el siglo XIII y que, pese a las dificultades derivadas de la inestabilidad política y la guerra abierta en el Golfo de Vizcaya, a medida que avanzan las últimas centurias del medievo, esas relaciones se intensificaron. Consolidaron esas conexiones la política exterior de los Reyes Católicos que, como también es conocido, consideraba a Inglaterra objetivo preferente en sus relaciones dinásticas, políticas y comerciales. El Tratado de Medina del Campo, firmado en 1489 y renovado en varias ocasiones (1499, 1513,1515, 1526, etc.), junto a pactos locales entre las autoridades de distintas ciudadess vascas y magistraturas inglesas, fortalecieron unos intercambios que, sin duda, atrajo a muchos ingleses hasta los puertos de aquella parte del reino de Castilla.

Los trabajos de W. Childs demostraron que las últimas décadas del siglo XV y las primeras del XVI el comercio anglo–castellano estaba en auge: aumentaban las

---

[381] Los datos biográficos de los dos últimos pueden verse en el diccionario. El resto de los mencionados se encuentra registrados en las obras de Eloy Benito y José Enrique López mencionadas en las notas anteriores.

[382] Puede verse un panorama general en SOLÓRZANO TELECHEA, Jesús, "Los extranjeros en las villas portuarias de la costa cantábrica en la Baja Edad Media", en *Mundos medievales. Homenaje a José Ángel García de Cortázar*, vol. II, Santander 2012, pp. 1933-1948. Para épocas posteriores y con un amplísmo repertorio bibliográfico, es recomendable el trabajo de REY CASTELAO, Ofelia, "Los extranjeros en la Cornisa Cantábrica durante la Edad Moderna", en VILLAR GARCÍA, M. y PEZZI CRISTÓBAL, P. (coord.), *Los extranjeros en la España Moderna*, vol. II, Málaga, 2003, pp. 23-59.

exportaciones de tejidos ingleses a Castilla, y los mercaderes castellanos (Diego de Castro, Fernando de Carrión, Pedro Miranda, Diego de Bernuy, Juan de Castro, etc.) estaban entre los principales exportadores afincados en Inglaterra[383]. Por su parte, los navegantes guipuzcoanos y vizcaínos dominaban el transporte marítimo entre los puertos castellanoes e ingleses. Los Descubrimientos y la apertura del mercado indiano fueron estimulando la llegada a Castilla de comerciantes ingleses, primero en Andalucía, y luego en el puerto de Bilbao, de tal forma que a finales del medievo era habitual encontrar a una comunidad estable en los puertos vascos[384].

A finales del siglo XV empiezan a menudear los ejemplos. El caso de William Botiller, mercader inglés, que fue factor en la ciudad de Bilbao del también inglés William Hadden, al que conocemos por su larga residencia en la localidad (entre 1480 y 1490). Juan Comito, que mantuvo diversos pleitos contra Martín de Agurto y Ochoa de Mondragón, por la incautación de ciertas cantidades de telas y paños. Juan Corte, cuya estancia en Bilbao conocemos bien por la ejecutoria dada por los Reyes Católicos en el pleito que le enfrentaba contra varios vecinos de Bilbao (Juan Martínez Irusta, Sancho Ortiz, Pedro Ibáñez, Juan de Salcedo, etc.) por una deuda de 180 ducados de oro[385]. O el caso de Andrés Inglés, comerciante inglés que debía encontrarse en la villa de Bilbao en 1480, y que, en nombre de otros compatriotas suyos en la ciudad y su entorno, reclamó al concejo de la villa la exención del pago de una serie de tributos que Bilbao pretendía imponer a las mercancías que llegaban a su puerto (tasa de 8 mrs. por cada corona de valor de las mercancías importadas). Y, finalmente, el caso de Guillén Brun (o Bran), que a juicio del profesor González Arce, pudiera ser el primer representante de un posible consulado inglés en Bilbao, en respuesta a otro castellano que se creó en Londres, ya que en 1501 los Reyes escribieron a los corregidores del condado de Vizcaya y Guipúzcoa para decirles que Guillén Brun había presentado, en su nombre y como prior de los mercaderes ingleses tratantes en aquella región una protesta por el contínuo embargo de sus mercancías[386].

---

[383]   Childs ofreció unos extensos listados de mercaderes castellanos residentes en Londres importando distintos tipos de mercancías desde Andalucía y otros lugares del reino. Véase CHILDS, Wendy R, "El Consulado del Mar… Ob. cit. pp. 351-420.

[384]   En todo caso, el número de mercaderes no debió ser nunca muy amplio. Las cifras conocidas para las primeras décadas del siglo XVI nos hablan de la estancia de diez o quince individuos anualmente. En 1550, una documentación excepcional, señalan la presencia de Robert Atan, Juan Balgue, Johan Belli, Tomas Bostoc, Juan Cortun, Juan Estardot, Juan Jaques, Antonio Mambi, Tomas Mor, Tomas Pris y Tomas Uder, Roger Jefersun y Juan Blifort. Véase, MARÍA BILBAO, Luis y LANZA GARCÍA, Ramón, "Comercio y comerciantes ingleses en Bilbao a mediados del siglo XVI", en IGLESIAS RODRÍGUEZ, Juan José, PÉREZ GARCÍA, Rafael y FERNÁNDEZ CHAVES, Manuel F. (eds.), *Comercio y cultura en la Edad Moderna*, Sevilla, 2015, pp. 831-848.

[385]   Los datos biográficos de todos ellos pueden verse en el diccionario.

[386]   Los casos de estos dos últimos han sido analizados por GONZÁLEZ ARCE, Damián, *Bilbao y el mar. Actividad portuaria…* Ob. Cit. pp. 33-34 y p. 656.

Como ya dije antes, en el norte peninsular, la excepción en el número de ingleses que pudieron estar presente en alguna localidad la marca Santiago de Compostela con la llegada de peregrinos de aquella nación, normalmente a través de la vía marítima que unía a los puertos ingleses con La Coruña y el Ferrol a finales de la Edad Media. Afortunadamente contamos con fuentes –directas e indirectas– y con una amplia bibografía que permiten el análisis de esta manifestación de la presencia inglesa. La ingente cantidad de licencias concedidas a barcos ingleses para transportar a importantes contingentes de peregrinos y la amplia bibliografía existente, permiten que se pueda ofrecer un panorama muy aproximado de lo que pudo ser la llegada de ingleses a aquellas regiones. En esa labor han destacado, además del clásico trabajo de Lacarra, de Parga y Uría sobre las peregrinaciones jacobeas citado en páginas anteriores, las obra de Carrete Cordero[387], Constance Storr[388], Derek Lomax[389], Ana Echevarría[390] y, sobre todo, Elisa Ferreira[391] y, recientemente, en la tesis doctoral de Violeta Miraz[392].

Todos ellos han demostrado que las peregrinaciones inglesas por vía marítima fue un fenómeno diferente al que se produjo por el denominado como "camino francés", que, como es bien sabido, discurría por vía terrestre desde Roncesvalles hasta la ciudad de Santiago. La compleja organización que requería el transporte de centenares de peregrinos y el hecho de que para viajar con ciertas garantías, sobre todo en momentos de enfrentamiento abierto entre Inglaterra y otros Estados, era necesaria la autorización del monarca, impulsaron el registro de este tipo de licencias y, por ende, nuestro conocimiento de los embarques desde Inglaterra hasta Galicia. Además, que el traslado de todos ellos fuese un negocio lucrativo para los armadores y mercaderes (los peregrinos pagaban un peaje y llevaban un salvoconducto que les permitía llevar mercancías) lo que, entre otras cosas, impulsó la llegada de ingleses desde los últimos años del siglo

---

[387]   CORDERO, Carrete, "Embarque de peregrinos ingleses a Compostela en los siglos XIV y XV", *Cuadernos de Estudios Gallegos*, 17, (1962), pp. 348-357.

[388]   STORR, Constance y CORDERO, Carrete, "Peregrinos ingleses a Santiago en el siglo XIV", *Cuadernos de Estudios Gallegos*, 20, fasc. 61, (1965), pp. 193-224.

[389]   LOMAX Derek, "Peregrinos ingleses a Santiago en la Edad Media", en *Las peregrinaciones a Santiago de Compostela y San Salvador de Oviedo en la Edad Media*, Oviedo, 1993, pp. 73-86.

[390]   ECHEVARRÍA ARSUAGA, Ana, "The Shrine as mediator: England, Castile and the Pilgrimage to Compostela", en BULLÓN-FERNÁNDEZ, María, *England and Iberia in the Middle Ages, 12th-15th century*... Ob. Cit. pp. 47-65.

[391]   Ya he tenido la oportunidad de resaltar en varias ocasiones las virtudes de la monumental tesis doctoral de Elisa Ferreira, aunque quizás sea en el extenso epígrafe que dedica a las relaciones entre Galicia e Inglaterra donde la autora demostró una capacidad de trabajo y análisis inigualable. Véase: FERREIRA PRIEGUE, Elisa, *Galicia en el comercio marítimo*...Ob. cit. pp. 574-633. Pero no es el único estudio que Ferreira dedica a este tema ya que también puede verse su artículo "La ruta ineludible, las peregrinaciones colectivas desde las Islas Británicas en los siglos XIV y XV", en *Actas del congreso de estudios jacobeos*, Santiago de Compostela, 1995, pp. 279-290.

[392]   MIRAZ SECO, Violeta, *La peregrinación marítima. El camino inglés desde la ría de Ferrol en la Baja Edad Media*, Universidad de La Coruña, 2013.

XIV. Elisa Ferreira pudo documentar muchas licencias concedidas por el rey de Inglaterra a armadores y patrones de naves y, aunque la autora advierte de que sus datos no constituyen una lista exhaustiva, nos ofrece una serie excepcional en la que deja constancia de más de 370 licencias entre los años 1390 y 1484, con el posible transporte de más de 18.500 peregrinos (véase gráfico nº 6)[393].

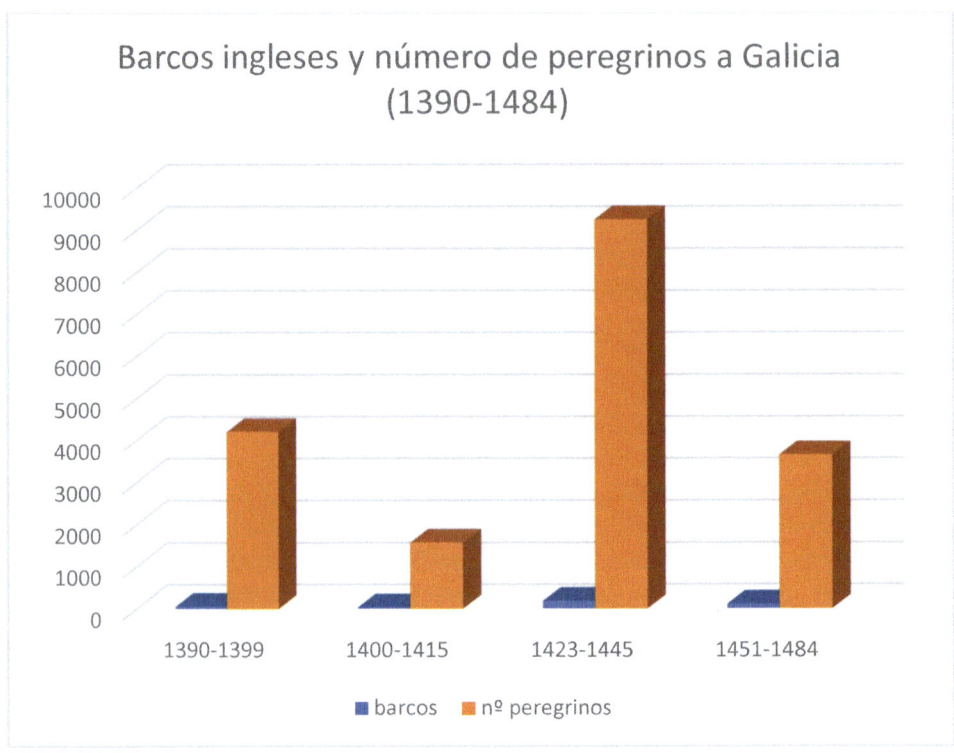

Gráfico nº 6. Barcos ingleses y número de peregrinos a Galicia (1390–1484).

Es evidente que no me voy a ocupar aquí de las evidencias de muchos de esos viajes de peregrinación, pero si voy a detenerme en uno que, por su significado y por la fama de su viaje, quizás merece ser recordado. Me refiero a la peregrinación que hizo William Wey en las últimas décadas del siglo XV hasta Santiago de Compostela[394]. Y es que Wey, junto con la ya citada Margery Kempe, fue el peregrino de origen inglés más conocido gracias —al igual que Margery— al hecho de que nos dejó un relato de sus viajes en una obra que conocemos con el título de *Itinerarium*, publicado por primera

---

[393]   El gráfico se ha elaborado con los datos que aporta Elisa Ferreira en su citado *Galicia en el comercio marítimo*….pp. 603-608.

[394]   ANGUITA JAÉN, José Mª. "Literatura odepórica: Itinerarium peregrinacionis de William Wey", en *Iacobus: Revista de estudios jacobeos y medievales*, 11-12, (2001), pp. 261-278.

vez en Londres en 1857. En esta obra narra algunos detalles de su viaje y su estancia en La Coruña y en Compostela y, además, nos ofrece algunos datos personales que permiten situar al viajero en el contexto cultural de la época. Así nos dice que fue miembro del Colegio Real de Eton (también se sabe que fue licenciado en Teología por la Universidad de Oxford); que en el año de 1456 y con permiso del rey Enrique VI, emprendió su peregrinación a Santiago de Compostela; que partió el 16 de mayo de aquel año desde el puerto de Plymouth, acompañado de otras seis naves de peregrinos: una de Portsmouth, otra de Bristol, otra de Weymouth, otra de Lymyngton, otra llamada Crgyne, y la de Plymouth, llamada Mary White. Llegaron al puerto gallego el 21 de mayo, en una travesía relativamente rápida. A partir de ahí, el autor describe diferentes rutas a seguir, algunas costumbres de los pueblos por los que pasa o recomendaciones para hacer el viaje relacionadas con los lugares de descanso o dónde conseguir las indulgencias. En su descripción de La Coruña, el autor −seguramente con cierta exageración− no deja una imagen de extraordinaria vitalidad para un puerto que sabemos que recibía buena parte de la flota que iba y venía entre los puertos mediterráneos y del atlántico norte. En unas breves líneas dice así:

> *"En el puerto de la Coruña había gente de Inglaterra, de Gales, de Irlanda, de Normandía, de Francia, de Bretaña y de otros lugares, ochenta naves con castillos y cuatro sin castillos; el número de naves inglesas era de treinta y siete".*

Y aunque es conocido que La Coruña probablemente disponía de la mejor rada de toda la costa gallega y que sus condiciones para el abrigo de los barcos era excelente, no parece probable que en un mismo momento −ese 21 de mayo en que llega a la ciudad− se puedan concentrar 80 navíos de cierto porte (prácticamente todos con castillo). Aunque también es verdad que cuando Juan de Gante −esposo de Constanza de Castilla, hija del rey Pedro I−, desembarcó en el citado puerto el 25 de julio de 1386, las crónicas señalan que la flota que le acompañaba era de no menos de cien barcos con un tonelaje total de unas 14.000 toneladas, y en ellos viajaban unos mil quinientos arqueros con otras tantas lanzas, cifras que son considerables para cualquier puerto de la Europa de entonces[395].

Pasando ya a los estudios dedicados a las relaciones anglo−canarias, y en general al análisis de su presencia en las islas atlánticas durante los siglos XV y XVI, hay que decir que no son muy abundantes. Esa escasez se deriva tanto de la exigua presencia de ingleses durante la época aquí estudiada como por el hecho de que no disponemos de fuentes que nos permitiría estudiar su actividad y sus relaciones personales[396].

---

[395]   ROSELL, Cayetano (eds.), *Crónicas de los Reyes de Castilla desde Don Alfonso el Sabio hasta los católicos Don Fernando y Doña Isabel*, Madrid, 1877, v. II, Crónica de Juan I, 1386, pp. 109-114.

[396]   Una excepción son los de FERNANDEZ ARMESTO, Felipe.: "Inglaterra y el Atlántico en la Baja Edad Media", en Canarias e Inglaterra a través de la Historia. Las Palmas, 1995, pp. 11-28 y el de LOBO CABRERA, Manuel.: "Canarias e Inglaterra en el siglo XVI", en Canarias e Inglaterra a través de la Historia. Las Palmas, 1995, pp. 29-50 el segundo. Véase, además, BELLO LEÓN, J. M. y GONZÁLEZ

No obstante, y a pesar de la mala impresión que pueda deducirse de este preámbulo, sabemos que los ingleses se interesaron por su presencia en las islas atlánticas al menos desde la segunda mitad del siglo XV[397]. Fernández Armesto ya señaló como desde 1448 llegan a Inglaterra las noticias sobre exploraciones en el África atlántica; si a esto le unimos la necesidad de buscar nuevos mercados ante las dificultades que encontraban los naturales de Bristol para acceder a los puertos nórdicos debido a la competencia de los mercaderes hanseáticos, y la tendencia a contrarrestar esta situación con un progresivo incremento de la presencia inglesa en la Baja Andalucía desde 1480, podemos entender la apertura de contactos directos entre Inglaterra y las islas atlánticas. Éstos comenzaron con las Azores, ya que allí se constata en 1479 la presencia de un buque fletado por dos mercaderes ingleses cargando trigo, al que siguieron varios viajes hacia Madeira en 1480, 1486 y 1487. En este contexto también ha de incluirse los intentos de varios mercaderes ingleses que en 1480 habían llegado a la costa andaluza con la intención de buscar pilotos y gente que los guiase hasta La Mina[398].

Las primeras relaciones directas entre los ingleses y Canarias se van a centrar en torno a la obtención de la orchilla, producto tintóreo necesario para la floreciente industria lanera británica[399]. La citada Wendy Childs afirma que la orchilla se introdujo en Inglaterra en el siglo XIV procedente de los mercados orientales, pero las dificultades encontradas para abastecerse de estos mercados durante la segunda mitad del siglo XV alentaron a los genoveses a buscarla en la Berbería de Poniente hasta transportarla, en régimen de monopolio, en sus propios barcos o en asociación con mercaderes ingleses[400]. Pese a estas circunstancias, Armesto advierte que no es probable que este tráfico comercial diera lugar a una presencia efectiva de los ingleses en el Archipiélago. Todavía hay que esperar a los primeros años del siglo XVI para

---

MARRERO, Mª. del Cristo: "«Los otros extranjeros»: catalanes, flamencos,….Ob. cit. pp. 67-71. No ocurre lo mismo para el estudio de la presencia británica en los siglos XVII al XIX, ya que, en ese caso, la bibliografía dedicada a comerciantes, artistas, viajeros o instituciones procedentes de las Islas Británicas es abrumadora. Basta con buscar en cualquier base de datos los nombres de autores como Nicolás Lemus, Alejandro Cioranescu, Agustín Guimerá, Víctor Morales, Alexis Brito, Francisco Fajardo, Elisa Torres, etc. para darse cuenta de que el Archipiélago cuenta con un volumen extraordinario de obras que analizan estos temas. Y un panorama general de las fuentes disponibles para el estudio de ese periodo puede verse en FISHER, J., "Fuentes documentales en Inglaterra tocantes a la historia de Canarias", MORALES PADRÓN, Francisco (coord.), *V Coloquio de Historia Canario-Americana*, Las Palmas de Gran Canaria, 1985, vol. 3º, pp. 493-510.

[397] Esa fecha podría ser anterior si se acepta la leyenda y cierta tradición historiográfica, que sitúan a Robert Machin, aventurero inglés, huído a mediados del siglo XIV de Bristol, como el primer descubridor del archipiélago de Madeira.

[398] AGS. RGS. 3-11-1480, fol. 81.

[399] El profesor Manuel Lobo señala, tomando una referencia dada por Consuelo Varela, que Juan Day, mercader con amplias relaciones comerciales en la Baja Andalucía, se encontraba en Lanzarote en 1478. Véase LOBO CABRERA, Manuel, "Canarias e Inglaterra... Ob. cit. pág. 32.

[400] Al respecto es interesante la asociación establecida entre Francisco Riberol y Jorge Bulestrud para enviar partidas de orchilla de Canarias con destino a Inglaterra. Véase AGS. RGS. 28-4-1497, fol. 23.

documentar la llegada de los primeros, en este caso atraídos por el azúcar que comenzaba a producirse en las Islas.

De entre ellos, el que nos ha dejado un mayor rastro documental gracias a los numerosos negocios que emprendió y a que llegó a establecerse en Tenerife, fue Thomas Mailliard (Tomás Mallarte en los protocolos notariales canarios)[401].Procedente de Sanlúcar y de Sevilla (allí se encontraba desde 1493) , donde también residía su hermano Juan, mantenía relaciones comerciales con otros compatriotas suyos o participaba en el tráfico con Indias. El porqué de su interés por los negocios en las Canarias quizás podrían explicarse por los vínculos que mantuvo con Jácome Sopranis y Francisco Riberol, y el arrendamiento de las almonas de Sevilla que, como es bien sabido, eran las fábricas de jabón más importantes de la ciudad a finales de la Edad Media. Los Sopranis–Riberol también gestionaban las almonas en aquellos momentos y estuvieron muy vinculados a los géneros que ofrecían las islas; Mallart tenía que conocer a ambos genoveses por lo que es posible que, al igual que ellos, acudiera a Canarias para ampliar sus negocios. A partir de entonces, y en unión del que quizás fue su factor en la isla en aquellos primeros momentos, aparece de forma frecuente en los protocolos de La Laguna vendiendo todo tipo de productos. Finalmente, su implicación en la sociedad de las islas también se comprueba cuando negocia el matrimonio de su hija Ana Mallart (fruto de su primer enlace con Ana de Vera) con Sancho de Herrera, señor de Fuerteventura y hermano de Fernán Peraza, señor de la Gomera y Hierro, que a su vez había contraído matrimonio con Beatriz de Bobadilla, conocida dama al servicio de la reina Isabel[402].

Además de Maillard, el otro gran comerciante inglés que podemos documentar en las islas en aquellos primeros momentos del siglo XVI fue Jácome Casteleyn. Aunque algún testimonio lo califica de flamenco, aparece con frecuencia en la documentación notarial de la isla de Tenerife desde el año 1508, lo que seguramente indicaría una temprana presencia en Castilla (seguramente desde los primeros años del siglo XVI) ya que sus actividades en Canarias apuntan a una clara integración en la sociedad isleña. Así participa en la compraventa de numerosas partidas de telas, cereales y otras mercancías, compra casas en la localidad de Santa Cruz, fleta navíos para intercambios entre las islas, otorga poderes (entre otros a su hermano Isembart, a los mercaderes Guilaume de Brat y Guisbrec Jaquelet, sin duda también extranjeros) para gestionar sus asuntos, concede préstamos, etc. Los investigadores consideran, además, que este Casteleyn estaba emparentado con una destacada casa comercial en Londres (creada por William Castelin y Thomas Lok) que mantuvo, durante

---

[401]   Grove Gordillo, María (2021). "Mercaderes ingleses en Sevilla: la liquidación de la empresa comercial de Tomás Mallart, 1523 ", en *A la sombra de las catedrales: cultura, poder y guerra en la Edad Moderna*, Universidad de Burgos, 1881-1894.

[402]   Para comprender mejor el peso económico que alcanzó Tomás Mallart basta con decir que, en concepto de dote, entregaba a su hija 6.000 ducados (más de dos millones de maravedís), además de ciertos bienes en Sanlúcar y el Puerto de Santa María.

buena parte del siglo XVI, un tráfico comercial muy fluido con Cádiz y el archipié-lago canario[403].

3.7. Las comunidades alemana y flamenca

Entre los historiadores que han analizado las relaciones de los reinos hispanos con el ámbito de los Países Bajos y los principados alemanes durante la baja Edad Media y principios de la Moderna hay una coincidencia por encima de otras consideraciones: todos están de acuerdo en que los vínculos económicos, sociales y culturales se dinamizaron entre los siglos XIII y XV, cuando se combinaron una serie de circunstancias que propiciaron la movilidad entre la península ibérica y aquella parte de Europa. Es bien conocido el crecimiento urbano (algunos lo han definido como protoindustrial) que se generó en el condado de Flandes a lo largo de aquellas centurias; como también lo son las ferias que se celebraban en Brabante, Holanda o Zelanda, o el control de las ciudades hanseáticas sobre las rutas que unían el Báltico y Europa del este con las rutas del Atlántico Medio y Mediterráneo. También es un hecho admitido por la historiografía el desarrollo de la producción lanera castellana y la demanda que de esta se hacía en los talleres flamencos, así como la producción agropecuaria andaluza (además de la pesquera) y su exportación hacia los puertos de Sluis, Arnemuide, Middelburg, Amberes, etc.

Como contrapartida, también es conocido la llegada a Castilla (también a Portugal) de productos de lujo (pinturas, retablos, esculturas, telas, etc.) que satisfacían la creciente demanda de la Iglesia y de la nobleza de finales del siglo XV y comienzos del XVI. Por último, y antes de entrar a describir algunos de los trabajos que se han ocupado de las relaciones entre Castilla y el ámbito flamenco–alemán[404], hay que recordar que hasta el tratado de Utrech, el territorio que actualmente llamamos Países Bajos y Bélgica estaba formado, en el tránsito de la Edad Media a la Moderna, por varias provincias cuyo grado de relación y dependencia política con la monarquía hispana fue variable, de tal forma que hay que distinguir entre aquellas del norte y noroeste (Holanda, Zelanda, Utrech, etc.) menos vinculadas a las relaciones con España, y las provincias meridionales (Brabante, Flandes, Condado de Artois, Namur, etc.) cuya dependencia política de la corte española se mantendrá aún después de las graves revueltas de la segunda mitad del siglo XVI. Todas estas regiones mantienen, además, una amplia y difusa frontera con territorios alemanes –especialmente de la Hansa– de la que proceden muchos de los mercaderes, artistas o viajeros que una vez establecidos en la Península Ibérica pasan a englobar la denominación genérica de flamencos, atribuyéndoles un origen que en realidad no les correspondía.

---

[403] Las referencias biográficas completas pueden verse en el diccionario.

[404] Buena parte de los que voy a expresar en los siguientes párrafos ya lo puse de manifiesto hace años en otro trabajo que dediqué a la presencia flamenca en los reinos de Castilla y Portugal. Véase BELLO LEÓN, Juan Manuel, "Comerciantes y artesanos de los Países Bajos en Castilla y Portugal (siglos XIII a XVI). Los precedentes de su paso a Canarias", en *Flandes y Canarias. Nuestros orígenes nórdicos*, La Laguna, 2004, pp. 111-152.

Por otra parte, la dispersión geográfica y cronológica de las fuentes disponibles para el estudio de la presencia flamenca y alemana en el reino de Castilla también ha condicionado el estudio de su influencia e importancia en el conjunto de las comunidades extranjeras que aquí se estudian[405]. Como se pude ver en el propio diccionario que acompaña a este trabajo, desde el siglo XIII y hasta los Reyes Católicos sólo se encuentran noticias esporádicas relacionadas con la presencia de peregrinos o algún mercader, mientras que para el reinado de Isabel y Fernando contamos con abundantes documentos procedentes los archivos notariales o de la Chancillería de Valladolid, además de la extensas narraciones de los ya mencionados Jan Van Eyck, Eustache de la Fosse, Jerónimo Münzer, Arnold von Harff, etc. La situación mejora aún más para la época correspondiente al reinado del Carlos I (fuera ya de nuestro periodo de estudio) o Felipe II ya que la notable presencia de flamencos entre los servidores del emperador y su hijo, así como la documentación procedente de otros archivos (como los inquisitoriales) permiten acercarnos mejor a los testimonios de su presencia en el reino[406].

Por tanto, no es extraño que el análisis de los intercambios comerciales y de la presencia de comunidades castellanas en los Países Bajos o Alemania y de flamencos y germanos en Castilla durante los siglos XV y XVI haya disfrutado de una larga tradición que podemos remontar hasta los estudios ya clásicos de Jules Finot, J. A.

---

[405]   Hay que señalar que, por ahora, y para el estudio de las relaciones hispano flamencas en el periodo aquí reseñado contamos con más y mejores documentos en Brujas o Amberes que en las ciudades españolas. El establecimiento de comerciantes castellanos en Brujas desde el siglo XIII y la posterior creación de un Consulado generó una abundante documentación que hoy se encuentra en los Archivos Municipales de la ciudad. Véase el trabajo de GILLIODTS-VAN SEVEREN, Luis, Cartulaire de l'ancien Consulat d'Espagne à Bruges. Brujas, 1901. 2 vols y los comentarios sobre esta documentación en VANDEWALLE, A.: "El Consulado de Burgos en los Países Bajos", en *Actas del V centenario del Consulado de Burgos (1494-1994),* tomo I, Burgos, 1994, pp. 281-300; y SÁNCHEZ MARTÍN, Margarita, "Mercaderes burgaleses en Flandes. Actividad económica y vida privada según el cartulario del antiguo Consulado de España en Brujas (Primera parte, de 1280 a 1550)", en *Actas de las III Jornadas Hispano-Portuguesas de Historia Medieval*, tomo I, Sevilla, 1997, pp. 453-468.

[406]   De nuevo nos encontramos ante un tema, el de la presencia flamenca en época Moderna, que también tiene infinidad de registros bibliográficos. A modo de ejemplo pueden verse los trabajos de STOLS, Eddy, "La colonia flamenca de Sevilla y el comercio de los Países Bajos españoles en la primera mitad del siglo XVII", Anuario de Historia Económica y Social, 2, Madrid, 1969, pp. 356-374; THOMAS, W.: "Los flamencos en la península ibérica a través de los documentos inquisitoriales (siglos XVI-XVII)", en Espacio, Tiempo y Forma, Serie IV, Historia Moderna, 3 (1990), pp. 167-195; CRESPO SOLANA, Ana y HERRERO SÁNCHEZ, M. (coord..): España y las 17 provincias de los Países Bajos. Una revisión historiográfica (XVI-XVIII), 2 vols. Córdoba, 2002 DÍAZ BLANCO, José Manuel, "La construcción de una institución comercial: el consulado de las naciones flamenca y alemana en la Sevilla moderna". En Revista de Historia Moderna Anales de la Universidad de Alicante, 33 (2015), pp. 123-145; SANCHEZ DE LEÓN COTONER, Antonio y Van der Weyden, A.K.T, "Algo sobre los privilegios de la nación flamenca establecida en la ciudad de Sevilla", Annales Ducinquantenaire I (2003-2004), pp. 167-180; LÓPEZ MARTÍN, Ignacio, "Los unos y los otros". Comercio, guerra e identidad: flamencos y holandeses en la Monarquía Hispánica (ca. 1560-1609)", en SANZ AYAN, Carmen y GARCÍA GARCÍA, Bernardo (coord..), *Banca, crédito y capital: la Monarquía Hispánica y los antiguos Países Bajos (1505-1700)*, Madrid, 2006, pp. 425-458.

Goris, Charles Verlinden, J. Marechal y Luis Gilliodts–van Severen, y, sobre todo, a los más recientes de Raymond Fagel, Betsabé Caunedo, Hilario Casado, Jaime Ferreiro Alemparte, André Vandewalle, Francis Brumont, Eddy Stols, Jean Philippe Priotti, etc.[407].

Y si esa realidad es evidente para el análisis de la presencia flamenca en las regiones peninsulares del reino de Castilla, lo mismo puede decirse para el examen de la estancia de las comunidades procedente de los Países Bajos o las procedentes de regiones alemanas limítrofes, en el archipiélago canario. Participaron en la conquista de las islas, se beneficiaron de los repartimientos que se hicieron en ellas y, sobre todo en la isla de La Palma, alcanzaron un patrimonio y posición social de considerable importancia. Y todo ello sin olvidar lo que quizás fue más importante: son los miembros de estas comunidades los que permanentemente mantuvieron unidas a las Islas con los mercados más dinámicos de la Europa de entonces (Brujas, Amberes, Arnemuiden, etc.)[408].

No obstante todo lo dicho acerca de los numerosos estudios que se han hecho sobre la comunidad flamenca y alemana, hay que reconocer que lo que sabemos hasta ahora de ellos es que nunca fueron, a lo largo de los siglos finales de la Edad Media,

---

[407]   Los trabajos de los autores de finales del siglo XIX y primeras décadas del siglo XX son bien conocidos y se pueden encontrar en cualquier repositorio así que me remito a los trabajos más recientes de autores como FAGEL, Raymond, De Hispano-Vlaamse Wereld. De contacten tussen Spanjaarden en Nederlanders, 1496 – 1555. Bruselas, 1996 o el más reciente "En busca de fortuna. La presencia de flamencos en España 1480-1560", en VILLAR GARCÍA, María Begoña y PEZZI CRISTÓBAL, Pilar (coord..), Los extranjeros en la España moderna, Málaga, 2003, vol. I, pp. 325-335; CAUNEDO DEL POTRO, Betsabé, Mercaderes castellanos en el golfo de Vizcaya (1475-1492). PHILLIPS, C. R., "Spanish Merchants and the Wool Trade in the Sixteenth Century", The Sixteenth Century Journal, XIV, nº 3 (1983), pp. 259- 282; BRUMONT, F. y PRIOTTI, PH., "Identités marchandes. Merciers et hommes d'affaires dans le commerce entre les Pays-Bas et l'Espagne (1533-1556)", Bulletin de la Commission royale d'histoire/ Handelingen van de Koninklijke Commissie voor Geschiedenis, 180, 2014, pp.139-360. CASADO ALONSO, Hilario, El Triunfo de Mercurio. La presencia castellana en Europa (siglos XV y XVI). Burgos, 2003 y El seguro marítimo en Castilla (siglos XIV-XVII), Valladolid, 2021.

[408]   Además de mi trabajo citado anteriormente, existe una amplia bibliografía que analiza la presencia flamenca en las islas. Véase: MARRERO RODRIGUEZ, Manuela, "Una sociedad para comerciar con Castilla, Canarias y Flandes en la primera mitad del siglo XVI", en III Coloquio de Historia Canari-Americana, vol. I, Las Palmas, 1980, pp. 161-173 y "Mercaderes flamencos en Tenerife durante la primera mitad del siglo XVI", en IV Coloquio de Historia Canario-Americana, vol. I, Las Palmas, 1982, pp. 599-614; LOBO CABRERA, Manuel, "La diáspora flamenca en Gran Canaria durante el Quinientos", en Vlamingen overzee flamands en outre-mer flemings overseas (C. Koninckx, ed.) Brussels, 1995, pp. 25-75 y "Flamencos en la carrera de Indias, vía Gran Canaria", en VIII Coloquio de Historia Canario-Americana, vol. II, Las Palmas 1991, pp. 7-15; VIÑA BRITO, Ana, De Brujas a La Palma. Luis Van de Walle el viejo y la consolidación de un linaje, Santa Cruz de Tenerife, 2009 y "Los flamencos en Canarias en el siglo XVI. ¿Una comunidad extranjera? Especificidades en la isla de La Palma", Revista de Historia Canaria, 194 (2012), pp. 161-191; GONZÁLEZ ZALACAIN, Roberto, "Flamencos más allá del comercio. Jorge Grimón, un hidalgo de Flandes en los inicios de la colonización de Tenerife", PAZ SÁNCHEZ, Manuel de (coord.), Flandes y Canarias: nuestros orígenes nórdicos, vol. III, La Laguna, 2007, pp. 137-158.

ni tan numerosos ni tan influyentes como los italianos. Incluso se ha llegado a debatir sobre el volumen de los que llegaron a residir con cierta frecuencia ya que, salvo para el caso de las regiones del norte peninsular, no parece que su número superase, anualmente, en ningún momento la docena de individuos. Por ello Enrique Otte opinaba que el recuento que en su día hicieron Fernad Braudel o Eddy Stols sobre el número de flamencos eran exagerados[409] ya que él, buen conocedor de los archivos hispanos, únicamente había encontrado a 84 mercaderes flamencos en Sevilla entre los años 1519 y 1581[410]. Por mi parte, como se puede observar en el diccionario, apenas si he podido localizar a un centenar de personas con origen alemán o flamenco, lo que representa un porcentaje inferior al 10% de los extranjeros registrados.

Como en el reto de comunidades aquí analizadas, el origen de la presencia flamenca en Castilla se puede rastrear entre los primeros peregrinos a Santiago de Compostela. Las noticias que poseemos al respecto son desiguales desde dos puntos de vista: el cronológico y el de la condición social de los que emprendían el viaje. En el primer caso, es evidente que la escasez de testimonios documentales para los siglos XI y XIII limitan nuestro conocimiento a una serie de viajes muy concretos. En el segundo, señalar que el peregrino anónimo que emprendía su viaje por devoción o intenciones económicas ha dejado escasas huellas documentales, mientras que el noble que se acercaba a la tumba del apóstol es probable que dejara algún tipo de mención en las crónicas o documentos oficiales de la época. En cualquier caso, es significativo comprobar que una de las primeras noticias que tenemos de la presencia de peregrinos extranjeros en Santiago se encuentra entre las correspondientes a un grupo procedente de Lieja. Dirigidos por el monje Roberto y vinculados al monasterio de Santiago de la citada ciudad belga, acuden a Compostela en el año 1065. O el caso de Nicolás de Cambrai, que peregrinó en el año 1153, el de un tal Asego, que, junto a la neerlandesa Sofía, peregrinaron a Santiago de Compostela en el año 1170. Ellos abren la nómina de peregrinos flamencos que entre finales del siglo XI y el XV llegaron a la tumba del apóstol por distintos motivos[411].

En definitiva, medir el flujo de peregrinos que emplean las rutas marítimas o terrestres es difícil, aunque es de suponer que su afluencia se incrementará –como sucedió con el resto de comunidades– a medida que avanzan los últimos siglos medievales o en los años jubilares. A esta idea habría que añadir que desde muy pronto el transporte de peregrinos fue un medio de acrecentar los intercambios comerciales, lo que sin duda atraería a numerosos individuos que reunirían la doble condición de

---

[409]   Ambos autores consideraban que a finales del siglo XVI se podían localizar, sólo en Sevilla, más de dos centenares de comerciantes flamencos activos en la ciudad.

[410]   OTTE SANDER, Enrique, *Sevilla, siglo XVI: Materiales para su historia*, Sevilla, 2008, pp. 284-285.

[411]   VAZQUEZ DE PARGA, L; LACARRA, J. M. y URIA RÍU, J., *Las peregrinaciones a Santiago de Compostela*, Madrid, 1945. Especialmente tomo III, pp. 29 –32; HERWAARDEN, J. Van, "El culto a Santiago en los Países Bajos durante la Edad Media", en *Santiago, camino de Europa*, Santiago de Compostela, 1983, pp. 145-146.

peregrino y mercader. Muchos de estos peregrinos quizás se integraron en algún tipo de cofradía, como la de Santiago creada en el siglo XIII en la ciudad de Gante, la de Douai documentada desde 1292, o la de Hasselt existente en el siglo XV, y todas destinadas a acoger a aquellos que habían acudido a la tumba del apóstol.

Además de peregrinos, artistas (Jan van Eyck, Juan Guas, Copín de Holanda, Felipe Vignary, etc.) o servidores de la Corona (Lannoy, Luis de Flandes, Enrique de Nassau, Juan Hannet, Adriano de Utrech, etc), la presencia continuada de mercaderes flamencos en ciudades castellanas se intensificó en la segunda mitad del siglo XIV con la apertura de las rutas atlánticas tras el control del Estrecho de Gibraltar. Ese incremento se refleja en la primera presencia documentada de mercaderes flamencos en Sevilla. Se trata de micer Pedro, comerciante de Brujas, y Johan Amalt de Flandes que en 1339 negociaban la compra de aceite en la ciudad, mientras que J. Finot señala, al respecto de este asunto, que los mercaderes flamencos ya habían conseguido franquicias y privilegios en Sevilla antes de concluir la decimocuarta centuria[412]. Para finales del siglo XV, cuando la contratación notarial sevillana permite evaluar el peso de cada uno de los destinos de los navíos fletados en su puerto, se ha podido comprobar que, después de Canarias y Portugal, los puertos de Sluis (Esclusa), Middelbourg y Amberes acaparan un buen número de fletamentos[413].

En cuanto a la distribución geográfica de las comunidades flamenca y alemana por el conjunto del reino de Castilla, hay que señalar que la mayoría vive en localidades portuarias (Sevilla, Cádiz, Sanlúcar), en importantes centros de producción textil (Cuenca o Segovia) o en localidades frecuentadas por la Corte (Valladolid, Toledo, Medina del Campo), siguiendo una tendencia que es común al resto de extranjeros afincados en Castilla. Las razones que condicionan esta residencia son obvias: el deseo de participar en las relaciones comerciales que se generan en torno al tráfico mercantil, especialmente el internacional, y la voluntad de compartir, llegado el caso, los círculos de poder que se crean en las ciudades castellanas y que dotan a algunos de ellos de cargos y beneficios que redundan en la mejora de su situación social y económica.

Para el caso de Andalucía, además de las ya mencionadas referencias puntuales a fletes concertados en Sevilla y que tienen como destino algún puerto flamenco, a lo único que podemos apelar –de momento– es a la presencia de algunos mercaderes. Es el caso del ya citado Pedro de Brujas, documentado en Sevilla el año 1302 comprando, junto con el también flamenco Juan Arnal, 22 quintales de aceite a Pedro

---

[412]   Las referencias documentales y bibliográficas pueden consultarse en el trabajo de AZNAR VALLEJO, E.: "Andalucía y el Atlántico Norte a fines de la Edad Media", en *Pontevedra e o Mar, actas del Seminario de Historia Marítima de los siglos XII al XVI*, Pontevedra, 2003, pp. 97-108.

[413]   OTTE, Enrique "La navegación europea del puerto de Sevilla a fines de la Edad Media", en *Navi e navegazione nei secoli XV e XVI. Tai del V Convengo Internazionale di Studi Colombiani*, Génova, 1990, pp. 537-561; y GONZÁLEZ JIMÉNEZ, Manuel y BELLO LEÓN, Juan Manuel, "El puerto de Sevilla en la Baja Edad Media (siglos XIII-XV)", en ABULAFIA, D. y GARÍ, B.: *En las costas del Mediterráneo Occidental. Las ciudades de la península ibérica y del reino de Mallorca en el comercio mediterráneo en la Edad Media*, Barcelona, 1996, pp. 213-241.

López, vecino de la collación de Santa María Magdalena[414]. Ya a comienzos del siglo XV algunos arquitectos, escultores o pintores que acudieron a la ciudad desde que se iniciaron en 1401 las obras para la construcción de la catedral hispalense. Aunque no hay constatación documental, algún historiador (Chueca Goitia), considera que el autor de las trazas del templo debió ser un maestro flamenco o borgoñón, si bien el primero de ese origen que aparece trabajando en el edificio gótico es un tal Isambret, considerado en 1434 maestro mayor de la catedral. El maestro Dancart que se ocupó, al menos desde 1478, de la fábrica de la sillería. En el archivo de catedralicio se conservan –entre los años 1478 y 1480– los pagos efectuados por el Cabildo a Dancart y por ellos sabemos que se fijó en 16.000 maravedís el precio de cada silla alta y baja. En 1480 fue nombrado maestro mayor de carpintería del templo. Desde entonces una serie de maestros y vidrieros alemanes y flamencos (Simón de Colonia, Enrique Alemán, Juan Jacques, Arnao de Flandes, Carlos de Brujas, etc.) se suceden en las distintas fases por las que pasó la edificación del templo[415].

Pero fue a partir de la llegada al trono de Fernando e Isabel cuando la presencia flamenca se consolidó en la región. El aumento del número de fuentes disponibles –sobre todo notariales– y la atracción que ejerció las producciones de Sevilla y su extenso alfoz, explican que podamos conocer mejor a lo procedentes de los Países Bajos. En el diccionario que acompaña a este trabajo pueden verse ejemplos de algunos de los mercaderes que se establecieron en la zona, así que basta con citar aquí y ahora los casos de los flamencos que se registraron en las cuentas del almojarifazgo mayor de Sevilla del año 1481 (Adrián, Colín Balda) o el de destacados comerciantes como el de Jos Plobier, enfrentado al genovés Pedro Toso por una importante deuda contraída con él en el año 1472; el de Miguel de Tre, vecino de Sevilla en la collación del Salvador, al menos desde 1475; el mismo año se encuentra Miguel Dotre, residiendo en la collación del Salvador; Lorenzo, denunciado en 1491 por el florentino Juanotto Berardi por una deuda contraída tras la compra cierta cantidad de paños; Nicolás Bayle, que en 1506 fletaba su barco al genovés Jácome Riberol para llevar mercancías con destino a Nápoles, etc.[416]

Sería ya a partir de las primeras décadas del siglo XVI–fuera de nuestro periodo de estudio– cuando se detecta un número creciente de mercaderes flamenco en Sevilla –algunos autores contabilizan hasta 300 individuos de aquella procedencia–, conformando lo que sería una de las mayores comunidades extranjeras en la ciudad, per-

---

[414]   OSTOS, Pilar y PARDO, María Luisa, *Documentos y notarios de Sevilla en el siglo XIV (1301-1350)*, Sevilla, 2003 (véase documento nº 4) de 22-9-1301 y OSTOS, Pilar, "Un juicio de 1302 en Sevilla", *Historia. Instituciones. Documentos*, 31 (2004) pp. 483-491.

[415]   CHUECA GOITIA, Fernando, *La catedral de Sevilla*, Sevilla, 1984; HERNÁNDEZ GONZÁLEZ, Salvador, *La escultura en madera del gótico final en Sevilla. La sillería del coro de la catedral de Sevilla*, Sevilla, 2014 (especialmente pp. 67-71).

[416]   Los datos biográficos de todos los citados pueden verse el *diccionario* que acompaña a este trabajo.

mitiéndoles constituirse en "nación" siguiendo el modelo de otros colectivos establecidos en otras partes de Europa, con sus propios cónsules y con capilla dedicada a
San Andrés. Capilla que se encontraba en la, hoy desaparecida, iglesia dominica del
Colegio Mayor de Santo Tomás, y estaba presidida por un gran lienzo que representa
el martirio de San Andrés, obra de Juan de Roelas[417].

Dentro del antiguo reino de Sevilla otras dos localidades atrajeron el interés de
los flamencos. Se trata de Sanlúcar de Barrameda y Jerez de la Frontera. La ubicación
de la primera, en la entrada del río en dirección al puerto de Sevilla, la concesión por
parte de los duques de Medina de unas ordenanzas por las que se les concedía privilegios y franquicias, así como la importante producción vitivinícola y de atún en sus
almadrabas, explican el asentamiento de importantes comunidades extranjeras, especialmente de ingleses y flamencos. Mercaderes y artesanos de los Países Bajos co-
mienzan a instalarse en la villa sanluqueña a finales del siglo XV, experimentando
un fuerte crecimiento desde 1514 a 1550[418]. Anterior a esas fechas las fuentes no
permiten localizar prácticamente a nadie de origen flamenco residiendo en Sanlúcar,
aunque, como siempre, hay excepciones. Y una de ellas puede ser la de la de una
persona a la que llaman con el genérico nombre de Francia, y al que Hernández Sande
pudo documentar en 1478 envuelto en un asalto pirático que afectó Jaime de Bel-
monte y a genovés Rafael Centurione, vecino de Cádiz[419]. Por lo demás, Moreno
Ollero destacó en su momento la notable presencia de mujeres de aquel origen –19
sobre 70 localizados–, lo que demostraba el deseo de muchos de ellos por arraigar
definitivamente en la localidad. Junto a los mercaderes señalar también la presencia
de carpinteros, marineros, zapateros y otros artesanos al servicio del mencionado duque. Todos ellos dispusieron de un consulado de "la nación flamenca".

En cuanto a Jerez, ya he comentado que la localidad ya era a finales del medievo
una de las mayores ciudades de Andalucía, centro de un amplio territorio agrícola,
con buenas comunicaciones fluviales y terrestres, emplazada muy próxima a la
desembocadura del Guadalquivir y residencia de numerosas casas nobiliarias con el
poder adquisitivo necesario como para atraer las importaciones de los objetos suntuarios que podían ofrecer los comerciantes flamencos[420]. Los estudios de Mingo-

---

[417]   SÁNCHEZ DE LEÓN COTONER , Antonio y VAN DER WEYDEN, A.K.T, "Algo sobre los
privilegios de la nación flamenca establecida en la ciudad de Sevilla", *Annales du Cinquantenaire*, 1
(2003-2004), pp. 167-180.

[418]   Antonio Moreno pudo localizar a 70 neerlandeses que residían en la calle que él llama "de
los flamencos" en Sanlúcar entre los años 1537-1550 y confirmó la existencia de un consulado
propio de esta nación hacia 1550. Véase MORENO OLLERO, Antonio, *Sanlúcar de Barrameda...
Ob. Cit.* pp. 132-133.

[419]   Véanse los datos biográficos en el diccionario.

[420]   MINGORANCE RUIZ, José Antonio, *La colonia extranjera en Jerez...*Ob. Cit, pp. 127-142 y del
mismo autor, "La presencia flamenca en la Cartuja de Santa María de la Defensión de Jerez de la
Frontera", *Atrio,* 18-2012, pp. 137-150.

rance Ruiz han podido demostrar que el número de flamencos localizados en la ciudad no superaba la cifra de cuatro o cinco personas anualmente, lo que significaba un número relativamente escaso en el conjunto de extranjeros que frecuentaban la localidad. De los 98 individuos que pudo encontrar (entre los años 1484 y 1540) en las fuentes que consultó, más de la mitad se declaraba mercader. En cualquier caso, de todos ellos, sólo cinco personas se pudieron documentar antes de 1506, que es la fecha que aquí nos hemos puesto como límite cronológico. A ellos habría que sumar los casos de Jos Balbas o Jos Bilbos, estante en Jerez desde el año 1489, a un tal Coernschs, residente entre los años 1487 y 1489[421] y, por su puesto, a Cornelis (no indica el apellido), documentado por Mingorance entre los años 1487 y 1489[422].

Fuera de Andalucía el mayor número de individuos procedente de alguno de los territorios que componían los llamados Países Bajos se encontraban –según las fuentes disponibles– en algunas de las ciudades de la cuenca del Duero o en aquellos lugares en los que, por distintos motivos, residía La Corte de los monarcas castellanos. Y, en primer lugar, parece que fue Valladolid la que tuvo la mayor capacidad para atraer a esta comunidad. La ciudad, que desde la llegada al poder de los Trastámara aspira a ser la villa capital del reino, tenía su propia feria y se aprovechó de la creación de una nueva en Medina del Campo; contaba con una presencia frecuente de la Corte y con la creación de la Chancillería; disponía de un extenso territorio con una importante producción cerealística y era la más poblada de la Meseta Norte. Todo ellos fueron estímulos más que suficientes para estimular la inmigración extranjera, especialmente desde la segunda mitad del siglo XIV, cuando comenzó a recibir a muchos portugueses que se refugiaron en Castilla desterrados de su reino a raíz de la victoria del Maestre de Avis, a franceses que acudieron en ayuda de Enrique de Trastámara en su lucha contra Pedro I, o a italianos atraídos por la demanda de productos de lujo que habitualmente realizaba la Corte y órganos administrativos anejos a ella.

Los estudios de Adeline Rucquoi, María Asenjo, David Igual y sobre todo de Raymond Fagel han aportado pruebas de la existencia de una cierta cantidad de flamencos en la villa del Esgueva. De entre los que hoy conocemos bien hay dos o tres que merecen destacarse. Por citar a algunos, mencionemos a Juan de la Corte, originario de la ciudad de Bois –le–Duc (perteneciente al duque de Brabante) y establecido en Castilla antes de 1450. Casado en Valladolid con Beatriz Fernández, ejerció en la ciudad el oficio de joyero en una tienda situada en la plaza del mercado. Su descendencia continuará con el oficio del padre y con los negocios mercantiles e inmobiliarios hasta completar su plena integración en la sociedad castellana con el reconocimiento de su hidalguía a principios del siglo XVI. Otro fueron los miembros de una misma familia que alternaron su residencia entre Valladolid y Toledo: me refiero a Bartolomé, Juan y Simón Lila, documentados a partir de los años ochenta

---

[421]　No creo que sea posible confundirlo con Cornelis de Que, vecino de Valladolid por los mismos años, ni con un Cornells que, también por la misma época, vivía en Málaga.

[422]　Pueden verse los datos biográficos de todos ellos en el *diccionario* de esta obra.

del siglo XV. Y, sin duda el más importante, en aquellos mismos años, fue Cornelis
Deque (y su factor Alvar Laben), mercader flamenco vecino de Valladolid entre 1488
y 1495, si bien su residencia en la Península puede remontarse a la década de los
setenta del siglo XV . Su figura es bien conocida por haber dejado un buen rastro en
la documentación vallisoletana y por los pleitos que le enfrentaron al mercader de
Laredo, Fernando del Hoyo, debido a una carta de marca que éste había conseguido
tras sufrir su navío el asalto de una armada flamenca cerca de Esclusa, y al bilbaíno,
Pedro de Urtiaga, por el embargo que en 1493 sufrieron en el puerto de Bilbao mercancías destinadas a Cornelis[423].

En el núcleo central de Castilla también se encuentra Toledo, ciudad que, al
igual que Valladolid, también recibió a numerosos flamencos. De ellos vuelvo a destacar a dos. Uno es el ya citado Esustache de la Fosse, que gracias a su relato del viaje
que realizó entre 1479 y 1480 sabemos que estuvo dos veces en Toledo y que allí
pudo encontrar la ayuda de otros compatriotas suyos cuando Eustache regresó de su
periplo por la costa africana. El otro es Egas Cueman, (llamado en las fuentes hispanas Egas de Bruselas) miembro de una conocida y estudiada familia de arquitectos y
escultores que llegaron a Toledo a mediados del siglo XV. A todos los de su linaje
(Hanequin, Antón, etc.) se les considera como configuradores de lo que los historiadores del Arte han denominado como estilo hispano—flamenco. No se conoce exactamente la fecha de su llegada a Castilla, aunque los investigadores la sitúan entre
1454 y 1457. Por esos mismos años ya contrajo matrimonio con María Gutiérrez y
del enlace nacieron varios hijos, entre los que destacaron por su labor artística Antón
y Enrique Egas. Sus primeros trabajos los realizó con Juan Guas (también de origen
nórdico) y pronto destacó como escultor en la ejecución de la sillería de coro de la
catedral de Cuenca. Por entonces también colaboraba con su hermano Hanequin en
la obra de la llamada Puerta de los Leones de la catedral de Toledo, intervenía en la
ejecución de algunos sepulcros de la nobleza toledana y, sobre todo, comenzaba su
labor en el monasterio jerónimo de Nuestra Señora de Guadalupe (Cáceres), donde
llegó a realizar numerosas esculturas y capillas[424].

También es conocido por la historiografía hispana el hecho de que muchas de
las villas y puertos que se crearon en la costa cantábrica desde el siglo XIII hicieron
de los intercambios con las ciudades flamencas y norte europeas el sostén de su economía. Como consecuencia de ese comercio salieron desde Bilbao, Bermeo, Portugalete, La Coruña, etc. , fundamentalmente, materias primas, y se generó otro circuito
de retorno de artículos manufacturados (paños, lienzos y productos suntuarios), que
luego eran redistribuidos por ciudades y regiones del resto de Castilla. En ese contexto se produjo una afluencia creciente de comerciantes ingleses, bretones, franceses
y, por su puesto, flamencos, todos ellos atraídos por las posibilidades de negocio que

---

[423] Las biografías de todos ellos también pueden verse en el *diccionario*.

[424] Las biografías de ambos y las referencias bibliográficas pueden verse en el diccionario.

ofrecían las villas cántabras y por las virtudes geográficas que brindaban los puertos y fondeaderos de aquella región.

Y como en otros casos también conocemos la posible presencia de comerciantes flamencos gracias a las numerosas denuncias que presentaron ante las autoridades castellanas o de los Países Bajos por los ataques que sufrieron sus barcos y mercancías cuando iban o regresaban desde sus puertos de origen hasta los del Cantábrico. El profesor González Arce ha ofrecido alguno de esos ejemplos, y entre ellos se podría destacar la agresión que en 1494 perpetró el bilbaíno Pedro de Arteaga contra Jácome de la Umetra y Esteban de Uguson, de Middelburg (Zelanda), lo que obligó a las autoridades castellanas a imponerle una fianza de 3.000 coronas de oro hasta que se juzgara y sentenciara el asunto. Unos años antes, y como consecuencia del ataque que sufrieron en el mencionado puerto de Middelburg las carabelas de García de Escalante, vecino de Laredo, y Pedro Jiménez de Bertendona y Lope Ibáñez de Leuzarra, los reyes Católicos concedieron una carta de marca y represalia contra todos los flamencos que pudieran ser cómplices del robo, lo que amenazaba a todos los procedentes de aquella región que se acercaran a los puertos de la fachada norte peninsular, Y lo que es más importante, González Arce ofrece una relación de casi medio centenar de barcos que zarparon desde Flandes con destino a Bilbao entre los años 1481 y 1499. Y aunque la totalidad de los navíos fueron patroneados por vascos, es evidente que en ellos venían consignadas mercancías de comerciantes flamencos y que, además, pudiera venir algunos factores o mercaderes dispuestos a negociar ellos mimos los productos que habían fletado[425].

Finalmente, y como también he comentado ya, en Canarias también se ha podido registrar a una nutrida comunidad flamenca desde que las islas fueron incorporadas a la Corona de Castilla, si bien la mayor parte de los comerciantes que conocemos queda fuera de nuestro periodo de estudio. La excepción la constituyen dos reconocidos conquistadores que participaron en las campañas de la ocupación de la isla de Tenerife. Uno fue Jorge Grimón, natural de Namur (localidad de la actual Bélgica) que tras participar en las campañas de la conquista de Granada se desplazó a Tenerife en 1496 para intervenir en las últimas escaramuzas de la conquista de la isla. Su llegada a Canarias fue acompañada de su familia (su mujer se llamaba Jeanne de Aguagna) y de varios criados (las fuentes hablan de que participó con treinta espingarderos a su servicio en las campañas granadinas). Todos ellos se establecieron en el norte de la isla (donde aún se conserva un topónimo que alude a su linaje) y allí llegaron a acumular un importante patrimonio rústico que cimentó el poder de una familia que, con el tiempo, daría origen a uno de los linajes aristocráticos más importante del archipiélago: los Nava–Grimón. El otro fue Pierre Bonberge, acompañante del citado Jorge Grimón y que, una vez terminada la campaña militar, se estableció en la isla.

---

[425]   GONZÁLEZ ARCE, Damián, *Bilbao y el mar...* Ob. Cit. pp. 185-185; pp. 341-342; pp. 355-357.

En 1506 declaraba que tenía la edad de 75 años, lo que nos indicaría que era un auténtico anciano (con los parámetros de la época) cuando diez años antes participó en la conquista de Tenerife[426].

Con el siglo XVI llega el progresivo aumento de la presencia de repobladores y mercaderes de origen flamenco en las Islas Canarias. Las primeras referencias que tenemos aluden a Jacques Castelin , Levin Bonoga o Juan Gembreux como activos comerciantes que desde Tenerife se dedican a la compraventa de trigo y su posterior distribución entre las islas, o a la importación de paños y lienzos. También en Gran Canaria se les encuentra desde las primeras décadas del siglo. Así en 1514 consta la presencia de al menos tres individuos (Alberto Simón, Francisco Annote y Jácome de Molenara), a los que se unirían, pocos años después mercaderes como Collarte Espinot, Juan Uges o Juan Espanreburque, éste último representante en la isla de Jácome de Monteverde, del que luego hablaremos. De ellos, parece que fueron Gembreux y Castelin los que mostraron un mayor interés por su arraigo en las islas en aquellos momentos iniciales de la repoblación. Castelín aparece en varios documentos de la primera década del siglo fletando navíos, comprando casas en Santa Cruz o formando una sociedad con el portugués Fernán González para la venta al por menor de paños y otras mercancías.

De entre todos los flamencos y alemanes que se establecieron en Canarias como factores de otros mercaderes o con la aspiración de convertirse en grandes hacendados, hay dos casos que merecen destacarse por ejemplificar bien ambas circunstancias. Uno es el de Lucas Rem, factor de la compañía de Welser, y uno de los alemanes mejor conocidos de los primeros momentos de la colonización de Canarias gracias al rastro documental que dejó y al hecho de que se ha estudiado con detalle sus actividades para esta compañía en toda Europa . El otro es el de la familia Groenenberg (Monteverde), que junto con los Vandewalle dieron origen a linajes familiares que se consolidaron su posición económica y social mediante estrategias matrimoniales comunes a otros miembros de la oligarquía de las islas[427].

---

[426]   Noticias sobre ambos en GONZÁLEZ ZALACAÍN, Roberto, "Flamencos más allá del comercio. Jorge Grimón…Ob. Cit. pp. 137-158; CEBRIAN LATASA, José Antonio, *Ensayo para un diccionario*…Ob. Cit. p. 125.

[427]   VIÑA BRITO, Ana y KUN, Nicolás, "Lucas Rem y la tierra maldita. Vicisitudes de un factor alemán a principios del XVI", *Anuario de Estudios Atlánticos*, 56 (2010), pp. 115-138; NEGRÍN DELGADO, Constanza, "Jacome de Monteverde y las ermitas de su hacienda de Tazacorte, en La Palma", *Anuario de Estudios Atlánticos,* 34 (1988), pp. 323-351; VIÑA BRITO, Ana, "La fortuna y el poder de los Monteverde en La Palma en el siglo XVI", en AA.VV., *El fruto de la fe. El legado artístico de Flandes en la isla de La Palma*, Madrid, 2005, pp. 63-73.

Como es conocido, la Alemania de finales de la Edad Media estaba constituida por un conglomerado de poderes e instituciones que hace extraordinariamente complejo analizar cualquier tipo de relación política y económica con territorios que transformaron continuamente sus fronteras y que, a lo largo de los siglos XIV y XV fueron incorporando principados en Silesia, Bohemia, Pomerania, Borgoña, Lucerna, Zurich, etc. Durante muchos decenios la inestabilidad, las perturbaciones y la incapacidad de las grandes familias gobernantes (Habsburgo, Luxemburgo y Wittelsbach) para garantizar la paz, fueron conformando el país que se relacionó con el reino de Castilla utilizando las rutas comerciales, la ayuda militar y la curiosidad de sus viajeros.

Las relaciones entre los reinos hispanos y esa acumulación de principados y jurisdicciones señoriales siempre fueron desiguales, de tal forma que se conoce mejor sus vínculos con la corona de Aragón que con Castilla[428]. En el caso de las relaciones con este último reino, tradicionalmente los estudios se centraron en la edición de fuentes documentales relacionadas con la Historia Eclesiástica, con el llamado "problema del germanismo" del Derecho castellano, con el matrimonio de Beatriz de Suabia y Fernando III y con la candidatura del hijo de ambos –Alfonso X– al trono imperial. Por fortuna, en los últimos años los trabajos de Jaime Ferreiro Alemparte, Klaus Herbers, Nikolas Jaspert, Máximo Diago, Henning Wegener o Roser Salicrú han modificado las líneas de interés, de tal forma que los estudios de la presencia alemana en Castilla vuelven a ser parte de los intereses de los medievalistas hispanos y alemanes[429] . Por mi parte, he podido recoger hasta medio centenar de "alemanes"

---

[428]   Panoramas generales sobre el estado en el que se encuentran los estudios que analizan las relaciones entre los reinos hispanos y Alemania puede verse en los siguientes trabajos: KEHRER, H.: Alemania en España. Influjos y contactos a través de los siglos. Madrid, 1966; KELLENBENZ, H.: "Las relaciones económicas y culturales entre España y Alemania meridional alrededor de 1500", en *Anuario de Estudios Medievales,* 10 (1980), pp. 545-554; ABRAHAM-THISSE, S.: "Les relations Hispano-Hanseátes au Bas Moyen Age", en *En la España Medieval,* 14 (1991), pp. 131-161 y 15 (1992), pp. 249-295; HINOJOSA MONTALVO, J.: "Mercaderes alemanes en la Valencia del siglo XV: la "Gran Compañía" de Ravensburg", en *Anuario de Estudios Medievales,* 17 (1987), pp. 455-468; FOSTER, Wolfgang, "La Castilla medieval en la investigación alemana. Un balance historiográfico", en *Los fueros de Sepúlveda y las sociedades de frontera. II Symposium Internacional de Estudios Históricos de Sepúlveda,* Madrid, 2008, pp. 259-272; JASPERT, Nikolas, "Los alemanes y la guerra de Granada: participación, comunicación, difusión", en BALOUP, Daniel y GONZÁLEZ ARÉVALO, Raúl, *La guerra de Granada en su contexto internacional,* Granada, 2017, pp. 283-327.

[429]   FERREIRO ALEMPARTE, Jaime, "Acercamiento mutuo de España y Alemania con Fernando III y Alfonso X el Sabio", en PÉREZ MARTÍN, Antonio (ed.) *España y Europa, un pasado jurídico común,* Murcia, 1986, pp. 179-204; HERBES, Klaus y PLÖTZ, Robert, (eds.), *A peregrinaxe e o camiño a Santiago de Hermannus Küning de Vach: A "clásica" guía de peregrinos alemana (1495),* Santiago de Compostela, 1999; SALICRÚ I LLUCH, Roser, "Caballeros cristianos en el Occidente europeo e islámico", en HERBERS, Klaus y JASPERT, Nikolas (ed.) *Das kommt mir spanisch vor. Eigenes und Fremdes in den deutsch-spanischen Beziehungen des späten Mittelalter,* Münster, 2004, pp. 217-289; DIAGO HERNANDO, Máximo, "Los mercaderes alemanes en los reinos hispanos durante los siglos altomedievales: actividad de las grandes compañías en la Corona de Aragón", en VALDEÓN, J; HERBERS, K. y RUDOLF, K. (coord.), *España y el "Sacro Imperio". Procesos de cambios, influencias y acciones recíprocas en la época de la "europeización" (siglos XI-XIII),* Valladolid, 2002, pp. 299-328;

en el diccionario que acompaña a este trabajo, aunque me apresuro a advertir de que fueron muchos más los presentes en Castilla en aquellos siglos[430]. Basta con recordar a los numerosos peregrinos que acudieron a Santiago, a los que vinieron a distintas campañas de la Guerra de Granada, a los habituales viajeros que recorrieron el reino o a los esenciales impresores y libreros que introdujeron en la península Ibérica los avances que había conseguido Juan de Gutemberg en la edición y distribución de libros y materiales impresos. Y para dejar constancia de esa presencia, empiezo por esto último. La llegada a Castilla de impresores y libreros de origen alemán que vinieron a Castilla en las últimas décadas del siglo XV.

Aunque el estudio de los orígenes de la imprenta en España ha suscitado numerosas controversias, derivadas del hecho de que los primeros impresos suelen carecer de datos que permitan su identificación (nombre del impresor, lugar, año, etc.) o de la ausencia de documentación de archivos que permitan su análisis, en lo que casi todo el mundo está de acuerdo es en considerar a Juan Parix como el primero que trabajo −en el año 1472− en España. En aquel año se instaló en Segovia e imprimió lo que se conoce como el Sinodal de Aguilafuente. Después, y en muy pocos años, distintos tipógrafos procedentes de Centroeuropa y de Italia se trasladaron Segovia, Sevilla, Guadalajara, Salamanca, Burgos, además de Valencia, Barcelona o Zaragoza, atraídos por los cambios culturales que se estaban operando en la sociedad castellana, por las posibilidades del mercado que les ofrecía las necesidades de la Iglesia o por encargos de mecenas o la propia corona[431].

Juan Parix era natural de Heidelberg y llegó a Segovia en 1472, donde editó la que se califica como primera obra impresa en territorio hispano: el ya citado Sinodal de Aguilafuente, que recogía las actas del sínodo celebrado en la homónima localidad segoviana unos meses antes. La edición de esta obra lo relaciona directamente con el obispo Juan Arias Dávila, quien parece que pudo solicitar a Parix que viniese desde Roma, donde se había instalado unos años antes. En la localidad castellana este tipógrafo alemán realizó ocho o nueve ediciones entre los años 1472 y 1474, la mayoría

WEGENER, Henning, "Los antecedentes: Hispanos y germanos en la Edad Media" en VEGA CERNUDA, M. A. y WEGENER, H., *España y Alemania. Percepciones mutuas de cinco siglos*, Madrid, 2002, pp. 31-36.

[430]   Pensemos que, tan solo en el anexo nº 1 y 2 del trabajo de Roser Salicrú citado en la nota anterior se mencionan a más de medio centenar de alemanes que participaron en distintas campañas militares en la península ibérica entre los siglos XIV y XV. Algunos de ellos los he recogido en el diccionario, aunque sobre la mayoría de ellos no dispongo de más información que la que ofrece la doctora Salicrú.

[431]   Además del diccionario de impresores elaborado por Juan Delgado Casado y citado en las primeras páginas de este libro, el estudio de los orígenes de la imprenta en nuestro país cuenta con numerosos trabajos. A modo de orientación véanse: HAEBLER, Konrad: *Bibliografía ibérica del siglo XV. Enumeración de todos los libros impresos en España y Portugal hasta el año de 1500 con notas críticas*, 2 vols., La Haya, 1903-1917 (edición facsímil en Madrid, 1992); ODRIOZOLA, Antonio, "La imprenta en Castilla en el siglo XV", en *Historia de la Imprenta Hispana*, Madrid, 1982, pp. 93-179; REYES GÓMEZ, Fermín, "Segovia y los orígenes de la imprenta española", *Revista General de Información y Documentación*, 15 (2005), pp. 123-148.

con su nombre en el colofón, pero ninguna con el lugar de impresión ni la fecha, lo que alentó el debate sobre la primera obra impresa en la península Ibérica.

Inmediatamente después llegó la imprenta a Sevilla, probablemente introducida por Thierry Martens de Aalst, también de origen alemán (aunque fue Lovaina su lugar de aprendizaje). Se encontraba en Sevilla poco después de la llegada de Fernando e Isabel al trono y se cree que pudo ser él quien la introdujera en 1477 en la ciudad hispalense ya que se conserva un documento de ese mismo año que indica que los reyes le concedieron el privilegio de poder importar "libros de molde" sin pagar ningún impuesto. Simultáneamente se encuentra a Miguel Chanty, Miguel Chauro, Miguel Dechaver o Miguel Alemán, que de las cuatro formas se encuentra en la documentación de la época. Las primeras referencias que tenemos de él lo presentan, como en otros casos, recibiendo la merced real para que quedara exento del pago de alcabalas y almojarifazgo por los "libros de molde" ; partir de entonces, su estancia en Sevilla no debió de ser muy prolongada ya que en 1480 solicitó salvoconducto para poder desplazarse por el reino con libertad. Pero sin duda, de entre los impresores de origen alemán o centroeuropeo que se establecieron en Sevilla a finales del siglo XV, los más conocidos fueron Meinardo Ungunt, Estanislao Polono y Jacobo Cromberge. El primero, Ungunt, que se estableció en Sevilla en 1491, en la calle Bayona, editando en su taller las Siete Partidas, trabajos de Diego de Deza o las Ordenanzas de Montalvo. En 1496 se trasladó a Granada para entrar al servicio del arzobispo Hernando de Talavera, para regresar a la ciudad hispalense poco después y trabajar allí hasta su fallecimiento en el año 1499. El segundo se encontraba en Sevilla desde 1491, trabajó con Ungunt y ambos editaron obras como las Siete Partidas, el Regimiento de Príncipes de Egidio Romano, las Coplas de Jorge Manrique o textos de Aristóteles, Virgilio, Séneca, Nebrija, etc. El tercero, Jacobo Alemán o Jácome de Nurenbergue (que así se le conocía en el reino) es, seguramente, el mejor divulgado, tanto por el extenso rastro que dejó su trabajo en Sevilla como por el hecho de que inició una dinastía de impresores y editores que se extendería por Castilla y América a lo largo del siglo XVI[432].

En Burgos destacó la actividad de Friedrich Biel (Fadrique Alemán, en Castilla) adonde llegó en 1482 (quizás ya estaba en el reino desde unos años antes) cuando el cabildo catedralicio le encargó la impresión de dos mil buletas de indulgencia. A partir de entonces la actividad de Fadrique se estabiliza en la ciudad del Arlanzón, de tal forma que sus talleres son de los pocos que arraigan en una ciudad castellana de finales del siglo XV. Tras varios años como impresor y centenares de ediciones conocidas, Fadrique falleció a finales del año 1518 o principios de 1519, dejando el taller en manos de su yerno, Alonso de Melgar, casado con Isabel de Basilea en 1517. En Salamanca destacó Hans Gysser, que se estableció como impresor durante el reinado de los Reyes Católicos (probablemente a comienzos del siglo XVI), cuando la ciudad y su Universidad eran el foco cultural más destacado del reino de Castilla. En fin, en

---

[432]   Las referencias biográficas a todos los aquí citados pueden verse en el diccionario.

Toledo merece destacar se a Pedro Hagenbach, que llegó a la ciudad, casi con toda seguridad, en 1497, aunque sólo se le documenta allí desde 1498, para trabajar allí con genovés Melchor Gorricio. Como otros impresores, en Toledo se dedica a editar fundamentalmente obras de tipo religioso y legislativo.

Además de impresores y otro tipo de artesanos (hay que destacar a los escultores y vidrieros) que tuvieron su origen en alguna de las ciudades alemanas, hay otro grupo sobre el que me gustaría llamar la atención, ya que, por distintas circunstancias, nos dejaron un relato más o menos detallado de su paso por tierras castellanas. Me refiero a los viajeros que, peregrinando hacia Santiago o desempeñando alguna misión diplomática, estuvieron en Castilla a lo largo del siglo XV. Para ese periodo se conocen y se han editado más de una docena de relatos de viajeros procedentes del Imperio Romano−Germánico; casi todos ellos protagonizados por individuos de un amplio espectro social, aunque predominan los miembros de las élites urbanas o de la nobleza, y aquellos que vinieron a negociar el matrimonio de alguna princesa castellana o portuguesa con integrantes de la nobleza alemana[433].

A lo largo del trabajo he dejado constancia de algunos de ellos, pero ahora basta con señalar la presencia en Castilla de Oswald von Wolkenstein, caballero y poeta, miembro de la nobleza austriaca, que debió nacer en el Tirol en el último cuarto del siglo XIV (quizás en 1376), que estuvo en la Corona de Aragón entre 1414 y 1415 y que, probablemente viajó a Castilla y hasta la frontera del reino nazarí de Granada hacia 1415. El de Johann von Cleve, quien en 1438 recorrió varias regiones del norte del reino de Castilla, hasta llegar a Valladolid y al que se puede identificar con Johann I Kleve, nacido en febrero de 1419 y fallecido en septiembre de 1481. El de los dos clérigos al servicio del emperador −Nikolas Lanckmann y Jacobo Metz− que en 1451 llegaron a la península Ibérica, visitando, entre otros lugares Santo Domingo de la Calzada, Burgos, Rabanal, Ponferrada, Santiago y León. El del barón bohemio Leo von Rozmital, que después de visitar a varias ciudades europeas llego en peregrinación hasta Santiago de Compostela, acompañado de un sequito de medio centenar de personas y un coche. El viaje de Nicolás Popielovo (Niclas von Popplau), natural de Silesia y que, al servicio de Federico III, viajó por Flandes, Inglaterra, Irlanda, Francia, etc. llegado a Castilla pro la ciudad de La Coruña, pasando luego a Portugal y nuevamente a tierras castellanas, donde visitó Sanlúcar, Sevilla y, quizás, la frontera de Granada. El del conocido médico y humanista Jerónimo Münzer, el más destacado y más estudiado de cuantos viajeros pasaron por el reino de Castilla a finales de la Edad Media gracias al extenso relato de su *Itinerarium sive peregrinatio per Hispaniam, Franciam el Alemanian* (comúnmente conocido como "Viaje por España y

---

[433]   Además del trabajo en el que he intentado ofrecer un panorama general sobre estos viajeros BELLO LEÓN, Juan Manuel, "Nuevas aportaciones sobre viajes de extranjeros, y sus relatos, a los reinos de Castilla y León entre los siglos XII y XV" (en prensa), puede verse el amplio artículo de DIAGO HERNANDO, Máximo, "El viaje de Ottheinrich del Palatinado por España y Portugal 1519/20 a la luz del diario de viajes de Juan María Warschitz. Traducción al español", *Boletín de la Real Academia de la Historia*, Tomo 220-3 (2023), pp. 451-492.

Portugal en los años 1494 y 1495". El de Herman Künig von Vach, considerado como como el autor de una de las guías de peregrinos a Santiago más conocida entre los viajeros alemanes, este monje visitó la localidad del apóstol en 1495, dejándonos un texto que se difundió con gran éxito entre sus compatriotas. Y, finalmente, el de Arnold von Harff , uno de los viajeros más activos ya que transitó por casi todo el mundo conocido en aquellos momentos. Sus inquietudes le llevaron a Alemania, Austria, Italia, Albania, Egipto, Grecia, Arabia, Jerusalén, Siria, Beirut, Turquía, etc. y, por supuesto, a la península Ibérica[434].

No se deberían terminar estos apuntes sobre la presencia flamenca y alemana en tierras castellanas sin dejar constancia, aunque sea muy brevemente, de la influencia que pudieron ejercer los artistas, maestros y obras procedentes de aquellas tierras y que llegaron al reino a lo largo de las últimas décadas del siglo XV. Desde hace tiempo es comúnmente admitido por los historiadores que los maestros extranjeros que se instalaron en Castilla dejaron una influencia y unas obras que marcaron el desarrollo de la arquitectura, la pintura y la escultura de finales de la Edad Media y comienzos de la Moderna. Canteros (como el maestro Ysambart, maestre Carlin o Juan Guas), escultores (como Lorenzo Mercadante de Bretaña, Felipe de Bigarny, o Alejo de Vahía), pintores (Nicolás y Dello Delli, Jorge Inglés, Juan de Flandes, Michel Sittow, etc.), orfebres (como Enrique Arfe), etc. dejaron una huella que cambiaron los gustos estéticos y aumentaron la demanda de obras procedentes de Centroeuropa. De todos ellos sólo voy a ocuparme aquí de dos ejemplos: el del maestro cantero Juan de Colonia y el del imaginero Alejo Vahía.

La llegada a Burgos de Juan de Colonia (a finales de la década de los treinta del siglo XV) se ha atribuído, tradicionalmente, a la influencia que pudo ejercer en él y en otros artistas, el obispo Alonso de Cartagena; prelado que había asistido, en 1434, como representante de la corona castellana al célebre Concilio de Basilea[435]. A su regreso de la embajada le acompañó, entre otros el citado Colonia y el padre de Felipe Vigarny. A Juan se le atribuye la revitalización de los trabajos de la fachada occidental de la catedral burgalesa y, especialmente el diseño y construcción de las agujas que coronan las torres y que tanto caracterizan al templo, así como la Capilla de la Visitación. Unos años más tarde, en 1454, Juan de Colonia interviene en la construcción de la cartuja de Miraflores, aunque su obra cumbre sería el cimborrio de la catedral, del que, desgraciadamente , no se conserva nada. La culminación de los trabajos que inició llegaría con la labor de su hijo, Simón de Colonia, responsable de la construcción de la Capilla del Condestable, de la Casa del Cordón, la fachada del Colegio de San Gregorio de Valladolid y de la iglesia de la Cartuja de Miraflores.

---

[434]   Como en otras ocasiones, los datos biográficos de todos ellos pueden verse en el diccionario que acompaña a este trabajo.

[435]   AZCÁRATE, José María, *Arte gótico en España*, Madrid, 1990; ANDRÉS ORDÁX, Salvador, "Gótico hispanoflamenco (Siglo XV)", en *Historia de Burgos. II. Edad Media (2)*, Burgos, 1987, págs. 126-170.

El segundo autor que quería mencionar aquí es imaginero Alejo de Vahía, considerado como unos de los mejores escultores del tránsito de los siglos XV al XVI[436]. La figura de este artista ha despertado gran interés historiográfico por los rasgos de su estilo, y porque, gracias a los numerosos estudios que se le han dedicado, se ha podido atribuir a él y a su taller un importante grupo de tallas fechadas entre 1490 y 1510. Se encuentra en Castilla a finales de los años ochenta del siglo XV (previamente había residido en Valencia), esculpiendo algunas figuras para el Colegio de Santa Cruz de Valladolid. Por esos mismos años (entre 1487 y 1492) se instaló en Becerril de Campos, donde residiría la mayor parte del tiempo que pasó en el reino y donde falleció en 1515. Tenemos la fortuna de contar con la documentación concejil de aquella localidad palentina y eso ha permitido que Rafael Oliva nos haya proporcionado noticias sobre la vida familiar y social del escultor. Por ella se sabe que Alejo de Vahía entró en la amplia red clientelar que habían tejido los almirantes de Castilla (de la familia Enríquez), que fuera nombrado apreciador del concejo en 1500, lo que indicaría un grado de integración e influencia social más que respetable; que su mujer permaneció viuda tras la muerte del escultor o que tuvo varios hijos (Sebastián y Copín) que mantuvieron los encargos artísticos después de fallecer su padre.

3.8. La comunidad francesa

Como en el caso de la comunidad alemana o flamenca, no vamos a entrar aquí en disquisiciones sobre los orígenes de cada uno de los territorios que conformaron lo que hoy llamamos Francia, aunque vuelvo a recordar que, como otros reinos, sus regiones sufrieron importantes oscilaciones fronterizas que llevó a que espacios como Aquitania, Guyena, Poitou, Auvernia y Armagnac estuvieran en manos inglesas durante siglos y a que el ducado de Borgoña (un amplio territorio que iba desde Suiza hasta Flandes) no se incorporase a la corona francesa hasta el reinado de Luis XI. En fin, que volveré a hablar de franceses, entendiendo por tales a todos aquellos que procedían de algún lugar que hoy forma parte de esa nación, siendo consciente de que muchos de esos enclaves no formaban parte de la jurisdicción de los monarcas franceses durante los siglos finales de la Edad Media.

La bibliografía que se ha ocupado de las relaciones entre Francia y los reinos hispanos medievales vuelve a ser muy amplia, aunque predominan los trabajos que

---

[436] ARA GIL, Clementina-Julia. *En torno al escultor Alejo de Vahia (1490-1510)*. Valladolid: Universidad de Valladolid, 1974; YARZA LUACES, Joaquin, *Catálogo de la exposición Alejo de Vahía mestre d'imatges*. Barcelona, 2001; OLIVA HERRER, Hipólito Rafael. "Perfil sociológico e implicaciones políticas del artista fines de la Edad Media: Consideraciones a partir de la figura de Alejo de Vahía y otros artistas en Becerril de Campos". *Boletín del Seminario de Estudios de Arte y Arqueología*, LXV (1999), pp. 203-218; ARAUS BALLESTEROS, Luis, "Un alemán y un morisco. Alejo de Vahía y Francisco Andado en el convento de San Francisco de Valladolid", en AMRÁN, Rica y CORTIJO OCAÑA, Antonio (eds), *Minorías en la España medieval y moderna (ss. XV-XVII)*, University of California, Santa Barbara, 2016, pp. 128-143.

tienen un marco local y los centrados en el análisis de las conexiones entre los siglos XI al XIII, por lo que aun carecemos de una valoración global en torno al alcance de la presencia francesa en Castilla y Aragón en las centurias bajomedievales. Allanaron el camino los clásicos trabajos de Marceline Defourneaux[437] y siguen siendo imprescindibles todos los trabajos que se han dedicado a la penetración francesa en Cataluña, Aragón y Navarra[438]. A ellos se le puede añadir el sugerente estudio que hizo Julio Valdeón[439], los trabajos que se han realizado desde el ámbito de la literatura y los que pueden verse, fuera de nuestro periodo de estudio, en uno de los anexos de la revista Hispania o los capítulos correspondientes que se encuentra en las actas de dos congresos dedicado a la inmigración en España y celebrado en Santiago de Compostela en 1994 y 2003[440].

Razones evidentes de índole geográfico hacen que la corriente migratoria entre los territorios de la actual Francia y los de la península ibérica hunda sus raíces "en la noche de los tiempos". El estudio de este fenómeno en época medieval podría remontarse al análisis de las relaciones entre el reino visigodo de Toledo y el reino merovingio, al refugio que los *hispani* encontraron en el sur de la Galia durante la ocupación musulmana, o a la influencia que ejerció Carlomagno y su política de expansión sobre la conocida como "Marca Hispana" tras la fracasada expedición a Zaragoza. No obstante, es con el auge que experimenta el Camino de Santiago a partir del siglo XI cuando los intercambios culturales y de población se hacen más frecuentes. Desde entonces las influencias europeas penetraron en la península ibérica a través del Camino, y así fue de forma casi exclusiva hasta que a finales del siglo XIII la propia expansión marítima y comercial de los reinos hispanos permitieron entablar contacto de forma directa con otros ámbitos del continente.

---

[437]   DEFOURNEAUX, Marceline, *Les Français en Espagne aux XIe et XIIe siècles*, París, 1949.

[438]   LACARRA Y DE MIGUEL, José María, "Los franceses en la Reconquista y repoblación del Valle del Ebro en tiempos de Alfonso El Batallador", *Cuadernos de Historia, II. Anexos de la revista Hispania*, nº 2 (1968), pp. 65-80; GARCÍA MOUTON, Pilar, "Los franceses en Aragón (siglos XI-XIII)", *Archivo de filología aragonesa*, 26-27 (1980), pp.7-98; LALIENA CORBERA, Carlos, "Larga stipendia et optima praedia: les nobles francos en Aragón au service d'Alphonse le Batailleur", *Annales du Midi*, 112 (2000), pp. 149-169; SENAC, Philippe (dir.), *Aquitaine-Espagne (VIIIe-XIIIe siècle)*, Poitiers, 2001; GIUNTA, Alexandre, *Les francos dans la vallée de l'Ebre (XIe-XIIe siècles)*, Toulouse, 2017.

[439]   VALDEÓN BARUQUE, Julio, "Las relaciones entre Castilla y Francia. Siglos XIII-XV", en *Les comunications dans la Péninsule Ibérique au Moye-Age.* París, 1981, pp. 45-53.

[440]   *Cuadernos de Historia*, II (Anexos de la revista Hispania). Madrid, 1968; AMALRIC, Jean Pierre, "Les migrations française en Espagne à l'Epoque Moderne (XVI-XVIII siecles" en EIRAS ROEL, Antonio y CASTELAO, Ofelia (edt.), *Les migrations internes at à moyenne distance en Europe, 1500-1900*. vol. I, Santiago de Compostela, 1994, pp. 413-430; SALAS AUSENS, J. A., "Migraciones francesas en España (ss. XVI-XIX)", en EIRAS ROEL, Antonio y GONZÁLEZ LOPO, Domingo, *La inmigración en España*, Santiago de Compostela, 2004, pp. 77-102; SÉNAC, Philippe, BARRAQUÉ, Jean Pierre, ETCHENIQUE, Araceli, et al., *Les Français en Espagne du VIIIe au XIIIe siècle*, Oloron-Sainte-Marie, 2008.

Tampoco voy a detenerme aquí en una descripción de la presencia francesa en distintas localidades del reino de Castilla, ni en hacer un relato pormenorizado de la estancia de los francos en todas las localidades que atravesaba el Camino de Santiago en su itinerario castellano. Sobre todo, porque esa residencia está muy ligada a los siglos XI al XIII, cronología que, como he dicho en varias ocasiones, queda fuera del marco de este estudio. En todo caso, sí conviene recordar algunas circunstancias para entender su influencia y huella en el reino.

Y lo primero es tener en cuenta –aunque se ha hecho muchísimas veces– que el término *franco* no se refiere de manera restringida a los que proceden de la Francia medieval, sino que alude, generalmente, a todas las personas que llegan desde más allá de los Pirineos, encontrándose entre ellos normandos, borgoñones, lombardos, gascones, ingleses, provenzales, etc. Lo segundo es que no es fácil conocer el número de los que se asentaron a lo largo de las distintas ciudades y villas del Camino. Ya he advertido de que se han hecho importantes esfuerzos por contabilizar un fenómeno que duró varias centurias, pero, hasta ahora resulta difícil saber cuántos llegaron a partir del siglo XI con la documentación que poseemos. En tercer lugar, señalar que las distintas colonias de francos que se establecieron en la Península, especialmente en Navarra y Aragón que fue donde más importancia alcanzaron sus núcleos, recibieron fueros ("fuero de francos") que recogían una serie de privilegios –libertad para comprar y vender inmuebles, exención en el pago de determinados impuestos, sus propios agentes judiciales, etc.– que sin duda son el mejor síntoma del interés que tenían los monarcas por favorecer el asentamiento de una población extranjera casi siempre dedicada a actividades comerciales o artesanales. En cuarto lugar, recordar, como ya han hecho algunos autores desde hace varios años, que no debemos atribuir de forma exclusiva a las peregrinaciones jacobeas o al asentamiento de estos francos el origen de las ciudades que se encuentran a lo largo del Camino[441]. La existencia de formaciones preurbanas en esta vía de comunicación –algunos pequeños puntos fortificados que van siendo ampliados con los nuevos burgos– o la de algunos monasterios que fueron capaces de atraer población y excedentes comarcales, son el mejor indicio de que la concesión de estos fueros de francos a villas como Jaca, Estella, Logroño corresponde con el deseo de relanzar la vida urbana en esas localidades y no con el nacimiento de las mismas. También convendría tener presente, aunque sólo sea para esta exposición, la distinción que hay que hacer entre peregrino de origen franco y población franca que se estableció en el reino de Castilla. El primero no era más que alguien que por su voluntad o cumpliendo alguna penitencia acudía a la tumba del apóstol y luego regresaba a su lugar de origen. Desde el punto de vista numérico eran sin duda los más

---

[441]   Conviene consultar algunos de los trabajos incluidos en dos congresos celebrados en Estella. El primero en 1991 dentro de su XVIII Semana de Estudios Medievales, con el título de *Viajeros, peregrinos, mercaderes en el Occidente Medieval*, Pamplona, 1992; el segundo realizado en 1993, en la XX Semana de Estudios Medievales, con el título de *El Camino de Santiago y la articulación del espacio hispánico*. Pamplona, 1994.

importantes ya que entre los siglos XI y XV el flujo de gentes que por distintas circunstancias peregrinaron a Compostela fue enorme. Algunos de los que vinieron decidieron quedarse para ayudar a nuevos peregrinos o simplemente para unirse a las aglomeraciones de extranjeros que comenzaban a formarse en las distintas villas del camino. Ellos y sus descendientes formarían unas colonias caracterizadas por el uso de unas lenguas y actividades económicas diferentes a las de los otros habitantes del reino. Por último, no es sencillo conocer el área de procedencia de los inmigrantes franceses que decidieron establecerse en Castilla. Dadas las estrechas relaciones de las dos vertientes pirenaicas, parece razonable suponer que la mayoría de los franceses que se asentaron en el reino procedían de la zona meridional de la Francia actual, es decir el Midi–Languedoc, la cuenca del Garona y las diócesis de los Pirineos y Prepirineos. Los estudios realizados para León que quizás sea el caso mejor conocido– parecen confirmar esa impresión, por lo demás obtenida también a partir de los estudios que se han hecho para otros ámbitos y otras épocas.

Como ya he comentado, voy a dejar fuera de mi exposición la descripción de la presencia de los franceses en las distintas villas y ciudades que se crearon o repoblaron a lo largo del Camino de Santiago entre los siglos XI y XIII, de tal forma que iniciaré mi relación con algunos detalles que expliquen la residencia francesa en la repoblación andaluza, durante el acceso al trono de la dinastía Trastámara y, finalmente, en la conquista y repoblación de Canarias.

Aunque en términos generales la mayor parte de los que se establecieron en la Andalucía Bética tras las campañas de Fernando III y Alfonso X proceden de las regiones que formaban el reino castellano–leonés, ya hemos visto como las mayores posibilidades económicas y la existencia de grandes núcleos urbanos atrajeron a los extranjeros, entre los cuales también se encuentran, los franceses. En el caso de Sevilla, detrás de genoveses y pisanos, los documentos demuestran que fueron los franceses los que se establecieron en mayor número la ciudad, en torno a la calle de Francos y tras el repartimiento que de esta zona habían hecho Pedro Gasth, Domingo Martín y Remondo Gil. Entre los vecinos de origen francés que se encuentran por entonces en la urbe, el profesor Julio González[442] mencionó a don Bernalt de Orellac, fallecido ya en 1255 y vecino a su vez de otros como Guiralt Johan, Bernalt Artambal, Alda y Bernall Çauall, todos ellos en la mencionada calle de Francos. En la plaza de Santa María o en la calle de Bayona también vivían varios franceses, como don Ramón de Tolosa, don Per de Çisa, Juan Giraldéz, Guillén Perpunter o don Maynet, estos dos últimos propietarios de sendas tiendas. Como cómitres del rey o beneficiados por algún servicio a la corona, diversos francos obtuvieron heredades en la ciudad; son los casos de Pes de Bayona, Pedro Arnal de Burdel, Tomás de Potins, Olín de Burdel, etc. Por su parte, Antonio Ballestros[443] indica que numerosos franceses acudieron al sitio de Sevilla, permane-

---

[442]   GONZÁLEZ, Julio, *Repartimiento de Sevilla*. Madrid, 1951 (2 vols.) (especialmente vol. I, págs. 312-315).

[443]   BALLESTEROS, Antonio, *Sevilla en el siglo XIII*, Madrid, 1913 (véanse pp. 46-47).

ciendo en la ciudad tras su conquista. El mencionado autor señala los nombres de Guillén Bec el Viejo, descendiente de los condes de Limoges, y avecindado en la collación de San Marcos; o los casos de Pedro de Narbona, Pedro Gastech, Thomas de Potins, Bonfilleul, don Franco o el considerado como célebre maestre Pedro de Marsella, clérigo afincado en la plaza de Santa María. Así mismo, afirma que en el repartimiento adquirió Juan Gotis de Lores una heredad situada junto a las huertas de los freires de Alcántara, cerca de la judería, estimando también como franceses a Sant de Luesan, Arnal Cabroy, Gabdolfo el calafate, Juan Portales y Benia, manteniendo dudas sobre el origen galo de los zapateros D. Jurdan y D. Balaguer de Mirauet[444]. A juzgar por el lugar de su asentamiento —barrio de francos— y por las referencias que conocemos contenidas en los documentos de tiempos de Alfonso X, buena parte de estos extranjeros se dedicaron a actividades comerciales, principalmente a la importación de tejidos finos. Quizás el mejor ejemplo de esa actividad se encuentra en un documento —incorporado a las Partidas— que nos habla del acuerdo comercial al que llegaron los franceses Pedro de la Rochela y don Arberat para la compra de paños de color y su posterior venta en la ciudad hispalense[445].

La impresión que se ha obtenido con el análisis del repartimiento de Jerez de la Frontera es aún más reveladora sobre la presencia extranjera: tan sólo el 1,07% de las personas que se establecieron en la ciudad en la segunda mitad del siglo XIII tiene un origen extrapeninsular. De entre ellos son los franceses quienes aparecen en mayor número —siete en total— frente a los tres italiano o un sólo inglés[446]. De los diversos repartimientos efectuados en Cádiz y su comarca entre 1262 a 1275 tampoco se pueden detraer mucha información sobre la procedencia de los repobladores[447]. Una vez más son mayoría los que llegan desde Vizcaya, Guipúzcoa, Galicia o el resto de la Andalucía Bética, mientras que entre los extranjeros tan sólo unos pocos portugueses, catalanes y franceses. De entre estos últimos mencionar a Guillén de Montpeller, Juan de Burdeos, los Morlas, Giralt que aparecen en diversos repartimientos de la comarca. Algo semejante ocurre con la repoblación del Puerto de Santa María, impulsada por Alfonso X tras la revuelta mudéjar de 1264. En el libro del repartimiento, que recoge la distribución de bienes entre 1264 y 1275, señala la procedencia, igual que en Cádiz, de numerosos vecinos del norte peninsular (Bermeo, Guetaria, Castro Urdiales, Avilés, etc.),

---

[444]   BALLESTROS, Antonio, *Sevilla en el siglo... Ob.* cit. apéndices, pp. 279-280.

[445]   GONZALEZ JIMENEZ, Manuel M. BORRERO FERNANDEZ, Mercedes y MONTES ROMERO-CAMACHO, Isabel, *Sevilla en tiempos de Alfonso X el Sabio*, Sevilla, 1987 (véanse pp. 61-63).

[446]   GONZÁLEZ JIMÉNEZ, Manuel y GONZÁLEZ GÓMEZ, Antonio, *El libro del repartimiento del Jerez de la Frontera. Estudio y edición*, Cádiz, 1980 (véanse pp. XLVI a XLIX). La relación de franceses es la siguiente: Arnald de Cahors, Pedro de Marsella, Pedro de Narbona, Beltrán de Nueth, Guillén Picardo, Guillén Picardo (sic) y Remond de Tolosa.

[447]   Véase Hipólito SANCHO DE SOPRANIS: "La repoblación y el repartimiento de Cádiz por Alfonso X", en *Hispania*, n°. 61. Madrid, 1955 (vid. pág. 515). También José SANCHEZ HERRERO: *Cádiz. La ciudad medieval y cristiana (1260-1525)*. Córdoba, 1986 (2ª ed.) págs. 78-80.

Burgos o Toledo, y junto a ellos destaca la presencia de algunos extranjeros que llegaron desde Portugal, Cataluña, Bayona, Gascuña y Burdeos[448].

La siguiente representación destacada de la presencia francesa en tierras castellanas la encontramos durante la rebelión que protagonizó el pretendiente al trono castellano, Enrique de Trastámara durante la guerra abierta contra el rey Pedro I. El apoyo, diplomático y militar, que prestó Francia a la causa Trastámara fue muy valioso, por lo que son muy numerosos los trabajos dedicados al análisis de la influencia que, desde entonces, ejercieron los franceses en el reino de Castilla. El origen de esa protección hay que buscarlo en varios factores, aunque son los intereses diplomáticos de Francia, que por aquel entonces mantenía una abierta pugna −guerra de los 100 años− con Inglaterra y el desarrollo mercantil castellano en el Atlántico los que en última instancia explican ese apoyo. El monarca francés, Carlos V, decidido a recuperar los territorios cedidos por el tratado de Brètigny, sabía que el auxilio de la flota castellana le era imprescindible para inclinar la balanza militar a su favor, mientras que el partido Trastámara tenía muchos intereses en la exportación de lanas que chocaban una y otra vez con los de Inglaterra. También por entonces, Pedro I había demostrado que sus vínculos con los ingleses eran muy estrechos, lo que sin duda decidió a Carlos V a acelerar el proceso de cambio en el trono castellano[449].

Ya en agosto de 1362 Enrique de Trastámara firmaba un acuerdo con el rey de Francia con el que el monarca galo se comprometía a dar todo su apoyo al bastardo castellano. Por entonces; Enrique encontraba en el país vecino lo que Valdeón definió como *"un instrumento idóneo para poder afrontar las tareas militares con amplias posibilidades de éxito"*. Son las Compañías, grupos de soldados integrados por mercenarios de varias nacionalidades, muchos de los cuales vagaban por el país desde la paz de Bretigny de 1360. Los gastos necesarios para movilizar estas tropas saldrían de una contribución de 100.000 florines de oro que se comprometieron a pagar el rey de Francia y dos aliados que por distintas circunstancias se habían unido a la causa Trastámara: el monarca aragonés Pedro IV y el Papa. Lo cierto es que, aunque ese dinero llegó (terminó de reunirse en 1365) la acción de estas Compañías en tierras hispanas dejó exhaustos al tesoro castellano y provocó no pocas reacciones violentas por parte del campesinado que tuvo que soportar los abusos de estos mercenarios.

En noviembre de 1365 comenzaban a reunirse las Compañías en Montpellier, con un total de soldados, según los cronistas de la época, que podía oscilar entre los

---

[448]   Véase el artículo de Manuel GONZALEZ JIMENEZ : "El Puerto de Santa María en tiempos de Alfonso X (1264-1284)", en la revista *Gades,* 9 (1982), pp. 209-242 (vid. pág. 223).

[449]   Para todas estas cuestiones siguen siendi imprescindibles los trabajos de VALDEON BARUQUE, Julio, *Enrique II de Castilla: la guerra civil y la consolidación del régimen (1366-1371),* Valladolid, 1966; y SUÁREZ FERNÁNDEZ, Luis, *Los Trastámara y los Reyes Católicos,* Madrid, 1985 y "Política internacional de Enrique II", *Hispania,* 62 (1956), pp. 16-129, aunque este último trabajo es más interesante para el estudio de las relaciones entre Castilla y Portugal que para el análisis de las que hubo entre Castilla y Francia.

10.000 y los 12.000, al frente de los cuales se encontraban tres reputados hombres de guerra: los franceses Bertrand Duguesclin y Arnould d'Audrehem y el inglés sir Hugh Calveley, todos ellos beneficiados con algunas de las famosas "mercedes enrique-ñas". En enero de 1366 los mercenarios se instalaban en Cataluña y se iniciaban una serie de operaciones militares que pusieron en evidencia la rápida descomposición de los apoyos con los que contaba Pedro I. Sólo la ayuda inglesa y el hecho de que Enrique de Trastámara no pudiera conservar durante mucho tiempo los mercenarios de las Compañías dado su elevado coste, pudo frenar momentáneamente la derrota de los petristas. Tras diversos avatares en el campo de batalla y en el terreno diplo-mático, la situación dio nuevamente un giro cuando en abril de 1368 el monarca fran-cés vuelve a proporcionar a Enrique todos sus recursos tras la firma del tratado de Toledo[450] (20–XI–1368); acuerdo diplomático llamado a convertirse en pilar básico de las estrechas relaciones franco–castellanas durante el siglo XIV y buena parte del XV. En diciembre de ese mismo año las tropas francesas vuelven a atravesar los Pi-rineos para unirse a Enrique cerca de Toledo. Como es bien conocido, en encuentro decisivo entre las fuerzas de Pedro y Enrique tuvo lugar en marzo de 1369 en Montiel, donde el monarca legítimo muere a manos de su hermano.

De entre los que apoyaron a Enrique se podrían destacar a Bernal de Bearne, hijo de Gastón Febo III, conde de Foix y vizconde de Bearne. Como otros muchos que prestaron servicio al Trastámara, una vez acabada la contienda, el nuevo rey le entregó una importante merced: en 1368 le concedía la villa de Medinaceli, que desde su conquista por Alfonso VIII había permanecido bajo jurisdicción real. Dos años más tarde contrajo matrimonio con Isabel de la Cerda, descendiente directa del ma-logrado primogénito de Alfonso X, Fernando de la Cerda. Un poco más tarde llegaría Robert de Braquemont, presente en Castilla desde 1386, aunque su actividad militar y política se desplegaría ya a finales del siglo XIV. Actor y testigo del pacto firmado en Palencia, en 1391,entre Francia y el reino de Castilla, donde conoció a su futuro suegro, Fernand Álvarez de Toledo, y beneficiado con numerosas mercedes por los servicios prestados; entre otras unas heredades en Medina de Rioseco y la autoriza-ción para contraer matrimonio con doña Inés de Mendoza, hermana del cardenal Pe-dro González de Mendoza (contrajo segundas nupcias con Leonor de Toledo). Tam-bién es conocido el caso de Roger Gallarte, que, junto con su padre, Arnao Solier, fue beneficiado por Enrique II con una merced de dos mil florines de oro anuales situados sobre la renta del pescado salado perteneciente al almojarifazgo mayor de Sevilla. Y sin lugar a dudas, el más conocido, Bertrand du Guesclin, quien, en 1366, al frente de las denominadas como Compañías Blancas, integradas por mercenarios de todo tipo y condición (entre otros le acompañaron el mariscal d'Audrehem, Pierre

---

[450] El acuerdo fue negociado en la improvisada corte del primer Trastámara por una embajada compuesta por Francés de Perellós, almirante de Francia, Jean de Rye, señor de Balançon y un secretario, Thibaut Hocie. Véase SUAREZ FERNANDEZ, Luis, "Política internaciona... Ob. cit. pág. 17.

Vilaines, Arnaud d'Espagne o el inglés Hugo Calveley) acudieron a Castilla para luchar contra Pedro I[451].

Desde entonces y hasta las últimas campañas de la Guerra de Granada se documenta la presencia de combatientes de origen francés en distintas ocasiones. Es el caso de la ayuda que en 1409 ofrecían a Fernando de Antequera el duque de Borbón y el conde de Clermont. Ambos enviaron a Lois de Colanque a Valladolid para ofrecer al Infante –durante seis meses– mil peones y dos mil arqueros que llegarían hasta Andalucía por mar *"por quanto la tierra hera muy luenga, e porque viniendo por tierra les sería gran costa, e la gente le farían daño en la tierra por do viniesen, quél que avía pensado, por seruiçio de Dios, de venir justo sin fazer daño a otro, e de venir en navíos por la mar"*[452]. Don Fernando agradecía por medio de Fernán Pérez de Ayala, enviado a París, la ayuda ofrecida, reconociendo que por mar se podrían traer mayor cantidad de soldados y alimentos, y comprometiéndose a asegurar la colaboración del Almirante Mayor, si bien rechazaba la posibilidad de entregar a los nobles franceses los mil caballos que solicitaban argumentando que estos animales eran necesarios para los castellanos que acompañasen al Infante en sus campañas militares[453]. No parece, y así lo estima la crónica, que finalmente viniesen estos "grandes señores de Francia y Alemania" a servir en las campañas de la toma de Antequera. Por entonces don Fernando se jactaba de como sin ayuda de nobles y príncipes cercanos a Castilla, y tan sólo con la participación de los naturales del reino había logrado conquistar la plaza por la que la Historia reconoce su nombre[454].

Muy pocos años después del fortalecimiento de las relaciones con Francia tras el acceso de la dinastía Trastámara al trono castellano, comenzó otro proceso –totalmente distinto– que trajo hasta tierras de Castilla a un contingente relativamente numeroso de vecinos de la Francia actual (véase tabla nº 12) Me refiero al comienzo de la definitiva conquista del archipiélago canario que iniciaron caballeros y peones procedentes de Normandía y Aquitania. Se inauguraba entonces una presencia que sería distinta a las de otras comunidades, ya que nunca mantuvo una continuidad a lo largo de nuestro período de estudio, ni alcanzó los niveles económicos que lograron genoveses, flamencos o florentinos, por citar tres ejemplos bien conocidos. En cualquier caso, la importancia de esta presencia radica en un hecho indudable; tras una serie de expediciones depredatorias o misionales por parte de castellanos, mallorquines y portugueses, los que iniciaron la conquista efectiva de

---

[451]   Una vez más, los datos biográficos de todos ellos pueden verse en el diccionario.

[452]   *Crónica de Juan II de Castilla* (Edición de Juan de Mata Carriazo y Arroquia). Madrid, 1982 (vid, cap. 124, págs. 271-272). Por las mismas fechas llegaba a Tordesillas Juan Fradin, representante del duque de Austria y del conde de Luxemburgo para ofrecer a su costa la ayuda militar que fuera necesaria (vid. cap. 129, pág. 280). Pocos meses después, llegaba con las mismas intenciones al real puesto sobre la villa de Antequera el hijo del conde de Foix (vid. cap. 169, pág. 364).

[453]   *Crónica de Juan II...* Ob. cit. Véase cap. 148, págs. 313-315.

[454]   Ibídem: cap. 187, pág. 396.

alguna de las islas del archipiélago fueron los franceses Jean de Bethencourt y Gadifer de la Salle.

TABLA nº 12	
Algunos de los normandos, gascones, bretones, etc. en la conquista franco–normanda de Canarias (años 1402–1404)	
Nombre	**Nombre**
Gadifer de la Salle	Jehan de Béthencourt
Fray Pierre Bontier	Jehan Leverrier (presbítero)
Bertin de Berneval	Remonet de Levedan
Robin Brument	Vicent Cerant
Colin Brument (hermano de Robin)	Augier de Montignac
Cortille (trompeta)	Jehan le Courtois
Enguerrand de la Boissière	Pierre de Liens
Oregot de Montignac	Cyot de Lartigue
Bernard de Castelnau	Guillaume de Nau
Bernard de Mauleón	Guillaume de Salerne
Morelet de Courrouge	Jehan Vidouville
Bidault de Hornay	Bernard de Montaubán
Jehan de Lalieu	Oliver de la Barre
Michel (cocinero)	Philipot de Baslieu
Jacquet (panadero)	Perrinet (herrero)
Anibal (hijo de Gadifer)	Guillén de Alemania
Jehan Chevalier	Jehan le Masson
Thomas Richardt	Pierre du Plessi
Pedro Enjorrand	James de Barège
Geoffroy d'Ansoville (arquero)	Colle du Pont
Bernard de Coite	Yvonnet de Launay
Jennequin d'Auberbosc	Guillén d'Andernac
Guirad de Serberay	Guillén de Auberbosc
Fuente: PICO, Berta; AZNAR VALLEJO, Eduardo y CORBELLA, Dolores: Le Canarien. Manuscritos, transcripción y traducción, La Laguna, 2003. Elaboración propia.	

Los detalles de la expedición franco–normanda a las Islas son bien conocidos ya que se han estudiado en profundidad en las últimas décadas. Por tanto, me remito a los numerosos estudios que se han realizado desde hace más de un siglo en torno a las circunstancias que explican esta empresa. En cualquier caso, conviene recordar que, pese al numeroso grupo de franceses –como se puede ver en la tabla anterior– que acudieron a la intervención en las Islas, desde el punto de vista demográfico su aportación ha de tomarse con algunas reservas. El primer dato que aporta la crónica (Le Canarien) evalúa la expedición inicial en 53 o 63 personas, a los que se uniría luego unos 80 más entre los que seguramente se encontrarían algunos castellanos y andaluces. En una segunda expedición, con un carácter más repoblador que la primera, vendrían 80 hombres de armas (23 de ellos con sus mujeres), más un número de artesanos algo superior al centenar. Hace ya mucho tiempo que el profesor Eduardo Aznar llamó la atención sobre estos datos, ya que, según señala, los medios de transporte utilizados y descritos en la crónica (una nave y una o dos barcas) consistían en unas embarcaciones de poco porte y por ello con escasa capacidad de carga. A las reservas que hay que poner en el número de expedicionarios habría que añadir las deserciones sufridas (antes incluso de llegar al archipiélago[455]) entre los repobladores en cuanto éstos comprobaron las limitadas posibilidades económicas de las islas. La exigüidad de sus componentes (la mayoría procedía de Normandía, de Poitou y de Gascuña) facilitó una progresiva integración con la también escasa población aborigen de tal forma que cuando comenzó la conquista de las islas mayores se menciona a los habitantes de Lanzarote o Fuerteventura, muchos de ellos descendientes de las expediciones de Bethencourt, se les llama "gentes de las islas", sin hacer distinción de origen.

Ya en el siglo XV, las sólidas alianzas que se habían generado tras el apoyo prestado por el monarca francés para el acceso de la dinastía Trastámara al poder, se tornaban, poco a poco, en abiertos enfrentamientos a consecuencia de los continuos ataques piráticos entre marinos de ambos pueblos y por la escalada de tensión que generó la ocupación de los condados catalanes de Rosellón y Cerdaña. Tan sólo Sanlúcar de Barrameda[456], al abrigo de los privilegios fiscales concedidos por el duque de Medina Sidonia, y algunas villas del norte de Castilla, tras el acuerdo firmado entre Luis XI y los Reyes Católicos, conocieron un número relativamente importante de comerciantes franceses. En parte, eso explicaría la reducida presencia de comerciantes franceses en tierras castellanas –no así los peregrinos o las misiones diplomáticas– ya que apenas si he podido documentar a unos cuantos mercaderes procedentes de los dominios del rey de Francia.

Entre los franceses que he podido documentar hasta ahora para este último periodo del tránsito de la Edad Media a la Moderna, se encuentran casos como los de Arnao Guillen Brocar, célebre impresor que 1502 residía en Logroño, aunque su actividad principal la desarrollaría en Alcalá de Henares a partir de 1511. Allí editará varias obras devocionales en castellano, y gran número de textos latinos destinados a

---

[455]   Los dos textos cronísticos que componen el Le Canarien señalan como, tras su llegada al Puerto de Santa María y su estancia en Sevilla, muchos hombres abandonan la expedición (más de 200 personas) alegando la falta de víveres y la incertidumbre de un viaje al que todos temían.

[456]   MORENO OLLERO, Antonio, *Sanlúcar de Barrameda....Ob. cit.* pp. 131-131; posterior a nuestro periodo de estudio puede verse CARRASCO GONZALEZ, G. : "Los mercaderes franceses en Sanlúcar de Barrameda. Una información sobre los privilegios de la nación francesa en el Sanlúcar del siglo XVII", en *Actas de II Congreso de Historia de Andalucía. Historia Moderna*, tomo I. Córdoba, 1995, pp. 381-389.

la actividad docente. Además, un conjunto de textos literarios castellanos, obras de
Nebrija (especialmente la Gramática Latina de la que llegó a imprimir al menos seis
ediciones) y a participar en la celebérrima *Biblia Políglota Complutense*. A Ojer Ipuz,
mercader al que conocemos por el litigio que le enfrentó a Juan de Mateo y Pedro
Mateo, vecinos de Ezcaray (La Rioja), por la venta de 108 sacas de lana merina, de
seis arrobas y seis libras cada una. El de tres bretones −Juan Alieta, Pedro de Villea
y Juan Roçel− que en 1481 llegaron hasta la puerta del Arenal de Sevilla y declararon
al almojarifazgo mayor de la ciudad que traía varios fardeles paños de Ruan, varas
de lienzo crudo y otras mercancías. O el de los tres comerciantes de origen francés,
encabezados por Cristóbal Marche, que en 1494 se encontraban en Carmona[457]. Finalmente, el de Pedro de Bretaña, bretón residente en Segovia que en 1503 obtenía
para él y para otros franceses un seguro que garantizaba su actividad en la ciudad y
en otras partes del reino. En el documento de concesión se asegura que los reyes ya
han firmado la paz con el monarca francés (conocido como la tregua de Barcelona de
1503) y se extiende la salvaguardia a los siguientes franceses (tabla nº 13)[458]:

TABLA nº 13			
Franceses residentes en Segovia, Madrid y Toledo a los que se les concedió en seguro en el año 1503			
Nicolás, bretón, tendero, vecino de Segovia	Maestre Oliver, bretón, vecino de Segovia	Gil, agujetero, francés, vecino de Segovia	Juan Alixandre, librero, vecino de Madrid
Silvestre, bretón, tendero	Martín, francés, vecino de Toledo	Pere Juan, francés, vecino de Toledo	(…) Prado, francés, vecino de Toledo
Pero Cornete, francés, vecino de Toledo	Juan de Urena, francés, vecino de Toledo	Antonio Roldán, caldero, francés, vecino de Toledo	Diego Coquillo, francés, vecino de Toledo

Esta breve tabla demuestra dos cosas. Primero, que el número de mercaderes y
artesanos franceses presentes en tierras castellanas seguramente era mayor de lo que
las fuentes conservadas nos permiten vislumbrar, ya que la documentación conocida
inclina la balanza en favor de los puertos de Sevilla, Sanlúcar o Bilbao. Y en esta
tabla se observa que debía existir una pequeña comunidad en ciudades como Madrid,
Segovia o Toledo, que, aunque importantes en el conjunto del reino, no eran las que
atraían a más extranjeros. Y, en segundo lugar, que la mayoría de ellos se dedicaban
a actividades artesanales, alejadas de los grandes circuitos mercantiles en los que suelen participar algunos de los mercaderes franceses que se han podido documentar en
el reino de Castilla.

---

457   Los datos biográficos de todos ellos pueden verse en el diccionario.

458   AGS. Cámara de Castilla. Céd. 8-15-1 (23-2-1503).

3.9. Los procedentes de la Corona de Aragón

Al igual que con los portugueses, la presencia de los catalano–aragoneses en el reino de Castilla tuvo que ser tan habitual que, en su momento, pocos se sorprenderían por su establecimiento en distintas regiones, especialmente en las fronterizas, pese a las continuas dificultades por las que pasaron las relaciones entre ambas coronas. No obstante, como también ocurre con los lusitanos, el estudio de esa estancia presenta dificultades, ya que las fuentes, sobre todo en Castilla, son tardías y no muy abundantes[459]. Y una aclaración previa, ya advertida por otros autores que se han acercado al estudio de la presencia de los naturales de la Corona de Aragón en Castilla: en la documentación predominan los catalanes, pero en este trabajo agrupamos en este mismo epígrafe, como naturales de aquel reino, a todos los procedentes de Aragón, Cataluña, Valencia o Mallorca.

Para el estudio de la presencia de los naturales de la Corona de Aragón contamos con un número de artículos, capítulos de libro y monografías que en los últimos cincuenta o sesenta años han demostrado la importancia de la aportación de este reino al crecimiento económico y demográfico de la Castilla bajomedieval. Podríamos retraer nuestra mirada hasta los trabajos de Antonio de Capmany[460], que desde el siglo XVIII ya apuntaba a la importancia de los intercambios mercantiles entre Barcelona y Andalucía a lo largo de los siglos finales del medievo. Pero serían los viajes de mallorquines y catalanes hacia Flandes, hacia la costa Occidental de África y las islas atlánticas las que traerían a un mayor número de súbditos de aquella Corona hacia los puertos castellanos. Por tanto, no es extraño que en torno a esas realidades se hayan acumulado un buen número de trabajos que analizan la presencia de esas comunidades en Castilla.

Es el caso de los viajes de mallorquines, hacia las islas atlánticas y hacia la costa africana, reflejados en los trabajos de Miguel y Buenaventura Bonet, Elías Serra y, sobre todo, Antonio Rumeu, que fueron dando a conocer distintas expediciones hacia Canarias (aún sin incorporar al reino de Castilla) a lo largo del siglo XIV[461]. Esos

---

[459]   Para conocer la presencia catalano-aragonesa en Castilla se ha utlizado, fundamentalmente, los Libros del Repartimiento de distintas localidades del reino ya que, como hemos visto en páginas anteriores, los protocolos notariales o las actas concejiles suelen ser tardías y fragmentarias.

[460]   CAPMANY Y DE MONTPALAU, Antonio, *Memorias históricas sobre la marina, comercio y artes de la antigua ciudad de Barcelona*, Barcelona, 1961 (reed.) y *Libro del Consulado del Mar*, Barcelona, 1965 (reed.).

[461]   Las referencias concretas a todos esos viajes pueden verse en la bibliografía que acompaña al diccionario de esta obra. Además, he intentado hacer un análisis de todas ellas en los siguientes trabajos: BELLO LEÓN, Juan Manuel, "Los catalanes en el 'Mediterráneo atlántico': nuevos negocios y oportunidades en Canarias a finales de la Edad Media", en CIFUENTES I COMAMALA, L.; SALICRÚ I LLUCH,R. R. y VILADRICH I GRAU, M. (eds.) *Els catalans a la Mediterrània medieval. Noves fonts, recerques i perspectives,* Barcelona, 2015, pp. 159-180 y BELLO LEÓN, Juan Manuel, "Flujos de personas, ideas y mercancías entre el Mediterráneo y el Atlántico (siglos XIV-XVI). Balance y perspectivas de investigación", en ABULAFIA, David y LÓPEZ PÉREZ, Dolores (coord.) *Mercados y*

trabajos, algunos de ellos casi centenarios, se han visto mejorados y ampliados con las obras de Ortega Villoslada, quien, en sus distintos análisis del comercio entre Baleares y Castilla, ha demostrado como la presencia mallorquina en Sanlúcar, Cádiz o Sevilla fueron el trampolín para su posterior avance hacia las rutas de Flandes y las que los llevaron hacia la costa africana[462].

El siguiente paso vino de la mano del análisis del papel que jugaron los naturales de la Corona de Aragón en el primer Descubrimiento y comienzos de la colonización americana, generando una bibliografía que no ha estado exenta de polémicas y debates entre historiadores. Los trabajos de Carlos Martínez, Enrique Otte y los más recientes y fundamentales de Iván Armenteros[463], han demostrado que, desde las últimas décadas del siglo XV, Cataluña y, especialmente Barcelona, recuperaron su capacidad mercantil, transformándose la ciudad en un centro financiero donde se aseguraban operaciones que utilizaban los puertos andaluces como base para comerciar en el Atlántico africano. Desde entonces, numerosos mercaderes, sin abandonar sus intereses mediterráneos, fueron trasladándose a Andalucía, para, desde allí, intervenir en los comienzos del comercio con América. Los ejemplos, analizados por Iván Armenteros, de Pedro Susán, Gabriel Prats, Amador Parets y su hijo, Jaume Bertran, Bernat Serra, Francí Vicens o el de los Viastrosa, así lo confirman. Además, la participación de catalano−aragoneses (Lluís de Santángel, Joan Coloma, Pere Margarit, etc.) en la organización de las expediciones colombinas, el envío de los religiosos

---

espacios económicos en el siglo XV. El mundo del mercader Torralba, Universidad de Barcelona, 2021, pp. 279- 327.

[462]   El autor, desde su exhaustiva tesis doctoral, ha dedicado varios trabajos a la presencia mallorquina en Castilla y a las relaciones comerciales entre Baleares y el citado reino. Vénase algunos ejemplos en ORTEGA VILLOSLADA, Antonio, *El Reino de Mallorca y el mundo atlántico (1230-1349). Evolución político-mercantil*, Madrid, 2008; "De cuando los mallorquines navegaron a Canarias. Un avance", en *Homenaje al profesor Eloy Benito Ruano*, Madrid, 2010, pp. 601-610 ; "Del Mediterráneo al Atlántico. Apertura/reapertura del estrecho de Gibraltar en la Edad Media. Estado de la cuestión", *Bolletí de la Societat Arqueològica Lulliana*, 67 (2011), pp. 101-124.

[463]   MARTÍNEZ SHAW, Carlos, "Cataluña y el comercio con América. El fin de un debate", *Boletín Americanista*, 30 ((1980), pp. 223-236; en el caso de Enrique Otte, además de los trabajos ya citados en notas anteriores, véanse OTTE SANDER, Enrique, "Los comienzos del comercio catalán con América", en *Homenaje a Jaime Vicens Vives*, vol.2, Barcelona, 1967, pp.459-480 y "Los mercaderes transatlánticos bajo Carlos V", *Anuario de Estudios Americanos*, 47 (1990), pp.95-121. En el caso de de Armenteros también se deben consultar los siguientes trabajos: ARMENTEROS MARTÍNEZ, Iván, *Cataluña en la era de las navegaciones. La participación catalana en la primera economía atlántica (c.1470-1540)*, Lleida, 2012; "Barcelona en los inicios del tráfico atlántico de esclavos (1479-1516)", en MUTGÉ I VIVES, Josefina, SALICRÍ I LLUCH, Roser y VELA I AULESA, Carles (edit), *La Corona catalanoaragonesa, l'Islam i el món mediterrani: estudis d'història medieval en homenatge a la Doctora María Teresa Ferrer i Mallol*, Barcelona, 2013, pp. 1-11; y "La presencia catalana en Cádiz y su bahía a finales de la Edad Media (c. 1490-1508)", en SÁNCHEZ SAUS, Rafael y RÍOS TOLEDANO, Daniel (coord.), *Entre la tierra y el mar: Cádiz, frontera atlántica de Castilla en la Baja Edad Media*, Madrid, 2022, pp.. 241-270.

liderados por el jerónimo catalán Ramón Pané, el traslado a La Española de mercaderes como Gabriel Forn, Frances Gisbert, Damiá Morell, Joan Serrallonga o Joan
Font (sobrino de Rafael y Miquel Font, de los que ahora hablaré), o la participación
de catalanes en la expedición Sebastián Caboto, son otros ejemplos de los catalano–aragoneses que participaron en las primeras rutas americanas.

Finalmente, las últimas aportaciones que la historiografía ha realizado se vienen
centrando en el análisis de la participación de algunos de ellos en los repartimientos
que se hicieron en las ciudades conquistadas en el reino de Granada[464], y en la actividad de determinadas familias de mercaderes catalanes establecidos en Andalucía y
Canarias. En el primer caso, el profesor Raúl González Arévalo, después de analizar
los numerosos libros de repartimiento que se conservan para aquella región, ha con-
cluido que se pueden ofrecer algunos datos cuantitativos sobre la procedencia de los
catalano–aragoneses en las ciudades del reino de Granada. Así, ha podido documentar a un total de doscientos diecisiete pobladores de ese origen, con una clara la superioridad de aquellos procedentes del Reino de Valencia (hasta 118), seguidos a larga
distancia por los repobladores oriundos del Reino de Aragón (47), el Reino de Mallorca (32) y Cataluña con 20 representantes, a los que añade algunos que llevan como
apellido *"catalán"* pero de los que no puede precisar su procedencia[465].

En cuanto a la actividad mercantil de los grandes mercaderes catalanes establecidos en Andalucía y Canarias, los mayores avances los constituyen los estudios que
se han realizado sobre Pere Benavent y, especialmente, sobre la actividad que desplegó la compañía de los Font (los hermanos Miquel y Rafael Font). Ambas familias
eran conocidas por la historiografía, pero la cantidad de noticias que se han ido co-
nociendo en los últimos años procedente de la documentación catalana, canaria y
andaluza, aportadas por Ana Viña, Iván Armenteros, Javier Fornell, Socarráz Sánchez y quien esto escribe[466], demuestran su éxito empresarial y explican el arraigo

---

[464]   LÓPEZ BELTRAN, María Teresa, "La "nación" catalana en la repoblación y conformación de la
sociedad malagueña (1487-1538)", *Baética*, 11 (1988), pp. 367-376; PEINADO SANTAELLA, Rafael,
"El Reino de Granada después de la conquista: la sociedad repobladora según los "Libros de
Repartimiento", en GONZÁLEZ JIMÉNEZ, Manuel (ed.), *La península ibérica en la Era de los
Descubrimientos (1391-1492)*, Sevilla, 1997, pp. 1575-1630 (véanse los apéndices de este trabajo);
GONZÁLEZ ARÉVALO, Raúl, "La "nación catalana" en la repoblación del reino de Granada a finales
del siglo XV", *Acta Histórica et Archeologica Medievalia*, 31 (2011) pp. 423-443.

[465]   GONZÁLEZ ARÉVALO, Raúl, "La "nación catalana…Ob. Cit. p. 426-427.

[466]   Los trabajos de Iván Armenteros ya han sido citados. Véanse, por tanto, los de VIÑA BRITO, Ana,
"Los Benavente Cabeza de Vaca, vecinos de Jerez y grandes propietarios en La Palma (Canarias)", en
Actas del III Congreso de Historia de Andalucía. Andalucía Medieval II, Córdoba 2003, pp. 323-336;
FORNELL FERNÁNDEZ, Francisco Javier, "Los Fonte en Cádiz: un ejemplo de comerciantes catalanes
en Andalucía", en Trocadero: Revista de historia moderna y contemporánea, 23 (2011), pp.165-174;
BELLO LEÓN, Juan Manuel y GONZÁLEZ ZALACAIN, Roberto, "Los catalanes en la
documentación notarial de Tenerife (1505-1525)", *Revista d'Estudis Històrics i Documents dels Arxius
de Protocols de Barcelona*, 29 (2012), pp. 63-186; SOCARRAZ SÁNCHEZ, Charles de, "Los Socarrás.
Historia familiar", *Labor et Constantia*, 1 (2021), pp. 195-262.

que los Benavent y los Font (además de todos los catalanes que estaban a su servicio, como Gabriel Socarrats, Marc Robert de Montserrat, Berenguer de Rafes, Jaume Jové, etc.) tuvieron en Jerez de la Frontera, Cádiz, Canarias o América.

En la distribución geográfica de los catalano–aragoneses por el reino de Castilla, seguramente fue Murcia –por las especiales características de su conquista y por la frontera compartida– la que conoció un mayor número de personas procedentes de Valencia, Barcelona o Baleares. Al menos durante el siglo XIII y primeras décadas del XIV, cuando se produjo la intervención de los monarcas de la Corona de Aragón en el dominio de Alicante y Murcia, y durante los repartimientos de Lorca, Cartagena y la propia capital. Los clásicos trabajos de Torres Fontes[467] recogen las cifras cronísticas que hablan de diez mil hombres asentados en el reino por Jaime I, a los que habría que añadir una larga lista de personas vinculadas con el monarca que fueron beneficiadas con tierras en el término de Murcia pero que no tuvieron la obligación de mantener su vecindad en la región para poder mantener los bienes recibidos. El citado profesor elaboró extensas listas con los nombres y apellidos de aquellos pobladores de los que pudo conocer su origen, destacando a los catalanes, aragoneses y ultrapirenaicos que podían llegar desde el sur de la actual Francia, próximos, por tanto, a Cataluña. De entre ellos, cabe mencionar los casos de Berenguer de Aviñón, Guillen de Aviñón, Bernat de Aviñón, Guillen Provenzal, Nicolás Provenzal, Beltrán Provenzal, Juan Provenzal, Guiralt de Narbona, Juan de Narbona, Guillen de Narbona, Simón Berenguer de Montpellier, Juan de Montpellier, Guillen Bernat de Montpellier, Ramón Orsset, Arnalt Francqui, Arnalt de Tarascón, Pedro Perpiñán, Juan Francés, Joufré de Loaysa, Alexandri de Loaysa, Jacomín de Loaysa, Bernat de Bearne, Andreu de Orrit, Hug Guillen, Guillen de Girona, etc. Y entre el heterogéneo grupo de oficios y profesiones, también destacó al trapero Bernat Zatorre, al cambiador Arnal Nadal, al armero Guillén, a los curtidores Pedro Guillen de Stella, Guillen de Girona y Pedro Ferrer de Valencia; a los zapateros Bernat Aam, Bernat, Miguel, Nicolau y Bernat Pintor; a los carpinteros Belenguel Sánchez, Guillen Moliner, Sancho Caparroso, Belenguer de Maanet y Pedro de Funes.; a los carniceros Ponz Domingo, Ramón Salvar y Bernat Salvar Solzina, etc.[468]. Todos ellos formaron un grupo muy numeroso, que se estableció en Murcia y su región y que dejaron descendientes y huellas en costumbres y rasgos lingüísticos de la zona[469].

---

[467]   Sobre todo: TORRES FONTES, Juan, "La repoblación murciana en el siglo XIII", *Murguetana*, 20 (1963), pp. 5-21, y *Repartimiento de la huerta y campo de Murcia en el siglo XIII*, Murcia, 1971.

[468]   Véanse en el diccionario los datos biográficos de Bernal Ermengol, Arnaldo de Molins, Berenguer de Montcada, Berenguer Pujaly, Berenguer de Quexanes, Miguel de Rallat, Guillem Riquelme, Guillem Tova (o Torra) y Bonamic Zavila, todos ellos residentes en Murcia entre finales del siglo XIII y comienzos del XIV.

[469]   JIMÉNEZ ALCÁZAR, Juan Francisco y MENCÉ CASTER, Corinne, "Fronteras lingüísticas durante la baja Edad Media en el sureste peninsular: castellano, árabe y catalán en el Reino de Murcia (siglos XIII-XV)", en *Islam y cristiandad, siglos XII-XVI: homenaje a María Jesús Viguera Molins*, Murcia, 2010, pp. 409-422.

Pero, una vez más, fue Sevilla y su entorno el que consiguió atraer a un mayor número de catalanes en los siglos finales de la Edad Media. Ya he tenido la oportunidad de analizar la evolución de esa presencia en distintos trabajos[470], así que ahora me limito a sintetizar algunas de las circunstancias y personajes que justifican la primacía de esa residencia en la región[471].

Sabemos que ya se encontraban presentes en la ciudad cuando se iniciaron los repartimientos tras la conquista, y que entre los beneficiarios se hallaban un conjunto de personas vinculadas al servicio de la reina doña Violante, que recibieron tierras en Aznalfarache y en Écija; que entre los que acudieron a repoblar el llamado barrio de la Mar se encontraban varios cómitres catalanes (Arnau de la Çinca, Bernalt Malgraner, Bernal Pelegrín, Pedro Arnau, etc.); y que, fuera de la ciudad, en Coria del Río y en Camas, se entregaban tierras y otros bienes a las tropas que envió Jaime I (los documentos hablan de hasta 500 hombres). En Camas, los beneficiaros fueron otro centenar de ballesteros catalanes, de los que conservamos la nómina completa, lo que permite comprobar la procedencia concreta de alguno de ellos (Tarragona, Tortosa, San Felíu, Gerona, Cardona, Monsalve, etc.).

Se conocen peor las circunstancias que rodearon el asentamiento de catalano–aragoneses en Sevilla y su tierra desde las últimas décadas del siglo XIII hasta la segunda mitad del XV. Las fuentes notariales hispalenses y las documentación catalana y mallorquina ofrecen algunos testimonios que también podrían demostrar el arraigo de algunos de ellos en la zona. Así, se conoce para finales del XIII la vecindad en distintos barrios de Sevilla de, al menos, tres catalanes; dos de ellos (Pere de Girona y Johan Barral) eran vecinos de la collación de Santa María; el otro (Guiralt Johan) aparece citado como residente en la collación del Salvador cuando el albacea de Bernalt Dorellat (quizás también catalán) se dirige al cabildo catedralicio para entregarles un solar que éste había dejado a la iglesia sevillana. Pocos años después se

---

[470]   A mis trabajos citados en notas anteriores hay que añadirle BELLO LEÓN, Juan Manuel, "La presencia catalana en Andalucía Occidental a finales de la Edad Media", *Anuario de Estudios Medievales*, 40/1 (2010), pp. 93-127.

[471]   Tengo que advertir que, para el siglo XVI, se ha avanzado muchísimo en el conocimiento de la presencia catalana en Sevilla y su tierra gracias a los trabajos de Miguel Royano y, especialmente, a su tesis doctoral. Véanse: ROYANO CABRERA, Miguel, "La comunidad mercantil de la Corona de Aragón afincada en Sevilla durante el reinado de Carlos I: el caso de Galcerán Desclergue", en LOBATO FERNÁNDEZ, Abel, y otros (edit), *El Legado Hispánico. Manifestaciones culturales y sus protagonistas*, v.I, León, 2016, pp.415-432; "Los mercaderes de la Corona de Aragón y su papel en el tráfico de letras de cambio entre la Baja Andalucía y el Levante peninsular durante el reinado de Carlos V", en PÉREZ SAMPER, María Ángeles BELTRÁN MOYA, José Luis (eds.), *Nuevas perspectivas de investigación en Historia Moderna: Economía, Sociedad, Política y Cultura en el Mundo Hispánico*, Barcelona, 2018, pp.130-141 y *La comunidad mercantil de la corona de Aragón en la Baja Andalucía (1516-1556)*, Sevilla, 2023. Para hacernos una idea del volumen de la inmigración catalano-aragonesa basta con decir que Royano ha conseguido identificar a cerca de cuatrocientos comerciantes de aquella procedencia en las ciudades de la Baja Andalucía durante el reinado del rey Carlos I.

constata la presencia de alguien llamado Berenguer, casado con doña Dominga, vecinos de la collación del Salvador y propietarios de dos tiendas en la de San Vicente
que venden a un tal Pedro Jordán y de un Pedro, catalán, físico y especiero, que recibió de Alfonso X dos tiendas situadas en la plaza de Santa María[472]. Finalmente, un
Berenguer Catalán –quizás el mismo que antes se nombró– aparece citado como propietario de un pedazo de olivar en un pleito que, en 1266, enfrentaba al arzobispo de
Sevilla con don Roy López de Mendoza por la propiedad de unas viñas en Sevilla[473].

A comienzos del siglo XIV se vuelven a encontrar nuevos testimonios. Como
los casos en 1301 de Berenguer de Pons, hijo de Bernalt, vecino de la collación de
San Bartolomé, y Guillén Pons, hijo de Pons Pascual, vecinos del Salvador, que salen
como fiadores de Pedro López en una venta de aceite a los mercaderes flamencos
Pedro de Brujas y Juan Arnal. El documento de diciembre menciona a un Juan de
Figueras, cuya hija vende al cabildo catedralicio unas casas en la collación del Salvador. Cinco años después, los hijos de Arnal de Mures y de doña Guillerma, que fueron
vecinos de Aznalcázar, venden, también al citado cabildo catedralicio, unas propiedades que poseían en el mencionado lugar y en Chiellas, junto al olivar de los hijos
de Esteban Bernalt, quizás también de origen catalán[474]. También en 1306 Jaume
Noguer denunció el impago de numerosos paños y telas que había vendido a unos
judíos de la ciudad, que, además, estaban siendo favorecidos por los almojarifes de
Sevilla. Desde entonces y hasta 1313, fecha de su fallecimiento, se supone que siguió
negociando en la ciudad junto a otro mercader catalán, Jaume de Vich, al que los
herederos de Nuguer reclamaron ciertas duedas y documentos.

Pero donde se encuentra el mejor testimonio de la presencia catalana en Sevilla
es en la actuación de sus cónsules o representantes en la ciudad. Conocemos bien las
causas que motivaron la concesión de los privilegios fiscales[475] y la creación del consulado y del llamado barrio de los catalanes, delimitado, ya en tiempos de Sancho IV,
en solares que se encontraban frente a la catedral y muy próximo a las calles que

---

[472]　Todas estas referencias en BALLESTEROS, Antonio: *Sevilla en el siglo XIII*, Madrid, 1913.
Véanse los documentos nº 63 (29-12-1253), nº 70 (14-4-1255), nº 123 (4-5-1263) y nº 137 (15-7-1264).

[473]　GONZÁLEZ JIMÉNEZ, Manuel (ed.): GONZÁLEZ JIMENEZ, Manuel (ed.): *Diplomatario
andaluz de Alfonso X*, Sevilla, 1991. Véase documento nº 319, pp. 347-348.

[474]　OSTOS, Pilar y PARDO, María Luisa: *Documentos y notarios de Sevilla en el siglo XIV (1301-
1350)*, Sevilla, 2003. Véanse los documentos nº. 4, nº 5, nº. 6, nº 27, nº 87 y nº 138.

[475]　Aunque en diversas ocasiones se ha dicho que Alfonso X le concedió a los catalanes los mismos
privilegios que a los genoveses (en esos términos se lo pidió el representante catalán) lo cierto es que la
comunidad ligur obtuvo exenciones más amplias que, además, les fueron confirmadas y ampliadas a lo
largo de los siglos XIV y XV. El primer editor de estos conocidos privilegios a los catalanes fue Antonio
Capmany, pero una edición más correcta desde el punto de vista paleográfico de este y otros documentos
relacionados con los privilegios concedidos a los catalanes durante el reinado de Alfonso X puede verse
en el ya citado trabajo de GONZÁLEZ JIMENEZ, Manuel (ed.): *Diplomatario andaluz ...*Ob. cit.
Véanse documentos nº 303, nº. 485, nº 492, nº 505.

ocupaban los genoveses desde 1251. Y conocemos, aún mejor, el desarrollo del consulado y los avatares por los que pasó la institución desde su creación (en 1282) hasta mediados del siglo XIV[476].

Ya a comienzos del siglo XV empiezan a menudear las noticias sobre la presencia catalana. Pueden servirnos de ejemplo la denuncia presentada por los embajadores que el rey Martín dirigió al de Castilla para protestar por la captura del navío que habían cargado los comerciantes barceloneses Frances Alemany, Joan Vilella y Joan Montoriol, propietarios de unas tiendas en Sevilla; establecimientos que, en 1404, y sin que hubiera ninguna disposición contra los catalanes en Castilla, fueron asaltadas por varios vecinos de la ciudad[477]. Este Francesc Alemany, junto con Pere Toralles y Guillem de Ges, son de los pocos comerciantes de origen catalán que se encontraban en Sevilla a comienzos del siglo XV. A mediados de aquella centuria llegaron a la ciudad –procedentes de puertos Mediterráneos– varios remolares o maestros carpinteros, oficiales imprescindibles en la construcción de galeras. Entre ellos se encontraba Juan Langueriy, al que, en 1430, se le abonaban 2.000 maravedís por su trabajo en la ciudad. Muy poco después se encontraban en la ciudad Bernat Bonet y su hermano Esteve Bonet, vecinos de Barcelona, comprando y vendiendo atunes y designados en 1453 por la reina María (esposa de Alfonso el Magnánimo) para cobrar en Sevilla las rentas que le había otorgado su hermano Juan II.

Las últimas décadas del siglo XV marcarán el inicio de un nuevo impulso a la presencia catalana en Andalucía Occidental. El empuje lo darán la recuperación económica de Barcelona y la pujanza del comercio sevillano, pero será la mayor disponibilidad de fuentes andaluzas las que nos permita conocer mucho mejor a la comunidad catalana, los intercambios que se produjeron entre Andalucía y Cataluña y, además, ayudarnos a entender lo que quizás fue más importante: la extraordinaria influencia que algunos de ellos tuvieron en la incorporación de las islas atlánticas a la economía europea de finales de la Edad Media[478]. Aunque conviene matizar dos cosas respecto a esto. Primero, que el número de los establecidos en Sevilla y su entorno sigue siendo exiguo si lo comparamos con las decenas de italianos, ingleses o portugueses que se avecindaron en la zona en el tránsito de los siglos XV al XVI. El medio centenar de mercaderes catalanes que he podido documentar durante los más

---

[476] MUTGÉ VIVES, Josefina: "Proyección de Barcelona en el ámbito peninsular: noticias sobre el Consulado de los catalanes en Sevilla, 1282-1327", en MUTGÉ VIVES, Josefina: *Política, urbanismo y vida ciudadana en la Barcelona del siglo XIV*, Barcelona, 2004, pp. 3-17; CABEZUELO PLIEGO, José Vicente y SOLER MILLÁ, Juan Leonardo, "El consulado catalán de Sevilla a inicios del siglo XIV: disputas políticas y realidad mercantil en el Atlántico", en *A l'entorn de la Barcelona medieval: estudis dedicats a la doctora Josefina Mutgé i Vives*, Barcelona, 2013, pp. 171-202. En el diccionario pueden verse los datos biográficos de algunos de estos cónsules, como Bertrán Arnau, Jaume Llopart, Pascal Vivet, etc.

[477] FERRER I MALLOL, Teresa, *Corsarios castellanos y vascos*….pp. 34-35 y p. 55.

[478] He tratado de analizar todos estos aspectos en el trabajo BELLO LEÓN, Juan Manuel, "La presencia catalana en Andalucía… Ob. Cit.

de cuarenta años que comprende el reinado de los Reyes Católicos y primeros años de Carlos I nos sigue mostrando a una comunidad relativamente pequeña[479]. Y, en segundo lugar, la documentación conocida parece inclinar la balanza de su establecimiento de Andalucía en favor de una presencia mayor de los comerciantes catalanes en las ciudades de Málaga, Cádiz, Puerto de Santa María o Jerez.

En el caso de Jerez de la Frontera y de Cádiz, la presencia de los catalano–aragoneses también está documentada desde el momento del repartimiento de ambas localidades. En el estudio que hicieron para Jerez los profesores González Jiménez y González Gómez[480], identificaron a 44 individuos de ese origen (el 4,33 % de repobladores tras el repartimiento de 1264), cifra que podría ser aún mayor si tenemos en cuenta que no se ha podido precisar si algunos valencianos –y aún franceses– pudieron residir en Cataluña antes de su llegada a Jerez. La riqueza del libro del repartimiento permite comprobar que muchos de los catalanes beneficiados durante aquel proceso vinieron acompañados de su familia (mujer e hijos) lo que podría ser un indicio de su interés por asentarse definitivamente en la región. El hecho de que, además, muchos reciban sus casas o bienes junto a otro catalán refuerza la idea de crear un grupo que se consolidase con vínculos familiares y de vecindad. En Jerez, seguramente fue Pere Benavent el que arraigo de forma más sólida en la sociedad xericiense, ya que él y su hijo llegaron a formar parte del concejo de la ciudad y entroncaron con las familias Villavicencio y Cabeza de Vaca, linajes de la alta nobleza andaluza. Sus actividades mercantiles le llevaron a contratar varios seguros destinados a la comercialización del azúcar madeirense, los cereales andaluces o los esclavos, oro y plata africanos. Desde los años noventa del siglo XV y hasta su muerte (probablemente en 1506) alternó su residencia entre Barcelona y Cádiz–Jerez, lo que le obligaba a dejar sus negocios en manos de otros dos mercaderes catalanes también residentes en Andalucía: Miquel Font y, sobre todo, Marcos Roberto de Monserrat, su cuñado, y, al igual que él, con grandes intereses en el archipiélago canario[481].

Al igual que en Jerez, en Cádiz y en el Puerto de Santa María también se documentan a catalano–aragoneses desde el mismo momento de sus respectivos repartimientos. En el núcleo de Cádiz el rey ordenó, en un primer repartimiento efectuado en 1262, que se entregaran distintos bienes a un contingente de cien personas, al frente de las cuales se encontraba alguien que, por su nombre –Guillém Berja– podría ser catalán. En el caso de la localidad portuense, que experimentó un complicado proceso de repartimiento entre los años 1264 y 1268 (con más de nueve particiones)

---

[479]   Pueden verse los datos biográficos de algunos de ellos (Rafael Font, Miguel Font, Pedro Benavente, Antonio Cereroles, Antón Jové, Rafael Morell, tec.) en el diccionario.

[480]   GONZÁLEZ JIMENEZ, Manuel y GONZÁLEZ GÓMEZ, Antonio: El Libro del Repartimiento de Jerez de la Frontera. Estudio y edición, Cádiz, 1980.

[481]   Los datos biográficos de todos ellos pueden verse en el diccionario.

se han podido identificar a 10 catalanes de distintos orígenes[482]. Pero en el Cádiz del siglo XV destacaron Amador Perets, representante de la compañía formada por los hermanos Nicolau y Pere Viastrosa[483] y encargado de redistribuir los productos andaluces, canarios o catalanes hacia distintos mercados europeos y africanos. Jaume y su hijo Lluís Beltrán, que en 1497 y 1498 aseguraron varios fletes de pescado y aceite que adquirieron personalmente en el Puerto de Santa María, Cádiz y Jerez y, muy especialmente, los hermanos Font (Pedro Font, Juan Font y Rafael Font)[484].

Aunque uno de los mejores indicios de la importancia que los catalanes pudieron alcanzar en Cádiz lo podemos observar en un documento un poco tardío para los objetivos de este trabajo. Me refiero a el acuerdo al que llegaron en 1511 varios mercaderes genoveses y catalanes residentes en la ciudad tras haber desarrollado entre ellos distintos negocios. El escrito recoge la presencia, en aquellos momentos, de Gregorio de Espínola, Luis Doria, Andrés Doria, Miguel Font, Rafael Font, Jacobo Ytaliano, Demetrio Ytaliano, Carlos Lomelín, Rafael de Sanginero, Leonardo Catano, Luçian Grilles, Visconte Catano, Bernardo de Mote, Gerónimo Baro, Geronimo de Sauli, Jofre Lerca, Bernardo Lerca, y Juan Bautista Binse, todos ellos italianos y catalanes, que se declaraban acreedores de varios miembros de la familia Doria, con los que habían llegado a un acuerdo para que estos les abonaran las deudas que habían contraído con ellos en un plazo de quince meses[485].

En Málaga, donde la presencia catalana está bien documentada desde época nazarí gracias, entre otros, a los trabajos de Roser Salicrú[486], Manuel Sánchez[487] o Dolores López[488], no es extraño que mantuviera una amplia representación tras la

---

[482]   Véase GONZÁLEZ JIMÉNEZ, Manuel (ed.): El repartimiento de El Puerto de Santa María, Sevilla, 2002 (especialmente pp. CLXXIII-CLXXIV). El profesor Manuel de Ariza, autor del estudio del lenguaje del texto del repartimiento, afirma que todos los repobladores que llevan nombre de pila Guillén, Bernal o Guiral (o sus variantes Guirat, Guiralt, Bernat y Bernalt) son de origen catalán o valenciano. Véase GONZÁLEZ JIMÉNEZ, Manuel (ed.): *Repartimiento de El Puerto…* Ob. cit. pp. CLXXIII-CLXXIV.

[483]   Los negocios e intereses atlánticos de los hermanos Viastrosa fueron estudiados por FERRER I MALLOL, María Teresa, "El comercio catalán en Andalucía a fines del siglo XV", en *La península ibérica en la Era de los Descubrimientos, 1391-1492,* Sevilla, 1997, Tomo I, pp. 421-452 (especialmente pp. 436-442).

[484]   He tenido la oportunidad de ocuparme de todos ellos en algunos de mis trabajos citados en notas anteriores. También me remito a sus datos biográficos incluidos en el diccionario.

[485]   AGS. RGS. 7-1-1511, fol. 222.

[486]   Varios de sus trabajos fueron recopilados en la obra SALICRÍ I LLUCH, Roser: *El Sultanato Nazarí de Granada, Génova y la corona de Aragón en el siglo XV,* Granada, 2007. De la misma autora *Documents per a la Història de Granada del regnat d'Afons El Magnànim (1416-1458),* Barcelona, 1999.

[487]   Este autor tiene una amplia bibliografía dedicada a los intercambios entre la corona de Aragón y Granada, pero basta con acudir a su tesis doctoral para encontrar numerosas referencias al respecto. Véase SÁNCHEZ MARTÍNEZ, Manuel, *La corona de Aragón y el reino nazarí de Granada durante el siglo XIV: las bases materiales y humanas de la cruzada de Alfonso IV (1329-1335),* Barcelona, 1983.

[488]   LÓPEZ PÉREZ, María Dolores, *La corona de Aragón y el Magreb en el siglo XIV (1331-1410),* Barcelona, 1995.

incorporación de la ciudad a la Corona de Castilla. Participaron en la repoblación de Málaga o Almería[489] y todos ellos se preocuparon por crear el llamado consulado catalán de Málaga[490], en el que, bajo la denominación genérica de "nación catalana" se agruparon los intereses de los valencianos, de los oriundos de las Baleares y, por supuesto, de los catalanes. De entre ellos destacan Juan Morell y sus hijos Gaspar y Juan Juliá Morell, vinculado, sobre todo, a la compra de trigo para la exportación hacia distintos puertos mediterráneos; Juanotte Plana, residente en la ciudad desde 1498 y hasta 1513, estando muy vinculado a la compra de trigo, anchoas y cueros que luego enviaba a su hermano, Pedro Plana, residente en Barcelona. Y, sobre todo, Guillen Brete, considerado como el primer cónsul de la comunidad catalana en Málaga. Las primeras referencias a sus funciones se encuentran en 1493 cuando los reyes se dirigen al concejo de Málaga para informarles de cómo las autoridades del principado les habían pedido, conforme al privilegio que tenían para nombrar cónsul de los catalanes allí donde hubiere mercaderes de esa comunidad, que han decidido nombrar a Guillén Brete para el citado oficio.

Fuera de Andalucía, la presencia de catalano–aragoneses en el resto de la Castilla peninsular está poco documentada, aunque insisto en que debió ser amplia ya que el tránsito de personas a lo largo de la extensa frontera entre Castilla y Aragón tuvo que ser muy frecuente. Los trabajos de Máximo Diago[491] y la reciente tesis doctoral de Carlos Crespo[492] han demostrado que, en Cuenca, Albacete y otras regiones castellanas se encuentran a numerosos tratantes de ganado o mercaderes que iban y venían desde Valencia y Aragón, pero su rastro documental hace difícil cualquier reconstrucción de sus biografías. Un caso excepcional, por lo poco frecuente que fue, es el de la residencia de un importante aragonés en la ciudad de Valladolid a finales del siglo XV. Me refiero a Juan Daza, miembro de una destacada familia de comerciantes procedente de Calatayud que entre finales del siglo XV y primeras décadas del XVI desplegaron una intensa actividad en Castilla y en Flandes. Fue hermano de Hernando Daza, el mayor (para distinguirlo de su hijo Hernando Daza, el menor), que debió nacer en aquella localidad aragonesa a mediados del XV, ya que contrajo matrimonio en Calatayud con Leonor Ram, hija de mercaderes, el año 1477, trasladándose después a los Países Bajos para gestionar sus negocios comerciales y financieros. Juan fue el primero que aparece asentado en Castilla ya que desde el año 1494

---

[489]   Esa participación ha sido estudiada por López Beltrán, Raúl González y María de los Desamparados en varios de sus trabajos ya mencionados.

[490]   RUIZ POVEDANO, José María: "El consulado catalán de Málaga en época de los Reyes Católicos", *En la España Medieval*, nº 10 (1987), pp. 419-444.

[491]   DIAGO HERNANDO, Máximo, "Introducción al estudio del comercio entre las Coronas de Aragón y Castilla durante el siglo XIV: las mercancías objeto de intercambio", *En la España Medieval*, 24 (2001), pp. 47-101.

[492]   CRESPO AMAT, Carlos, *Entre Castilla, la Corona de Aragón y el Mediterráneo. La formación de un mercado transnacional en el Reino de Valencia durante la Baja Edad Media (1370-1430)*, Tesis Doctoral, Universidad de Alicante, 2021.

se encontraba avecindado en Valladolid, desde donde comenzó a dirigir sus negocios. Su poder económico comenzó a mostrarlo en 1489 cuando fundaba una compañía con los hermanos Fernando López de Calatayud, Juan López de Calatayud y Gastón de Sanjuán, todos ellos también procedente de Aragón. Con un capital inicial de 1.350.000 maravedís, la empresa se mantuvo durante siete años, y entre sus mayores éxitos se encuentra la autorización que los reyes les dieron para exportar una importante cantidad de cereales desde Jerez de la Frontera, evitando las habituales restricciones que se ponían a la saca de cereales en Andalucía[493].

Las circunstancias son distintas para el caso del archipiélago canario. Ya he tenido la oportunidad de comentar que el interés de los vecinos de la Corona de Aragón, especialmente de mallorquines y catalanes, por la navegación y el comercio hacia el Atlántico Medio se remonta a las primeras exploraciones por el Atlántico Medio de los marinos de aquel reino desde mediados del siglo XIV, así que no volveré a insistir en este asunto. Si nos trasladamos a la época en la que las islas fueron definitivamente incorporadas a la Corona de Castilla, nos volvemos a encontrar con una notable concurrencia de repobladores y mercaderes de origen catalán y valenciano, equiparable en, algunos casos, a la de flamencos y algunas comunidades italianas[494].

Como otras comunidades foráneas, también participaron en la financiación de la conquista de las Islas y se beneficiaron de los repartimientos que se efectuaron tras su incorporación a la Corona de Castilla. En La Palma y Tenerife, y a través de la información que nos aportan los libros del repartimiento, la bibliografía o los protocolos notariales, se ha podido delimitar la procedencia de la mayor parte de los beneficiarios de sus respectivos repartimientos[495]. En el caso de Tenerife, si tenemos en cuenta que entre los cinco libros de repartimiento originales se han contabilizado poco más de 1.000 titulares[496], la proporción de los que proceden de la corona de Aragón es pequeña, si bien el volumen de las tierras repartidas y la calidad de las mismas (casi todas de regadío) compensan la escasa representación de los súbditos de aquel territorio (véase tabla 14)[497].

[493] CARVAJAL DE LA VEGA, David y TORRE GONZALO, Sandra de la, "La familia Daza: mercaderes aragoneses en Medina del Campo", *Revista de Historia Jerónimo Zurita*, 95 (2019), pp. 153-175.

[494] BELLO LEÓN, Juan Manuel y GONZÁLEZ MARRERO, María del Cristo, "Los otros extranjeros": catalanes, flamencos, franceses e ingleses en la sociedad canaria de los siglos XV y XVI" (primera parte), *Revista de Historia Canaria*, 179 (1997), pp. 11-71.

[495] BELLO LEÓN, Juan Manuel: "La participación de los extranjeros en los repartimientos canarios. Introducción a su estudio", *El Museo Canario*, 53 (1998), pp. 187-213.

[496] AZNAR VALLEJO, Eduardo, *La integración de las islas Canarias en la corona de Castilla (1478-1526)*, La Laguna, 1983 (especialmente pp. 154 y 234); BÁEZ HERNÁNDEZ, Francisco, *El repartimiento de Tenerife (1493-1569)*, La Laguna, 2017.

[497] Los datos de esta tabla proceden, fundamentalmente, de las obras de SERRA RAFOLS, Elías, *Las datas de Tenerife. Libro I a IV de datas originales*, La Laguna, 1978; MORENO FUENTES, Francisca, *Las datas de Tenerife. Libro V de datas originales*. La Laguna, 1988 y VIÑA BRITO, Ana, *Conquista y repartimiento de La Palma*, Santa Cruz de Tenerife, 1997.

TABLA nº 14					
TIERRAS Y OTROS BIENES ENTREGADOS A LOS CATALANES EN EL REPARTIMIENTO DE TENERIFE Y LA PALMA					
FECHA	**BENEFICIARIO**	**CANTIDAD**	**ISLA**	**LUGAR**	**Nº DATA**
4–5–1500	Jaime Joven[498]	3 cah. rie.	Tenerife	Taganana	126
25–11–1501	Pedro Benavente	60 fan. Rie.	La Palma	Los Sauces	274
1502	Pedro Benavente	1 azada agua	La Palma	Los Sauces	Viña Brito: p. 43
1502	Pedro Benavente	½ río agua	La Palma	Los Sauces	Viña Brito: p. 43
1502	Pedro Benavente	18 fan.	La Palma	Los Sauces	Viña Brito: p. 43
10–10–1503	Jaime Joven	100 fan.	Tenerife	Tacoronte	172
15–10–1503	Jaime Joven	15 fan.	Tenerife	La Laguna	1079
1–2–1504	Jaime Joven[499]	10 fan. rie.	Tenerife	Adeje	1412
27–2–1505	Jaime Joven	150 fan.	Tenerife	La Laguna	1109
8–4–1505	Francisco Mirón[500]	8 fan. rieg.	Tenerife	Güímar	Test. I–137
23–12–1507	Gabriel Socarrás	Tierras	La Palma	Las Lomadas	Viña Brito: p. 96
23–2–1511	Jaime Joven	1 her. molino	Tenerife	La Laguna	1186
23–11–1513	Juan Mateo Carbón[501]	4 fan.	Tenerife	——	997
24–11–1513	Juan Mateo Carbón	50 fan.	Tenerife	Geneto	1634
28–11–1513	Antón Cereroles[502]	10 fan.	Tenerife	San Lázaro	1.000

---

[498] Recibe las tierras junto con Pedro de Campos y ambos se comprometen a construir un ingenio para lo cual se les facilita la obtención de toda la madera que fuera necesaria.

[499] Estas tierras las comparte con Antón de Vallejo y Antón de los Olivos. A todas las datas que recibió habría que añadirle las 50 fanegas de secano que obtuvo su hijo, también llamado Jaime Joven, en el barranco del Ahorcado (data nº. 1195 con fecha de 12-XI-1513) y las 50 que recibió su mujer, Olaria Joven, en el mismo lugar (Test. I, pág. 213, con fecha 12-XI-1513). Además, el 6 de diciembre de 1516 el adelantado le confirma una compra de 6 cahices de secano, situados en Acentejo, que había hecho a unos canarios a los que el gobernador entregó las tierras en 1499 (véase data n.º 1347).

[500] Se indica su condición de extrannjero, aunque no su naturaleza, en el libro V de datas (pág. 94) en un pleito que mantiene por sus tierras en Güímar. Por los protocolos notariales sabemos que su origen es valenciano.

[501] Se indica su origen catalán en Datas por Testimonio, I, pág. 119.

[502] Aunque la data no indica que sea catalán, los protocolos notariales recogen la presencia de un Antonio Cereroles, seguramente el mismo aquí anotado, en las primeras décadas del siglo XVI. Véanse sus datos biográficos en el diccionario.

TABLA nº 14					
TIERRAS Y OTROS BIENES ENTREGADOS A LOS CATALANES EN EL REPARTI-MIENTO DE TENERIFE Y LA PALMA					
FECHA	**BENEFICIA-RIO**	**CANTI-DAD**	**ISLA**	**LUGAR**	**Nº DATA**
1–12–1513	Gabriel Mas[503]	120 fan. sec.	Tenerife	Candelaria	1042
20–4–1514	Gabriel Mas	100 fan. sec.	Tenerife	montaña de Taze	Test. I–200
28–11–1514	Antón Joven	1 fan. y media	Tenerife	La Laguna	1081
20–12–1515	Jaime Joven[504]	150 fan. sec.	Tenerife	——	1337
12–6–1516	Antón Joven	25 fan. sec.	Tenerife	La Orotava	1839
27–1–1517	Antón Joven	1 solar	Tenerife	——	1741
16–11–1517	Rafael Font[505]	varios sola-res	Tenerife	La Laguna	1804
24–11–1517	Antonio Font	1 solar	Tenerife	cam. de Taco-ronte	1805
20–1–1518	Gabriel Soca-rrás	20 cah. Sec.	La Palma	Garafía	Viña Brito: p. 98
23–1–1518	Gabriel Soca-rrás	10 cah. Sec.	La Palma	Bco. Izcagua	Viña Brito: p. 98
El número de data hace referencia al orden en el que aparecen publicadas en la mencionada obra de Elías Serra Ráfols. Las abreviaturas utilizadas son las siguientes: Cah. = Cahíz; Her. = Herido; Rie. = Riego: Sec. = Secano; Fan. = Fanega; Test. = Datas por Testimonio					

También he tenido la oportunidad de referirme a casi todos ellos en algunos de mis trabajos mencionados en notas anteriores, así que tampoco insistiré en sus datos biográficos. No obstante, conviene detenerse un momento en la figura de Rafael Font y sus familiares (Pedro, Miguel, Enrique y Juan Font) ya que nos han dejado un rastro documental de dimensiones considerables y porque sin su presencia en las islas el desarrollo de las mismas tras la conquista seguramente hubiese sido distinto. Todos ellos alcanzaron una notable posición económica en Andalucía (sobre todo Rafael y Miguel) y en Canarias, participando en la compraventa de todo tipo de productos (incluidos muchos esclavos), y en el flete de navíos desde Madeira y Canarias con destino a distintos puntos del Levante peninsular, para terminar formando parte de la élite concejil de Tenerife o Cádiz. Acumularon grandes propiedades en Gran Canaria,

---

[503]   Aunque no conocemos el lugar ni las fechas en las que le fueron entregadas otras tierras sabemos por las propias datas que recibió numerosas suertes en la isla.

[504]   Comparte estas tierras con su hijo Francisco Joven.

[505]   Además del entregado a Rafael Font se da a cada uno de sus familiares (Paula Font, Lázaro Font y Ana Francisca Font) el correspondiente solar.

La Palma y Tenerife[506], pero también enormes deudores ya que, desde el gobernador hasta infinidad de campesinos y pequeños comerciantes, le debían cantidades que, en la segunda década del siglo XVI, ya ascendían a varios millones de maravedís. A la muerte de Rafael, su viuda (Paula Font) y su hijo (el doctor Jerónimo Font) reclamaron el dinero, mercancías y bienes que le eran adeudados en Canarias, Jerez de la Frontera, Cádiz, Medina Sidonia, Alcalá de los Gazules, Sanlúcar, Arcos y Rota, lo que sin duda puede darnos una idea más exacta de los intereses que desplegó este mercader catalán en Andalucía y Canarias[507].

3.10. Otros extranjeros

Los diferentes epígrafes que he desarrollado en esta parte de la obra trataban de ofrecer un panorama general de la presencia de distintas comunidades extranjeras —más o menos homogéneas— en distintos ámbitos geográficos del reino de Castilla. El que ahora comienzo, y el que viene a continuación, se centrarán en otros individuos que, teniendo la consideración de extranjero, no llegaron a conformar una comunidad estable o fácilmente identificable. En este primer caso, al que llamamos "otros extranjeros", se caracterizaron por su escasísimo número, por su pertenencia a entidades políticas muy alejadas de la Europa Occidental y por su limitada influencia en la sociedad y cultura castellana de su tiempo. Me estoy refiriendo a la llegada al reino de Castilla de algunos húngaros, noruegos, suecos o egipcios, de los que tenemos constancia porque llamaron la atención de los cronistas o porque dejaron algún rastro en legaciones o embajadas enviadas a la Corte castellana. La excepción, dentro de este grupo, la componen los navarros, que seguramente, al igual que catalanes y aragoneses, fueron muchos más de los que he podido documentar en esta obra. La docena de individuos de Navarra que se recogen en el diccionario son un pálido reflejo de lo que tuvo que ser una presencia más habitual y, por ello, he decidido incluirlos en este epígrafe aun sabiendo que su estudio merecería un desarrollo más preciso.

Empiezo, por tanto, por los navarros. Para decir que detenernos en una descripción de las relaciones entre Navarra y Castilla a lo largo de los siglos que se consideran en esta obra exigiría un tiempo y un esfuerzo que quedan fuera de los objetivos de este trabajo. De momento, basta con decir que los vínculos entre ambos reinos fueron, al igual que con la Corona de Aragón, complejos y marcados por periodos de

---

[506]   En Tenerife Rafael Font que llegó a conseguir, mediante compras y préstamos, los ingenios que habían construido el duque de Medina Sidonia y el Gobernador de la isla.

[507]   Los datos biográficos de Rafael y Miguel Font pueden verse en el diccionario. El resto de los catalanes que aparecen en la tabla anterior quedan fuera del marco cronológico que me he impuesto para este trabajo, así que no se recogen en la nómina que forma el citado diccionario. De todos ellos se conservan en los archivos de protocolos notariales canarios y en las actas municipales del siglo XVI centenares de documentos.

alianzas o colaboración (como en las campañas de Las Navas, Algeciras o Ante-quera) con los de conflicto (como todos los relacionados con las fronteras de La Rioja, Álava y Guipúzcoa). Y como es bien conocido, la intervención de las dinastías navarras en asuntos castellanos y la participación de los monarcas de este último reino en las luchas internas navarras, no facilitaron el establecimiento de los naturales de aquel reino en tierras castellanas.

Pese a las dificultades, y en menor medida que los oriundos de otros reinos, los navarros también participaron en los procesos de repoblación que se dieron en los territorios que Castilla fue conquistado a Al−Andalus. Se conoce bien este proceso gracias a los trabajos de Ángeles García y de Zabalo Zabalegui[508]. Ambos autores, siguiendo los métodos empleados para el análisis de la repoblación de distintas loca-lidades andaluzas y murcianas, calcularon el porcentaje de repobladores navarros en esos territorios. En el caso de Murcia, por ejemplo, según la citada Ángeles García se cuentan, en los sucesivos repartos de la segunda mitad del siglo XIII, tan sólo a 27 navarros sobre un total de más de 2.800 beneficiarios (apenas el 1%. de los repobla-dores). Para el caso de las ciudades andaluzas, el profesor Zabalo Zabalegui nos re-cuerda que, por iniciativa del arzobispo de Toledo, don Rodrigo Jiménez de Rada (de ascendencia navarra) se asentaron en el alto Guadalquivir, en lo que llegaría a ser el Adelantamiento de Cazorla, así como en Úbeda y Baeza, un conjunto de caballeros navarros. Y el mismo autor analizó con detalle las concesiones entregadas a los ecle-siásticos don Pedro Jiménez de Gazólaz, obispo de Pamplona, Gillem Arremón de Aspa y Juan de Aspa, al Hospital de Santa María de Roncesvalles, al monasterio cisterciense de Santa María de Iranzu, a una veintena de caballeros hidalgos que se avecindaron en Sevilla y a media docena de burgueses procedentes de Tudela.

A finales de aquella décimotercera centuria se encontraba en Sevilla otro perso-naje navarro que también ha sido ampliamente estudiado por el citado Zabalo Zaba-legui[509]. Me refiero al arzobispo Juan Almoravid de Elcarte, miembro de un linaje de la alta nobleza de Navarra, arraigada en aquel reino desde el siglo XII. Se sabe que era abad de Alfaro y miembro del cabildo catedralicio de Calahorra desde 1281; que fue elevado a su sede episcopal antes de 1290 y que ocupó el cargo en unos momentos en los que las relaciones entre Castilla y Navarra mantenían serias tensiones por la definición de las fronteras políticas y eclesiásticas. En cualquier caso, la actividad de Juan Almoravid al frente del obispado calagurritano fue satisfactoria para los gober-nantes castellanos, lo explicaría su promoción a la metropolitana de Sevilla el año 1299. La elección del cabildo catedralicio hispalense fue confirmada después por

---

[508]   GARCÍA DE LA BORBOLA, Ángeles, "Presencia de navarros y vascos en la repoblación de Murcia", *Anales de la Universidad de Alicante*, 11 (1996-1997), pp. 565-577; ZABALO ZABALEGUI, Francisco Javier, "Navarros en la repoblación del reino de Sevilla en el siglo XIII", *Príncipe de Viana*, 229 (2003), pp. 295-330.

[509]   ZABALO ZABALEGUI, Francisco Javier, "Juan Almoravid de Elcarte, un navarro arzobispo de Sevilla (1299-1302)", *Príncipe de Viana*, 224 (2001), pp. 641-651. Véase en el diccionario los datos biográficos de este personaje.

bula de Bonifacio VIII (3 de junio de 1300), y lo poco que se conoce del proceso parece indicar que la intervención de María de Molina y el apoyo de Juan Alfonso de Haro, señor Cameros (casado con Teresa Almoravid) fueron esenciales para que terminara al frente de la archidiócesis sevillana. Se mantuvo en su puesto hasta octubre de 1302 y de su actividad como prelado poco o nada se conoce, más allá de que intervino en diversos pleitos relacionados con el convento femenino de San Clemente y de que no residió en su diócesis con asiduidad, ya que era frecuente que acompañara al rey castellano en sus múltiples viajes por el reino.

Ya en el siglo XV, y en otros contextos políticos[510], se ha podido documentar bien la presencia de miembros de la nobleza como Jacques Borbón, conocido como conde de la Marca o de la Marcha, encabezando la ayuda de que prestó el reino de Navarra al infante don Fernando durante las campañas para la toma de Antequera. Está documentada su estancia en Sevilla entre junio y septiembre de 1407, y su participación en los planes para la campaña militar. Al conde le acompañaron entre sesenta y ochenta hombres de armas, de origen navarro y francés, de los que se han podido evidenciar de forma fehaciente a unos pocos: los escuderos Juan de Asiain y Augerot d´Uhart; Gonzalo de Baquedano, chambelán; Henry Abraham; Basquín de San Juan de Pie de Puerto; Jean, señor d´Ousme; Juan Miguel de Echauri; Lenze, heraldo del conde de la Marca[511].

También se conoce la presencia de algunos mercaderes, aunque vuelvo a advertir que debieron ser muchos ya que, no lo olvidemos, Navarra no tenía salida directa al mar en la península Ibérica, por lo que sus comerciantes tenían que atravesar tierras castellanas o aragonesas si querían abastecerse de cereales o exportar alguna de sus producciones. Pueden ser buenos ejemplos los casos de Martín Cruzat o Miguel Espinar, a los que se concedió salvoconductos para acudir a Castilla con sus mercancías a finales del siglo XV[512].

Finalmente, el tránsito del siglo XV al XVI, conoce uno de los viajes mejor documentados de navarros hacia tierras castellanas gracias a que se conservan los manuscritos que permiten analizar el itinerario realizado por Juan de Albret (Juan III) y Catalina de Foix (Catalina I)[513] en su viaje por Castilla durante los meses de abril y

---

[510]   Como es bien conocido, la segunda mitad del siglo XV en Navarra estuvo marcada por el conflicto sucesorio que se inició tras la muerte de la reina Blanca y la guerra civil que enfrentó a varios linajes nobiliarios y viejos rivales, conocidos como agramonteses y beamonteses. Además, el desarrollo de los acontecimientos también se vio condicionado por la intervención castellana en favor de uno de los bandos y el intento definitivo de los monarcas de este reino para incorporar Navarra a sus territorios.

[511]   SÁNCHEZ GONZÁLEZ, Santiago, *Los recursos militares de la monarquía castellana a comienzos del siglo XV. Las campañas granadinas del Infante Don Fernando. Setenil y Antequera (1407-1410),* Madrid, 2016 (véanse pp.169- 170).

[512]   Véanse ambos casos en el diccionario.

[513]   ADOT LERGA, Álvaro, "De Pamplona a Sevilla. Un viaje del rey Juan III de Navarra", en RAMÍREZ VAQUERO, Eloísa y SALICRÚ I LLUCH, Roser (coord.), *Cataluña y Navarra en la Baja Edad Media,* Pamplona, 2010, pp. 13-52.

mayo de 1500. El objetivo del viaje del rey navarro era conseguir desprenderse de parte del control directo que, desde hacía décadas, ejercía Castilla en el interior del reino pirenaico, conseguir la devolución de algunos territorios (Viana, Sangüesa, Lerín, Laguardia, etc.) controlados por tropas castellanas y aprovechar las buenas relaciones entre Francia y los Reyes Católicos para conseguir desprenderse de la tutela castellana. La documentación, conservada en el Archivo General de Navarra, permite conocer a los miembros del séquito que acompañó al monarca navarro. Entre ellos se encuentran, además de los naturales de aquel reino, a bearneses y de otras zonas del sur de Francia, destacando la presencia de varios miembros del Hostal (o Casa del rey), como fueron los casos de Etienne, hijo bastardo del rey, Jean de Saint–Paul, capitán de la guardia personal del monarca, Juan de Aguiregui, tesorero del rey, Gabriel, médico real, Mateo, Senescal de Nebouzan, el secretario L'Esturgeron, los sastres Juan y Lubin, los licenciados Arrach y Pezeiro, y distintos miembros de la Capilla del Hostal y de la cocina. En total, más de medio centenar de personas que llegaron a Sevilla siguiendo un itinerario que les llevó a pasar por Soria, Guadalajara, Madrid, Toledo y Córdoba, llegando a la ciudad hispalense a finales del mes de abril del año 1500. En la capital andaluza permanecieron hasta mediados de mayo, y allí se negociaron varios tratados que preveían el indulto de Luis de Beaumont, conde de Lerín, al que se le restituían los bienes y cargos que poseía en Navarra, se acordaba el posible matrimonio de la infanta Ana de Navarra con uno de los hijos o nietos de los Reyes Católicos y se exigía a Juan III el compromiso de garantizar las alianzas conseguidas reclamando su cumplimiento a las autoridades navarras.

Continuo esta breve descripción de otros grupos de extranjeros con una de las primeras visitas, de las que tenemos constancia, procedentes del norte de África. Concretamente la que narra la Crónica de Alfonso X relacionada con la presencia en la Corte castellana de la embajada del sultán mameluco de Egipto, a su vez enlazada con la solicitud que hizo ese gobernante para que los castellanos le ayudasen a afrontar la amenaza de los mongoles[514]. Se desconoce la fecha exacta de dicha misión diplomática (se produjo entre 1261 y 1265), ni cuántos eran sus miembros. En cambio, si se sabe que los embajadores trajeron como presente al monarca castellano varios animales exóticos y marfil. Aunque, lo más significativo es que su presencia reflejaba la importancia que ya se le daba en el norte de África al poder que había ido acumulando Alfonso X en el conjunto de la política europea de la segunda mitad del siglo XIII.

Casi contemporáneo a este episodio de la embajada egipcia se encuentra la llegada a Castilla de María de Brienne, a la que la citada crónica califica de "emperatriz de Constantinopla". El recibimiento tuvo lugar en Burgos, a donde llegó en 1263 esta "emperatriz", que en realidad era hija de Juan de Brienne y de doña Berenguela, hermana del rey Fernando III y, por tanto, prima hermana de Alfonso X[515]. Llegó a la

---

[514] La embajada aparece descrita brevemente en el capítulo nº IX de la Crónica de Alfonso X. Véase *Crónica de Alfonso X* (Edición de Manuel González Jiménez), Murcia, 1999, p. 28.

[515] *Crónica de Alfonso X…* Ob. cit. Capítulo XVII, pp. 46-48.

ciudad castellana acompañada de un cortejo compuesto por treinta damas (todas enlutadas) con el objetivo, según declara la crónica, de solicitar ayuda para conseguir la liberación del emperador Balduino II, depuesto por Miguel VIII Paleólogo. El análisis que se ha hecho de este suceso ha demostrado que la presencia en la Corte castellana de esta princesa del Imperio Latino de Oriente fue cierta, pero que su estancia en el reino obedece a la solicitud que hizo a Alfonso X para que le ayudase financieramente en el mantenimiento de los estados de su marido y a rescatar a su hijo, Felipe de Caurtnay, por entonces rehén de los venecianos.

También se conocen a algunos extranjeros procedentes de territorios muy alejados de la península ibérica. En este caso, lo que llegan procedentes de Suecia, Noruega y otras regiones del norte de Europa. Hace ya años que el profesor Ladero Quesada definió las posibilidades de estudio de las relaciones entre los reinos medievales españoles y el ámbito escandinavo como un asunto difícil de analizar debido a los escasos contactos entre ambos territorios y al hecho de que, para los siglos XIII al XV, disponemos de muy poca documentación que permita afrontar el estudio de esas relaciones[516]. Las dificultades que este autor expuso para entender los contactos entre la España medieval y el Norte de Europa, se resumen, básicamente, en las escasas posibilidades que ofrecen los archivos españoles para afrontar este tipo de estudios. Así, por ejemplo, en el Archivo de Simancas, sólo las series correspondientes a la Secretaría de Estado (Negociación de Flandes, Negociación de Suecia o Negociación con Inglaterra) pueden contener algunas minutas, consultas, decretos, pactos matrimoniales, etc. que, cronológicamente, van desde las primeras décadas del siglo XVI hasta comienzos del XVIII. En ellos se puede espigar alguna referencia, muy indirecta, a los contactos que se dieron a comienzos de la Edad Moderna. El resto, que es la inmensa mayoría de la documentación, está relacionado con asuntos de los siglos XVII y XVIII. En el Archivo Histórico Nacional el panorama no mejora para las posibilidades de estudio de las relaciones entre los reinos hispanos y esos otros ámbitos geopolíticos. De nuevo, en secciones como Consejo de Estado y Secretaría de Estado, se pueden encontrar negociaciones diplomáticas, expedientes, consultas, etc. que tienen relación con esos espacios, pero siempre para las cronologías que ya he señalado.

Páginas atrás ya tuve la oportunidad de mencionar la atención que se ha prestado, sobre todo por Jaime Ferreiro Alemparte, a la incursión de guerreros normandos en tierras gallegas y cantábricas desde mediados del siglo IX. También a la presencia de expediciones de cruzados que, en su tránsito hacia Tierra Santa, desembarcaban en la costa gallega o portuguesa en busca de víveres o botín. A todas ellas se añadieron, ya a finales del siglo XII y comienzos del XIII, las primeras noticias de peregrinos escandinavos hacia Santiago de Compostela. Son los casos de Brígida Birgersdotter o Santa Brígida y su abundante séquito, el senescal Birgen

---

516   LADERO QUESADA, Miguel Ángel, "Dos mundos lejanos: Los ámbitos escandinavo y español en la Edad Media", en RAMOS SANTANA, Alberto (coord.), *Comercio y navegación entre España y Suecia (siglos X-XX)*, Cádiz, 2000, pp. 19-37.

Person, la dama de sangre real Ingrid y su acompañante Melchtild, etc. todos ellos descritos en la ya mencionada obra de Vázquez de Parga, Lacarra y Uría dedicada a las peregrinaciones jacobeas.

Por otros motivos y en distintas circunstancias, se produjo el viaje a Castilla de Cristina de Noruega, hija del rey Haakon IV. Llegó al citado reino en diciembre de 1257, en el marco de las negociaciones que emprendió Alfonso X con otros monarcas europeos con el objetivo de buscar aliados en su aspiración al título de Emperador. Se conocen bien los pormenores de aquel suceso y el desenlace del episodio gracias a que se conservan fuentes castellanas y noruegas que describen el viaje de la princesa noruega y el desgraciado desenlace de Cristina[517]. Vino para contraer matrimonio con el infante don Felipe, hermano de Alfonso X, y la boda tuvo lugar el 31 de marzo de 1258. La pareja recibió importantes donaciones en señoríos y rentas, pero Cristina murió pocos años después, en 1262, siendo enterrada en la localidad de Covarrubias. El resultado de este acercamiento político no se tradujo en mejoras en los intercambios comerciales ni en la presencia de gentes del Báltico en Castilla, de tal forma que es muy difícil localizar en los siglos XIV y XV a personas que llegaran desde aquellas regiones en ninguna ciudad castellana.

Cierro este epígrafe dedicado al heterogéneo grupo de "otros extranjeros" con la presencia en el reino de un elenco de personajes de origen húngaro, griego y armenio que estuvieron ligados, en casi todos los casos, a las peregrinaciones hasta Santiago de Compostela. Quienes han estudiado este fenómeno han rastreado los escasos indicios documentales que existen hasta los comienzos del siglo XII (el propio Códice Calixtino ya menciona a los húngaros), y afirman que el culto jacobeo estaba muy extendido en Hungría y regiones próximas, lo que explicaría el viaje los peregrinos desde distintos monasterios y ciudades de la Europa Oriental hasta tierras de Castilla. De entre ellos se ha destacado la posible peregrinación que hizo Bartolomé, obispo de la localidad húngara de Pécs, a comienzos del siglo XIII aprovechando que se había desplazado a la península ibérica para negociar el matrimonio de Violante de Hungría con el monarca aragonés Jaime I. El de Ulrik Cillei, cuñado del rey húngaro Segismundo, que llegó a Castilla en el año 1430 acompañado por más de cincuenta caballeros del mismo origen; o el de Péter Csehi, caballero húngaro que en las primeras décadas del siglo XV llegó a Castilla (entre 1415 y 1416 siguiendo la estela de la participación en la "cruzada" contra el reino nazarí de Granada.

Es más conocida la presencia en Castilla de del obispo armenio Mártir, ya que fue él mismo quien nos dejó la descripción de su viaje a los distintos santuarios que visitó[518]. Partiendo, en octubre de 1489, de la localidad de Arzinga, junto al Eúfrates,

---

[517]   MUNCK, P. A. y otros, "La princesa Cristina de Noruega y el infante don Felipe", *Boletín de la Real Academia de la Historia*, 74 (1919), pp. 45-61; O'CALLAHAN, Joseph, *El rey Sabio. El reinado de Alfonso X de Castilla*, Sevilla, 1996 (véase pp. 248-249; *Crónica de Alfonso X*....Ob. cit. pp. 10-11.

[518]   SZÁSZDI LEON-BORJA, István, "La extraña peregrinación compostelana del obispo Mártir (Un armenio en la negociación contra el Turco y el Atlántico)", *Jacobus*, 17-18 (2004), pp. 131-164.

inició un largo viaje que le llevaría por Estambul, Venecia y Roma (de la que nos dejó una notable descripción). Ya en 1491 se encontraba en Centroeuropa (Basilea, Francfort, Estrasburgo, Colonia, Aquisgrán etc.) hasta llegar a París. Siguió a pie cruzando la fachada atlántica francesa hasta llegar a Bayona, entrando en la península ibérica por San Sebastián (finales de 1494 o ya en 1495). Portugalete, Santander, Santillana o San Vicente de la Barquera son algunos de los lugares que visitó durante su peregrinación. Finalmente, antes de llegar a Santiago describe su estancia en Oviedo y en Betanzos. Según noticias que aporta el citado profesor Ist128 Szasdi en Santiago existía a finales de la Edad Media un pequeño hospital o albergue que acogía a los peregrinos de origen armenio, situado en la llamada Rúa de Jerusalén, y donde podían celebrar sus propios ritos gracias a que poseían libros litúrgicos que se los permitían. Tras su estancia en Santiago, el prelado se dirigió, por vía marítima, hacia Andalucía (abril de 1495). Desde Cádiz se trasladó al santuario extremeño de Guadalupe, para regresar luego a Sevilla; y entre finales de junio o en julio de 1495, dirigirse hacia el reino de Granada, para terminar su estancia en Castilla cuando decidió, en febrero de 1496, regresar a Roma.

3.11. Los extranjeros en la Corte castellana

Como ya dije en páginas anteriores, hasta ahora hemos hablado de la presencia extranjera en las distintas regiones que conformaron el reino de Castilla, destacando aquellas que concentraron a un mayor número de foráneos o en las que tenemos mejor documentada esa residencia. Este epígrafe lo quiero dedicar a la estancia de distintos individuos que, procedente de múltiples lugares, decidieron desarrollar su actividad y su vida familiar en torno a La Corte, entendiendo por tal al conjunto de instituciones y personas que acompañaban al monarca en una época caracterizada por la habitual itinerancia de los órganos de gobierno por el conjunto de las regiones del reino.

Existe una amplia bibliografía que analiza ese espacio institucional de la Corte, de tal forma que es bien conocido por todos aquellos que se han acercado alguna vez al estudio de las instituciones de gobierno de cualquiera de las monarquías europeas de finales de la Edad Media que se denomina *Corte* a los órganos relacionados con el gobierno del reino, que, en el caso castellano, incluyen entidades como el Consejo Real, la Audiencia o Chancillería, la Hacienda, etc. Pero también es admitido por la tradición historiográfica que la Corte la conforma un complejo universo de servidores y oficiales directamente vinculados con el monarca y que conocemos como la *Casa del rey*[519], de tal forma que, en muchas ocasiones, no es fácil separar una realidad de la otra. La dificultad de aislar a ambas ha hecho que se considere a la Corte como el lugar en el que están los reyes con su casa y con sus oficiales, juristas o destacados

---

[519]   SALAZAR Y ACHA, Jaime, *La casa del rey de Castilla y León en la Edad Media*, Madrid, 2000; GONZÁLEZ MARRERO, María del Cristo, *La casa de Isabel la Católica. Espacios domésticos y vida cotidiana*, Ávila, 2005.

miembros de la nobleza que asesoran al rey, se benefician de su cercanía al monarca y dirigen la política de gobierno.

La Corte era, sobre todo, un lugar donde defender los intereses económicos de cada grupo dominante en la sociedad del momento, para el intercambio de influencia culturales (valgan de ejemplo los casos de Mártir de Anglería o Lucio Marineo), para recibir a viajeros y embajadores (algunos de ellos nos dejaron excelentes descripciones del ambiente cortesano) y para encontrar el afecto que el monarca podía mostrar hacia las élites aristocráticas. Y los extranjeros no fueron ajenos a los intereses que se defendían en la Corte, y por ello los podemos encontrar como financieros de la monarquía, como abastecedores de la Casa del rey o de los príncipes, como oficiales en la dirección política del reino (el mejor ejemplo son los refugiados portugueses tras la batalla de Aljubarrota) o como servidores en puesto de la Casa real (músicos, capellanes, pintores, etc.). Aquí voy a detenerme sólo en tres grupos de extranjeros que podemos conocer bien, sobre todo, en la Corte de Juan II y Reyes Católicos ya que la documentación permite reconocer un poco mejor a los foráneos que estuvieron al servicio de cada uno de esos monarcas[520]. Pero lo primero que voy a hacer es comentar, someramente, la tabla nº.15 , elaborada a partir de los pagos que efectuaron los contadores a distintos extranjeros vinculados de alguna forma con la Corte[521], para observar la heterogénea procedencia de los que pudieron estar en el ámbito de la Corte en aquellas décadas finales de la Edad Media, y así complementar el estado de la cuestión que he desarrollado en páginas anteriores.

TABLA nº 15					
Pagos efectuados por los tesoreros Gonzalo de Baeza y Alonso de Morales a distintos extranjeros					
Extranjeros en cuentas de Gonzalo de Baeza			**Extranjeros en cuentas del tesorero Alonso de Morales**		
Nombre	**Origen**	**ocupación**	**Nombre**	**Origen**	**ocupación**
Acosta, Fernando	Portugal		Carducho, Francisco	Florencia	mercader
Acuña,Francisco	Portugal		Venaget	Venecia	correo

[520] Véanse los trabajos de CAÑAS GÁLVEZ, Francisco de Paula, "Las casas de Isabel y Juana de Portugal, reinas de Castilla. Organización, dinámica institucional y prosopografía (1447-1496)", en *Las relaciones discretas entre las monarquías hispana y portuguesa. Las casas de las reinas (siglos XV-XIX)*, vol. I, Madrid, 2008, pp. 9-231; *La cámara real de Juan II de Castilla. Cargos, descargos, cuentas e inventarios (1428-1454)*, Madrid, 2016, y *Regir la casa, administrar el reino. Oficiales y servidores de Isabel y Juana de Portugal, reinas de Castilla (1447-1496)*, Madrid, 2023. GONZÁLEZ ARCE, Damián, *La casa y corte del príncipe don Juan (1478-1497). Economía y etiqueta en el palacio del hijo de los Reyes Católicos*, Murcia 2016.

[521] Elaboración propia a partir de los datos que ofrecen TORRE Y DEL CERRO, Antonio de la, *Cuentas de Gonzalo de Baeza, tesorero de Isabel la Católica*, 2 vols, Madrid, 1956; ANDRÉS DÍAZ, Rosana, *El último decenio del reinado de Isabel I a través de la tesorería de Alonso de Morales (1495-1504)*, Valladolid, 2004.

TABLA nº 15					
Pagos efectuados por los tesoreros Gonzalo de Baeza y Alonso de Morales a distintos extranjeros					
Extranjeros en cuentas de Gonzalo de Baeza			Extranjeros en cuentas del tesorero Alonso de Morales		
Nombre	Origen	ocupación	Nombre	Origen	ocupación
Alexandre, Gabriel (micer)	Florencia		Franquis, Pedro	Génova	mercader
Alonso, Juan	Portugal	bachiller	Coscolla, Pedro	Génova	mercader
Alva, Juan	Portugal	bailador	Palomar, Francisco	Génova	mercader
Antonio	Inglaterra	pintor	Italiano, Pantaleón	Génova	mercader
Arráez	Portugal	comendador	Pinelo, Francisco	Génova	mercader
Beta, Luzía	Sicilia		Rochanforte	Flandes	servidor de la princesa
Camariño (judío)	Portugal		Centurión, Martín	Génova	mercader
Castro, Pedro de	Touluse (?)	embajador	Franquis, Bernardo	Génova	mercader
Cerón, Juan	Portugal	tamborino	Lomelín, Bastida	Génova	mercader
Collao, Pero	Portugal	repostero	Lomelín, Juan	Génova	patrón carraca
Chichorro	Portugal	ayo del rey	Centurión, Termo	Génova	mercader
Dias, Ettor	Portugal		Catano, Celín	Génova	mercader
Dias, Fernando	Portugal	bailador	Centurión, Julián	Génova	mercader
Dias, Juana	Portugal		Camila, Doménico	Génova	patrón carraca
Donis, Juan	Portugal	mozo de espuelas	Lezara, Antonio	Génova	patrón carraca
Dorrigo, Pedro	Portugal		Castellón, Benito	Génova	mercader
Estéfano	Borgoña		Grimaldo, Agustín	Génova	mercader
Falcón, Guillén	Inglaterra		Ugarhoni, Juan Bautista	Florencia	mercader
Ferrandes, Diego	Portugal		Pastroti, Alvaro	Génova	mercader
Fernández, Juan	Portugal		Pasan, Lucas	Génova	mercader
Fernández, Miguel	Portugal	bachiller	Batista	Génova	tintorero
Fernando	Portugal	paje	Espínola, Francisco	Génova	mercader
Figueredo, Enrique	Portugal		Torrija, Juan Bautista	Génova	patrón de galeaza
Folch de Cardona, José	Aragón	almirante	Gentil, Andrea y Paulo	Génova	mercader
Gallego, Gonzalo	Portugal	mozo de espuelas	Escaja, Bautista	Génova	mercader

TABLA nº 15					
Pagos efectuados por los tesoreros Gonzalo de Baeza y Alonso de Morales a distintos extranjeros					
Extranjeros en cuentas de Gonzalo de Baeza			**Extranjeros en cuentas del tesorero Alonso de Morales**		
Nombre	**Origen**	**ocupación**	**Nombre**	**Origen**	**ocupación**
Gil, Martín	Portugal		Lerca, Pedro	Génova	mercader
Gil, Fernando	Portugal	repostero	Lomelín, Francisco	Génova	banquero
Gomes, Pero	Portugal		Sanli, Pablo	Génova	mercader
Gomes, Ruy	Portugal		Sanli, Sebastián	Génova	mercader
Gouera, Catalina	Portugal		Pinelo, Benito	Génova	mercader
Guillermon (micer)	Florencia		Escaja, Polo	Génova	mercader
Hance (Ane)	Alemania	ministril alto	Alzaga, Juan de	Génova	mercader
Jorge	Portugal	bailador	Italiano, Agustín	Génova	mercader
Juan	Inglaterra	clérigo	Cermín, Vicencio	Génova	mercader
Lixandra (hija de Guillermón)	Florencia		Belando, Francisco	Génova	mercader
Lupión, Gaspar	Borgoña	embajador	Espanoche, Ambrosio	Siena	banquero
Mar, Onofre	Portugal		Centurión, Gaspar	Génova	mercader
Nero, Francisco	Florencia		Burgari, Batista	Siena	mercader
Nieto	Portugal	paje	Frisco, Gerónimo	Génova	mercader
Oller, Micael	Barcelona	platero	Frisco, Gregorio	Génova	mercader
Pinto, Arias	Portugal	ayo de D. Jaime	Lomelín, Doménico	Génova	mercader
Porris	Inglaterra	cantor	Palansyno, Babian	Génova	banquero
Pría, Marco de	Francia		Calafate, Bartolomé	Génova	
Rodrígues, Men	Portugal		Sopranis, Antonio	Génova	mercader
Rodríguez, Juan	Portugal	bailador	Saul, Santasi de	Génova	mercader
Romano, Pero	Italia (?)	pintor	Riberol, Francisco	Génova	mercader
Ruberte	Inglaterra		Riberol, Cosme	Génova	mercader
Sanpayo, Fernando	Portugal		Brive, Silvestre	Génova	mercader
Santangel, Luis de	Aragón	escribano de ración	Doria, Francisco	Génova	mercader
Silveira, Diego de	Portugal		Calvo, Iñigo	Génova	mercader
Vaes, Beatriz	Portugal	monja	Briceño, Pero	Génova	mercader

TABLA nº 15					
Pagos efectuados por los tesoreros Gonzalo de Baeza y Alonso de Morales a distintos extranjeros					
Extranjeros en cuentas de Gonzalo de Baeza			Extranjeros en cuentas del tesorero Alonso de Morales		
Nombre	Origen	ocupación	Nombre	Origen	ocupación
Vaes, Gonzalo	Portugal	mozo de espuelas	Oria, Gregorio	Génova	mercader
Vaes, Mencía	Portugal	bailadora	Adorno, Luis Bautista	Génova	mercader
Vejo, Fernand	Portugal		Salvago, Esteban	Génova	mercader
Amboise, Luis	Francia	Obispo	Bratano, Leonar	Génova	mercader
Arcimbolfis, Guido Antonio	Milán	Obispo	Espínola, Vicencio	Génova	mercader
Bautista, Juan	Florencia	mercader	Doria, Bartolomé	Génova	mercader
Bartolomé, Fray	Portugal	fraile	Espínola, Juan Tomás	Génova	mercader
Bellini, Andrea	Florencia	mercader	Pomar, Benito	Génova	mercader
Bort, Luis	Navarra	mensajero	Pinelo, Antonio	Génova	mercader
Bruselas, Jos	Flandes	menestril	Pinelo, Bernardo	Génova	mercader
Buxones, Margarita	Cataluña		Calvo, Julián	Génova	mercader
Cardona, mosén	Francia (?)	mensajero	Cataño, Pascual	Génova	mercader
Cascón, Ramonet	Cataluaña (?)	espingardero	Centurión, Pedro	Génova	mercader
Centurión, Martín	Génova	mercader	Riberol, Jácome	Génova	mercader
Cino (el viejo)	Barcelona	fustero	Riberol, Luis	Génova	mercader
Cino (el joven)	Barcelona	fustero	Chavega, Giraldo	Génova	mercader
Cobraes, Juan de	Portugal	maestro de don Jaime	Lerca, Tomás	Génova	mercader
Colona, Juan	Alemania		Vero, Nicolás del	Florencia	mercader
Cornielles	Flandes	mercader	Ugarhoni, Bernardo	Florencia	mercader
Coello, Ruy	Portugal	cazador del rey Portu.	Estyl, Enrique	Inglaterra	
Dias, Alonso	Portugal	maestro de azúcar	Inglés	Inglaterra	limosnero princesa Juana
Espinay, Lança	Francia	criiado del rey Francia	Ullen	Inglaterra	criado del rey inglés
Esteli, Arri (Enrique Estil)	Inglaterra	hombre de armas	Falcón, Guillermo	Inglaterra	correo
Fernández, Diego	Portugal	maestro carabela	Luis	Flandes	tirador

TABLA nº 15					
Pagos efectuados por los tesoreros Gonzalo de Baeza y Alonso de Morales a distintos extranjeros					
Extranjeros en cuentas de Gonzalo de Baeza			**Extranjeros en cuentas del tesorero Alonso de Morales**		
Nombre	**Origen**	**ocupación**	**Nombre**	**Origen**	**ocupación**
Flandes, Juan	Flandes	pintor	Hance	Alemania	lombardero
Florentín, Miguel	Florencia	mercader	Gante, Justo de	Flandes	tirador
Fonte, Poutein (?)	Francia (?)	capellán y cantor	Jorge	Alemania	tirador
Gallarte	Zaragoza	contino	Raynes, María	Flandes	lavandera
Guiraldino, Alexandre	Florencia (?)	maestro de infantas	Pines, Isabel de	Flandes	lavandera
Gonzalo	Zaragoza	lencero	Flamenco, Mathias	Flandes	tapicero
Grellet, Juan	Francia		Serah, Gaspar	Alemania	
Ytaliano, Pantaleón	Génova	mercader	Seleida, Pierre	Alemania	correo
Juge, May	Francia		Beninel, Gofee de	Alemania	capitán
Lautrec	Navarra	embajador Navarra	Sortaste, Gaspar de	Alemania	capitán
Lefebre, Arne	Francia		Bomes, Joferm de	Alemania	soldado
Lono	Flandes		Jacobe	Alemania	correo
Loriguero, Diego de	Francia	crisdo del rey Francia	Grofor, Juan	Alemania	
Lupion, mosén	Flandes (?)	embajador	Alemán, Andantriz	Alemania	
Mariach	Saboya	embajador	Guiler, Alemán	Alemania	correo
Maral, Limosin de	Francia (?)	pellejero	Welser, Antonio	Alemania	mercader
Nafan, Ricardo	Inglaterra	embajador	Ulma, Enrique	Alemania	peregrino
Nero, Alexandre	Florencia	mercader	Ulma, Georgia	Alemania	peregrino
Nuñes, Gante	Portugal		Ulma, Andreas	Alemania	peregrino
Olso, Gascón	Navarra	correo	Lot, Vivames	Alemania	peregrino
París, Pedro de	Francia	espingardero	Neslinsan, Jacobus de	Alemania	peregrino
Pasan, Lucas de	Génova	mercader	Ulma, Peneleya de	Alemania	peregrino
Perojuan	Barcelona	correo	Ruizio, Nicolás de	Francia	correo
Peti, Juan	Francia	alconero	Micaelis, Lorenzo	Francia	fraile
Petite	Francia	secretario rey Francia	Fernández, Diego	Portugal	platero

TABLA nº 15					
Pagos efectuados por los tesoreros Gonzalo de Baeza y Alonso de Morales a distintos extranjeros					
Extranjeros en cuentas de Gonzalo de Baeza			**Extranjeros en cuentas del tesorero Alonso de Morales**		
Nombre	**Origen**	**ocupación**	**Nombre**	**Origen**	**ocupación**
Portugal, Alvado de (don)	Portugal	presidente del Consejo	Caravelle, Martín	Portugal	marinero
Portugal, Catalina de	Portugal	monja	Costa, Alvaro de	Portugal	
Portugal, Jaime de (don)	Portugal		Bebas, Juan de	Portugal	
Reveles, micer Juan	Inglaterra	limosnero de la infanta	Arujo, Tristán	Portugal	
Sánches, Bartolomé	Zaragoza	mercader	Prieto, Diego	Portugal	correo
Sande, Rodrigo	Portugal	criado del rey	Tristán, Lorenzo	Portugal	marinero
Santa Cruz	Portugal		Vaez, Afonso	Portugal	
Sauvage, Thomas	Inglaterra	embajador	Alonso, Rodrigo	Portugal	criado de la reina
Situ, Miguel (Michel Sittow)	Alemania	Pintor	Gomes, Pero	Portugal	marinero
Tanples, Antón de	Francia	espingardero	Alvar, Rodríguez	Portugal	marinero
Torrellas, Carlos	Zaragoza		Goómez, Antonio	Portugal	marinero
Torrelas, Luis	Zaragoza		Troilo	Grecia	patrón de fusta
Torrellas, Martín	Zaragoza	contino	Pere, Juan	Barcelona	correo
Torrelas, Pedro	Zaragoza	contino	Mallor	Barcelona	platero
Veneciano, Nicolao	Venecia (?)	mercader	Palacio	Barcelona	platero
Verde, Simón	Florencia	mercader	Doncell, Bernal	Barcelona	
Villanova, Gerónimo	Zaragoza		Usay, Bernardo	Barcelona	
Zebit, Juan	Alemania	mensajero	Terrer, Mosén	Barcelona	maestresala del rey
			Joli, Tomás	Perpiñan	
			San Feliu, Juan de	Barcelona	correo
Nota: La columna que registra los datos del tesorero Baeza se ha ordenado alfabéticamente. La que contiene los datos del tesorero Morales se ha intentado agrupar por orígenes (italiano, alemán, etc.).					

Una advertencia previa. Tanto en las cuentas de Gonzalo de Baeza como en las de Alonso Morales se incluyen pagos a algunos extranjeros que sabemos que no residían en el reino de Castilla o que su paso por la Corte fue muy efímero. Son los casos, por ejemplo, de los embajadores Ricardo Nafan (embajador inglés), Lautrec (de Navarra) o Lupión (de Flandes) en las cuentas de Baeza; y de los comerciantes

Andrea y Paulo Gentil y Bernardo Ugarhoni (residentes en Valencia) o Vicencio Cermín y Francisco Belando (residentes en Nápoles) en las nóminas del tesorero Morales[522]. En la relación de pagos del primero, he podido localizar a 119 personas de origen foráneo, de los que el 40% fueron portugueses, el 18,5% procedentes de algunas de las repúblicas italianas, el 12,5% originarios de la Corona de Aragón y el resto un conglomerado de flamencos, alemanes e ingleses. En la nómina del tesorero Morales, un poco posterior, he localizado a 122 extranjeros, con unos orígenes totalmente distintos, ya que predominan los italianos con un 60% (la mayoría genoveses), seguidos de flamencos y alemanes, con un 19,5 % y un descenso notable de los portugueses, que en este caso sólo alcanzan el 10% de los registrados. Sacar conclusiones de estos datos es complicado ya que la diferencia entre ambas nóminas, pese a que les separan muy pocos años, son notables. En la de Gonzalo de Baeza predominan los extranjeros vinculados al servicio directo de la Casa Real, de tal forma que son reposteros, bailadores, correos, cantores, etc. los que se repiten a lo largo de las cuentas. Mientras que en la de Alonso de Morales el predominio absoluto es el de los grandes mercaderes italianos, vinculados a los préstamos que los Pinelo, Grimaldi, Centurione, Spínola, etc. hicieron a los monarcas durante las últimas campañas de la Guerra de Granada o durante las empresas en Italia. Le siguen en importancia el grupo de flamencos y alemanes (casi el 20%) aunque en el momento que terminan las cuentas de Morales esa comunidad no ostenta en la Corte el dominio que ejercerá pocos años más tarde con la definitiva llegada a Castilla del séquito que acompañó en los príncipes Felipe y Juana tras la muerte de la reina Isabel.

Las cuentas de Alonso Morales me permiten destacar, una vez más, la importancia de los mercaderes en el seno de la Corte castellana. Tenemos numerosos estudios –algunos de ellos los he ido mencionando ya– que demuestran cómo en algunas ciudades, especialmente las andaluzas, se establecieron destacados grupos de comerciantes, banqueros o artesanos extranjeros que tuvieron la capacidad de influir en el gobierno local y la posibilidad de elevar sus voces e intereses a la Corte[523]. De todos los vinculados con la Casa Real, seguramente los casos más estudiados son el de los hermanos Pantaleón y Agustín Italián y el de Martín Centurión[524], muy ligados a la

---

[522]   Fue habitual que los extranjeros enviaran a La Corte a sus propios representantes para tratar la defensa de sus derechos y privilegios jurídicos o fiscales, y para gestionar el pago de letras de cambio o préstamos que realizaron a la Corona.

[523]   Aunque fuera de nuestro periodo de estudio, son muy útiles para entender la presencia de los mercaderes extranjeros en la corte castellana los trabajos de CRESPO SOLANA, Ana, "Extranjeros en la corte: análisis de una dialéctica entre la administración borbónica y las comunidades mercantiles en España en la primera mitad del siglo XVIII", en BRAVO, Jesús (edit.), *Espacios de poder : cortes, ciudades y villas (S. XVI-XVIII)* , Madrid, 2002, pp. 345-362 y ALONSO GARCÍA, David, "Genoveses en la corte. Poder financiero y administración en tiempos de Carlos V", en HERRERO SÁNCHEZ, M. (ed), *Génova y la Monarquía Hispánica (1528-1713)*, vol. I, Génova, 2011, pp. 251-277.

[524]   LÓPEZ DE COCA CASTAÑER, José Enrique, "Genoveses en la corte de los Reyes Católicos: los hermanos Italián" en *Moneda y monedas en la Europa medieval (siglos XII-XV), XXVI Semana de Estudios Medievales,* Pamplona, 1999, pp. 457-484.

ciudad de Málaga, pero con frecuentes visitas a La Corte, el de Francisco Grimaldo[525] o el de Francisco Pinelo.

A finales de los años ochenta del siglo XV llegaba a la Corte castellana el mercader Pantaleón Italián (o Italiano) y, durante casi veinte años, residirá junto a ella –con algunas ausencias por otras partes del reino– dedicándose a la gestión de letras de cambio, a la exportación de cereales[526], a la concesión de créditos que los reyes necesitaban para atender sus compromisos militares en Italia[527] y a proveer de tejidos de seda y lana a la Casa Real. La culminación de sus servicios a la monarquía le llegará cuando en 1497 los reyes le nombren cónsul de los mercaderes hispanos en la isla de Quíos[528]. A partir de entonces, una serie de negocios con su socio Martín Centurión y Agustín Grimaldo le endeudaran hasta el punto de que en 1502 manifiesta su deseo de abandonar el reino de Castilla. En cualquier caso, dejó en manos de su hermano Agustín sus negocios en el reino, quien, al igual que Pantaleón, pasó a residir en la Corte.

La marcha de Pantaleón coincide con la llegada a la Corte del otro gran mercader genovés que se vinculó a la Casa Real desde comienzos del siglo XVI. Primo de Agustín Italián, vivía en Granada desde, al menos 1496, interesándose desde entonces en el negocio de préstamos y por las rentas que generaba la mancebía de Málaga y las Alpujarras. En el año 1503 se traslada a la Corte, donde se asocia con su ya citado primo Agustín, dedicándose a préstamos a la Corona para que los monarcas pudieran sacar adelante las negociaciones con Inglaterra destinadas al matrimonio del príncipe de Gales, Arturo, y la infanta Catalina, hija de los Reyes Católicos. Y fueron ambos primos quienes gestionaron la cuantiosa dote de 200.000 coronas estipulada para este enlace.

Pero el de Pantaleón y Grimaldi no son los únicos casos de unos mercaderes vinculados con la Corte. También está el ejemplo del florentino Francisco de Nero[529], comerciante que residía en Valladolid y en Medina de Campo de forma habitual, lugares que, como sabemos también fueron frecuentados por los monarcas castellanos. Formó compañía con el también florentino Francisco de Albacete (quizás descendiente de hispanos) en los primeros años de la década de 1490, contrajo matrimonio con Francisca de Robles, vecina de la villa del Pisuerga y se sabe que se encontraba en el reino ya

---

[525]   GONZÁLEZ ARÉVALO, Raúl (2016c): "Francesco Grimaldi, mercader-banquero genovés entre Granada, la Corte e Inglaterra (siglos XV-XVI)", *En la España Medieval*, 39 (2016), pp. 97-126.

[526]   Pueden verse algunos datos biográficos en el *diccionario* que acompaña a este trabajo. Tan sólo en 1497 los reyes autorizaron a los hermanos Italián y a Martín Centurión a la exportación de 6.000 cahíces de trigo con destino a Génova, a cambio de un pago de 2.400.000 maravedís.

[527]   Entre 1497 y 1498 prestaron a la Corona más de cuatro millones de maravedís que se utilizaron para el pago de las tropas que estaban en Nápoles o el flete de navíos.

[528]   LÓPEZ DE COCA CASTAÑER, José Enrique, "Genoveses en la corte…Ob. Cit. p. 464.

[529]   También he podido documentar a un Francisco Negrón, mercader genovés, residente en Sevilla durante los mismos años que este florentino.

desde 1488, ya que ese año aparece en las cuentas de Gonzalo de Baeza recibiendo 36.940 maravedís por la compra de siete varas de brocado de pelo negro, destinados a cubrir el féretro de Inés de Acuña, y once varas de ceutí carmesí[530] .

En parecidas circunstancias también está el mercader florentino Nicolao de Nero, vinculado a La Corte castellana desde antes de la llegada al trono de la reina Isabel, ya que en 1478 se le concedía carta de naturaleza en el reino, lo que, sin duda, indicaría una presencia continuada en el reino desde hacía varios años; el de Álvaro Pastroli, genovés que desde el año 1500 quizás representaba en la Corte al florentino Juan Bautista Ugarhoni, residente en Valencia, y dedicado a la venta de brocados y otros tejidos; el de Jácome Polo, genovés que residió de forma habitual en la ciudad de Toledo, pero que dedicó buena parte de su actividad comercial conocida al abastecimiento de la Corte y que se integró plenamente en la sociedad castellana tras sus dos enlaces matrimoniales: el primero con Mari Flores, con la que tuvo varias hijas (Juliana, Catalina, Marquesa y Quiteria Polo), y el segundo con Inés Álvarez de Mesa; o el del florentino Bernardo Ugoccioni, que desde 1495 se establece en Burgos atraído por la presencia en aquella ciudad castellana de la Corte y por la posibilidad de hacer importantes transacciones, que ya en 1497, evaluaban en más de 200.000 maravedís[531].

El segundo grupo es el de legados pontificios y embajadores que acudieron a la Corte castellana a lo largo del periodo estudiado. No voy a entrar aquí, porque no es el objetivo de este trabajo, en una descripción de las complejas relaciones diplomáticas que mantuvieron los distintos monarcas castellanos con sus homólogos europeos o con el pontificado, ni en poner de relieve los recursos económicos y los individuos que se desplegaron para una *"política exterior"* que se fue desarrollando a la par que otras facetas del naciente Estado castellano. En todo caso, si conviene recordar que desde hace tiempo tenemos una extensa bibliografía en la que se ha abordado desde la edición de extensos corpus documentales que recogen tratados internacionales y negociaciones políticas[532], pasando por el análisis de las relaciones bilaterales entre Castilla y otras monarquías[533], hasta llegar a los más recientes trabajos en los que se analizan el perfil biográfico de los protagonistas de la acción diplomática o la actividad exterior desplegada por un monarca concreto[534].

---

[530]   Estos y otros datos biográficos pueden verse en el *diccionario* que acompaña a este trabajo.

[531]   Véanse también los datos biográficos de todos ellos el *diccionario* que acompaña a este trabajo.

[532]   En este sentido son imprescindibles los trabajos de Antonio de la Torre y Luís Suárez Fernández que se citan en la bibliografía final de esta obra.

[533]   Para un panorama general me remito a los distintos trabajos de Miguel Ángel Ochoa Brun que también se citan en la bibliografía final.

[534]   La nómina de los autores que se han ocupado de la política exterior castellana durante los siglos finales de la Edad Media es muy extensa, por lo que, una vez más, me remito a los numerosos trabajos que han realizado autores como José Manuel Nieto Soria, Óscar Villarroel González, Isabel Beceiro Pita, Álvaro Fernández de Córdoba Miralles, Concepción Villanueva, César Olivera Serrano, Vicente Álvarez Palenzuela, etc. Muchas de sus obras están citadas en la bibliografía final.

Fueron muchísimas las representaciones diplomáticas que acudieron a entrevistarse con los monarcas a lo largo de los siglos XIII al XV (véase tabla del anexo nº 6)[535]. La presencia de embajadores y embajadas en la corte (todos se dirigían a ella)[536] se ha rastreado en las crónicas castellanas, los libros de viajes y la documentación de archivos municipales y nacionales, ya que las misiones diplomáticas se desplegaron con el objetivo de mediar o negociar en conflictos mercantiles, enlaces matrimoniales o establecimiento de fronteras. Sobre muchas de ellas conocemos las instrucciones que les entregaron, las rutas que siguieron, los seguros que se les concedió, los festejos que se celebraron en su honor o los regalos que recibieron a su partida. No obstante, no es sencillo ofrecer una imagen homogénea de los que participaron en aquellas relaciones internacionales, dado que en cada momento las circunstancias o los hechos políticos marcaban el desarrollo de sus objetivos.

La presencia de esos legados o "embajadores" en la corte castellana y leonesa está documentada muchos antes de la definitiva unión de ambos reinos peninsulares. Es el caso, por ejemplo, del cardenal Jacinto (entre los años 1172 y 1174), enviado a la península Ibérica por el papa Alejandro III con el objetivo de mediar en varios conflictos relacionados con los matrimonios reales, con la constitución de nuevas Órdenes Militares (como la de Santiago), la guerra contra los almohades y muchos pleitos entre distintos obispos y abades. Pasó la mayor parte de su estancia en tierras del reino de Castilla, documentándose su primera residencia en Soria donde confirmó la creación de la Orden de Santiago, para pasar luego, en compañía de una amplia delegación y de su hermano Bonón, hasta la ciudad de Toro y Zamora. Después de una larga estancia en esta última ciudad (debido a problemas de salud) se trasladó a Toledo, donde se discutía la primacía de la Iglesia en territorio castellano–leonés. Su periplo continuo por Astorga, Burgos, Sahagún, Palencia, etc. y en todas esas localidades reformó derechos y costumbres eclesiásticas o medió en conflictos de todo tipo. Abandonó la península el año 1174, sin terminar sus gestiones de paz ni conseguir que las reformas que había impulsado tuvieran reconocimiento por parte de todas las instituciones del reino[537].

---

[535]   Podría servir de ejemplo el numeroso grupo de plenipotenciarios que el monarca aragonés (Pedro IV) envió a Castilla entre 1336 y 1352 para abordar diferentes asuntos. Entre ellos se ha podido documentar la presencia en la corte castellana de fray Sancho de Miravete, Juan Escrivá, Gonzalo García, Pedro Ruiz de Azagra, don Pedro de Aragón, Diego López de Fontecha, Muños López de Tauste, Juan Fernández de Heredia, Francés de Montalbá, Berenguer de Abelia, Vidal de Blanes, Juan López Sesé, Roger de Ravenach, Jaime Uncastillo, Bernardo de Cabrera, etc. Véase OCHOA BRUN, Miguel Ángel; *Historia de la Diplomacia Española*, Madrid, 1995 (vol. II, pp. 138-139).

[536]   En el diccionario que forma parte de este trabajo se recogen, sobre todo, a legados o embajadores que acudieron, en un momento concreto, a la corte castellana, siendo escasas las referencias a los embajadores residentes en dicha corte. Como es bien sabido, la profesionalización de las funciones del embajador y su estancia persistente en el seno de la corte no se generalizó hasta finales del siglo XV, por lo que muchos de los que cumplieron esa función quedan fuera de nuestro periodo de estudio.

[537]   GONZÁLEZ, Julio, El reino de Castilla en la época de Alfonso VIII… vol. I, pp. 377-381.

Fue semejante la actuación de Gregorio de Sant Angelo (sobrino del papa Celestino III) que fue enviado a Castilla a comienzos del año 1192 para intentar poner de acuerdo a los monarcas hispano para que intentase reanudar la lucha contra el islam, tras los fracasos de la denominada como Tercera Cruzada[538]. El de Poncio Bruet, caballero templario, probablemente de origen catalán, que fue designado como legado pontificio por Nicolás III para informar a Alfonso X de la situación en la que se encontraba Tierra Santa y para pedirle refuerzos con los que mantener la Cruzada[539]. O el de Girolamo Masci, fraile franciscano, de origen italiano, que fue enviado por Nicolás III junto con Jean de Verceil, para que intervinieran en las negociaciones de paz que en aquello momentos mantenían los reyes de Castilla, Alfonso X, y el de Francia, Felipe III[540].

Son más conocidas, por las fuentes que disponemos sobre ellos, la actuación de embajadores que ejercieron sus funciones en la segunda mitad del siglo XV, cuando, como ya hemos dicho, sus atribuciones estaban mejor definidas. Y un buen ejemplo de la estabilidad que adquirió la presencia de embajadores se puede observar cuando el monarca lusitano, Manuel I, acudió al reino de Castilla tras la muerte del príncipe don Juan, en octubre de 1497; para su recibimiento en Toledo, además del rey Fernando, se encontraban presentes Gaspar de Lupiana, obispo de Catania, nuncio papal y el embajador del rey de los romanos, el embajador del rey de Nápoles, el embajador del duque de Venecia, el embajador del duque de Milán, además de distintos caballros portugueses y castellanos[541]. El embajador de los duques de Milán sería Joanne Hieronimo Visconte, natural de Milán, que se encontraba en el reino ya desde el matromonio del citado principe con Margarita de Austria (abril de 1497)[542]. Pero también son síntomas de la estabilidad que van adquriendo la presencia de embajadores, la estancia en la corte de Louis de Amboise, representante del rey de Francia ante la corte de los Reyes Católicos, que vino acompañado en su misión diplomática, relacionada con la entrega de la fortaleza de Perpiñan y la plaza de Rosellón, por varios caballeros franceses. Entre estos últimos quizás se encontraban Juan de Anglada, Petite (secretario del monarca francés) y su mujer, Lixona, el gobernador de Perpiñan, el alcalde de "Colibre". etc.[543]. O el caso del célebre Antonio Jacobo de Venier (conocido en Castilla como Veneris), que fue uno de los legados

---

[538]   GONZÁLEZ, Julio, El reino de Castilla en la época de Alfonso VIII… vol. I, pp. 382-384.

[539]   DOMÍNGUEZ SÁNCHEZ, Santiago, Documentos de Nicolás III… documentos nº 146 y 147, de 20-2-1280.

[540]   DOMÍNGUEZ SÁNCHEZ, Santiago, Documentos de Nicolás III (1277-1280)… documentos nº 42 y 43, de 23-4-1278; documento nº 132, de 8-6-1279 ; BALLESTEROS BERETTA, Antonio, *Alfonso X*… Ob, cit. p. 84.

[541]   ALONSO RUIZ, Begoña, "Emmanuelis Iter in Castellam: El viaje de los reyes de Portugal…..pp. 2537-2354.

[542]   VILLANUEVA MORTE, Concepción, "La correspondencia diplomática…pp. 143-166].

[543]   TORRE, Antonio de la, *Cuentas de Gonzalo Baeza*, … vol. II, pp. 101-103].

pontificios que dejó mayor huella en la política y en la organización eclesiástica del reino durante la segunda mitad del siglo XV y uno de los mejor documentados de cuantos acudieron al reino en representación de la Santa Sede[544].

El tercer grupo está constituido por aquellos extranjeros que ejercieron algún tipo de poder político en la Corte. Y para ello hay que empezar reconociendo que si bien algunos foráneos tuvieron cierta influencia en la administración local, ocupando regidurías o juraderías en distintas ciudades castellanas, para los siglos XII al XV, no hay constancia, más allá de algunos portugueses o franceses, que ejercieran una influencia equiparable a la que tuvieron algunos "ministros" extranjeros en los siglos XVI a XVIII cuando su propuestas reformadoras cambiaron algunos órganos de gobierno o la estructura administrativa del Estado. Quizás, los casos mejor conocidos sean los de Francisco Pinelo y don Álvaro de Portugal.

El primero, fue uno de los colaboradores más estrechos que tuvo la Corona en algunas empresas políticas y económicas del reinado de Isabel y Fernando. Poco después de establecerse en Sevilla, ya le designaron como jurado y fiel ejecutor de su concejo; en 1490 los reyes le encomiendan la tesorería de la Santa Hermandad, institución que se consideraba fundamental para la movilización de hombres y recursos para la guerra de Granada. En 1492 se encargó de gestionar el transporte de muchos granadinos hacia el norte de África y organizó la deportación de los judíos expulsados del reino de Castilla. Participó en la financiación de los primeros viajes colombinos, fue nombrado como primer factor de la Casa de Contratación, establecida en Sevilla en 1503, y en recompensa a sus muchos servicios a la Corona, en 1506, recibió una encomienda de la Orden de Santiago.

También fue muy influyente en la política de finales del siglo XV y comienzos del XVI el caso de don Álvaro de Portugal. Llegó a ser presidente del Consejo Real de Castilla y a él también se le considera como uno de los oficiales más destacados al servicio de los Reyes Católicos. Fue hijo del segundo duque de Braganza y junto con otros miembros de su familia huyó a Castilla cuando el monarca portugués acusó a su linaje de traición y ordenó ejecutar al citado duque (año 1483). Como es bien conocido, en Castilla fueron acogidos por la reina Isabel (emparentada con la duquesa de Braganza, de la que era prima hermana y con los Viseu). Estando ya en el reino, participó directamente en la conquista de Málaga, donde fue ampliamente recompensado con la entrega de numerosos esclavos y diversos bienes en la ciudad. Su ascenso en el seno de la corte castellana culminó cuando en 1498 fue designado presidente del Consejo Real y poco después (año 1503) Contador Mayor de la Hacienda Real[545].

---

[544]   Pueden verse sus datos biográficos en el diccionario que acompaña a este trabajo.

[545]   Los extensos datos biográficos de ambos pueden verse en el diccionario de esta obra.

4 Consideraciones finales

Cuando termino estas páginas son muchas las cuestiones que aún faltan por responder y muchos los temas que se deberían abordar en un estudio que pretende afrontar el análisis global de la presencia foránea en el reino de Castilla entre los siglos XIII al XV. He de reconocer que hay definir mejor algunas preguntas que ya planteé, cómo, ¿quiénes fueron extranjeros en la sociedad castellana de aquellos momentos? ¿Se podía considerar extranjero a aquel o aquella que llevaba mucho tiempo residiendo en el reino? ¿Qué requisitos se les pedía para la naturalización? Y, una vez conseguida esta, ¿se le dejaba de considerar como extranjero? ¿Cuál es el tiempo de residencia habitual en tierras hispanas? ¿Siendo extranjero tenía algún problema de promoción social (acceso a cargos públicos o a dignidades eclesiásticas)? ¿Los extranjeros residentes en Castilla mantenían vínculos familiares y culturales con sus lugares de origen? ¿Formaron comunidades homogéneas en aquellos lugares donde residían? ¿Fueron los italianos realmente los más numerosos, o simplemente son los que tenemos mejor documentados? ¿Cuáles fueron sus ocupaciones? Predominan los mercaderes, que son los que se acercaron a los notarios para dejar constancia de algunas de sus actividades o negocios, pero eso no significa que fueran los comerciantes los más numerosos. Peregrinos y pequeños repobladores seguramente fueron muchos más, pero desgraciadamente muy pocos dejaron constancia de su paso por tierras castellanas. ¿Cuál fue su papel religioso en aquella sociedad? Sin duda promocionaron la construcción de capillas y ermitas, y contribuyeron a la construcción de hospitales y conventos, pero apenas conocemos sus prácticas religiosas.

También queda por definir cuál fue el peso demográfico de las comunidades extranjeras en el reino de Castilla. Las listas nominativas que se conocen o los recuentos que se hicieron por algún motivo, parecen demostrar que en las ciudades grandes (Sevilla, Toledo, Valladolid, Murcia, etc.), el número de extranjeros que residían simultáneamente en ellas no superó nunca la cifra de dos o tres centenares de individuos. Comparado con los miles de habitantes que tenían cada una de esas ciudades, es evidente que su peso demográfico era exiguo. En ciudades medianas (como Jerez, Bilbao, Segovia, etc.) su número tampoco superó en ningún momento el medio centenar de personas residiendo de forma permanente en ellas, así que tampoco parece que, desde el punto de vista demográfico, su presencia alterase alterase la natalidad, nupcialidad o cualquier otro componente de la estructura de la población. La excepción podría encontrarse en las ciudades pequeñas, como Cádiz o Sanlúcar de

Barrameda. En ambos casos, aunque por razones diferentes, las dos urbes fueron capaces de atraer a un número significativo de extranjeros, que, proporcionalmente sí que influyeron en la demografía de la localidad.

Así mismo, planteé en la primera parte de este trabajo algunas de las fuentes que he podido utilizar para elaborarlo. De la pocedencia de estas emerge buena parte de los límites de esta investigación, ya que la mayor parte de la información obtenida surge de los archivos castellanos y, preferentemente, andaluces. Ya justifiqué la imposibilidad de acudir a la consulta directa de archivos internacionales por lo que implicaba de esfuerzo personal y económico, así que he de reconocer que esos límites van a marcar los resultados de este trabajo. No he podido conocer quiénes eran en su lugar de origen las personas que se establecieron en Castilla, por lo que difícilmente puedo desentrañar las razones de su traslado e instalación en el reino, y menos aún asegurar cuáles fueron los vínculos personales que pudo haber entre ellos y el resto de la comunidad a la que pertenecían.

No ayuda mucho a nuestro conocimiento de la situación de los extranjeros en los siglos finales de la Edad Media la heterogeneidad de normas y leyes que se fueron redactando por municipios, señores y monarcas con las que pretendían regular la actitud hacia ellos. Ese batiburrillo de normas sólo nos permite constatar que no había una "política extranjerizante" por parte de las autoridades castellanas en los siglos que aquí se estudian. Y ni siquiera el meritorio trabajo de Manuel Álvarez[546], en el que se ofrece una extensa y completa recopilación de las diferentes normas y leyes que desde la antigüedad regularon el tratamiento que dio la sociedad castellana a los extranjeros, incluyendo un repaso de dicha situación desde época visigóticas hasta principios del siglo XIX, nos conforma una idea exacta de cómo fue la llegada o la integración de los extranjeros. Y aunque casi todos los investigadores coinciden en que con los Reyes Católicos se comenzó a regular con mayor firmeza el establecimiento, actividades económicas y acceso a cargos públicos de los extranjeros, no sería hasta la conquista y colonización de América, cuando los monarcas hispanos se decidieron a regular la llegada de foráneos. Y sólo porque la afluencia de extranjeros comenzó a percibirse como una amenaza la a los intereses españoles en tal empresa americana.

La inmensa mayoría de la documentación que conocemos vinculada a la presencia de algún extranjero en territorio del reino de Castilla nos indica que muchas de aquellas personas fueron transeúntes o estantes en los lugares en los que se establecieron. Ya fueran peregrinos, repobladores, mercaderes o simples viajeros, su presencia está ligada a un breve periodo de tiempo (a veces a unos pocos días); no obstante, fueron numerosos los que decidieron naturalizarse en el reino, sin que eso significara que renunciaban a perder por ello sus lazos con el lugar de origen ni conse-

---

[546]   ALVAREZ VALDÉS Y VALDÉS, Manuel, *La extranjería en la Historia del Derecho español*, Oviedo, 1992.

guir que sus contemporáneos dejaran de percibirlos como extranjeros. Los que decidieron permanecer en Castilla se integraron recurriendo a hábitos comunes en otros países y sociedades. Contrajeron matrimonio con una oriunda del reino, residen al menos un lustro en la localidad en la que se asientan, adquieren bienes raíces y ejercen funciones políticas o religiosas habitualmente reservadas a los naturales del reino.

Y hablando de matrimonios, tampoco es mucho lo que sabemos sobre la condición de las mujeres extranjeras que llegaron al reino acompañando a sus maridos o aquellas que se casaron con algún genovés, florentino, inglés, etc. Hace tiempo Consuelo Varela[547] dio una muestra de algunos de los matrimonios celebrados entre florentinos y andaluzas; a través de los casos que ella muestra podemos conocer el nombre de la cónyuge, pero, de momento no podemos ir mucho más allá. Por los datos que ella ofreció sabemos que Amerigo Vespucci contrajo matrimonio con María Cerezo, que Juanotto Berardi lo hizo con Elvira Ramírez, Francisco Bardi con Briolanja Muñiz, Doménico Guasco con la cordobesa Mencía Fernández o Jerónimo Rufaldi con Leonor Bocanegra. Algo más conocidas podrían ser las mujeres de algunos genoveses, ya que en algunos casos ellos enlazaron con señoras bien situadas en la escala social del momento. Pueden servirnos de ejemplo los casos de Jácome Adorno, que contrajo matrimonio, en segundas nupcias, con Ana Núñez de Villavicencio; el de Juan Bautista Ascanio, que casó con Catalina Estopiñán, miembro de un conocido linaje de la aristocracia gaditana; Francisco Cataneo, que contrajo matrimonio con Mayor Ponce de León, de la casa de los condes de Arcos; Marco Catano, hijo de Gabriel Catano y que en 1501 acordó su matrimonio con doña Blanca de Guzmán, hija de doña María y don Pedro Guzmán; Antón Cerezo, que contrajo matrimonio con Sancha Díaz de Zurita, hija del conquistador sevillano Diego de Zurita; o Cristóbal Pinelo, hijo del célebre Francisco Pinelo, que casó con doña Aldonza, hija de Gutiérrez de la Caballería, conocido financiero servicio de los reyes a finales del siglo XV.

Vuelvo a reiterar que, fuera de estas mujeres (ninguna de ellas extranjera) y de las pocas que he podido registrar en el diccionario vinculadas a la realeza europea de aquellos siglos o a su fama como peregrina a Santiago, no es mucho lo que podemos saber sobre las que frecuentaron el reino de Castilla o se establecieron en él. Suponemos y, en algunos casos sabemos, que debieron ser muchas ya que hay algunos ejemplos así lo demuestran. Fuera de nuestro periodo de estudio (por ello no las recojo en el diccionario) tenemos un buen ejemplo en los datos que nos ha ofrecido Isabel Vaz a partir de su análisis de los registros aduaneros de localidades fronterizas como Guimaraes, Ponte de Lima, Valença, Mirandela, etc.[548]. En ellos, entre los años 1512 y 1521 se registran a numerosas mujeres portuguesas acompañando a sus maridos o desempeñando actividades comerciales por si solas en Castilla. Al menos veinte de

547   VARELA, Consuelo, *Vida cotidiana de los florentinos*... Ob. cit. pp. 17-18.

548   VAZ DE FREITAS, Isabel, "Diario de mercaderes", en MARTÍN CEA, Juan Carlos (coord.), *Convivir en la Edad Media*, Burgos, 2010, pp. 159-181.

ellas transportan hasta Castilla, suponemos que, superando graves peligros, una cantidad más que aceptable de paños, lino, frutos secos, algodón, etc.

Dentro de las estructuras familiares también conviene señalar algo que se observa en la lectura de las fichas biográficas. Es frecuente la presencia de varios miembros de una misma familia en la actividad profesional que desempeñaban cada uno de ellos. Hace mucho tiempo que Betsabé Caunedo[549] llamó la atención sobre esta circunstancia para la comunidad inglesa establecida en Castilla y lo puso en relación con el carácter familiar de las empresas comerciales de la época. Y ofrecía los ejemplos de los hermanos John y Andrew Inglés, Guillermo y Nicolás Hollybrood o Henry y Richard Vaca. A ellos se les puede añadir el de los hermanos Thomas y John Mallaiard o los de Guillem y Hugh Illiot. Pero no fueron los únicos. Las biografías recogidas en el diccionario de esta obra están llenas de otros casos. Por ejemplo, el de Bautista Ascanio, genovés que aparece documentado en Cádiz desde 1494 y que a comienzos del siglo XVI se trasladó a la isla de Tenerife con tres de sus hermanos; el de Giovanni Philippo Inglesco de Plombino, natural de Roma, que junto con su hermano Blasigno de Plombino, se estableció en Canarias a finales del siglo XV. El del veneciano Simone di Bonafè, que fue el factor de Francesco Datini, y que se estableció en Sevilla mientras que su hermano lo hacía en Málaga; el de los hermanos Pietro y Tomaso Caponi, trabajando ambos para Simón y Donato Nicolini, representantes de los Médicis en Sevilla; también el de los hermanos Piero, Rinaldo y Juan Rondinelli; el de los hermanos Leonardo, Rafael y Juan Casanova; el de Bernardo y Benito di Castiglioni, mercaderes genoveses establecidos en Toledo a finales de la Edad Media; los conocidos y estudiados Martín, Melchor y Gaspar Centurión etc.

Falta por abordar en este trabajo algo imprescindible si queremos entender la presencia extranjera en Castilla. Me refiero al estatus o actividad de todos los que manifiestan dicha situación, ya que sin su análisis no comprenderíamos cual fue el papel que desempeñaron en la sociedad castellana del momento (véase gráfico nº 7). Tenemos la fortuna de que, de los 1524 registrados, 1.233 declararon su condición laboral o social (casi el 80% de la muestra) y sólo 291 silencian esa circunstancia. Por tanto, la evidencia es lo suficientemente amplia como para extraer algunas conclusiones que, insisto, tendrán que ser abordadas con mayor profundidad.

También es bien conocido que, hasta época contemporánea, cualquier clasificación o taxonomías sociales siempre contará con dificultades derivadas del hecho de que la sociedad de la época es una maraña de individuos, donde existe una fuerte estratificación y un amplio abanico de situaciones personales que condicionan cualquier categorización. En todo caso, para intentar hacer más asequible cualquier tipo de análisis y comparación con otros reinos, he agrupado a todos los que indican su profesión o estatus en los conjuntos que se reflejan en la gráfica. Y una simple lectura a la misma refleja algo que es evidente: el predominio absoluto (casi el 62%) de los

---

[549]   CAUNEDO DEL POTRO, Betsabé, *La actividad de los mercaderes*… Ob. Cit. pp. 17-18.

que declaran su ocupación se dedican al comercio y transporte. Circunstancia que coincide con el hecho de que, también la mayoría de ellos, fueron transeúntes que hemos podido documentar una sola vez en el reino.

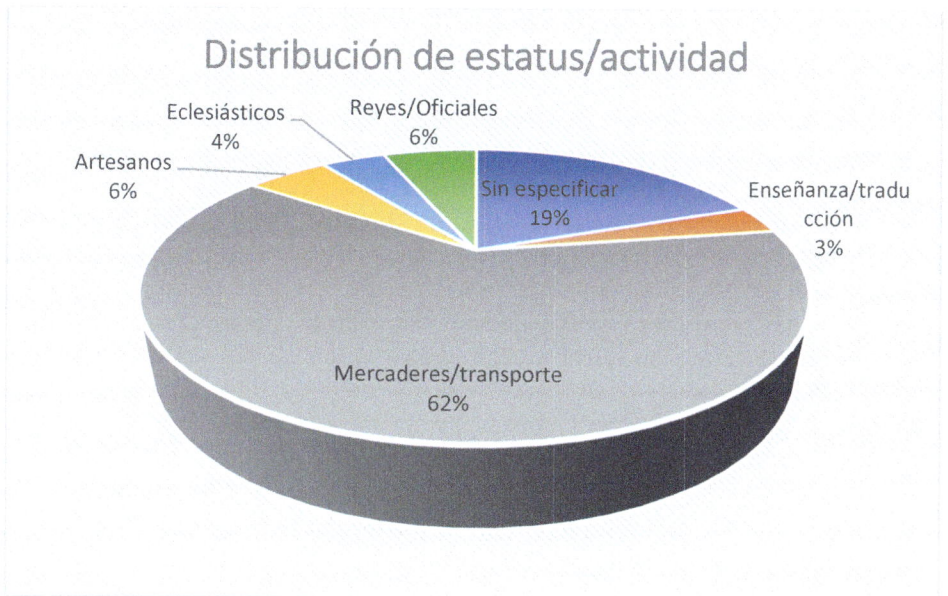

Distribución de estatus/actividad

Eclesiásticos 4%
Reyes/Oficiales 6%
Artesanos 6%
Sin especificar 19%
Enseñanza/traducción 3%
Mercaderes/transporte 62%

Gráfico nº 7. Distribución del estatus o actividad de los extranjeros incluidos en el diccionario.

A estas alturas del desarrollo de la historiografía dedicada al comercio europeo medieval no creo que sea necesario insistir en algunas ideas básicas sobre esa actividad. Las empresas mercantiles, especialmente a finales del siglo XV y comienzos del XVI, implicaban ya a un considerable número de personas y el volumen de negocios generados por ellos y las redes de transaccionales que crearon, contribuyeron al crecimiento económico de Castilla y del resto del continente. Es conocido, desde hace mucho tiempo, que el pequeño comerciante itinerante, que viaja con sus bienes y su dinero, va siendo progresivamente sustituido por la figura del comerciante sedentario, que se beneficia de una serie de innovaciones técnicas (métodos contables, sistemas cambiarios y bancos, correspondencia, seguros, etc.), de asociaciones y de instituciones (por ejemplo, los consulados genovés o catalán en Sevilla) que le ayudan en el desempeño de su trabajo. Y como en otras regiones europeas, está claro que entre los casi 950 mercaderes que se incluyen en este trabajo, se pueden encontrar enormes diferencia, que van desde los ricos y poderosos que tuvieron la capacidad de controlar el mercado local o de actuar como interlocutor con la aristocracia o la nobleza (los Centurión, Los Pinelo, los Gentile, los Italian, etc. son buenos ejemplos), hasta los mercaderes minoristas con un pequeño volumen de negocio, entre los que podemos encontrar a artesanos y otras profesiones que llegan a Castilla para responder a la demanda de bienes básicos, como ropa, cereales, loza, herramientas y otros objetos imprescindibles para la vida cotidiana.

Finalmente, quizás, donde el estudio de la presencia extranjera tiene sentido, es en la posibilidad de valorar en qué pudo influir la representación de las distintas comunidades que hemos ido viendo a lo largo de las páginas anteriores en la sociedad y cultura del reino de Castilla, en unos siglos en los que se estaban conformando sus fronteras, sus manifestaciones artísticas, su desarrollo económico y, en general, su sociedad. Es evidente que el asunto merecería muchas páginas, aunque ya se haya reflexionado sobre ellos en distintos trabajos[550]. Basta con recordar todo lo que supuso la presencia de los francos para para lo que denominamos como "renacimiento urbano" de los siglos XII al XIV y lo que influyeron las actividades de cistercienses y otros eclesiásticos en las transformaciones operadas en el seno de la Iglesia castellana. Así que, en estos momentos, y en aras de cierta brevedad, me propongo llamar la atención sobre otros dos aspectos que también fueron influidos por la estancia de las comunidades extranjeras. Uno es el idioma que se extendió y asentó −el castellano− en todo el reino en los siglos que aquí se estudian. Y otro es la influencia que tuvieron los numerosos artistas europeos que llegaron a Castilla atraídos por las fábricas catedralicias, monásticas o palaciegas.

En el primer caso, es bien conocido por los filólogos que el castellano, como otras lenguas derivadas del romance, está integrado por un conjunto de voces heredadas del latín, de palabras que provenían del germánico, de una notable influencia andalusí y de un número, nada despreciable, de voces que llegan desde el portugués o de galicismos, occitanismos y catalanismos[551]. A estas últimas me voy a referir por el hecho de que su influencia en el castellano tiene que obedecer a la presencia de comunidades francas y lusitanas en el reino de Castilla.

Sin duda la lengua hablada por el común de los vecinos del reino es el plano en el que mejor se refleja la influencia extranjera en un territorio, Primero porque el léxico que se adopta muestra el empuje y pujanza de las comunidades foráneas y, segundo, porque su mantenimiento a lo largo de los siglos, con evidentes adaptaciones, son la mejor manifestación de que los contactos fueron más intensos que los que cabía suponer a unos grupos que, desde el punto de vista demográfico, eran relativamente débiles.

---

[550] Aunque también están fuera de nuestro periodo de estudio, pueden verse un buen estado de la cuestión en los numerosos trabajos que se recogen en MARTÍNEZ MILLÁN, J. y RIVERO RODRÍGUEZ, M. (coord.), *Centro de poder italianos en la monarquía hispánica (siglos XV-XVIII)*, Madrid, 2010 (especialmente en el volumen II).

[551] Existe una amplia bibliografía en la que se analizan estos aspectos del intercambio cultural entre distintas lenguas y, especialmente, de la influencia de los francos en la lengua hablada en Navarra, Castilla y Aragón. Para este caso son de mucha utilidad los trabajos de LAPESA, Rafael, *Historia de la Lengua Española*, Madrid, 1981, la monumental obra coordinada por CANO, Rafael (coord.), *Historia de la Lengua Española*, Madrid, 2013.

Siguiendo a los autores que se citan en la nota a pie de página, desde Francia y Flandes proceden galicismos y occitanismos que atañen al ámbito religioso (chantre, deán, fraile, hereje), militar (dardo, ariete, estandarte), comercial (joya, vianda, escote, brebajo, etc.) y numerosos términos que aluden a prendas textiles (colcha, bruneta, etc.), o a la arquitectura (capitel, cartabón). La influencia lingüística de los peregrinos hizo que arraigaran voces como mesón y los alimentos que se podían encontrar en ellos (manjares, viandas, laurel, vinagre, pitanzas, etc.). Y la de los trovadores hizo que se incorporasen palabras como desdén, enojar, lisonja, rima, etc. Algunas de ellas, sobre todo las más relacionadas con la poesía culta o con profesiones que han desaparecido, ya no se utilizan en el español actual; pero las que entraron se establecieron sólidamente en los textos de los siglos XII al XV, creándose amplias familias de derivados que han pervivido durante muchos siglos.

En cuanto a la influencia del portugués (o del gallego–portugués) basta con recordar que el rey Alfonso X, en unos momentos en los que el castellano se estaba consolidando y extendiendo, decidió que parte de los poemas dedicados a la Virgen María, en sus célebres Cantigas a Santa María, se compusieran en aquel idioma. A partir de entonces la proyección de lusismos es cada vez más frecuente debido a los continuos contactos entre ambos reinos y al hecho de que son dos lenguas vecinas y muy emparentadas. Pero donde el portugués tuvo mayor influencia quizás fue en Canarias, ya que la comunidad lusitana fue muy numerosa e influyente en todas las islas desde antes, incluso, de la conquista[552]. En islas como Tenerife hubo localidades donde los portugueses constituían la mayoría de la población y, por lo tanto, tuvieron más posibilidades de utilizar su propia lengua. Y con Portugal las islas mantuvieron la mayor parte de sus relaciones comerciales durante más de dos siglos. Ambas cosas propiciaron que en el léxico de Canarias aún se conserven varios centenares de palabras que proceden del portugués y que, en otras regiones castellanas, se han perdido o nunca se utilizaron.

El segundo aspecto al que antes me refería –el de la influencia de artistas y creadores extranjeros– ya comenté en las páginas dedicadas a la comunidad alemana la importancia de los impresores y mercaderes de "libros de molde" para entender la difusión de la cultura humanística que se extendía por toda la Europa Occidental del momento. Ahora me detengo la nómina de escultores, pintores y arquitectos de origen foráneo que trabajaron en el reino a lo largo de los siglos XIII al XV, ya que es tan extensa que es indudable su influencia y transcendencia en las obras que hoy conforman nuestro patrimonio histórico–artístico. Los ejemplos son múltiples: en la catedral de Sevilla trabajó el maestro Isambart en 1443 y, un poco más tarde llegó a la ciudad el maestro francés Carlin, quien, después de haber trabajado en Barcelona y en Lérida, se trasladó a la ciudad hispalense para dirigir las obras hasta 1449. En ella

---

[552] Véanse los ya citados trabajos de PÉREZ VIDAL, José, *Los portugueses en Canarias…* Ob. Cit. y y CORBELLA DÍAZ, Dolores y FAJARDO AGUIRRE, Alejandro, *Español y portugués en contacto…* Ob. Cit.

también intervino Mercadante de Bretaña, autor del sepulcro del Cardenal Cervantes entre los años 1453 y 1467; al maestro Jusquin de Bruselas se le encuentra documentado en las obras de la Catedral de León entre los años 1440 y 1470; en la catedral de Oviedo se encuentra a Nicolás de Bruselas y a Nicolás de Bar, ambos flamencos, dirigiendo las obras entre 1449 y 1451. A Toledo, atraídos por el apoyo de algunos de sus arzobispos, llegaron Hanequin de Bruselas y su hermano Egas Coeman, y el bretón Pedro Guas (y su hijo Juan Guas). A todos ellos, en mayor o menor medida, se les considera los introductores en Castilla de las soluciones arquitectónicas que se estaban impulsando en Centroeuropa.

Entre los pintores cabe destacar a Bernabé de Módena, natural de la localidad italiana homónima, que se estableció en Murcia enntre 1360 y 1363. Permaneció en la ciudad, al menos, hasta 1383, trabajando en la catedral y especialmente para el linaje la familia del infante don Manuel; Gherardo di Jacopo Starnina, que después de estar en Valencia, se trasladó a Toledo a finales del siglo XIV para trabajar en la fábrica de su catedral. A él se le considera como el introductor en el reino de los gustos y las soluciones técnicas del Trecento italiano; el pintor Antonio, natural de Inglaterra, que llegó a Castilla en 1489 de la mano de la embajada que acudió a solicitar la mano de la infanta Catalina y que ejecutó los retratos de los príncipes e infantas; los hermanos Delli (Nicolás y Dello), autores de varias obras en la catedral vieja de Salamanca entre 1442 y 1446; el de Juan de Flandes, uno de los pintores cortesanos mejor conocidos de finales de la Edad Media; o el mismísimo Jan van Eyck, que aunque no creó ninguna obra en Castilla si parece que se vio influenciado por la arquitectura andalusí en algunas de sus obras posteriores a 1430[553].

Entre los escultores pueden destacarse al milanés Daniel Arzón, presente en La Corte elaborando distintos retablos para la reina en 1494; el ya citado Egas Cueman, que destacó, entre otras cosas, como escultor en la ejecución de la sillería de coro de la catedral de Cuenca. Obra que se considera como el primer modelo de un extenso número de sillerías de estilo hispanoflamenco que se hicieron a lo largo del siglo XV. El flamenco llamado maestre Dancart, al que vemos trabajando, al menos desde 1478, en la fábrica de la sillería de la catedral de Sevilla. O Doménico di Fancelli, florentino que entró en contacto con el reino de Castilla a través de Iñigo López de Mendoza, conde de Tendilla, para, posteriormente, trabajar en el mausoleo de los Reyes Católicos, en el sepulcro del Cardenal Cisneros destinado a la Capilla de la Universidad de Alcalá (contrato de 14 de julio de 1518) y en el sepulcro de Felipe el Hermoso y Juana destinado a la Catedral de Granada (diciembre de 1518). El escultor Juan de Malinas, imaginero documentado en la catedral de León desde 1464 y que participó en la obra de la sillería del coro catedralicio.

---

[553]　Los datos biográficos de todos ellos pueden verse en el diccionario.

Por último, podríamos recordar el singular caso de Niculoso Pisano, uno de los artistas italianos más conocidos del reino del en los años finales del siglo XV y primeras décadas del XVI. Se instaló en Sevilla en el año 1498, en el barrio de Triana, el centro alfarero de la ciudad, que daba empleo a los numerosos artesanos que allí acudían. Lo novedoso de las técnicas de alfarero que utilizaba y la propia demanda de la aristocracia andaluza, hizo que ya en los años iniciales del XVI realizara las primeras obras que se conocen de este artista: la lauda sepulcral de don Iñigo López de Santana (en la iglesia de Santa Ana de Triana), las obras del monasterio de Santa Paula (obra desaparecida a finales del siglo XIX) y las realizadas en los Reales Alcázares de Sevilla (Retablo de la Visitación y Retablo de la Coronación de la Virgen). A partir de ahí sus trabajos irradiaron hacia Ávila, o Valencia, lo que demostraría su influencia y el prestigio de sus obras.

Termino este primer volumen de una obra con la que pretendo acercarme al estudio de la presencia extranjera en Castilla insistiendo, una vez más, que todo lo dicho en él y todo lo que forma parte del extenso diccionario que compone el segundo tomo (editado en PDF), solo pretende ofrecer al interesado −especialmente a los medievalistas− una herramienta de trabajo para que pueda comparar y contextualizar algunos de los hechos y circunstancias que rodearon su estancia en el reino. Para ello, además de las miles de referencias documentales y bibliográficas que se citan, también incorporo una anexo estadístico y gráfico que aspira a ser otra herramienta para futuros trabajos. Queda mucho por estudiar, hay errores que no he sabido solventar y confío en que pueda ser un material útil para futuras investigaciones.

ANEXO DE TABLAS Y GRÁFICOS

TABLA DEL ANEXO nº 1					
GENOVESES QUE PARTICIPARON EN LA IMPORTACIÓN DE CEREALES PARA LA ALHÓNDIGA DE SEVILLA. AÑOS 1467–69 Y AÑO 1473					
Nombre		**Años 1467–1469**			**Año 1473**
		Cahices	Fanegas	Maravedís	Cahices
Sociedad entre Francisco Spínola y los siguientes Mercaderes:	Francisco Spínola	556		133440	
	Juanoto Gentil				
	Gregorio Presenda				27
	Juan Bautista				
	Jerónimo Gentil				
	Gaspar Salvago				5
	Cosme Centurión				50
	Simón Dorno				
	Oberto Lomelín				
	Urbán de Espínola				
Sociedad entre:	Oberto Imperial	269		64660	
	Elián Centurión				
	Francisco Spínola				
Oberto Imperial		112	7,5	27030	56
Luis de Marín		0	0	0	88
Teramo Imperial		265	7,5	63900	
Antonio de Espínola		0	0	0	30
Jorge Briesca		0	0	0	7
Damián Lomelín		103		18952	21
Luco Adorno		61	10,5	4393	23
Cristóbal grimaldo		104	1,5	7393	
Francisco Espínola		134	2,5	32210	
Jerónimo Esquero (?)		0	0	0	7
Sociedad entre:	Agustín Espínola, Castelín Pinelo y compañía				30
Francisco Pinelo		0	0	0	60
Pedro de la Colona		0	0	0	21
Pedro de Marín		0	0	0	5
Ciprián Gentil		0	0	0	48
Bartolomé Calvo		0	0	0	31
Enrique Camilla		0	0	0	21
Teramo de Marin y Sebastián de Negro		0	0	0	58
Gregorio Gentil		0	0	0	58
Damián Lomelín					30
Juan Antonio y Polo de Negro		0	0	0	27
Ambrosio Usodemar		0	0	0	35
Juan Lomelin		0	0	0	30
Oberto Çegala		0	0	0	26

TABLA DEL ANEXO nº 1				
GENOVESES QUE PARTICIPARON EN LA IMPORTACIÓN DE CEREALES PARA LA ALHÓNDIGA DE SEVILLA. AÑOS 1467–69 Y AÑO 1473				
Años 1467–1469				**Año 1473**
Nombre		**Cahices**	**Fanegas**	**Maravedís**	**Cahices**
Doménigo Lojardo (?)		0	0	0	15
Lorenzo Pinelo		0	0	0	35
Jerónimo y Juan Grimaldo		0	0	0	51
Jerónimo Catano		0	0	0	15
Juan Luis de Grimaldo		0	0	0	7
Juan Grillo		0	0	0	10
Tomás de Savinón (?)		0	0	0	50
Luco Adorno					23
Luco Maçola		0	0	0	25
Gabriel Senestral		0	0	0	10
Clérigo de Castellón		0	0	0	10
Rafael de Caçana		0	0	0	5
Jacobo Domestico		0	0	0	10
Fuente: AMS. Papeles Mayordomazgo (13–X–1473).					

TABLA DEL ANEXO nº 2							
CONTRIBUCIÓN DE LOS EXTRANJEROS A LA CUENTA DE MERCADERES DEL ALMOJARIFAZGO MAYOR DE SEVILLA							
NOMBRE	**Ori-gen**	**Año 1481**	**Año 1495**	**Año 1496**	**Año 1497**	**Año 1501**	**Año 1510**
Domingo y Gentil Zaca-rías	genove-ses	21.959					
Jerónimo Gentil	genovés	1.273					
Ginés de Briñán	genovés	2.241					
Bernaldo Pinelo	genovés		127.377	51.372	75.133		
Antonio Pinelo	genovés			4.044	5.533	11.318	
Juan Bautista Pinelo	genovés						5.768
Telmo Martín (Marín ?)	genovés	7.017					
Cosme y Francisco de Riberol	genove-ses		116.206				
Francisco Riberol	genovés			133.000	203.653	52.971	19.228
Bartolomé Riberol	genovés						73.228
Cristóbal Grimaldo	genovés	6.913					
Bernaldo Grimaldo	genovés		74.240	195.064	117.293	61.277	
Jácomo Grimaldo	genovés						156.214
Nicolás Grimaldo	genovés						74.000
Jácome de Çervanis	genovés		10.998	49.757	121.736		
Antonio de Çervanis	genovés (?)					29.227	36.839
Juna Gabriel, hijo de Jorge Boserel (Bolestrud	inglés	2.695					
Tomás Treca	inglés	1.864					
Eduardo Felipe	inglés	4.030					
Angel de Negrón	genovés		55.781	37.676	30.000		
Damián Negrón	genovés	75 ducados + 1075 mrs.					
Doménigo (?) Calvo	genovés			2.619	2.000	79.755	

TABLA DEL ANEXO nº 2							
CONTRIBUCIÓN DE LOS EXTRANJEROS A LA CUENTA DE MERCADERES DEL ALMOJARIFAZGO MAYOR DE SEVILLA							
NOMBRE	**Origen**	**Año 1481**	**Año 1495**	**Año 1496**	**Año 1497**	**Año 1501**	**Año 1510**
Julián Calvo	genovés					13.833	
Octavio Calvo	genovés						22.000
Francisco Pinelo y Andrea de Odón	genoveses	118 ducados					
Andrea de Odón	genovés	63 ducados					
Peligro de Aguan ?			1.585				
Unrado Bernaldino	genovés (?)						93.284
Teramo de Tafoya	genovés		53.074	90.959	98.000		
Pedro Rondinelli	florentino			0			111.530
Bernabé Ymari	genovés		59.803	105.955			
Juan Presenda	genovés	4855					
Marco Catano	genovés		20.969	52.251	21.000	7.984	
Persebal Catano	genovés		0	0	17.733	46.764	
Nicoloso Oscuro			3.000				
Achiles y Nicoloso	venecianos			30.474			
Francisco Lercaro	genovés						58.136
Juan Sánchez de la Tesorería	aragonés					96.015	
Batista Doria	genovés	4.711					
Pero Viçençio Doria			9.551	43.620			
Pero Viçencio y Sebastián Doria					147.958		
Francisco Doria	genovés				9.428	46.831	
Gregorio Doria	genovés					66.710	
Marco Castellón	genovés				12.225		

TABLA DEL ANEXO nº 2							
CONTRIBUCIÓN DE LOS EXTRANJEROS A LA CUENTA DE MERCADERES DEL ALMOJARIFAZGO MAYOR DE SEVILLA							
NOMBRE	**Origen**	**Año 1481**	**Año 1495**	**Año 1496**	**Año 1497**	**Año 1501**	**Año 1510**
Luco Batista Adorno	genovés					34.987	15.000
Julián Adorno	genovés					5.454	
Miguel y Juan de la Font	catalanes						59.754
Juan Millet	inglés			1.967	51.000		
Juan Bon	inglés	2.462					
Juan Tomás Espínola							36.318
Diego Blandón				500			
Francisco Pinelo	genovés		5.915	2.600			
Juan Lomelín	genovés		3.230	40.902	8.000		
Bernardo Lomelín	genovés	2.271					
Polo de (?) y Lázaro de Arba							26.710
Galeoto de Çerra			16.807				
Pero Miguel	valenciano		400	780	200	35.242	
Juan Guars	inglés		41.128				7.770
Ricardo Forte	inglés					19.920	
Sebastián Saoly	genovés (?)					41.002	
Jácome Pinelo				3.956			
Franco Leardo							14.106
Jácome de Riberol	genovés		25.190	22.738	32.702	2.640	
Luis de Riberol	genovés		7.464	6.741	2.561	3.920	
Adrián	flamenco	352					
Colín Balda	flamenco	1.054					

TABLA DEL ANEXO nº 2							
CONTRIBUCIÓN DE LOS EXTRANJEROS A LA CUENTA DE MERCADERES DEL ALMOJARIFAZGO MAYOR DE SEVILLA							
NOMBRE	Ori-gen	Año 1481	Año 1495	Año 1496	Año 1497	Año 1501	Año 1510
Guillermo	bretón	4.446					
Martín Leonoro	bretón	2.736					
Pedro de Villea	bretón	5.534					
Juan de Alieta	bretón	707					
Juan Rocel	bretón	2.727					
Juan Galén, maestre	bretón	6.363					
Valian Salvago	genovés		6.975	12.871	22.360		
Tomás Mallar y Roberto (?)	Inglés					0	110.614
Martín Centurión	genovés					38.670	
(?) Centurión	genovés					0	7.655
Flérigo Centurión	genovés	5.767					
Vasco Rodríguez	portu-gués	450					
Esteban Fernández	portu-gués				5.183		
Antonio Mirón	valen-ciano ?				0	9.500	
Berenguel de Ralfos	Cataluña (?)			2.356	19.661		
Juan Batista	Genovés (?)						91.860
Juan Guarque	inglés		7.117		44.646		
Guillén Grande, Juan Guarque y Francisco	inglés		3.800	97.000			
Juan Guarque y Fran-cisco Moreno	Inglés			10.800			
Juan Guarque y Fran-cisco Moreno	Inglés		0	5.270			
Pedro Lerca	genovés (?)		11.000	4.890	2.500		
Donato Nicolino	floren-tino		15.610	33.319	32.914		

TABLA DEL ANEXO nº 2							
CONTRIBUCIÓN DE LOS EXTRANJEROS A LA CUENTA DE MERCADERES DEL ALMOJARIFAZGO MAYOR DE SEVILLA							
NOMBRE	Ori-gen	Año 1481	Año 1495	Año 1496	Año 1497	Año 1501	Año 1510
Jorge Bolestrud	inglés		0	647	0	46.508	
Antono Salvago	genovés		4.464				
Salvago (no indica nombre)	genovés						25.198
Jerónimo Salvago	genovés						85.000
Esteban Salvago	genovés					26.138	
Jerónimo Bonasme	genovés (?)						30.518
Pero Alonso	portu-gués		5.192				
Antonio de Nayron	genovés		0	8.000	35.384		8.147
Luís Catano	genovés (?)		10.500				
Pedro Descansa (?)	genovés (?)				250		
Juan Brujas	inglés			30.111	20.660		
Juan Luçel	inglés			6.120			
Fuente: Los datos del año 1481 en GONZÁLEZ ARCE, Damián, El negocio fiscal en la Sevilla del siglo XV…. Pp. 314–336; el resto en BELLO LEÓN, Juan Manuel, ¿Quiénes eran los mercaderes …? Salvo que se indique lo contrario, las cifras se expresan en maravedís.							

TABLA DEL ANEXO nº 3				
NÓMINA DE GENOVESES PRESENTES EN SEVILLA EN DISTINTOS AÑOS DE LA SEGUNDA MITAD DEL SIGLO XV				
Años 1466–69	**Año 1473**		**Año 1489**	
Francisco Spínola	Gregorio Presenda	Gregorio Gentil	Francisco y Cosme Riberol	Termo Tarfoya
Juanoto Gentil	Gaspar Salvago	Juan Antonio di Negro Usodemar	Selin Catano	Francisco di Negro
Gregorio Presenda	Cosme Centurión	Ambrosio	Guiliano y Lanfranco Doria	Luigi Ripparolio
Juan Bautista	Oberto Imperial	Juan Lomelin	Gerónimo y Rufo Doria	Carlo Borlo
Jerónimo Gentil	Luis de Marín	Oberto Cegala (?)	Giovanni Lomellino	Martino Pinelo
Gaspar Salvago	Antonio de Espínola	Doménigo Lojardo	Bernardo Grimaldi	Luigi Tarego
Cosme Centurión	Jorge Briesca	Lorenzo Pinelo Grimaldo	Jacopo Monte	Peligro Usodimare
Simón Dorno	Damian Lomelín	Jerónimo y Juan Jerónimo Catano	Bernardo Pinelo	Geronimo Merito
Oberto Lomelín	Luco Adorno	Luis de Grimaldo	Luciano Spínola	Valian Salvago
Urbán de Spínola	Jerónimo Esquero (?)	Juan Juan Grillo	Bernabé Cigala	Corredin Spínola
Oberto Imperial	Francisco Pinelo la Colona	Tomás de Savinón (?)	Bernabé Incali	Gregoria Presenda
Elián Centurión	Pedro de Marín	Luco Macola	Andrea y Luigi Odone	Bernardo Sopranis
Luis de Marín	Pedro de Gentil	Gabriel Senestral	Andrea Pomar	Andrea Cassana
Teramo Imperial	Ciprián Bartolomé Calvo	Clérigo de Castellón	Stéfano Spínola	Battista Gentile
Antonio de Espínola Briesca	Enrique Camilla	Rafael de Caçana	Peligro Guan	Oberto di Negro
Jorge Damián Lomelín	Teramo de Marin	Jacobo Domestico	Luigi Odone	Angelo di Negro
Luco Adorno	Francisco Riberol	Polo di Negro	Giovanni Spínola	
Cristóbal Grimaldo	Sebastián di Negro			
Jerónimo Esquero (?)				
Agustin Spínola				
Castelín Pinelo				
Los datos para elaborar esta tabla se encuentran citados en el epígrafe 1.2.1.				

TABLA DEL ANEXO nº 4				
EMBAJADORES Y EMISARIOS ARAGONESES Y PORTUGUESES EN VIADOS A LA CORTE CASTELLANA (siglos XIII y XIV)				
Embajadores/ emisarios de Aragón en la corte castellana			Embajadores/emisarios de Portugal en la corte castellana	
Nombre	Fecha		Nombre	Fecha
Guillem	1246		Soeiro Pires de Barbosa, Joâo de Alboim y	1282
Vidal de canellas, obs. De Huesca, y Lope Jiménez	1248		Gonçalo fernandes	
Jaime Gruñí	1258		Vasco Pires	1290
Sancho de Antillón	1260		Joâo Martins de Soalhaes, obi. De Lisboa, y	1293
Andrés Albalate, obs. de Valencia, Gonzalo Pérez, arcediano de Valencia			Joâo Simâo	
y Bernardo Vidal de Besalú	1260		Joanne Annes Redondo y Mem Rodríguez Sabitim	1295
Gonzalo Pérez, arcediano Valencia y Bernardo Vidal de Besalú	1263		Pedro Afonso de Albuquerque, conde de Barcelos	1308
Jaime de Sarroca	1270		Joâo Lourenço	1311
Garcés	1272		Aparicio Domingues y Joâo Lorenço	1315
García Rodríguez	1274		Diogo Gomes de Abreu y Pedro Machado	1334
Blasco Pérez de Azlor y Garci Garcés de Arazuri	1277		Fray Gonçalo Vaz, mestre de Avis	1335
Jaspert de Botonach, obis. De Valencia, Hugo de Mataplana			Gonçalo Vaz de Gols, Gonçalo Vaz y Ruy de Pina	1335
Rodrigo de Matallana, canónigo de Lérida	1278		Gonçalo Vaz de Gols, Gonçalo Vaz y fray Diogo	1336
Maestre del Temple en Aragón y Hugo de Mataplana	1278		Lope Fernandes Pacheco	1338
Paco martínez de Artajona	1278		Pedro Afonso de Albuquerque, conde de Barcelos	1338
Abad de Veruela	1279		y Gonçalo Pereira, arzobispo de Braga	
Miguel de Sevilla y Andrés de Prócida	1280		Gonçalo Vaz, Gonçalo Vaz de Moura y Gonçalo	1339
Dalmau de Villarasa	1280		Esteves de Tavares	
Andrés Prócida	1282		Gonçalo Eanes y Pedro Esteves	1346
Ramyro de Muntanya	1282		Joâo Eanes y Estevâo Lourenço	1353
Francisco Trogisio	1282		Martín Vasques y Gonçalo Annes de beja	1357
Rodrigo de Matallana, canónigo de Lérida	1282		Alvar Pérez de Castro y Joâo Affonso Tello	1366
Lope García de Salazar	1284		Joâo Gomes de Chaves, obis. De Évora y Alvaro	1366

TABLA DEL ANEXO nº 4				
EMBAJADORES Y EMISARIOS ARAGONESES Y PORTUGUESES EN VIADOS A LA CORTE CASTELLANA (siglos XIII y XIV)				
Embajadores/ emisarios de Aragón en la corte castellana			Embajadores/emisarios de Portugal en la corte castellana	
Nombre	Fecha		Nombre	Fecha
Ramón de Reus, arcediano de Ribagorza y Garcia Garcés de Arazuri	1286		Gonçalves	
Galcerán de Timor	1286		Joâo Gonçalves	1367
Conrado Lancia	1287		Doctor Gil d'Ossem y Affonso Gomes de Silva	1371
Rodrigo Jiménez de Luna	1288		Affonso Dominguez	1372
Guillem Castelví y Bernardo Segalar	1291		Affonso Correa, obis. De Guarda y Aires Gomes	1373
Martín de Zayas	1291		de Silva	
Martín Oblitis	1291		Gonçalo Vasques de Azevedo y Lorenço Annes Fogaça	1374
Rodrigo Figueruelas	1291		Pedro de Tenorio, obis. De Coimbra, y Aires Gomes	1376
Lope Ferrench de Luna y Alamán Degudal	1291		de Silva	
Francesc Despí	1292		Joâo Martins, obis. De Viseu, y Gil d'Ossem	1379
Abraham Abengalell	1292		Joâo Affonso Tello, conde de Ourem, y Gonçalo	1380
Alfonso Díaz	1292		Vasques de Azevedo	
Marcos García	1292		Alffonso Correa, obis. De Guarda, Manrique Monoel	1380
Ramón de Vilanova	1292		de Vilhena, Gil d'Ossem y Ruy Lorenço de Tavira	
Alberto de Mediona	1292		Conde de Arroyolos y Gonçalo Vasques de Azevedo	1382
Berenguer de Concas	1292		Joâo Fernández Andeiro	1382
Guillem de Cervera	1293		Joao Affonso Tello, conde de Ourem	1383
Juan Alfonso Carrillo, Alfonso Pérez y Garcí López de Saavedra	1293		Vasco Martins y Lorenço Annes Fogaça	1386
Ramón Despuig	1294		Lorurenço, arzobispo de Braga, Vasco Martins de Velho	1386
Gerau de Albalate	1294		y Joâo Rodríguez de Sa	
Francesc Despí	1294		Gil d'Ossem	1386
Lope Ferrench de Luna	1294		Ruy Lorenço de Tavira, deán de Coimbra	1394
Ponce de Materone y María Fernández Coronel	1294		Joâo de Alboim	1395
Gerau de Albalate	1294		Affonso Vasques	1396

TABLA DEL ANEXO nº 4				
EMBAJADORES Y EMISARIOS ARAGONESES Y PORTUGUESES EN VIADOS A LA CORTE CASTELLANA (siglos XIII y XIV)				
Embajadores/ emisarios de Aragón en la corte castellana			Embajadores/emisarios de Portugal en la corte castellana	
Nombre	Fecha		Nombre	Fecha
Fray Domingo de Jaca y Simón Dezlor	1294		Num Alvares Pereira y Joâo Esteves d'Azambuja, obis.	1399
Ponce de Materone y Alfonso García de Pancorbo1295	1295		de Coimbra	
Fernando Segalars	1295		Joâo Annes, arzobispo de Lisboa, Joâo Vasques de	1400
Fray Domingo de Jaca, Simón Dezlor y Domingo de Arán	1295		Azevedo y Martim Docem	
Miguel Pérez de Isuero y Domingo de Arán	1296		Joâo Esteves d'Azambuja, arzobispo de Lisboa, Joâo	1402
Juan Ruiz de Moros	1296		Vasques d'Almada y Martín Docem	
Galcerán de Vilanova	1297		Joâo Esteves d'Azambuja, arzobispo de Lisboa, Martín	1407
Bernardo de Sarriá	1300		Affonso de Merellos y Gil Martins	
García López de rueda	1300		Joâo Gomes da Silva, Martín d'Ossem y Fernando	1411
Jaime de Segalars	1300		Gonçalves Beleago	
Fray Ramón de Ribelles	1301		Fernando de Castro y Fernando Affonso da Silveira	1423
Fortún García	1301		Martín Vaz	1428
Ramón Montrós	1303		Payo Roiz	1428
Fray Gil de Siste, Gonzalo Pérez y Ramón de Montrós	1303		Martín Gonçalves de Ataide y Nuno Martins	1429
Diego García Echauri y Artal de Azlor	1303		da Silveira	
Gonzalo Fernández de Almazán	1303		Pedro Gonçalves de Malafaia, Luiz Gonçalves Malafaia	1431
Artal de Azlor y Sancho García de Lóriz	1303		Ruy Fernández y Ruy Galvâo	
Domingo García Echauri, Ramón de Montrós y Juan Garcés de			Pedro Gonçalves de Malafaia	1432
Alagón	1304		Diogo Gil Pereira	1434
Gonzalo García y Domingo García de Echauri	1304		Pedro Gonçalves de Malafaia	1434
Fray Gil de Siste, Gonzalo Pérez y Ramón de Montrós	1305		Pedro eanes Lobato	1436
Pero Martínez	1305		Ruy Galvâo	1437
Fuente:OCHOA BRUN, Miguel Ángel, *Historia de la Diplomacia Española. Repertorio diplomático y listas cronológicas de representantes desde la Alta Edad Media hasta el año 2000*, Madrid, 2002.				

TABLA DEL ANEXO nº 5			
REPRESENTACIÓN DE ALGUNOS EXTRANJEROS BENEFICIADOS EN EL REPARTIMIENTO DE JEREZ DE LA FRONTERA			
Nombre	**Collación**	**Bienes**	**Natural de:/Observaciones**
Arnal de Cahors	San Marcos	Unas casas	Francia/ ballestero del rey
Arnal de Agramont (?)	San Salvador	Una casa pequeña	Cataluña
Ponce Agramont (?)	San Salvador	Una casa	Cataluña/ Junto a la carnicería
Guillem Arnald de la Mota	San Juan (barrio de francos)	Una casa	Cataluña/ Junto a Guillem Cruia
Guillem de Cruia	San Juan (barrio francos)	Una casa	Cataluña
Berenguel	San Juan	Una casa	Cataluña/ Junto a Enric Figueras
Beltran de Nueth	San Lucas	Unas casas pequeñas	Francia/ junto a casas del alcalde
Enric Figueras	San Juan	Una casa	Cataluña/ "Heredó con los 40 caballeros"
García del Algarbe y su mujer doña Adeva	San Mateo	Unas casas	Portugal/ Caballero ciudadano
Bernalt	San Lucas	Una casa + donadío	Cataluña/ Cocinero de la reina
Llorente de Bocigas	San Juan	Una casa	Cataluña
Hilario de Bolonia y su mujer	San Mateo	Unas casas	Italia/ Se indica que ya poseía casas en
Beltrán Cadenot (?)	San Juan (barrio francos)	Unas casas	Cataluña
Arnald Castel (?)	San Salvador	Unas casas	Cataluña
Pedro Castropons (?)	San Salvador	Unas casas	Cataluña
Guillem Catalán	San Mateo	Unas casas	Cataluña
Per Descoll	San Lucas (barrio francos)	Unas casas	Cataluña/ Junto a Bernalt, cocinero reina
Bernalt de Génova y su mujer	San Dionisio	Unas casas	Italia/ Junto a las del mercader Roy
Pedro Asinadeu ¿	San Mateo	Unas casas	Cataluña
Per Guarnaldo	San Marcos (barrio fran-	Unas casas	Cataluña/ Caballero ciudadano. Junto a Guilem Arnat
Pedro de Narbona y su mujer doña Inés	San Lucas	Unas casas	Francia
Guillén de Lérida	San Juan	Dos casas pequeñas y un corral	Cataluña
Micer Andrea	San Juan	Casas y bodegas	Italia/ Junto a las de Domingo Pérez, jurado
Pedro de Marsella	San Dionisio	Casas, corral y una "bona mezquita"	Francia

TABLA DEL ANEXO nº 5			
REPRESENTACIÓN DE ALGUNOS EXTRANJEROS BENEFICIADOS EN EL REPARTIMIENTO DE JEREZ DE LA FRONTERA			
Nombre	**Collación**	**Bienes**	**Natural de:/Observaciones**
Arnal de Montfalcón	San Juan (barrio francos)	Unas casas	Cataluña/ Caballero ciudadano
Pedro Monxat	San Dionisio	Unas casas	Cataluña/ Ballestero del rey. La casa antes fue alhóndiga
Juan de Morlans	San Juan (barrio francos)	Unas casas	Cataluña/ Caballero ciudadano
Rechalt ?	San Marcos (barrio francos)	Unas casas	Cataluña/ Junto a casas de Bernal Guillem
Beltrán Riquer	San Lucas (barrio francos)	Unas casas	Cataluña
Bernald Riquet y su mujer doña Coloma	San Marcos (barrio francos)	Unas casas	Cataluña/ Junto a casas de Per Guarnal y Guillen Arnalt
Robert y su mujer doña Oria	San Lucas	Unas casas	Inglaterra
Remond Tebler	San Juan (barrio francos)	Unas casas	Cataluña/ Junto a casa de Bernal de Xurat
Guillen Vidal	San Marcos (barrio francos	Unas casas	Cataluña
Gusbert Vidal ?	San Dionisio (barrio francos)	Una alhóndiga	Cataluña/ Caballero ciudadano. Junto con Remond de Tolosa
Guillen Picardo y su mujer María Johán	San Juan	Unas casas	Francia
Guillen Picardo y su mujer María González	San Lucas	Unas casas	Francia
Juan de Vilches	San Marcos	Unas casas	Cataluña
Arnalt de Villa ?	San Marcos (barrio francos)	Unas casas	Cataluña
Raimundo de Tolosa y Gusbert Vidal	San Dionisio	Una alhóndiga "mal parada"	Francia/ En el barrio de francos
Guillen Arnald de Puy	San Marcos (barrio francos)	Unas casas	Francia/ Junto a casas de Bernard Riquer y Per Guarnaldo
Arnalt de Asuy y su mujer María Pérez	San Dionisio	Unas casas que fueron alhóndiga	Cataluña/ Caballero ciudadano
Bernal Guillén de Montpellier y doña Berenguela	Barrio de francos	Unas casas	Francia/ Junto a casas de Richel y Arnalt de Salamanca
Arnalt Lorón	Barrio de francos	Unas casas	Cataluña (?)/ Caballero ciudadano
Pedro de Pamplona y su mujer doña Gracia	San Marcos	Unas casas	Navarra/ Ballestero y caballero de los cuarenta de a caballo
Miguel de Tudela u su mujer doña Estefanía	San Lucas	Unas casas	Navarra
Pascual de Tavira y su mujer doña Marina	San Marcos	Unas casas	Portugal
Juan de Valencia	Barrio de francos	Unas casas	Valencia/ Caballero ciudadano
Fuente: Elaboración propia con los datos de GONZÁLEZ JIMÉNEZ, Manuel y GONZÁLEZ GÓMEZ, Antonio: *El Libro del Repartimiento de Jerez de la Frontera. Estudio y edición*, Cádiz, 1980.			

TABLA DEL ANEXO nº 6				
Eclesiásticos extranjeros en diversas diócesis hispanas (siglos XIII y XIV)				
Fecha	**Nombre**	**Natural de**	**Diócesis/ Ocupación**	**Referencia documental**
27-11-1266	Arnaldo de Bisanos		Abad de Sahagún	Clemente IV, doc. 107 a 111
6-12-1266	Hermano		Obispo de Astorga	Clemente IV, doc. 112
18-12-1267	Aegeas	Portugal (?)	Obispo de Compostela	Clemente IV, doc. 158 a 163
15-3-1268	Armengoto		Obispo Pamplona	Clemente IV, doc. 179
23-10-1272	Raimundo Peralta	Aragón	Toledo	Gregorio X, doc. 42
1-4-1286	Maestro Pascasio	Italia	Arcediano Olmedo	Honorio IV, doc. 45
28-11-1286	Maestro Gofrido		Canonjía en Toledo	Honorio IV, doc. 97
23-1-1290	Landulfo	Italia	Canonjía en Toledo	Nicolás IV, doc. 277 y 278
19-3-1290	Fray Ademaro	Italia	Obispo de Huesca	Nicolás IV, doc. 316 a 320
18-1-1291	Guillermo Barán	Francia	Canonjía en Compostela	Nicolás IV, doc. 465 y 466
4-7-1291	Guglielmo Accursi	Italia	Canonjía en Palencia	Nicolás IV, doc. 567 y 568
5-8-1291	Ranuccio di Murro	Italia	Arcediano Briviesca	Nicolás IV, doc. 615 y 697
15-9-1291	Nicolás de Monterano	Italia	Canonjía Toledo	Nicolás IV, doc. 655 y 656
6-10-1291	Lorenzo	Roma	Canonjía en Burgos	Nicolás IV, doc. 672 y 673
21-9-1291	Stefano	Italia	Canonjía Burgos	Nicolás IV, doc. 683-684
22-9-1305	Arnaud de Tartas	Francia	Canonjía en Burgos	Clemente V, doc. 7 y 8
2-10-1305	Bernad Raymond	Francia	Canonjía en Mallorca	Clemente V, doc.10
22-12-1305	Pierre de Garda	Bayona (Francia)	Canonjía en Burgos	Clemente V, doc. 31
6-3-1306	Aymeryc de Ville	Francia	Canonjía en Huesca	Clemente V, doc. 62
18-6-1306	Centullo de Glantex	Francia	Canonjía en Burgos	Clemente V, doc. 82 y 83

TABLA DEL ANEXO nº 6				
Eclesiásticos extranjeros en diversas diócesis hispanas (siglos XIII y XIV)				
Fecha	**Nombre**	**Natural de**	**Diócesis/ Ocupación**	**Referencia documental**
4–2–1307	Guillaume de Rivoforcato	Francia	Canonjía en Toledo	Clemente V, doc. 118; 119 y 144
29–3–1307	Raymond de Got	Francia	Canonjía en Santiago	Clemente V, doc. 141; 365 y 369
31–3–1307	Aymeric de Magnan	Francia	Urgell	Clemente V, doc. 142 y 143
23–7–1307	Raymond Athonis de Aspe	Comminges	Zaragoza	Clemente V, doc. 188 y 189
22–4–1308	Jean Roger	Francia	Urgell	Clemente V, doc. 294 y 295
30–4–1308	Otón, hijo del conde Roger	Francia	Urgell	Clemente V, doc. 302 y 303
23–5–1308	Guillaume Arnaud	Francia	Canonjía en Pamplona	Clemente V, doc. 321 y 322
11–8–1308	Niccolo di Ceccano	Italia	Canonjía en Cuenca	Clemente V, doc. 339 y 340
1–10–1308	Martín	Francia	Canonjía en Toledo	Clemente V, doc. 371 y 372
5–1–1309	Centullo de Glanteux	Francia	Canonjía en Burgos	Clemente V, doc. 395
7–1–1309	Oton de Foix	Francia	Urgell	Clemente V, doc. 401 y 402
1–6–1309	Bernard de Mauleon	Francia	Canonjía en Lérida	Clemente V, doc. 485
5–10–1309	Bernard de Lapossa	Francia	Canonjía en Urgell	Clemente V, doc. 560 a 562
21–5–1310	Gailhard de Fargues	Francia	Arcedianato Valpuesta	Clemente V, doc. 672 y 673
9–6–1310	Jean de Puy Barzac	Francia	Canonjía Calahorra	Clemente V, doc. 682 y 683
9–6–1310	Pons de Barzac	Francia	Canonjía Salamanca	Clemente V, doc. 684 y 685
25–8–1310	Vital de Manhac	Francia	Arcedianato Santiago	Clemente V, doc. 707 a 709
8–9–1310	Napoleone Orsini	Italia	Arcedianato Valderas (León)	Clemente V, doc. 730 a 732
9–9–1310	Bruno de Iuditz	Francia	Canonjía Salamanca	Clemente V, doc. 733 y 734
7–10–1310	Ranuccino di Murro	Italia	Arcedianato Briviesca	Clemente V, doc. 756 y 757

TABLA DEL ANEXO nº 6				
Eclesiásticos extranjeros en diversas diócesis hispanas (siglos XIII y XIV)				
Fecha	Nombre	Natural de	Diócesis/ Ocupación	Referencia documental
13–10–1310	Bernard de Garnao	Francia	Canonjía en Toledo	Clemente V, doc. 765 y 766
16–10–1310	Bernard de Morlans	Burdeos	Canonjía Jaca	Clemente V, doc. 747 y 748
16–10–1310	Raymond Guillaume de Fargues	Francia	Canonjía en Palencia	Clemente V, doc. 760
28–10–1310	Giovanni Accursi	Bolonia	Arcedianato Guadalajara	Clemente V, doc. 750 y 751
16–5–1311	Centullo de Glentex	Francia	Canonjía en Burgos	Clemente V, doc. 835
16–6–1311	Don Juan de Anjou	Aragón	Canonjía Burgos/Santiago	Clemente V, doc. 853 a 855
16–6–1311	Arnaud Guillaume de Lordat	Francia	Canonjía en Urgell	Clemente V, doc. 859 y 860
19–7–1311	Giacomo Orsini	Italia	Tesorero Salamanca	Clemente V, doc. 903
19–2–1312	Gailhard de Mota	Francia	Canonjía en Santiago	Clemente V, doc. 1.202 y 1.203
27–5–1312	Oliver de Béziers	Francia	Canonjía en Tarragona	Clemente V, doc. 999 y 1.000
18–6–1312	Raymond Blesi	Francia	Canonjía en Lérida	Clemente V, doc. 1.022
23–6–1312	Don Vital de Manhac		Canonjía en Santiago	Clemente V, doc. 1.024
10–7–1312	Hugo de Cruilles	Francia (?)	Canonjía en Barcelona	Clemente V, doc. 1.045
25–2–1313	Bernald de Serra	Francia	Canonjía en Toledo	Clemente V, doc. 1.204; 1.205 y 1.242

TABLA DEL ANEXO N.º 7		
Pagos efectuados por el tesorero real, Francisco de Vargas, a varios genoveses (años 1507–1508)		
	Causa de los pagos	Mrs.
Agustín Italián	Dote de la princesa de Gales	18.400.000
	Jaime de Albión, embajador en Francia	857.000
	Jaime de Conchillos, embajador en el Imperio	480.000
	Entregas en Nápoles	675.000
	Compra de armaduras en Milán	3.090.000
	Gutierre de Funsalida, embajador en Inglaterra	290.000
	Juan de Albión, embajador en Florencia	167.000
	Gastos militares en Nápoles	18.160.000
Batista de Negro	Juan Albión, embajador en Florencia	90.000
Cristóbal Calvo	Jaime de Conchillos, embajador en el Imperio	468.750
Agustín de Vivaldo y Agustín de Grimaldo	Conquista y sostenimiento de Mazalquivir	3.000.000
	Aprovisionamiento galeras de Orán	322.800
	Jaime de Albión, embajador en Alemania	800.000
	Jerónimo Cavanillas, embajador en Francia	320.000
	Gutierre de Fuensalida, embajador en Inglaterra	25.283.000
	Jerónimo de Vich, embajador en Roma	1.655.065
	Pagos en Lyon	393.750
	Prestado en Valencia	78.000
	Abdrea del Burgo	320.000
	Fábrica de galeras en Barcelona	187.500
Fuente: Ladero Quesada, Miguel Angel, Francisco de Vargas, tesorero real… Ob. cit. p. 82–83.		

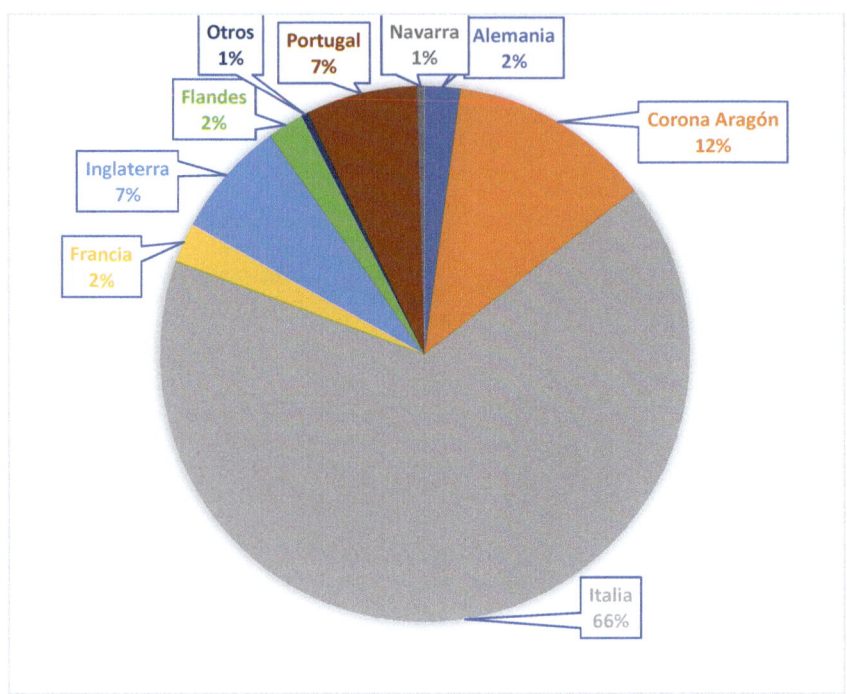

Gráfico nº 8. Distribución en Sevilla de los extranjeros recogidos en el diccionario.

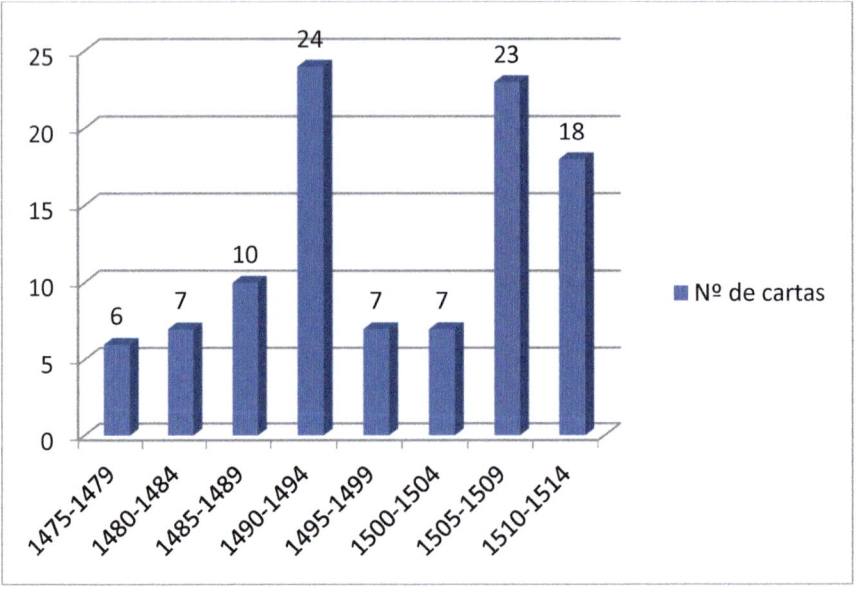

Gráfico nº 9. Número de cartas de naturaleza en el reino de Castilla (años 1475-1514).

TABLA DEL ANEXO nº 8			
Detalle de la procedencia de los extranjeros incluidos en el diccionario			
Origen	**Número**	**Origen**	**Número**
Sin especificar	8	Languedoc	1
Alemania	40	Lisboa	11
Aquitania	1	Lombardía	8
Aragón	19	Londres	3
Armenia	1	Madeira	2
Asti	1	Mallorca	24
Augsburgo	1	Marsella	5
Austria	1	Mesina	2
Barcelona	22	Milán	31
Bayona	2	Módena	2
Bearn	1	Montpellier	1
Berna	1	Nantes	3
Bohemia	1	Nápoles	2
Bolonia	2	Narbona	2
Borgoña	2	Navarra	8
Braga	1	Niza	2
Bretaña	16	Normandía	9
Bristol	7	Noruega	1
Brujas	1	Nuremberg	1
Bugía	1	Oporto	1
Calabria	1	Oriente	2
Calatayud	1	Orihuela	1
Cataluña	59	Padua	1
Coimbra	1	Pamplona	1
Constantinopla	3	Perugia	1
Daroca	2	Pescara	1
Egipto	1	Piacenza	1
Elvas	1	Piamonte	1
Escocia	3	Picardía	2
Évora	4	Pisa	4
Flandes	54	Polonia	1

TABLA DEL ANEXO nº 8			
Detalle de la procedencia de los extranjeros incluidos en el diccionario			
Origen	**Número**	**Origen**	**Número**
Florencia	75	Portugal	144
Francia	74	Roma	3
Gascuña	3	Rosellón	1
Génova	540	Ruán	1
Georgia	1	Saboya	2
Gerona	1	Saona	2
Ginebra	1	Setúbal	1
Granada	1	Sicilia	10
Grecia	1	Siena	5
Heidelberg	1	Suecia	3
Holanda	1	Tarragona	1
Huesca	1	Teruel	1
Hungría	5	Tolosa	1
Ibiza	1	Toulouse	1
Inglaterra	98	Valencia	42
Irlanda	1	Venecia	41
Italia	62	Zaragoza	3

TABLA DEL ANEXO nº 9			
Extranjeros citados en el Libro del Limosnero de Isabel la Católica			
Nombre	**Origen**	**Limosnas Mrs.**	**Nº. de documento**
Andrés Picardo, Inglaterra que vino con el conde Inglaterra y estuvo cautivo en Illora y Moclín	Inglaterra	620	675
Thoma Tuar y Juan Estoy, mientras estaban en	Inglaterra	2.000	677
Ruberto y Bulen, flechero ingleses	Inglaterra	6.000	92
Nicolás Voquet y France de Tois	Inglaterra (?)	1.260	516
Maestre Colín, artillero	Flandes (?)	13.000	52 y
Francisco de Santomeli	Flandes	5.475	63
Francisco de Vernel, capitán Inglaterra	Inglaterra	3.100	703
Guillermo Marstun, "criado de la cámara del Rey de Inglaterra, que vino con el conde d'Escalas e se le morió el cauallo yendo a Santiago"	Inglaterra	2.650	514
Johan Morton, de Londres, que participó en la guerra junto al Marqués de Cádiz"	Inglaterra	1.060	517
Juan de Aviñón, que vino a servir en la guerra a su costa con caballo y armas	Francia (?)	3.000	363
Niculás el Francés, criado del conde d'Escalas, he-	Francés	2.650	515
Petrus Benart, capellán del conde de Scales	Cataluña (?)	124	493
Radulfus de Anguia, caballero inglés y siete com-	Inglaterra	6.200	331
Juana de Quanbrial (Juana Cabria)	Francia	5.000	72 y
A un portugués que estaba en el real	Portugal	10.950	106
Maestre Álvaro, fraile dominico	Portugal	7.300	124
Alfonso Vazquez, portugues	Portugal	1.000	725
A in inglés para ir al real	Inglaterra	186	727
Pero, francés rescatado por Juan de Valencia	Francia	4.000	162
A una mujer francesa con su hijo	Francia	15,5	299
A un inglés que trabaja en la capilla real	Inglaterra	15,5	305

TABLA DEL ANEXO nº 9			
Extranjeros citados en el Libro del Limosnero de Isabel la Católica			
Nombre	**Origen**	**Limosnas Mrs.**	**Nº. de docu- mento**
A un inglés en la capilla real (quizás el mismo que	Inglaterra	1.000	309
A dos ingleses	Inglaterra	31	484
A un inglés que vino a Puerto Marín	Inglaterra	365	486
A un romero inglés, en Puerto Marín	Inglaterra	15,5	488
A una mujer de Flandes que perdió a un hijo	Flandes	310	495
A un clérigo de Borgoña, maestro en artes	Borgoña	620	497
A una mujer de Flandes, desnuda	Flandes	466	499
A un francés, que estaba en Santiago y curó a su mujer y a otras personas	Francia	434	521
A un inglés que estuvo cautivo	Inglaterra	31	663
A tres alemanes, espingarderos	Alemania	930	704
Elvira de Acosta, viuda con dos hijos	Portugal	310	818
Don Alfonso de Portugal, hijo de don Dionís	Portugal	6.000	836
Girao de Perpiñan	Francia	7.000	920
Juan Pedro, retablista	Milán	20 marcos	925 y
Francisco Sexto, platero	Milán		937 y
Fuente: Elaboración propia con los datos de BENITO RUANO, Eloy, *El Libro del Limosnero de Isabel la Católica. Transcripción y estudio*, Madrid, 2004.			